叢書・現代社会学⑤

社会学の方法

●その歴史と構造

佐藤俊樹 著

ミネルヴァ書房

刊行のことば

人間の共同生活の科学である社会学の課題は、対象とする共同生活における連帯、凝集性、統合、関係などを一定の手続きに基づいて調査し、その内実を理解することにある。数年から十数年かけてまとめた研究成果は、江湖の批判や賛同を求めるために、ジェンダー、世代、階層、コミュニティなどの社会分析の基本軸に着眼しつつ執筆され、社会学的想像力と創造力に溢れる作品として刊行される。

「叢書・現代社会学」は、二一世紀初頭の日本社会学が到達した水準を維持し、それぞれで研鑽を積み上げた専門家が、得意なテーマを絞り、包括的な視点での書き下ろし作品を通して、現代社会と社会学が抱える諸問題に答えようとする意図をもつ。

この狙いを達成するには、一六〇年の社会学史のなかで培われてきた研究の軸となる基礎概念や基本的方法を身につけ、顕在機能と潜在機能、格差と平等、土着と流動、開放と閉鎖、包摂と排除などの視点を駆使しながら、文献や調査資料などのデータ分析からのロジカルシンキングを行うことである。これには、事例を集める、事実を確認する、定義する、指標化する、観察する、解釈する、概念を作る、推論する、原因やメカニズムを追求する、分析する、比較する、結論を下すといった科学的で普遍的な論証のための過程が含まれる。

学界の最先端の水準を維持したうえで、分かりやすく読み応えのある叢書をという目標のもと、企画会議を繰り返し、試行錯誤のなかで斬新なシリーズを誕生させることができた。叢書全体で、現代社会の抱える諸問題と真剣に格闘しつつ、社会学という学問の全体像を明らかにし、次世代による更なる探求への発展につなげたいと願っている。

その意味で、日本社会学界の今後にもささやかな貢献ができると確信する。幅広い読者の支援をお願いする次第である。

二〇〇九年九月

金子勇・盛山和夫・佐藤俊樹・三隅一人

社会学の方法——その歴史と構造

目次

序章　社会学の使い方

この本は社会学の使い方を解説するものである。社会学はどう使えるのか、使うべきかを紹介し、考え直し、そして実際に使ってみる。

序章では、社会学をほとんど知らない人とある程度知っている人、それぞれに対して、この本がどんなねらいをもち、どんな構成で書かれ、現代の社会学のどのあたりに位置するのかを述べる。そのなかで、社会学を学ぶこと、社会学の歴史と系譜、理論とモデル、「質と量」などについて、最小限必要な知識も解説していく。

本全体を概観する章であるが、実はそれ自体が社会学の使い方の実践にもなっている。できればその点にも注意して読んでほしい。

1　常識をうまく手放す

知ることと使うこと

題名をみて、あれっと思った人がいるかもしれない。『社会学の方法』。著者の私が言うのもなんだが、なかなか大胆な名前だ。まるで、これさえ読めば社会学ができます、とでも言いたげである。ふつうは『社会学の考え方』とか『社会学の歴史』にするところだ。

いやもちろん、そんな題名を考えなかったわけではない。一応検討したのだが、しっくりこなかったのだ。この本に書いてあるのは「考え方」というより「使い方」、つまり社会学がどう使われてきたか、使われているか、そして使われていきそうか、だからだ。

「使い方」といっても、別に社会学で空が飛べるわけでもないし、お金がもうかるわけでもない。それでも社会学は使うものだ。「見る」「知る」「考える」では言い表せない、独特な手触りがそこにはある。

学術は知識だけで成り立っているわけではない。どのように考えるか、どう頭を使うかにも、身体感覚みたいなものがある。社会学のように、論理的な体系化がむずかしい分野は、とりわけそうだ。だから、使い方を書く作業は、どこか矛盾をはらんでいる。使い方をおぼえる上で、一番よい方法は、うまく使える人の近くで真似をしながら、自分なりの工夫をつけ加えていくことだ。社会学科や社会学専攻といった教育機関は、そのためにある。

にもかかわらず、こういう本を書こうと思った理由は二つある。

一つは、社会学の使い方にもいろいろある。身近な人、例えば教員や先輩の使い方が必ずしも自分にあっているとは限らない。自分にあうものをさがす上で、多様性は大切だ。この本で述べる使い方ももちろん例外ではない。

もう一つは、社会学の知識や語り方が今日では広く使われるからだ。以前なら評論家や思想家と呼ばれていた人たちが、社会学っぽい議論をすることも多くなった。

社会学の学科や大学院で学ばなければ、社会学ができないわけではない。むしろ「偉大な社会学者」の多くは、社会学の学科や大学院を出ていない。だから、ふつうの人でも独学できないわけではないが、そこにはやはりちがいがあるようだ。知識の有無というより、もっと深いところで違和感を覚える。それはどうやら、社会学における「知る」と「使う」の距離に関係しているらしい。

だとすれば、どう使うかを知識に近い形で書いておくのにも意義がある。社会学を使えるようになるには、大学の学科や大学院の専攻で学ぶのが一番よいが、それにはお金と時間も必要だ。非専業《パート・タイム》や趣味で社会学をやる人がいてもよい。それが社会学の厚みにもつながる。

そのためには、「使う」に重点をおいた本があってもいいだろう。先ほど述べたように、ここには矛盾というか、きつい限界があって、書く方は苦労するが、ときには（笑）そんな苦労をしてもいいのでは、と思ったのだ。

本の簡単な紹介

だから、この本は二種類の読者を想定している。①社会学を専門として学ぶ学生や大学院生の人たち、②社会学に興味をもち、もっと知りたいと思う人たち、である。

書き方も少し変わっている。社会学の方法がどのように展開されてきたかを、その論理的な構成に注目して述べていくが、社会学の全体を網羅することは考えていない。

率直にいって、私はそういう種類の仕事は好きではないし、うまくもない。一応、大学の学科では「社会学史概説」が必修だったので、真面目に出席して、レポート課題もしっかり書いたが、成績は「良（B）」だった。相性が悪いとしかいいようがない。

だから、きれいにまとめることよりも、「偉大な社会学者」たちが実際にどう使ってきたかに焦点をあてることにした。具体的な事例の考察や分析を主な題材にして、その方法を紹介し再検討する。もちろん、その背景には、私自身が社会学を使ってきた経験がある。その点でいえば実践的、というか実戦的な入門書でもある。

とりあげる「偉大な社会学者」は、エミール・デュルケーム、ゲオルク・ジンメル、マックス・ウェーバー、タルコット・パーソンズ、ロバート・マートン、ニクラス・ルーマンの六人だ。その上で、さらにその歴史をふまえて、現代の社会学がどんな方向に進んでいるのか、何をとらえようとしているのか、私なりに解説することにした。社会学史というより、社会学の歴史社会学に近い。個人史にもふれているので、「こんな人だったのか」と楽しんでもらうこともできる。概説書として少し高度だが、②の人も退屈せずに読めると思う。

ついでに、中身も簡単に紹介しておこう。この本では一〇〇年以上にわたる社会学の過去と現在をとりあげるが、その流れは二つの鍵言葉《キーワード》でまとめられる。『常識をうまく手放す』という考え方、そして『社会が社会をつくる』というとらえ方だ。社会学はこの二つの組み合わせ、あるいはこの二つの組み合わせ技として展開されてきた。

ここまで言い切ると、さすがに少し要約しすぎだが、出だしはこのくらい単純な方がよいだろう。どちらも一筋縄ではいかない着想であるし。

簡単にいえば、これはそういう本だ。

使い方の実例

社会学について特に予備知識がない人、先の話でいえば②にあたる人は、最低限これだけわかってもらえればよい。そのまま第1章に進んでかまわないが、もう少しつきあってくれると、もっとよいだろう。

最初に述べた、社会学を「使う」ことの説明は、実はそれ自体が社会学の使い方に深く関わってくる。先ほどの、社会学は独学できるかを例にとろう。こういう質問をすると、ふつう、独学しなかった人は「独学できない」と答えるし、独学した人は「独学できる」と答える。自分のやってきたことを答えるわけだ。

とはいえ、ここで終われば社会学にはならない。独学できる／できないという、対立する二つの主張が並存しているのならば、「どちらかが正しい」という常識をいったん停める。さらに、「どちらも自分のことを正当化したいだけ」という、これまた常識的な説明も停めておこう。社会学はそういう形で始まる。

その次に重要なのは、どちらも部分的に正しいといえる具体例を探してみることである。過去の実例でもいいし、仮想的な思考実験でもよい。具体的に検討できるものであればよい。どちらも正しいという一見矛盾するあり方が、例えばどういう形ならば成立できるのかを描いてみるのだ。

そうすることで（a）どちらも成立する条件がより明確になるときもある。あるいは、（b）一見どちらも正しいようだが、実は一方だけが成立しているとわかるときもある。（b）の場合なら、一つ前の手順《ステップ》に戻って、本当にどちらも正しいといえそうな事例を探し直す。それをくり返せば、たとえ（b）の事例しか結局みつからなくても、それぞれの正しさが成立する条件は明確にできる。

私自身の経験でいえば、ここで具体的な事例を思いつけるかどうかで、社会学の上手い下手はかなり決まる。それは裏返せば、常識的な考え方を停めるのは、本当はそんなに簡単ではない、ということだ。

現代社会はある種の反省性を構造的に組み込んでいる。わかりやすく言えば、常識的な考え方を疑うことを常識にしている。社会学の専門用語でいえば、「自省的な社会」である。それゆえ、常識的な考え方を停めるのは一見簡単そうに思える。けれども、「常識的な考え方を疑うことを常識にしている」という表現からもわかるように、その疑いの背後には、「自分を正当化したいだけ」みたいな、もっとべたな常識がひかえていることが圧倒的に多い。

常識を本当に停めるのは、決してたやすくない。常識というのは、凡庸な考え方というより、人がふつうに生きていくための命綱みたいなものだ。手放すと、底なしの懐疑か、その裏返しの「自分だけが正しい」という独善におちいりやすい。別のべたな常識的説明がもちだされやすいのも、その深淵から身を守る手段になるからだ。

だから、社会学をするためには、常識をうまく手放す必要がある。例えば、二人が組になって、一方が非常識に考えてみる。もう一方が常識からそれに疑問をなげかける。そんな形で役割分担することで、底なしの懐疑や独断に走らずに、うまく距離をとることを覚えていく。それは社会学を専門的に学ぶ上で、大事な訓練である。社会学が独学しにくい理由の一つはそこにある。

これはこれでもちろん簡単ではない。例えば、どちらか一方がしばしば「教祖《カリスマ》」になりやすい。特に訓練の最初の段階では、初心者は常識をあまり長く停められない。だから、教える側はあらかじめ妥当な結論を用意して、そこに導くことが多い。けれども、それは初心者の側では、常識の裏側にある真理を特権的に知る人間がいる、という思い込みに転化しやすい。学ぶことは知っている／知っていないという落差を必ずふくむので、そういう思い込みを引き寄せやすい。

社会学は人が生きていく命綱でもある常識をゆさぶるので、こうしたカリスマ化が特に起きやすい。あえて戯画的にいえば、小さな神様《カリスマ》をあちこちで生み出す癖がある。たぶん、それも現代社会で社会学がうける理由の一つだろうが、いうまでもなく、「この人はつねに正しい」という信仰は、「自分だけが正しい」という独善の外部転写にすぎない。

使い方の実例（続き）

「多様性は大切だ」というのは、このカリスマ化への対抗策でもある。具体的な事例を考えるのもそうだ。事例が具体的になるほど、直観的な違和感や疑問もうかびやすい。自分の目と手と頭で考えられる。だから、具体的な事例はできれば過去の実例の方がよい。実例は誰にとっても、とりあえず等距離にあるからだ。

話を戻そう。この本でとりあげる「偉大な社会学者」たちは、社会学は独学できるかという問いにおいても、なかなかよい実例になる。先にふれたように、こういう人たちは独学できる証拠とされることが多いが、冷静に考えると、二つ、大きくずれる。

一つはすでに述べたが、学の創始者や開拓者は定義によってそうなる。従来とはちがう独自の考え方をしたからこそ、創始者や開拓者になる。その点でいえば、「偉大な学者」はつねに独学的な人であるが、裏返せば、そんな人はめったにいない。

もう一つは、そのさらに裏返しでもあるが、「偉大な社会学者」たちは他人に教えている。つまり、他人には独学させていない。だから、少なくとも独学が絶対に正しいとは考えていなかった。創始者にはそういう面もある。

となると、「偉大な社会学者」の例でみるかぎり、独学できる／できないは同時に成立する。どちらも部分的には正しい。なぜそんなことになるのだろうか。

もちろん、このくらい具体的になるとさまざまな要因が絡んでくる。例えば、たんに生活のために教師をしていただけかもしれない。その可能性も完全には否定できないが、逆の可能性もある。現に教員をしている社会学者は、実際以上に教えられないふりをしているのかもしれない。特に日本の大学教員の給与には、研究の実績も教育の努力もほとんど反映されない。研究したい学者にとって、教育で手を抜くのは利口な立ち回り方なのだ。

もっと重要な要因もある。独学の中身だ。独学といっても、一人で孤立して考えるわけではない。他人の書いた社会学の著作や論文を読んで学ぶ。そこには、その著者なりの常識の停め方がでてくる。それに、常識的な立場からあえて疑問を立ててみることもできる。

つまり、独学も「学ぶ」ことにかわりはない。書かれた言葉も著者の声の一つの姿だから、対話のように本を読むことはできる。読み手にそれなりの能力と資質は要求されるが、少なくとも自分の教師をカリスマ化するよりは、まともな対話になる。

そう考えると、「独学」すなわち一人で学ぶとはどんな作業なのかが、あらためて問題になる。「独学している／いない」をもっと厳密に定義する必要が出てくる。

一人で対話的に読む可能性まで考慮すると、とりあえず次のように整理できるだろう。（x）本と対話できる人が独学した場合、「独学できる」と判断しやすい。（y）本と対話できない人は独学できないから、「独学できない」と判断しやすい。さらに、（z）本と対話できる人が独学しなかった場合、やはり実在の人間と対話する方が自然だから、「独学しにくい」と判断しやすい。

そう考えれば、「偉大な社会学者」たちが自分は独学できたにもかかわらず、他人には教えたことも自然に理解できる。また、「独学しなかった人は独学できないとし、独学した人は独学できるとする」ことも自然に理解できる。そうやって、一人で学べる／学べないとはどんなことなのかを、より明確にしていける。

社会学の考え方

大まかにいえば、社会学の使い方とはこうしたものだ。もちろん、これだけで社会学ができるわけではないが、基本はこれだ。

焦点は、くり返すが、『常識をうまく手放す』ことにある。いうまでもなく、全ての人文社会科学がこういう方向で考えるわけではない。例えば、哲学であれば、常識とは無関連に（＝常識に合致するしないにかかわらず）正しい結論を追求する。それに対して、社会学では、いったん常識を手放しておいて、最終的には（別の）常識的な考え方に戻っていく。より正確にいえば、日常的な経験と大きな不一致がおきない範囲に収める。常識から外れるだけでなく、戻っていくという二重の経路をたどる。そこまでふくめて『うまく』なのだ。

先の例でいえば、（1）「学ぶ」とはどういう作業かを日常的な経験から考え直す。（2）（1）を通じて、「独学できる」と「独学できない」がどちらも部分的には正しいことを示す。（3）（2）によって、「独学しなかった人は独学できないと答えるし、独学した人は独学できると答える」ことが、当事者の素朴な誤認や思い込みではないことも示す。そういう形で、別のべたな常識に単純に還元するのではなく、いわば迂回しながら常識的な考え方に戻っていく。

つまり、（1）「学ぶ」という作業を考え直すという形で、常識を停める。その上で、（2）どちらも部分的に正しいといえる事態が成り立つことを見出す。それが「学ぶ」とは何かをより明確にすることにつながる。そういう作業が社会学の根幹にはある。

同じ社会科学でも、これは経済学とはかなりちがった考え方だ。経済学では、それ自体は常識的に妥当とはかぎらない公理によって、さまざまな事象をとらえ直し、体系的に説明しようとする。いろいろ説明できるという汎用性、すなわち説明の経済性《エコノミー》が経済学の利点だ。こうした説明のやり方を「一般理論」という。

それに対して社会学では、先の例でいえば、「学ぶ」にふつうは含意されているが、明示化されていない側面を取り出す。その面に注目することで、(3)「独学しなかった人は独学できないとし、独学した人は独学できるとする」という事態を、常識と大きな不一致を起こさない形で理解できるようにする(1)。

別の言い方をすると、社会学は、ある特定の概念や営みにふだんそなわっているが、明確にされていない部分に特に注目する。そうすることで、謎めいた事態や錯綜した事態を、日常的経験と大きな不一致を起こさない範囲で解き明かす。

この「ふだんそなわっている」と「日常的経験と大きな不一致を起こさない」という二つの条件があることで、社会学は社会的な事実を探究する社会科学になっている。複数の当事者に共通して成立する事態を、複数の観察者が共通して理解できる形で説明することになるからだ。それゆえ、社会学はさまざまなデータ、つまり事実の断面をあつかう。官庁の統計や社会調査の回答のような量的データや、インタビューのような質的データによって議論が裏づけられる（正確にいえば「反証されない」）ことが要求される。

――序章で結論まで書いてしまった感じだが、社会学というのは、要するにこんなものだ。考え方の基本は『常識をうまく手放す』にある。もう一つの、『社会が社会をつくる』というとらえ方も、実はここから出てくる。こちらの方は第1章以降で解説していくが、この二つの組み合わせ技《コンビネーション》で、社会学は進んできた。

最低限、このくらい頭にいれておけば、第1章以降を読んでいける。以降の部分は、すでに社会学について知っている人、前に述べた想定する読者でいえば、①向けの追加の説明である。もちろん、②の人でも、興味があれば読みつづけてくれてよい。

2　社会学の系譜

旧い社会学？新しい社会学？

この本にはもう一つ大きな特徴がある。それは社会学の世代的なちがいだ。

情報技術ほどではないが、社会学も時代的な変化が大きい。一〇年ひと昔、という言葉があるが、実際、一〇歳くらい年齢がちがうと、やっていることや考え方が大きく食いちがうのはめずらしくない。三〇代の半ばでつい「最近の若い人たちは……」と嘆きたくなる。

この変化の激しさは、経済学のようなきれいな体系化ができないことからも来る。どこをどう変えるべきかも特定しにくいので、実態以上にちがいが強調されやすいのだ。

具体的な例をあげておこう。日本語圏では一九九〇年代半ばに、二つの出版社から「社会学講座」に相当するシリーズがほぼ同時に出た。岩波書店の『岩波講座　現代社会学』と東京大学出版会の『社会学講座』である。二つは刊行当時、というか、その数年前に執筆依頼が回った頃、当時の政治情勢にな ぞらえて、「改革派」と「守旧派」と呼ばれた。岩波の方が「改革派」、東大出版会の方が「守旧派」で ある。

今はどうか？　少し大きな図書館にいけばどちらもあるだろうから、読み比べてみるのもいいだろう。東大出版会の方が、刊行開始が少し遅れた上、完結するまで長くかかったが、少なくとも目次を見て、どちらが新しいかは決めがたい。岩波の方が新しさを意識した分、今は少し旧くなっているかもしれない。

「旧い／新しい」という二分法は社会学でもよく使われるが、実態はこんなものだ。新刊本の帯に「最新の○○理論！」とあっても、まともに信じる必要はない。つけた出版社の人も煽り文句だとわかっているし、そもそも新しいからすぐれているとはかぎらない。どんな道具でもそうだが、一番使い勝手がよいのは旧くから生き残っているものだ。人文科学や社会科学ではそれを「古典」と呼ぶ。

例えば、マックス・ウェーバーの「プロテスタンティズムの倫理と資本主義の精神」(1920b = 1989)。今でも必読文献だが、これは一九〇四〜〇五年に雑誌で発表され、一九二〇年刊の『宗教社会学論集1』に収められたときに、大改訂された。ほぼ一〇〇年前の著作である。

あるいは、ロバート・マートンの『社会理論と社会構造』(1968 = 1961)。こちらの方は最初の版が一九四九年、改訂版が一九五七年に出た。みすず書房の日本語訳はこれを訳したものだ。一九六八年には第三版も出ている。今から五〇年前の著作だ。

社会学の「旧い／新しい」は、その程度でしかない。新しいものがよりすぐれているとはかぎらない。

旧い著作が新たな読まれ方をされることもある。むしろ「旧い／新しい」を二重化したり、事後的に読み換えたりして、社会学の歴史はつくられてきた。

本の構成

最初に述べたように、この本ではデュルケーム、ジンメル、ウェーバー、パーソンズ、マートン、そしてルーマンという、六人の「偉大な社会学者」の仕事をふり返る形で、その行程をたどり直す。彼らの仕事（作品）を題材に、『常識をうまく手放す』と『社会が社会をつくる』がどのようにつくりだされ、組み合わされ、鍛えられていったかをみていく。簡単な解説もかねて、ここで章の構成を手短に紹介しておこう。

第Ⅰ部の第1章から第8章までは、社会学の形成と展開を六人の社会学者の人生と著作を通じて明らかにしていく。いわば歴史編だ。

第1章では、序章で述べた社会学の使い方を、社会学それ自身の定義を題材にして、もう一度まとめ直す。内容的には序章のくり返しになるが、社会学とは何かという問いに答える形で、もっと具体的にかつ多面的に解説していく。それによって、第2章以下の社会学の歴史も、さらには第Ⅱ部の現代社会学の議論もわかりやすくなるだろう。

第2章から第5章では現代につながる社会学、いわば〈今の社会学《モダン・ソシオロジー》〉の形成期を代表する三人、デュルケーム、ジンメル、ウェーバーをとりあげて、彼らがそれぞれ何を始めたのかを明らかにする(2)。

この三人はほぼ同世代である。活躍し始めるのは一九世紀の終わり頃、主な舞台はフランスとドイツだ。彼らの活動を通じて〈今の社会学《モダン・ソシオロジー》〉の原型がつくられていったわけだが、この時空はそれ自体とて

図序-1　第一次世界大戦前のヨーロッパ

注：斜線内は普仏戦争でドイツ領になった地域。
出典：尾高（1968：6）より。一部改変した。

も興味ぶかい。

時間的にいえば、西欧の一九世紀は国民国家と産業社会が急激な成長をとげ、人々の生活を大きく変えていった時代である。その成熟期、あるいは爛熟期に、〈今の社会学〉はできてきた。

空間的にいえば、大陸ヨーロッパのなかでも、特にライン川流域に関わりがふかい（図序-1参照）。かつて「ロタールの国《ロタリンギア》」と呼ばれたこの一帯は、西欧の東西と南北の交通の十字路だ[3]。言語の上でも、ロマンス語群とゲルマン語群の言語境界が走る[4]。社会学はその方法の上で、境界と交通に密接に関わるが、成立の歴史においても境界と交通に深く関わっている。

他の社会科学と同じく、社会学も第二次世界大戦までは、西ヨーロッパが研究の中心地だった。それが戦後はアメリカ合衆国に移る。そのアメリカ社会学の全盛期、年代でいえば一九四〇～五〇年代を代表する二人の社会学者が、第6章のタルコット・パーソンズと第7章のロバート・マートンである。

パーソンズは構造機能主義と社会システム論による理論社会学を提唱し、マートンは機能主義の再検討や「中範囲の理論」といった考え方を通じて、理論的思考と実証的分析を新たな形で結びつけた。彼らの社会学はその後さまざまな形で批判され、再検討されていくが、そこまで含めて、現代の社会学の地平となっている。

デュルケーム、ジンメル、ウェーバーが〈今の社会学〉の創始者だとすれば、パーソンズとマートンは第二世代にあたる。二人の後をうけて、一九七〇年代半ばから、アルフレート・シュッツによる現象学的社会学や象徴的相互作用論、エスノメソドロジーなどの、いわゆる「意味学派」が台頭してくる。また、ミシェル・フーコーらの構造主義を通じてデュルケーム学派の再評価も始まる。言説や数理、構築などが、社会学でも鍵言葉《キーワード》になっていく。

現象学は戦間期のドイツ、構造主義は一九六〇年代のフランスで生まれた。それからもわかるように、七〇年代後半以降、社会学の理論的な中心は再びヨーロッパに戻っていく。フランスでは構造主義の影響もうけたピエール・ブルデューが、そして長く「社会学不毛の地」とされたイングランドでも、アンソニー・ギデンズが活躍する。そして、ドイツではニクラス・ルーマンの意味システム論が構築や言説の考え方を貪欲に吸収しながら、社会の自己産出系《オートポイエティック・システム》論として新たな展開を見せる。社会学の現在は大体このあたりだ。

そのなかで、第8章はルーマンをとりあげる。ルーマンはこの転換を最も根底的に押し進めた人であり、いわば第三世代の中心人物だ。彼をとりあげた一番の理由もそこにあるが、ルーマンの場合、機能主義やシステム論の再構築という形で転換を進めたため、パーソンズやマートンとのつながりも見えやすい。さらに、転換の方向性としては、実はジンメルやウェーバーといったドイツ語圏の社会学の遺産も継承している。それゆえ、ルーマンを終点にする形にすると、全体を見渡しやすい。

第Ⅱ部、第9章から第12章まではいわば実践編だ。第8章までの展開をふまえて、現代の社会学《コンテンポラリー・ソシオロジー》がどんな方向に進んでいるのか、それによって現代の社会はどのように描けるのかを、大づかみに解説していく。

現在進行中の研究に関わるので、第Ⅰ部の歴史編よりも内容は少し高度になる。社会学の基礎知識があまりない人は、適当に読み飛ばしてくれていいし、わかりそうな部分だけ拾い読みしてくれてもかまわない。社会学系の大学院生や隣接分野の研究者など、予備知識がある程度ある人には、手ごろな紹介と解説になると思うが、あくまでも私から見た現代社会学の姿であることは、最初に断っておく。

第Ⅱ部の鍵概念になるのは、内部観察や自己論理《オートロジー》、自己産出《オートポイエーシス》、自己記述などである。これらはルーマンによって導入されたものだが、私自身の理解にもとづいて、あえて彼とはちがった視点で解説していく。そのなかで関連する主要な術語を整理し再検討しながら、組織や法、マスメディアなどの具体的な制度や、「心の不透明化」や機能分化などの事象を、事例にそって、これらの鍵概念がどんな発想からうみだされ、現代社会のどんな相貌をとらえようとしているのかを解き明かしていく。

そうすることで、一見新奇な概念や術語が、第Ⅰ部で述べてきた社会学の思考の流れに連なることも見えてくるだろう。新しい概念はとかく独創性や革新性を強調されやすい。専門家集団の職業的利害からもそうなりやすいが、この本ではあえて逆の方向で解説する。その方がより多くの人に理解しやすく、使いやすくなるからだ。それもまた常識をうまく手放すことの、実例であり実践である。

思考の伝統

以上の章構成の説明からもわかるように、私は社会学の歴史を「旧いものを新しいものが乗り越える」とは考えていない。好き嫌いが当然入っているが、私にとっては、ギデンズやブルデューより、ジンメルやウェーバーの方が面白い。都市社会学のシカゴ学派のように、社会学の異端でありつづけ、ありつづけたからこそ今なお新しい波もある。

ついでにいうと、ずらずらっと欧米の人名をならべたが、だからといって日本の社会学が「輸入学問」だとも考えていない。例えば、伝統的な教養がある人なら、ルーマンのコミュニケーションシステム論を読んだとき、大乗仏教の縁起をすぐ思い浮かべるだろう。具体的な文献でいえば、般若心経とか華厳経系の存在論だ。

人名を標識にするのは、すぐ後で述べるように、その方があつかいやすいからである。そして具体的な標として欧米の人名を使うのは、私の場合、自分から遠いからでもある。自分の名をつけるのは論外だし、近い人の名前をつけるのも賢いやり方ではないと思う。

社会学の知識や発見では、一見革新的に見えても、本気で探せば、並行発見者や先行者がすぐに見つかる。第1章で述べるが、社会の内部で社会を観察するという社会学のあり方は必然的にそういう事態をまねく。だからこそ、「オレがオレが」や仲間褒めは望ましくない。

実際、社会の自己産出系論の先行者として、欧米の人ならライプニッツやスピノザをあげるだろう（第10章参照）。伝統を本当にふまえれば、厳密な起源さがしはあまり意味がない。古典の読み方一つとっても、どんな面を重視するかで受け取り方は変わってくる。逆にいえば、つねに並行者や先行者はいるけれども、まるまる全て並行していたり、先行されたりするわけではない。

だからこそ、そのちがいは微妙で、なかなか対象化しづらい。その点で「ウェーバーの社会学」や「パーソンズの社会学」のようなラベルは便利なのだ。曖昧で大まかな指標だが、限界をわきまえて使えば、それなりにわかりやすい。

3　社会学ができること

というわけで、あえて世代のちがいを強調すれば、この本は一九八〇年代以降の社会学の波の上にある。その特徴は特に二つの面に出てくる。

社会の手触りのちがい

一つは理論や社会像みたいなものに関わることである。

「世代」といっても、たぶん私は誰かの忠実な継承者ではない。専門書としては、ウェーバーとルーマンに関わるものを書いていて、自分自身ではルーマンに特に親近性を感じる。継承したというより、いつのまにか近い場所にいた感じだが、自分では気づけない影響もきっとあるはずだ（佐藤 2008：終章参照）。だから、「あなたの着想はルーマンにオリジナリティがある」といわれても、否定する気はない。批判的に受け継いだ面もふくめて、彼から学んだことはとても多い。

そういう意味でいえば、この本は「ルーマン」の名に結びつく波に属する。その点では現在ではまだ希少なものかもしれない。社会学史の概説書では、パーソンズまでは一人一章だが、マートン以降は一人一節で書かれることが多い。また、現代の社会学の入門書では、何人かで分担するものが多いが、この本は私一人で全て書いている。その点も少しめずらしいかもしれない。

裏返せば、これは少し癖のある入門書である。それは部分的には著者である私の限界だが、部分的には「使い方」に焦点をあてた結果でもある。先に述べたように、使うことはただ知ることに比べて対象化がむずかしい。実際に使ってみせることでしか伝わらないものがある。

そうなると、私にとって慣れた使い方にそったものにならざるをえない。受け取る側も、いろいろな使い方をただ並べられても混乱するだけだろう。入門書には多様性が大切だ、自分にあうものをさがせばよい、というのにはそういう理由もある。

私の考える「「ルーマン」の名に結びつく波」が具体的にはどんなものなのかは、第1章以降を読んでもらうしかないが、あえて感覚的な言い方をすると、社会への手触りのちがいが一番大きいように思う。

これも第1章以降であらためて述べるが、社会科学は長い間、自然科学を理想にしてきた。それゆえ、自然科学者が対象を観察するように、社会科学者も対象を観察できると考えやすかった。社会学でいえば、社会学者が社会の外に立って、社会を対象化《オブジェクト》できると考えられてきた。

けれども、この本では、社会をそういう形では考えていない。社会学者は社会の内部にいる、それゆえ社会全体を鳥瞰できない。そういう考え方から社会をとらえ、社会学をしている。

こう言うと、一九七〇年代の主観主義社会学／客観主義社会学の対立を連想する人がいるかもしれないが、それとは全くちがう。主観主義／客観主義についていえば、「社会は主観的なものである」と「社会は客観的なものである」のどちらにせよ、どちらかに決定できると考える人は、実は、自分だけは社会の外においている。

全体を鳥瞰できないとすれば、本当は、決定できるともできないとも決定できない。だから、「社会とは何か」という問いは、この本でも重要な主題であるが、最終的な答えは出ない。むしろ決定的な正解が出ないにもかかわらず／からこそ、社会学ができることを示す。それゆえ、手触りがちがうとしかいえないのだが、あえて言葉にすれば、この本で考えられている「社会」は明確な輪郭をもたない。私たちを包みながら広がっている。そんな何かである。そして、それでも論理的に解明できる部分は多い。そのことがうまく伝わればいいな、と思っている。

理論と方法

これはそのまま、社会学のいわゆる「理論」に関わってくる。

「理論並列《マルチ・パラダイム》」と称されるくらい、社会学には「理論」が多い。「××主義」や「△△パラダイム」、最近は「○○スタディーズ」とも呼ばれる。私もときどき、社会学に興味をもった学生から、それらについて訊かれることがある。「読んでみたのですが、よくわかりませんでした……」といわれるのだ。何を読んだのか、どこがわからないのかを聞いた上で、「もう少し自分で考えてみて」と答えるときもあるが、こう答えざるをえないときもある。「あー、そこはわからなくていいです……」。

実は、社会学で「理論」といわれるものは、必ずしも理論とはいえない。たんに「こうなっているはずだ」と信じていたり、「そうであればいいなあ」と願っていることを述べたものがかなりある。信念も願望も社会学をする上では大切だが、理論と称するのはやめた方がよい。誤解をうむだけだ。

本来の意味での理論とは、複数の命題を組み合わせた論理的構築を通じて、あたえられたこと（＝入力）に対して特定された結果（＝出力）を導くものをいう。これには二種類ある（Fararo 1989＝1996）[5]。

一つは、（a）簡単で一般的な命題群から、論理的な操作で、より複雑でより具体的な命題群を導くものだ。自然科学における理論の多くは、こちらにあたる。もう一つは、（b）複数の命題群が成立すると仮定して、ある事象が起きたらどんな結果になるかを導くものだ。自然科学でも、地球史解読のような、反復不可能な事象をあつかう場合はこちらになる（熊澤 1988）。

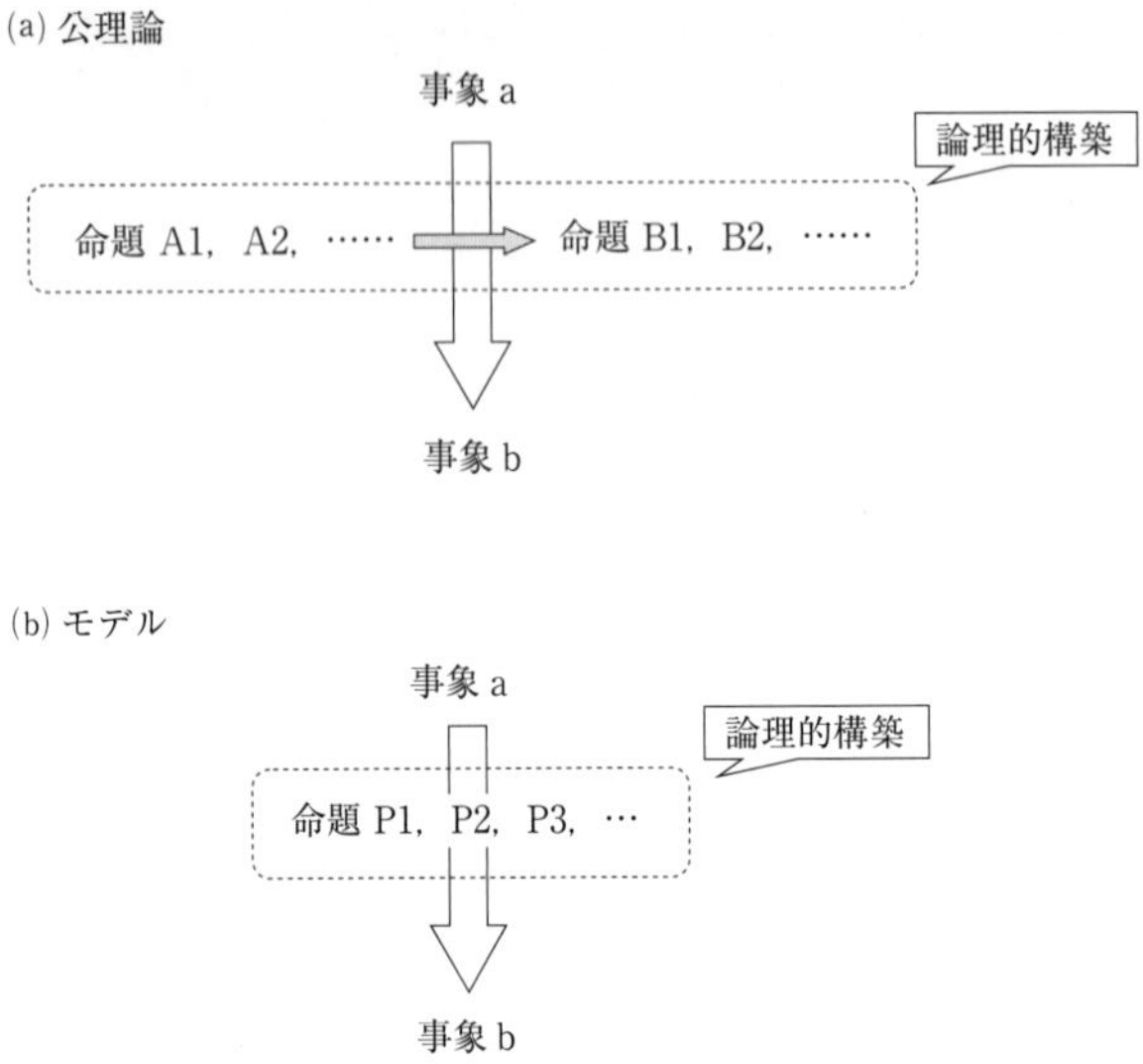

図序-2　公理論とモデル

この本では特に断らないかぎり、（a）を「公理論」、（b）を「モデル」と呼んでいる（図序-2参照）。公理論はそれ全体が個々の事象に関するモデルをあたえるので、公理論にもとづくモデルとそうでないモデル、という形に分類することもできる。公理論にもとづくモデルはその性格上、一般理論になる。そうでないモデルは通常、一般理論にはならない。具体的な範囲はさまざまだが、あてはめられる事象群が最初から限定されている。

なお、社会学には現在のところ、公理論といえるものはない。パーソンズの構造機能主義は公理論をめざしたが、失敗に終わった（第6章参照）。ルーマンのコミュニケーションシステム論は制度や社会の良いモデルになるが、公理論にしようとした彼の試みは失敗している（第12章参照）。

公理論にせよモデルにせよ、理論といえる

ものとそうでないものの間には、一つ決定的なちがいがある。それは部分的な反証可能性だ。理論の要件は特定された結果が出ることなので、外れたときははっきりわかる。例えば、モデル上では「ａならばｂ」なのに、実際にはｃになれば、外れたことになる。

社会科学では、自然科学のような客観的な観察ができない（第1章参照）。だから、個々の事象では、モデルが外れたかどうか判定できない場合は少なくない。けれども、もし正確に観察できれば、こういう事象が出てくれば外れになる、とはいえる。理論かどうかはそれで判定できる。

逆にいえば、外れない「モデル」や全てを説明できる「理論」は、理論ではない。これらは、そもそも特定された結果を導けていない。だから外れることがないし、説明できないものもない。特定された結果を導けるということは、外れる可能性があることなのだ。

本気で理論をめざすなら、概念を厳密にし論理を明確にする努力が欠かせない。そのために必要なのは、その理論候補のすごさを宣伝することではない。自分自身で徹底的に疑うことだ。外れる可能性を考える作業は、概念や論理の曖昧さを点検するとても良い手段になる。定義（definition）は限定（definition）である。

そういう感覚もつかんでもらえるといいな、と考えている。

「質と量」　もう一つの特徴は、数理や計量と呼ばれる分野に関わることだ。

社会調査士資格が広まることで、統計的な手法は日本の社会学でも必須知識になりつつある。統計学の基礎を正しく学べばわかるように、統計学というのは特異な考え方ではない。日常的な判断手続きを厳密に定式化したものである。統計学の特徴はそれを量的な基準、例えば検出力関数みたいな形で数値化するところにある。そのためにはたしかに技法が必要だが、使う論理そのものは決して特別なものではない。それこそ、常識を洗練させたものにすぎない。

第3章や第5章で述べるように、〈今の社会学〉が成立する際にも、道徳統計学から大きな影響をうけている。イングランドが長く「社会学不毛の地」となった理由の一つもそこにあるが、それだけに〈今の社会学〉の成立に関わった方法的な課題群は、統計学や計量分析の術語を使うと、見通しよく整理できる。

この本ではそういう点にも気を配って書いた。といっても「数理や計量で学ぶ社会学」をめざしたわけではない。デュルケームやウェーバーの社会学に出てくる重要な議論や論点は、計量の専門術語とも重なる。それを示すことで、統計学や計量分析で使われる論理が特殊なものではないことも理解してもらおうと考えた。だから、この本を読んでも、数理や計量が身につくわけではないが、変な警戒感や劣等感、あるいはその裏返しの神聖視は減らせるのではないかと思う。

もっと具体的にいえば、この本では「量と質」という議論はしない。私はこれを最もばかげたお題の一つだと考えている。そんな対立は存在しない。あるのは論理だけだ。

量的あつかいがしやすいものとしにくいもの、確率論的にあつかえるものとあつかえないもののちがいはある。量的測定や確率論的なあつかいには、一定の条件をみたす必要があるからだ。だが、それはそういう条件が経験的にあてはまりそうか、とか、そういう条件を理論的に仮定するか、といったちがいでしかない。経験的にあてはまりそうな場合には、そういう扱い方をすればよい。理論的に仮定した場合には、その仮定から直接導かれる命題は、探究の結果ではなく、仮定のくり返しだと位置づければよい（第5章第2節参照）。質と量の間に、それ以上の本質的な差異があるわけではない。

経験的な探究課題《リサーチ・クエスチョン》と社会学

だから、計量分析の手法は広く学ばれるべきだし、量的にあつかえるものは量的にあつかうべきだと私は考えているが、経験的な探究課題（research question）を立ててそれを解くのが社会学の全てかといわれれば、それはちがう。

この種の対立も昔からあって、計量的な手法が広まる前は、「農村や工場を現地調査しなければ社会学ではない」といわれていた時期もある。経験的な探究課題を立てて解くのは、たしかに面白いし、役立つことも少なくない。だから、好きな人はどんどんやればいいが、それだけが社会学だとは、私は全く思わない。

そもそも、経験的な探究課題に専念する人と、抽象的な一般理論や思想が好きな人との間に、私はあまりちがいを感じない。たんに、それぞれ自分が好きな問いと答えの形式があるだけだと思う。そして、私はそれが悪いとは全く考えていない。その成果が一定程度論理的で、面白くて、そして社会学の専門家以外の人の「知りたい」気持ちに応えるものであれば、それでよい。

論理的でなければならないのは、社会科学である以上あたりまえだ。好きでなければ、面白い作品はつくれない。好きなことをやるときに、人はその力を一番発揮できる。その意味でも、好きだからやるというのはよいことだ。

だから、あえて選別の基準になるものがあるとすれば、専門家以外の「知りたい」気持ちに応えられるかどうかだが、私の観察では、少なくとも日本語圏ではこの幅はかなり広い。現代日本の職業達成の世代間不平等を数値の形で知ることも、「世の中」とか社会とは何なのかを抽象的な言葉の形でとらえることも、そのなかにある。一人一人の社会学者の「好き」の幅よりも、世の中の「知りたい」の幅の方が広い。

ならば専門家同士が「こんなの、社会学じゃない」と排斥しあう必要はない。もちろん、「知りたい」に応える答えの探し方や見つけ方に、社会学の固有の特性がある必要はある。社会学という学術はその周りで思考を積み重ねてきたし、よりよい形で具体的な方法にする試みをつづけてきた。

それ以外の面で、「社会学である／でない」という線引きは要らない。例えば、社会科学である以上、つまり、複数の当事者に共通して成立する事態を、複数の観察者が共通して理解できる形で説明する営みである以上、第三者による検証可能性は欠かせない（序章第1節）。けれども、主題と資料によって、適切な検証水準は変わってくる。

わかりやすい例でいえば、無作為抽出の全国調査による階層の計量研究と同じレベルの検証可能性を、理論社会学に求めるのは無理だ。あるモデルを仮定すると、一見関連なさそうなデータや観察が意外な形で整合的に説明できることを示せば、十分よい検証になる場合も少なくない。あるいは、自己産出系論の最も基底的な部分などでは、同じ事態を複数の研究者が別々のやり方で考え詰めていって、ほぼ同じ結果にたどりつくか、試してみる。そんな思考実験をくり返すしか、検証のしようがない。

それでも検証になる。実際、後者は数理モデルの数値実験《シミュレーション》と同じやり方だ。そして、そういう形でも検証は欠かせない。例えば、ルーマンでもウェーバーでも誰でもいいのだが、特定の一人の社会学者の考えたことの、前提と道筋を無条件に承認するのはおかしい。それは、重要な調査データは公開され、複数の研究者によって検証される必要があるのと全く同じことだ。私はそう考えている。

というわけで、最初の出発点に戻ってきた。なぜ「入門書や解説書には多様性が大切だ」「自分にあうものをさがせばよい」のか、その理由がわかってもらえただろうか。

ここで述べられているのが唯一の正しい社会学だというつもりは全くない。というか、こういう説明のしかた、社会学の語り方自体が、すでに、社会学の使い方の一部なのである。社会学が何をどう語れるのかという問いと答えが、ここにはすでにふくまれている。

それがこの本の主題でもある。内部から観察するというのは、そういうことでもあるのだから。

注

（1）より正確な言い方ではこうなる。「モデルのエンジンに相当する普遍命題群が実在と似ようと似まいが関係ない、重要なのは、説明に関わるコストとベネフィットのバランスだ、というのが経済学の態度です。……社会学では、実在と似ていない普遍命題群であっても初期条件と帰結が観察文とマッチするがゆえに、「確かに社会を説明してもらった」と納得することはありません。社会学への需要は、実在「とよく似た」モデル（意味論的対象）「に当てはまる」理論（言語的命題群）を、首尾よく提供できるかどうかに、ひとえに関係します」（宮台 2010：62）。

逆にいえば、自然科学ほど信頼性が高くないデータや観察によって、それ自体で妥当性をもてない公理の妥当性を主張しなければならないところに、経済学の限界がある。その限界に無自覚になったとき、経済学は信仰に転じるのだろう。

(2) この本では、デュルケームに始まりウェーバーでほぼ確立される社会学的思考の流れを「〈今の社会学〉《モダン・ソシオロジー》」と総称する。「今の《モダン》」は「現在の」というより「現在につづく」の意味である。この〈今の社会学〉以外で「今」というときは、特に断らないかぎり、執筆時点の二〇一〇年前後をさす。

(3) 「ロタリンギア」は現在の「ロレーヌ(ロートリンゲン)」の語源だが、もともとライン川中・下流域を広くさす名称だった。

(4) 言語の単位や名称は複雑だが、この本ではロマンス語群とゲルマン語群という言い方を使う。ロマンス語群はラテン語から派生した言語をさし、フランス語、ワロン語、イタリア語、スペイン語などがふくまれる。ゲルマン語群は言語学でいうゲルマン語派にあたり、ドイツ語、オランダ語、フラマン語、デンマーク語などがふくまれる。英語はゲルマン語群だが、フランス語の影響を強く受けたため、ロマンス語群の特徴をかなりもつ。

社会科学の言語としては、複合名詞のつくり方で特に大きな差が出る。漢字熟語を複合させて新たな熟語をつくれる日本語は、その点でゲルマン語群に近い。

(5) ただし、メタ理論的にいえば、私の立場ではパーソンズの「リアリズム」は実念論、ファラロのいう〝overt〟は「実在的」ではなく「経験的」にあたる。第5、6、8章参照。

第Ⅰ部　社会学の形成と展開

第1章　社会を観察すること
——社会学とは何か——

この章では、社会学の定義をとりあげる。社会学は従来、社会という最も広い対象をあつかう社会科学だとされてきた。経済や政治といった個々の制度ではなく、それらをふくむ社会全体を探究するものだといわれてきた。

しかし、社会学の本当の特徴は、あつかう対象の広さや種類にはない。「自分自身が関わる事象を正面からあつかう」という、観察者と対象との独特な距離にある。『常識をうまく手放す』と『社会が社会をつくる』という、社会学の二つの基本的な考え方も、その独特な距離から生み出された。

この「自分自身が関わる事象を正面からあつかう」ことによって、社会学は他のどんな社会科学よりも、社会を内部から観察するという性格を強くもつ。そうした形で社会学を定義し直すことを通じて、社会学がどんな視座をもち、どんな限界をもつのかを解き明かしていこう。

1　社会学の奇妙さ

社会学と古典

序章でも述べたように、社会学にはいくつか奇妙に見えるところがある。その一つは「古典」と呼ばれる作品が今も読まれていることだ。ひと昔どころか、五〇年前、一〇〇年前の研究が現役で生きている。序章であげたマートンの『社会理論と社会構造』やウェーバーの「プロテスタンティズムの倫理と資本主義の精神」などがそうだ。

全ての学術には、その基礎をつくった偉大な研究がある。それらは「古典」と呼ばれ、尊敬されているが、全ての分野で古典が現に読まれているわけではない。数学や自然科学では大概そうだ。

例えば、現代の物理学者のなかで、A・アインシュタインの相対性理論やW・ハイゼンベルクらの量子力学の論文を、実際に読んだ人は少ないのではないか。標準的な教科書にその内容がもっと読みやすく、整理された形で写しとられているからだ。社会科学でも、経済学にはそういう面がある。P・サミュエルソンの『経済学』のような標準的な教科書があり、それにそって学習できる。

社会学はそうではない。例えば「社会学をわかりたいから何か一冊紹介して」と頼まれたとき、私はいつもマートンの『社会理論と社会構造』を薦めて、「目次を見て、一番面白そうなものから読んだら」と答えることにしている。意地悪でも、煙に巻いているわけでもない。もし本当にやる気があるならば、それが一番早い途なのだ。

ちなみに、『社会理論と社会構造』は「機能的等価」の考え方を提唱したことで知られる。第8章で述べるが、これはその後、ルーマンによってさらに洗練されて、現代の社会学の最も重要な手法の一つになっている。ところが、ルーマンが指摘しているように、実はマートンも最初の発案者ではない。イマニュエル・カントが『純粋理性批判』で「機能」をこういう形で定義している（1787：95 = 1961：141、第8章第3節参照）。なんと二五〇年近く前！

たんに定義が同じというだけではない。それならば、もっと旧い例だって見つかるだろう。カントが機能をそう定義した理由と、マートンが機能的等価を導入した理由は重なる。少なくとも部分的には同じ理由で、二人はこう定義したのだ。

機能的等価のくわしい解説は第7章と第8章で述べるが、社会学にはつねにそういうところがある。社会科学のなかでも、とりわけ古典が今も生きている学なのである。言い換えれば、単純な意味での「旧い／新しい」が成立しない。

なぜ、そんなことがおこるのだろうか。

社会学の定義

答えを最初にいっておこう。それは、社会学が自分自身が関わる社会事象を正面からあつかう学だからである。

この点で、社会学は他の社会科学と決定的にことなる。より正確にいえば、どんな社会科学でも自分自身が関わる社会事象をあつかうが、社会学はそれを正面からあつかう。

序章では、これを『常識をうまく手放す』として述べた。そこでは『うまく』に重点をおいて解説したが、実はこの表現では『手放す』も同じくらい大事である。例えば、もし「常識を覆す」といえば、その常識は必ずしも自分のものではない。むしろ他人の常識の方が多いだろう。けれども「手放す」のは自分の常識しかない。

そもそも『うまく』が重要になるのも、手放すのが自分の常識、特に自分に関わる事象をめぐる自分の常識だからである。自分に関わらない他人事ならば、人はかなり冷静に考えられる。それこそ他人事だから、どう考えてもかまわないことも少なくない。逆にいえば、自分に関わる事象だから、うまく考える必要があるし、にもかかわらず、うまく考えにくい。そこに社会学の方法が活躍できる場もあるわけだ。

一人一人の社会科学者にも、この特徴はあてはまる。出身は経済学や政治学でも、自分自身が関わる社会事象を正面からあつかうようになると、その人は社会学にどんどん近づく。反対に、社会学の学科や大学院を修了しても、正面からあつかわない形で研究を進めていくと、だんだん経済学もどきや政治学もどきになっていく。

「もどき」というと、ばかにしたように聞こえるかもしれない。だが、実際には「もどき」にならないのは簡単ではない。自分があつかっている対象とあつかっている自分自身の間に、その都度その都度、適切な距離をとらないといけないからだ。それにはそれなりの経験と訓練が必要だし、経験と訓練を積んでいても失敗する。私もよく失敗する。失敗しながら、より適切な距離をみつけていく、といった方がよいくらいだ。

だから、「これが適切な距離だ！」などと口が裂けても言えないが、適切でない距離の取り方ならば、ある程度わかる。よくある失敗は二つだ。距離をゼロにすることと、距離を無限大にすることである。ゼロの場合は、自分自身の主観がそのまま社会になってしまう。無限大の場合は、社会が自分から切り離された客観的なモノになってしまう。

実際には、二つのうちのどちらというより、無限大とゼロの間を振動することが多い。たぶん本人は論理的に話しているつもりなのだろうが、話題によって無限大になったり、ゼロになったりする。おそろしく理路整然としているが現実離れした議論と、当人の個人的な感情や利害の表出とが、ごちゃまぜにされる。その上、話している当人は論理的なつもりなので、話が通じない相手の方が「頭が悪い」とか「聞く気がない」とか決めつけてしまう。そういう結論の出し方が、また無限大かゼロかの二者択一なのだが……。

いそいで断わっておくと、そういう人の頭が悪いわけでは全くない。例えば理系の研究者などにしばしば見られるように、ご自身の専門分野では優秀な人が少なくない。逆にいえば、ゼロでも無限大でもだめなのは、考える人の側というよりも、対象の側の特性なのである。正確にいえば、考える人と対象との関係のあり方の特性だ。

自分自身が関わる社会事象を正面からあつかう作業には、つねにそういう難しさがつきまとう。社会学とは、いわばそんな困難な作業で使える技法《アート》の集積体なのである。

「技法」というのが、なんとも微妙なところだ。技法だから、経験と訓練によってある程度身につけることができる。論理的に定式化できる部分も少なくない。そして、論理的にいえる部分については、そうした方がよいのはいうまでもない。

定義のいろいろ

だが、全てが明確な方法論や公理論にまとめられるわけではない。自然科学のように、第一公理がこう、第二公理がこう……と、きれいな体系化はできない。『常識をうまく手放す』とか『社会が社会をつくる』みたいな形でしか伝えられない部分がある。それは社会学とは何かに深く関わっている。

先ほど、社会学は自分自身が関わる社会事象を正面からあつかう学だと述べたが、日本語圏ではこの形の定義はまだめずらしいと思う。何も定義しないか、あるいは「社会学は社会全体をあつかう」とする方がふつうだろう。実際、社会学の歴史はそんな「全体」の書き換えの歴史としても描ける（佐藤 2008：序章）。

こちらの定義にもよいところはある。他の社会科学とのちがいがわかりやすいのだ。経済学は、社会のなかの経済という部分をあつかう。政治学は、同じく政治という部分だけをあつかう。それに対して、社会学は社会全体をあつかう。

かつては「だから社会学は他の社会科学より偉い！」と主張されたこともある。「綜合社会学」とか「社会学主義（sociologism）」と呼ばれる考え方だ。偉いといっても、そもそも社会学という語ができたのは一九世紀で、〈今の社会学《モダン・ソシオロジー》〉となると一九世紀の終わり頃以降の、一〇〇年少しの歴史しかない。経済学や政治学よりずっと新しく、研究の蓄積も薄い（第12章～終章参照）。

実際、経済学者や政治学者にいわせれば、「だから社会学は偉い」のではなく、「だから社会学は緩《ユル》い」だろう。経済学や政治学は、社会の一部である経済や政治の動きをなんとか解明しようとしてきた。裏返せば、まだうまく解明できていない部分がある。だからこそ、研究している。つまり、経済や政治という社会の一部の、そのまた一部しか解明できていないのが現実であり、経済学者や政治学者はその現実と日々格闘している。

それなのに、そこで「全体をあつかうからオレは偉い！」といわれても、まともに相手をする気になれないだろう。なれない方がまともである。

2　観察者と対象

広く見ることと全体を見ること

念のためつけ加えておくと、社会学主義もただ範囲が広いから偉い、と主張したわけではない。「一部だけ見ているとわからないことがある」「視野を広げることで解明できる」と主張した。領域横断的にやれば解ける、というわけだ。

この理由づけ自体はまちがいではない。正確にいえば、横断的に考えていくと、関係する要因が爆発的にふえて、かえって混乱する場合も少なくない。だから「解ける」ではなく、「解けることがある」と限定する必要があるが、そう限定すれば、正しい考え方の一つだといってよい。

例えば、経済や宗教の動きから政治が解き明かせることもある。実際、ウェーバーやルーマンといった「偉大な社会学者」は、そういう仕事もしている。むしろ、そういう仕事をしたからこそ、他の社会科学の専門家からも評価されている。そのおかげで、社会科学という商店街《アーケード》のなかで社会学の店を開けたところもある。

しかし、これでは「全体をあつかう」十分な理由にはならない。

「一部だけだとわからないこともあるから、視野を広げてみる」。これは正しい考え方の一つだが、これによって正当化されるのは、社会の全体を見ることではない。（a）見る部分を広げることと、（b）全体を見ることはちがう。領域横断的に考えることと、社会学主義とはちがう。だから、（a）は（b）の部分的な理由にしかならない。「視野を広げる」という答えはここで行き詰まる。

そうなると、発想を転換する必要がある。少し手前まで戻って、考え直してみよう。

「全体」のもう一つの意味

①視野の広さと「全体」はちがう。②視野を広げることでかえって解けなくなることもある。この二つから導き出されるのは、視野の広さそのものは「全体」とはあまりうまく結びつかない、ということだ。「全体」が一番広いというのは事実であり、それゆえその広さも最終的には何らかの形で関わるだろうが、「全体」を持ち出したくなる理由は別のところにあるらしい。

こういう場合に、使える技法がある。問いそのものをわざと少しずらしてしまうのだ。広さそのものに答えを求めると行き詰まる。だとすれば、全体を見ているとすることで、何がおきているのかを考えてみたらどうだろう？

少し先回りになるが、この技法は社会学ではよく使われる。「潜在的機能」とか、最近では「構築」と呼ばれたりもする。全体を本当に見ている、のではなく、全体を見ていることにしている、とする。事実はこうだ、とするのではなく、事実はこうだと了解されている、とする。そういう風に、事態をわざと少しずらして見てみるわけだ。

この技法は応用範囲が広く、実際、これを使っただけでかなり社会学っぽくなる。便利な技法だが、あまり使いすぎると、世の中の人々はみんな壮大な幻想を信じていて、かつ自分だけがその幻想に気づいている、みたいなイタい話になりかねない。その点は注意する必要がある（第9章参照）。

寄り道をしてしまった、社会学の定義の話に戻そう。「全体をあつかう」とすることで何が生じるのだろうか。いくつか候補は考えられるが、その一つは、見ている自分が必ずその内部にあることだ。

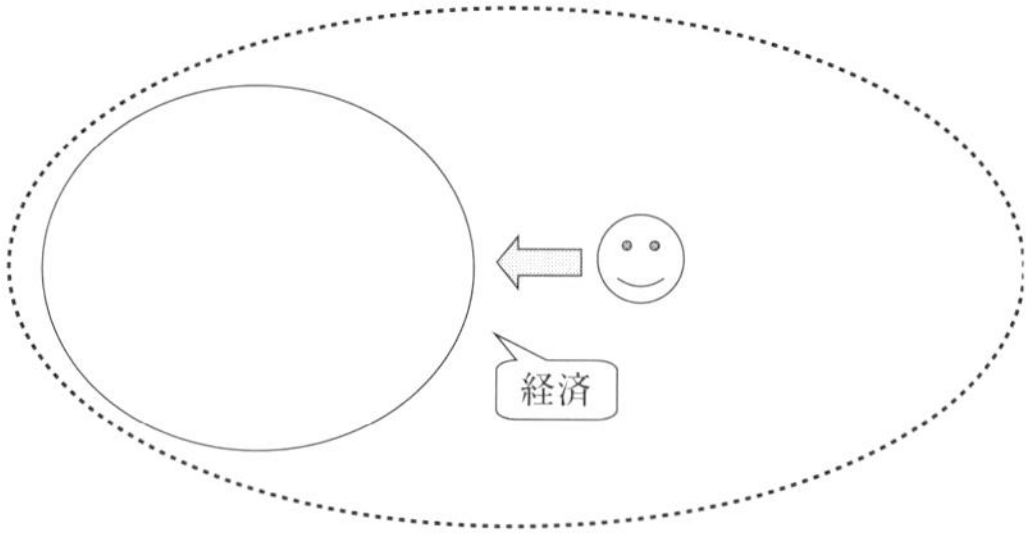

図１-１　経済と観察者と社会――外からだと全体が見渡せる

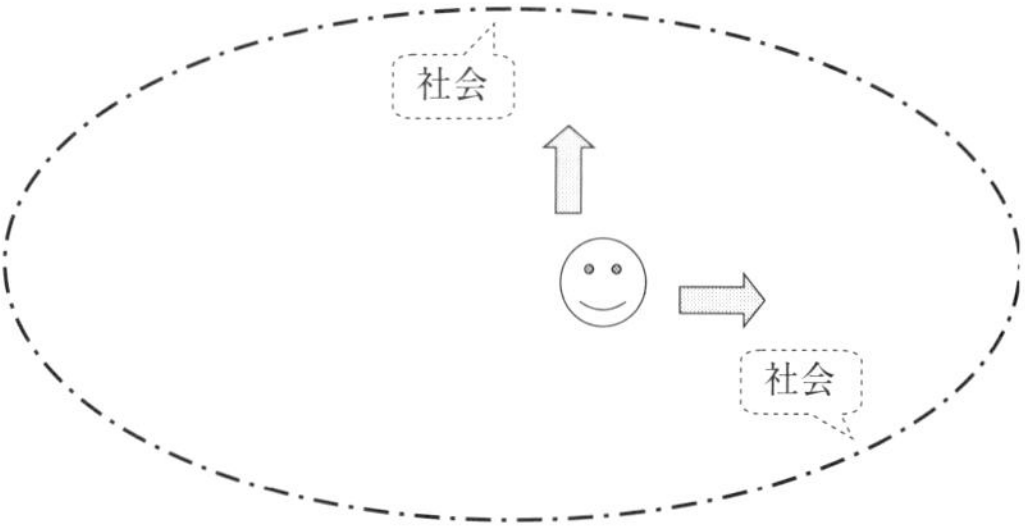

図１-２　社会と観察者と社会――内からだと全体が見渡せない

見ている対象が社会の一部である場合、これは成り立たない。例えば経済を見ている場合、必ずしも経済学者はその内部にいるとはかぎらない。だから、経済が経済合理性で動くとしても、経済学者も経済合理性で動くと考える必要はない。

わかりやすくいえば、経済学者もお金儲けのために研究していると考える必然性はない。真理のために研究しているとしてもよい。経済学は効用という概念を使うので、お金儲けと真理をもっと洗練した形でつなげられるが、Ｊ・Ｍ・ケインズが「長期的には我々はみな死んでいる（In the long run we are all dead)」と述べたように、自分自身を自分の分析の論理の外におく傾向はあるようだ。

見ている対象が社会の一部である場合、観察者自身は対象の外部にいられる。だから、自然科学と同じようなあつかい方ができる。対象を自分とは切り離されたモノとしてあつかえるのだ。擬似的に無限大の距離をとって、その全体を見渡せる。

ところが、社会の場合はそうはいかない。観察者が対象の内にいるので、むしろ全体を見渡しにくい。図に描けば、図1-1、図1-2のような感じだ。

(b)「社会の全体を見る」場合、見る人間が見ている対象の外部にいることはありえない。観察者は必ず(c)観察される対象の内部から観察している。

内から見る技法

いうまでもなく、(b)と(c)はちがう。(b)ならば必ず(c)だが、(c)だからといって(b)ではない。むしろ、(c)すなわち対象の内部から見ている場合、(b)全体を見るではない方がほとんどだろう。少なくとも、(b)かどうかを判定する手段がない。どう見れば全体が見渡せるかもわからない。図1-2で「社会」が点線になっていたり、視線の方向が複数あったりするのはそのためだ。

わかりやすくいうと、「全体を見ている」と主張するのは簡単だが、実際に全体が見えていると考える根拠はとぼしい。その点でいえば、社会学主義があやしげに見えるのも、もっともだ。だとすれば、(b)の意義はむしろ(c)を強いることではないだろうか。

『とすることで、何が〜』の技法の核心はここにある。本当は(b)全体を見ているとはいえなくても、(c)は成り立つ。一方、(a)「視野を広げる」と比べると、(c)はもっと特定されている。自分自身を対象として含むという形で、どの方向に視野を広げるかを指定しているからだ。いわば、特定されているが成立するかどうかがあやしい（b）と、成立するが漠然としている（a）との間で、適切な着地点を探す。そういう技法なのである。

その意味で、この技法も、序章で述べた「独学できる／できない」と同じく、『常識をうまく手放す』やり方になっている。常識からあまり大きく離れず、それこそうまい距離を見つけ出す。独学の例にならっていえば、「全体をあつかう」という定義も部分的には正しい形で答えを見出す。そうすることで、別の平板な常識を持ち込むことも避けられる。

ついでいうと、この技法を使うときには、もう一つ注意すべき点がある。（c）として説得的な答えを示すと、今度は「そんなの、気づいていた」という反応を食らいやすい。適切な着地点というのは、多くの人が半ば気づいているが、うまく言葉にできていなかったものである。それを他人の口から聞かされると、「自分も気づいていた」と感じる人が出てくる。他人事のように書いているが、私自身、何度もそう言いたくなった。

だから、この方法ではうまくずらしたことも印象づけた方がよい。実際、先の説明でも、そのための補助技法《テクニック》を二つ使っている。

一つは、ずらす前に、ずれる前の状態を読み手や聞き手に確認させる。社会学主義にふれておいたのはそのためだ。それによって、本気で「全体を見ている」と信じられてきたことを印象づけておいた。もう一つは、答えだけでなく、答えの受け取り方も指定しておく。先の話でいえば、「自分も気づいていた」と思いやすいことにふれておく。それによって、「自分も（c）だと気づいていた」という感覚を自分で疑うようにしておいた。

『常識をうまく手放す』には、うまく手放したとわかってもらう工夫もいるのだ。

3　距離感とまなざし

またわき道に入ったので、元にもどろう。

観察者が観察する対象の内部から観察している。観察する対象と観察者自身が切り離せない。そういうあり方を科学哲学では「内部観察」と呼ぶ。つまり（b）「社会学は社会の全体を見ている」という定義は、本当は（c）「社会学は社会の内部観察である」という意味ではないだろうか。

内部観察と外部観察

社会の一部をあつかう経済学や政治学では、社会科学者は必ずしも対象の内部にいるわけではない。だから、内部観察的にも外部観察的にもやれる。それに対して、社会学者は社会という対象の内部に必ずいる。だから、社会学はつねに内部観察になる。たとえ社会の一部を対象にする場合でも、内部観察的な視線をとることで、社会学らしくなる。最初に述べた「社会学は自分自身が関わる事態を正面からあつかう」とはそういうことだ。

その感覚を社会学者はさまざまな形で言葉にしようとしてきた。例えば、カール・マンハイムの「部分的イデオロギー／全体的イデオロギー」（Mannheim 1929＝2006）。これは外部観察／内部観察の区別にほぼ対応するが、マンハイムがマルクス主義への批判、というかマルクス主義からうまく距離をとる旋回点として見出したものだ。

ウェーバーの「価値自由」やマートンの「中範囲の理論」にも同じような含意がある。その現代版をあげれば、こんな感じだ。

自らを学として理解するようになって以来、今日まで、社会学は自らを中心に、あるいはまた学を中心において動いてきたように私には思えます。そして、社会を社会学の環境として、一連のいわゆる社会的事実 fait sociales（デュルケーム）として、すなわち社会的事態として、あるいはモノ《オブジェクト》として、探究しようとしてきたように思えます。そのとき、社会学は、自分自身も自らの探究する事態の一部であるという問題に突き当たります。社会学に取り組む場合、そしてそうすることで方法的な自己意識の一種に取り組む場合、「いつまでもこうしてはいられない」と最初から見通せている線路の上を進んでいるのです。なぜならば、学問と環境の関係の循環性を、すなわち学というシステムと社会というシステムの関係の循環性を、いずれ痛感させられるからです。

（Luhmann 2005 = 2009 : 59-60、訳文は一部変更、以下同じ）

社会学をする感覚

この文章は、ニクラス・ルーマンが教えていたドイツのビーレフェルト大学での講義録からとってきた。こんな話を聴かされる学生は大変だろうが、教える側の気持ちはよくわかる。社会学には、こうとしか言いようがない面がある。そうである以上、社会学を学ぶ学生には言っておきたいのだ。たとえ最初は何もわからず、困惑する顔ばかり見ることになっても。

ルーマンが「いずれ痛感させられるだろう」と述べているように、頭でわかるというよりも、こういう感覚を体験することで、社会学が使えるようになっていく。少なくとも私はそうだった。だから、この本もある意味では、この文章への私なりの解釈——ルーマンとは意見がちがう面までふくめて——である。

まあ、くわしい内容はゆっくり解説していこう。ここではとりあえず、自分自身が関わる社会事象を正面からあつかう学という定義が、私一人のものではなく、ルーマンのような偉大な社会学者もよく似たことを語っている。それだけ確認できればよい。もちろん政治学者や経済学者にも同じように考えている人はいるが、政治学や経済学では、こうした位置づけの話が最初に出てくることはまずない。逆にいえば、そこに社会学らしさの一端がある。「正面から」という形容句をつけた理由もそこにある。

「自分自身が関わる」のなかには、当然、社会学も含まれる。というか、今述べた社会学の定義をめぐる解説は、『常識をうまく手放す』という考え方がなぜ要請されてくるかの説明であるとともに、従来の定義を再検討し、より的確に事態をとらえ直すことで、『常識をうまく手放す』事例にもなっている。つまり、「全体をあつかうのが社会学」という、社会学自体をめぐる常識をうまく手放す演習でもある。

社会学では、社会学をすること自体も社会学されざるをえない。それも何か特別な反省としてではなく、社会学することの自然な延長として。内部観察である以上そうならざるをえないが、それだけに、下手をすれば無限後退の底なし沼が待っている。

実際、社会学者はそういう「病理」にはまりやすい。具体的な事態やものをあつかう前にぐるぐる回りを始めて、それで社会学したつもりになってしまう。方法論の方法論の方法論の……とか、理論の理論の……といった形で、どんどん内閉化していくのだ。あるいは、その裏返しで、「内部観察だ」といいながら、実際には外部観察的な手法や文体にすり替わっていることもよくある（第２章、第９章参照）。先の「政治学もどき」や「経済学もどき」で述べたように、こうした「もどき」はたんに個人の能力の問題ではない。私だって社会学もどきをやりがちだし、社会学の「理論並列《マルチ・パラダイム》」状況も、部分的にはその産物だと思う（序章第３節）。それに歯止めをかけるためにも、『うまく』という距離感は大事になる。

五つの特徴

大体どういう感じなのか、少しつかめただろうか。

どうしてこんな考え方が出てきたのか、そして、具体的にどんなとらえ方や見方をすることになったかは、第２章以降で社会学の歴史をたどりながら解説していくが、これまで述べたなかでも、すでにいくつかの特性は顔を出している。簡単に箇条書きしておこう。

（１）社会学は社会科学のなかでも自然科学から一番遠い。それは対象から独立した観察者を想定しづらいからだ。そのため、対象が客観的なモノになりきれない。内部にいるので、どう見えるかも相対的な位置によってちがってくる。

（１）から二つのことがいえる。まず、

（２）社会学では操作的な定義にもとづく体系的な公理論はつくりにくい。正確にいえば、成り立つ

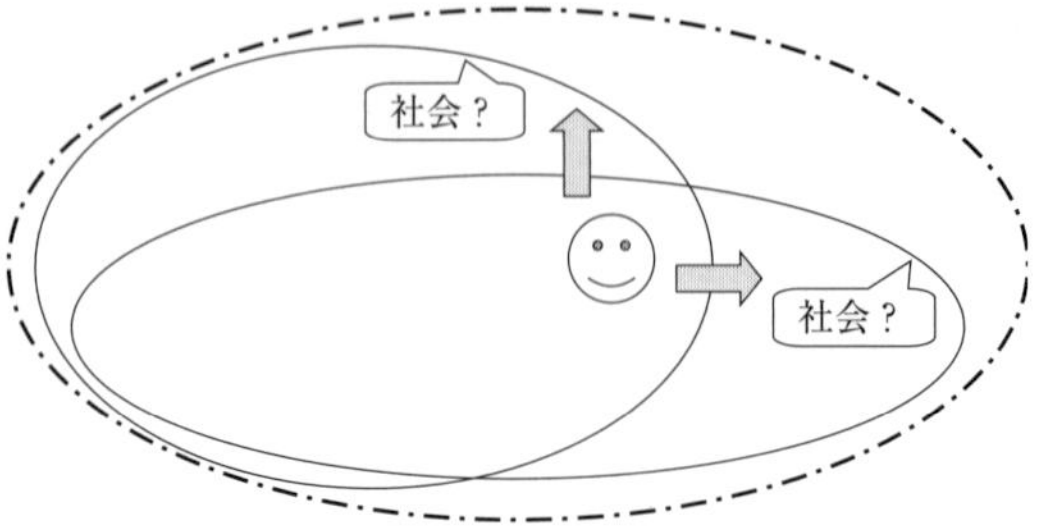

図1－3　「社会」はいろいろな形に見える

可能性が狭い。

操作的な定義の利点は、たとえ直感的には不自然であっても、誰にとっても同じ意味になるところにある。それゆえ、全ての人にとっての共通の出発点になれる。議論する対象が明確に特定されている場合には、そういう形で考えていくのが一番よい。

ところが、社会学ではそもそも何が考えるべき対象なのかが、一般的な形では特定しづらい。それこそ「社会とは何か」すら千差万別だ。これも内部観察から来る。どの範囲をとれば十分に社会をとらえたといえるかが、特定できない（図1-3参照）。それゆえ、全ての観察者に共通するよい出発点を決めることができない。

さらにもう一つある。

（3）　社会学者だけが社会を観察しているわけではない。当事者、わかりやすくいえばふつうの人々もまた、社会を観察している。当事者の観察はもちろん内部観察であり、また社会学者も内部にいるという意味では、当事者でもある。

観察者と当事者の間には絶対的な差異はない。観察者も当事者である、それも二重の意味で。第一に、観察者もまた社会の内部を生きているという意味で当事者であり、第二に、観察者は観察するという営みにおいてまさに当事者である。

この章での考察も、実はその一例になっている。これまで社会学をめぐる定義、正確にいえば、社会学における社会学の定義をみてきた。それは、社会学に専門的に関わる当事者としての社会学者たちが、社会学をどう見ているかという話でもある。

つまり、社会学の定義とは社会学者による社会学の観察であり、それゆえ、社会学者による社会学という営みの内部観察である。それを私は考え直してみた。そして、当事者たちの従来の定義＝「社会学は社会の全体をあつかう」が妥当でないことを指摘し、「社会学は社会を内部観察する方法である」が正しい見方ではないか、と述べた。

社会学を社会学するとは、簡単にいえば、そういうことだ。すでに述べたように、考え直せる時点で、実は答えは半ば気づかれている。自覚的に別な視点をとることで、それをより的確に言語化しやすくなるのである。

それゆえ、（2）と（3）にもかかわらず、というより、（2）と（3）だからこそ、

（4）　論理的であることが大切になる。自然科学のような理論が成り立ちにくいからといって、論理的に考えられないわけではない。むしろ公理や定理の形に整理しにくい分、目の前にある事象を的確に言語化することが大事になる。

全ての社会学者が共有できる出発点をもてないからこそ、その都度その都度、例えば何をあつかっているか、どんな面をみているかを、できるだけ自明な言葉で定義し、できるだけ論理的に議論する必要がある。その場で手作りの理論（モデル）をつくっていかざるをえないことも多い。

その意味で、社会学においても明確な定義と明晰な論理は欠かせない。したがって、

（5）　計量分析などの自然科学で育まれた手法も、適切な限定をつければ十分に使える。

社会学は自然科学から最も遠い社会科学だが、自然科学から来た手法も適切に使えば、十分に役に立つ。

こうした特徴をもつ社会学の思考がどうやって展開されてきたかを、これからみていく。これにも本当はさまざまな歴史があるが、ここでは「古典」と呼ばれる著作を書いた社会学者たちをとりあげる。ただ、私の好みもあって、とりあげ方は少し変わっているかもしれない。「社会実在論」や「方法的個人主義」、「実証主義／反実証主義」といった分類ラベルを貼り付けるよりも、一人一人の学者の事象を触る手つきや感覚をとらえてみたい。タルコット・パーソンズのように、ラベルにもっぱら興味があった人もいるが、彼の社会システム論もR・ベイルズによる小集団の研究から大きな示唆をえていたといわれる（Bales 1950、第6章参照）。

だから、ここでは、それぞれの社会学者の具体的な方法に焦点をあてる。そういう意味では、かなり

実践的な本だ。現代の方法を解説しながら、それとのちがいで「古典」を読み解いていく。裏返せば、「古典」を読みながら現代の方法を解説する。そういう紹介や解説として読んでくれても、もちろんかまわない。

方法は、実際に使ってみなければわからない。どんなに立派な泳ぎ方の講義を聞くよりも、実際に泳いでみた方が身につく。そんなところがある。そういう意味でも、これは社会学の使い方の本である。

第2章　始まりのデュルケーム
——二重の少数派として——

一八三五年の初め、アルザス出身の一人の青年が、ヴォージュ山地を西へ越えていった。今からふり返れば、社会学の始まりはそう描くことができる。その青年の子ども、エミール・デュルケームは「アルザス・ユダヤ人」という二重の少数派として生まれ、一九世紀後半の西欧の近代産業社会を生きていった。

当時のフランス第三共和国は、社会の道徳的再構築をめぐって、教権派と反教権派が激しく対立していた。そのなかでデュルケームは、共和国主流派の反教権派に寄り添いながら、「科学」としての社会学を立ち上げていく。一九世紀前半の社会学者たち、コントやスペンサーとちがって、デュルケームは社会学を高等教育と研究機関のなかに組み込むことに成功した。それは二重の少数派を制度化することでもあった。

現代につながる社会学、すなわち〈今の社会学《モダン・ソシオロジー》〉の思考と制度は、そんなデュルケームの営みに始まる。この章では彼の時代と社会の背景を紹介しながら、交通と境界の空間に育まれた社会学の歴史に光をあてていく。

社会学の固有性は社会全体をあつかうことではない。自分自身が関わる社会事象を正面からとりあつかうことである。そこに社会学の最も重要な特徴がある。

1　〈今の社会学《モダン・ソシオロジー》〉の誕生

一九世紀と二〇世紀の社会学

第1章でそう述べたが、昔からこう考えられていたわけではない。一九世紀の前半、「社会学」という言葉が生まれた頃の社会学者たちは、はるかに壮大なことを考えていた。例えば、この名称を最初に使ったのはオーギュスト・コントだが、彼は社会発展の三状態説を唱えている。それによると、社会は「軍事的」→「法律的」→「産業的」という三段階で進化し、これは人間精神が「神学的」→「形而上学的」→「実証的」という三段階で進歩していくのに対応する。人類史をわずか数行で要約したわけだ。

現在からみると笑い噺だし、正しい／正しくない以前に、こんな粗雑なまとめ方のどこが面白いのか、私自身は全く理解できないのだが、社会学でこうした議論がなくなるのは、そんなに旧いことではない。私が学生だった一九八〇年代前半では、コントの著作も一応目を通しておくべきとされていた。

それが大きく変わるのは、八〇年代後半の「社会史の爆発」以降である。この頃から社会史や人類学の知識が社会学にも本格的に入ってくるようになる。それによって近代化論は様変わりし、日本語圏でも歴史社会学が成立してくる（佐藤 1998）。

とはいえ、コントの社会学をただ乱暴な議論として片づけるのもまちがいだ。彼の社会学は当時としては最新の科学であった。コントは「実証主義」という語の創唱者でもある。フランスの理工系エリート養成機関である理工科学校《エコール・ポリテクニク》にも入学し、数学や物理学に詳しかった。数学の家庭教師が収入源の一つだったくらいで、むしろ理工系のアタマの持ち主だった。

壮大な「巨大理論《グランド・セオリー》」と理工系な科学志向。今もこうした「社会物理学」はときどき見かけるが、コントやスペンサーといった一九世紀の社会学者は、物理学者が自然現象を観察するように、社会を観察できるとしていた。社会を外部観察できるかのようにあつかっていたわけだ。

そうした一九世紀社会学から離陸することで、〈今の社会学〉はできてくる。だから、その生成は外部観察から内部観察への移行の歴史でもあるが、これは例えば一九世紀の終わり頃に一大転換が起きた、みたいな形で進んだわけではない。一九世紀の社会学と二〇世紀の社会学の間には、たしかに不連続があるが、一気に全てが変わったのではない。

もともと一九世紀の社会学も、文字通りの意味で、社会が物理的な実体だと考えていたわけではない。例えばコントも自然科学と社会科学のちがいを、観察する主体と観察される対象との距離のちがいだと述べている。第1章で述べた、観察者と対象との独特な距離に彼も気づいていた。では、どこに不連続があるのか。

それは方法にある。コントは社会学の視点を内部観察的なものだととらえていたが、それに固有な手法や文体を見出そうとはしなかった。その代わりに、社会学のさらに上位に、主体と対象が完全に一致する「最終科学」を想定して、自分自身をそこに位置づけようとした。本来の外部観察では観察者は対象から無限に遠い場所にいるが、コントはむしろ無限に近い場所を主張したわけだ。

この無限大とゼロという距離のとり方は一見正反対に思えるが、方法による負荷や歪みを零《ゼロ》にできる点では、同じことになる。どちらも、方法による構造的な見えなさ（structural blindness）を見えなくする（第5〜7章参照）。だからこそ、一人の語り方のなかに混在できる（第1章第1節）。その点で、コントの社会学は客観性の「一段ずらし」でしかない（遠藤 2006）。そういう意味で、コントは実際には、社会を外部観察できるかのようにあつかったといえる。

序章で述べたように、そもそも内部観察の立場では、社会が外部観察できないとは証明できない。それだけに内部観察への移行は、明確な方向転換というより、さまざまな試行錯誤や懐疑、反省を介しながら、ゆるやかに進んでいった。T・クーンのいう「パラダイム変動《チェンジ》」というより、フーコーのいう「実定性」の転換に近い。何が事実か、どう語れば事実っぽく見えるのかが変わった。そのなかで次第に外部観察的な語りが疑われ、信憑性を失っていった(1)。

先ほど述べたように、一九八〇年代の日本語圏でも、コントの著作は読まれており、内容的によく似た議論もあったが、それらも一九世紀の社会学者のように、素朴に「社会の物理学」を語るものではなくなっていた。そんな形で変移していったのである。

〈今の社会学〉はそんな風に始まっていく。

デュルケーム、ジンメル、ウェーバー

一九世紀と二〇世紀という言い方をしたが、実際に、新たな社会学の語られ方が出現するのは一九世紀の終わりごろである。学者の名前でいえば、エミール・デュルケーム、ゲオルク・ジンメル、そしてマックス・ウェーバーだ。

三人の著作は今でも古典として読まれている。それは、その方法や文体の多くを現在の社会学が引き継いでいるからである。彼らは大きな問題関心では一九世紀社会学を継承しながら、社会という対象を同定し検証する方法や文体において、従来とは異質なものを持ち込んだ。

例えば、三人はそれぞれの方向で社会の「科学」としての社会学を構想したが、そこにはともにドイツ語圏の哲学、特にカントの批判哲学の影響がみられる。ウェーバーとジンメルはドイツ語圏の人で、ドイツの大学で学んだ。ジンメルは『カント哲学講義』（1904＝2004）という著作があるように、社会学者としてだけでなく、カント哲学の研究者としても有名だ。ベルリン大学で長く私講師と員外教授を務めたのち、五〇代前半になってから、ストラスブール（当時はシュトラスブルク）大学の正教授に就くが、そのときのポストも哲学だった。ウェーバーもその方法論を構築する上で、新カント派のリッケルトや、カント哲学の影響が強い道徳統計学を参照している（第5章参照）。

デュルケームはコントと同じく、国籍はフランスだ。エリート高等教育機関《グラン・ゼコール》の一つ、高等師範学校《エコール・ノルマル・シュペリウール》を出て大学教授資格をえた後、ドイツに留学する。帰国後、ボルドー大学でフランス最初の社会学講座に就いた。三人のなかではデュルケームは最もコントに近く、第3章でみるように、社会物理学的な考え方もしばしば顔をのぞかせる。彼のいう「社会的事実（fait social）」はその点でも興味ぶかいが、データを集めて分析していく手つきは、明らかにコントとはちがう。

新たな実証をデュルケームは持ち込んだ。その発想はおそらく彼の内側にもあったのだろうが、はっきりと結晶するのはドイツに留学してからだ（Durkheim 1887＝1993）。人間をあつかう最新の科学をドイツから持ち帰ることで、デュルケームの社会学は始まるのである。

2　こちら側／あちら側

フランスとドイツの間で　ドイツからフランスへ。それはデュルケームの人生そのものでもあった。

エミール・デュルケームが生まれたのはフランスの東部、ロレーヌ地方のエピネルという町だ。正式の姓名《フルネーム》はダヴィド・エミール・デュルケーム。ユダヤ教の法学者兼教師であるラビの家系に生まれ、父もラビだった(2)。多くの教科書にはそう書いてあるし、もちろんそれはそれで正しい。

しかし、彼が背負っていた歴史はもっとはるかに複雑である。彼はたんに「ユダヤ人」だっただけではない。「アルザス・ユダヤ人」という、そのなかでも特異な背景をもつ少数派の出身だった。アルザス・ユダヤ人は一九世紀から二〇世紀にかけて、フランスの国家や社会のさまざまな分野で焦点となった、わかりやすくいえば、いろいろな形で話題になった人々である。

アルザスはロレーヌの東隣、ライン川流域にある。エミールの父モイーズはそのアルザスからエピネルにやって来た。アルザスとロレーヌという二つの地域は、「アルザス・ロレーヌ」と一括りにされることも多いが、かなりちがった歴史と文化をもつ(3)。地理的な条件もことなる。フランスの東部、ドイツとの国境近くにはヴォージュ山地という大きな山塊がある。アルザスはその東側、ロレーヌの大部分はその西側にある。簡単にいえば、フランスの首都パリからみて、アルザスは山の「あちら側」、ロレーヌは山の「こちら側」にあたる。

図2-1と図2-2は、内田日出海『物語　ストラスブールの歴史』(2009)から借りてきたものだ。

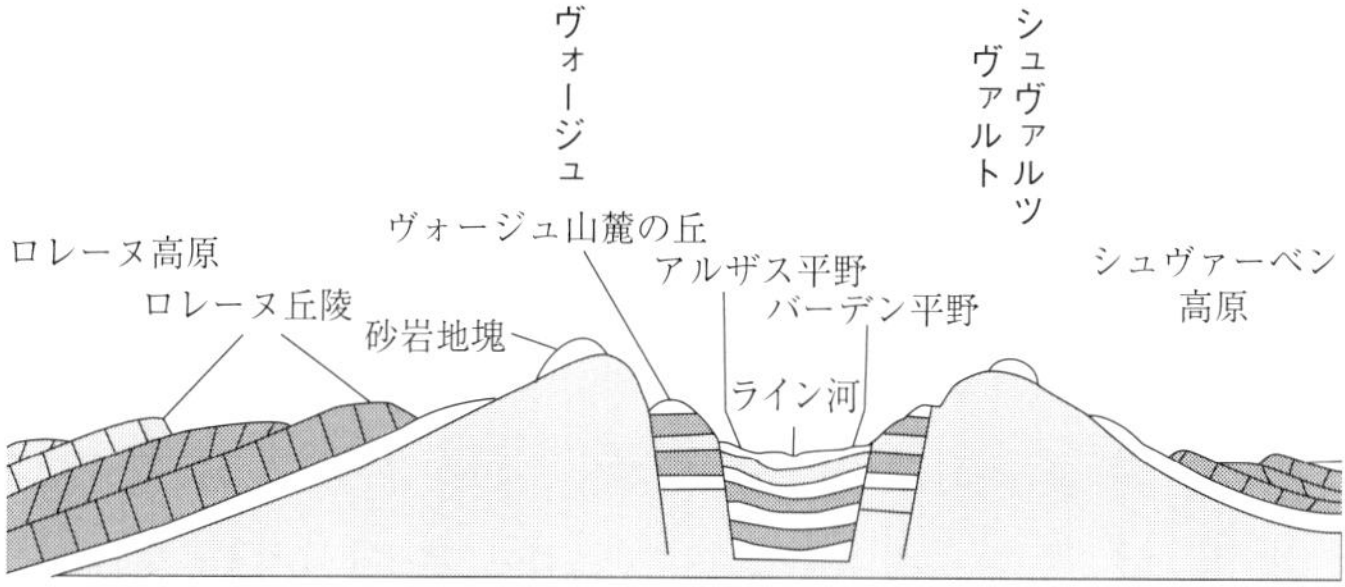

図2-1　アルザス地方の断面図

出典：内田（2009：3）より。

図2-1は標高図というより模式図だが、アルザス地方、さらにはライン川流域がどんな空間なのか、よくわかる。大河ラインを中心に、西はヴォージュ山地、東は「黒い森《シュバルツバルト》」で区切られる低地帯。それがライン川流域である。フランスとドイツという近代国民国家で色分けされた地図では気づきにくいが、ここはフランスの首都パリを中心とする地域とも、ドイツの首都ベルリンを中心とする地域ともことなる。地理的にも歴史的にも、独自の空間になっている。

ライン川流域は今もロマンス語／ゲルマン語群の境界線が走る境界地帯であるが、カロリング朝フランク帝国以来、西ヨーロッパの南北と東西を結ぶ交通路にもなってきた。アルザス地方の中心都市ストラスブール（シュトラスブルク）、現在は欧州連合EUの議会が置かれるこの都市の名は「道の都市《まち》」を意味する。その名の通り、この地域は巨大な道なのである。

そして、社会学の歴史にとっても、ここは重要な「道」となった。この本でとりあげる「偉大な社会学者」たちは、ロバート・マートン以外、ここに何らかの関わりをもつ。デュルケームの系譜はここに始まり、ジンメルはここで亡くなる。ウェーバーが学び、そして研究の拠点としたのもここであり、タルコット・パーソンズが留学

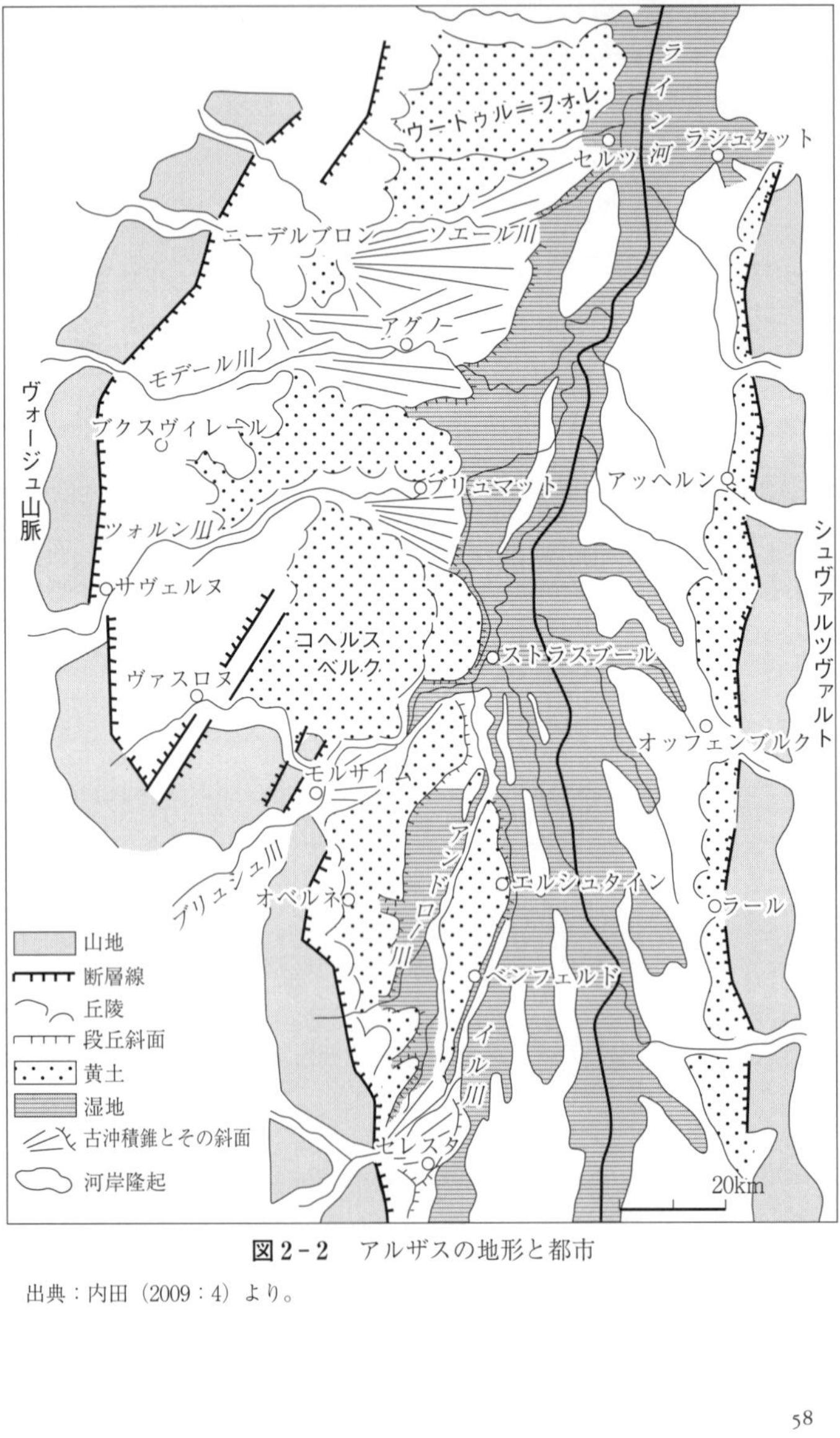

図 2－2　アルザスの地形と都市

出典：内田（2009：4）より。

し、博士論文を書いたのもここだ。ニクラス・ルーマンもこの地域の大学を卒業している。

その最初の人、エミール・デュルケームの家系はアルザスからの移住者《イミグラント》である。彼の父モイーズは、アルザス地方バ・ラン県のアグノーという都市で生まれた（図2-2参照）。祖父ポール・ダヴィドも同じ県で亡くなっているので、家族で近辺に住んでいたのだろう。モイーズがエピネルに来たのは一八三五年、三〇歳のときだった。

それはたんに住む場所を変えたというだけではない。モイーズは言葉の上でも移住者だった。アルザス地方はロマンス語／ゲルマン語境界の東側にある。もともとドイツ語圏に属する地域だ。デュルケームの綴り、Durkheim もドイツ語起源である。

モイーズの出身地アグノーでも、ふだん使われていた言葉はフランス語ではない。「アレマン語」と呼ばれる、ドイツ語の一種だ。もともとアルザスは長く神聖ローマ帝国のドイツ王国、つまり「ドイツ」の一部だった。フランス領になるのは一六七一年、ブルボン家のルイ一四世が占領してからだ。その後も日常語ではドイツ語が長く使われていた。フランス語が優勢になるのは第二次世界大戦後である。

さらに、モイーズの家系はユダヤ系のラビなので、最も親しい言葉はドイツ語でもなく、イディッシュ語だった可能性が高い。イディッシュ語はドイツ語の南東部方言やヘブライ語、アラム語、スラヴ系諸語が混成されてできた言語で、ドイツや東欧のユダヤ系、「アシュケナジ」（「東方系」ともいう）と呼ばれる人々が使っていた。アルザス・ユダヤ人もアシュケナジに属する。

アシュケナジのユダヤ人は、当時、アルザスから現在のバルト三国、ベラルーシ、ロシア西部、ウクライナまで広く散らばっていた。アシュケナジのラビの教育・研究の中心地はポーランド西部、ルヴフやポズナンにあり、アルザスのラビもそこへ留学したり、そこで学んだ人が招かれたりしていた（有田 2000：81）。モイーズがどこでラビの教育を受けたかはわからないが、少なくともドイツ語とイディッシュ語はあたりまえに使えたはずだ。

ドイツ語を話すアルザス人は、フランスのなかでは少数派である。そして、そのアルザス人のなかで、アルザス・ユダヤ人はさらに少数派であった。アルザス・ユダヤ人の作家クロード・ヴィジェは「わたしはアルザスのユダヤ人。だから、二重にユダヤ人であり、二重にアルザス人なのだ」と書いている（有田 2000：125）。少数派の少数派――アルザス・ユダヤ人はそういう存在であった。

二重の少数派

エミール・デュルケームはそんな出自の人である。タルコット・パーソンズは『社会的行為の構造』のなかで、「デュルケームは、ラビの家系であるアルザスのユダヤ人（Alsatian Jew of rabbinical parentage）で……」と書いている（1937：301＝1983：3）。いかにもパーソンズらしい、不正確だが、一面の真実をついた描写だ。

すでに述べたように、エミール自身はアルザスではなく、ロレーヌのエピネルで生まれた。エピネルはヴォージュ山地の「こちら側」にある（図序-1）。ドイツ王国に属していた時期も長いが、言語はずっとロマンス語群で、フランス語の一種が話されていた。[4] また、エミールの母メラニーの家系はラビではない。メラニーの父は馬商人で地主だった（中島 1988：2）。

だから、パーソンズの記述は厳密には正しくないが、それこそ社会学的には、エミールはたしかにアルザス・ユダヤ人だった。エミールの結婚相手、ルイーズ・ドレフュスもアルザス・ユダヤ人である。

父系はアルザスのアグノー近くの町から出ている。おそらくモイーズと何らかの関係があり、その縁で結婚したのだろう。ユダヤ教の共同体《コミュニティ》では、母がユダヤ人であることが主な資格要件となる。だから、結婚相手がユダヤ人かどうかは、自分自身だけではなく、子どもにとってもとても大きな意味をもつ。

エミール自身はユダヤ教を「棄教」したといわれるが、パリのモンパルナス墓地のユダヤ教徒のきわめて多い区画に、家族とともに葬られている（中島 1982）。エピネルに帰郷した際には会堂《シナゴーグ》にも顔を出していたそうだから（夏刈 1996）、ユダヤ教の共同体から本当に離れたわけではない。共同体から追放されたスピノザとは全くちがうし、プロテスタントの洗礼を受けていたジンメルともちがう。デュルケームはたんにユダヤ系だっただけでなく、アルザス・ユダヤ人として生まれ、そして死んだ人だ(5)。

アルザス・ユダヤ人の歴史

中世前期以来の度重なる追放令と虐殺によって、もともとフランス国内にはユダヤ人は少なかった。一九世紀初めには、その約八割がアルザスとロレーヌに住み、残りはボルドーなどの南西部と、アヴィニヨンなどの地中海沿岸に住んでいた。

アルザスに多く住んでいたのは、ここが長くフランスでなかったからだ。ロレーヌに多く住んでいたのは、ドイツとの国境地帯になったため、軍事物資の補給などからユダヤ系商人が保護されたからだといわれる。実際、ロレーヌは一部を除いてフランス語圏だが、どちらのユダヤ人も一八世紀まで「ドイツ系ユダヤ人」と呼ばれていた。ロレーヌ地方のユダヤ人もほとんどがアルザスからの移住者だったのだろう。家業からみても、デュルケームの母系もアルザス出身だと考えられる。

いくらか紆余曲折はあるが、この「ドイツ系ユダヤ人」たちも、フランス大革命とナポレオンの帝政下で身分的に解放される。一八八〇年代前半までの約一〇〇年間に、多くのアルザス・ユダヤ人が移住

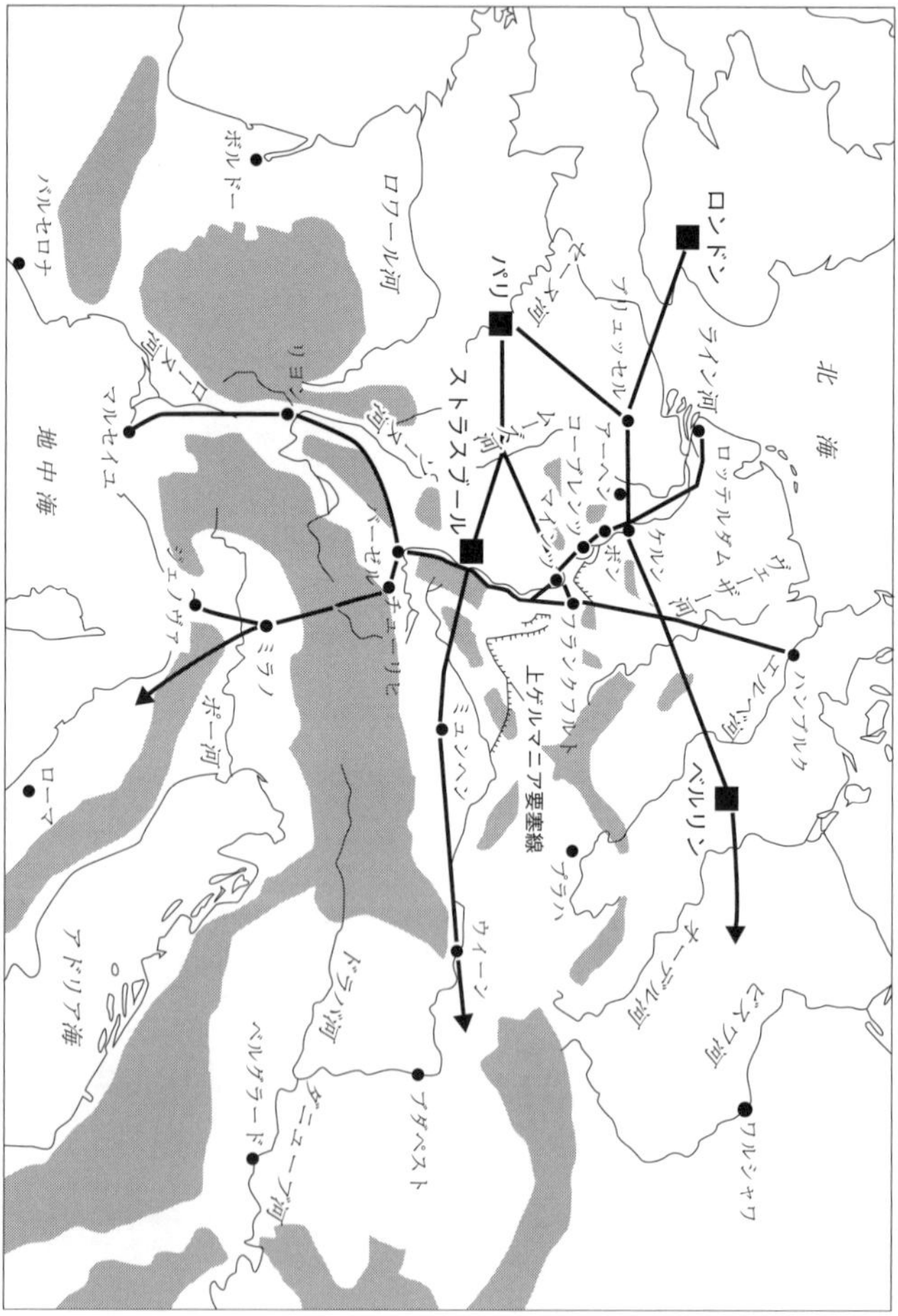

図2-3　東西と南北の交通の十字路

出典：宇京（2009：69）より。

していった。その最後の一撃が、普仏戦争後のドイツ帝国によるアルザス併合だったのである。ドイツへの編入を嫌って、多くのアルザス・ユダヤ人がアルザスを離れることになる。

当時のフランスはユダヤ教が公認されており、ユダヤ人の権利保障も西欧では最も進んだ国家であった。(6) ユダヤ教徒であるユダヤ人も、そうでないユダヤ人も、多くが「フランスとの同化《フランコ・ユダイズム》」によって差別から解放されることを夢見た。そのなかから二、三世代かけて高等教育、とりわけエリート高等教育機関《グラン・ゼコール》の学歴を身につけて、国家機構の上層に入っていく人々が出てくる。エミール・デュルケームはその一人である。彼だけではない。第一次世界大戦で戦死した息子のアンドレも、エミールの後継者となった甥のマルセル・モースもそうだ。

デュルケーム学派に関わる人物には、よく似た背景をもつ人が多い。構造主義人類学の創唱者であるクロード・レヴィ＝ストロースは、コレージュ・ド・フランスの就任講義で自らをモースの後継者になぞらえたが、レヴィ＝ストロースの両親もアルザス出身のユダヤ人である。エミールの頃から、デュルケーム学派には人類学の影響が色濃かった。モースの主著も『贈与論』(1924＝2009) だ。構造主義につながる、デュルケームからモースを経てレヴィ＝ストロースへという系譜は、アルザス・ユダヤ人の系譜でもある（モース研究会 2011 など参照）。

フランス社会史の創始者の一人、マルク・ブロックもアルザス・ユダヤ人だ（二宮 2005）。ブロックは第一次世界大戦に従軍し、戦後、フランス領となったストラスブール大学教授に就く。そこでL・フェーヴルと出会い、『社会経済史年報《アナール》』を創刊する。デュルケーム学派の第二世代のモーリス・アルヴァクス（一八七七〜一九四五年）とは、ストラスブールでもパリ大学ソルボンヌでも同僚だった。ブロックは第二次世界大戦中に抵抗運動に加わり、ドイツ軍に銃殺される。

社会史は従来の文献史学に人類学や社会学、さらには計量分析も取り込み、デュルケーム学派と重なる部分が少なくない（田原 1993、佐藤 2004、二宮 2005 など）。創成期の社会史は戦略的にデュルケーム学派を模倣し、『アナール』も『社会学年報』にならってつくられた（Le Roy Ladurie and Burguière 2010 = 2010：13-15）。デュルケーム学派の中心人物の一人、F・シミアンもその成立に関わり、アルヴァクスも『アナール』に寄稿している（Halbwachs 1932 = 2010）。

3　政治と制度

デュルケームとドレフュス　エミールの同時代にはもう一人、有名なアルザス・ユダヤ人がいる。アルフレッド・ドレフュス、当時のフランス社会全体を巻き込んで、第三共和政体制の大きな転換点となったドレフュス事件の、あのドレフュスである。

アルフレッド・ドレフュスは理工科学校《エコール・ポリテクニク》を出て、参謀本部に入り、エリート軍人の道を歩んでいた。理工科学校はコントがかつて学んだところで、高等師範学校をもしのぐ、エリート校のなかのエリート校だ。ドレフュス家はアルフレッドの父の代で実業家として成功した。普仏戦争後もアルザスに関わりをもち、アルフレッドの兄は共同経営の工場をもっていた。

アルフレッドがスパイ事件の生贄にされたのも、たんにユダヤ人だから、さらには、エリート学歴を身につけ、成功した実業家の家族で、妻もユダヤ系の宝石商の娘だったという、恵まれてかつ妬まれやすい境遇だったからだけではない。アルザス出身で、ドイツ併合後もアルザスに直接関わりつづけた家系の一員だったこともあるのだろう。

ドレフュス家ほどではないが、エミール・デュルケームも同じような位置にある。アルザス・ユダヤ人で、エリート校の学歴をもち、公務員として高い地位を得た。伝統的なエスニシティから距離を置きつつあったユダヤ系の人々は「同化ユダヤ人」と呼ばれていたが、デュルケームもドレフュスもその一人であり、そのなかでも、国家機関の高位の官職に就く「国家ユダヤ人」と名指される存在だった。ドレフュスに向けられた嫉妬と憎悪と疑惑の目は、デュルケームにも向けられていたはずだ。裏返せば、ドレフュスが客観的な証拠なしにフランスへの忠誠と公務への適格性を疑われるのであれば、デュルケームも十分に疑われうる。彼にとって、この事件は文字通り他人事ではなかった。

とはいえ、デュルケームはユダヤ人としてドレフュス事件に関わったわけではない。むしろ、当時の同化ユダヤ人と同じく、ユダヤ人対反ユダヤ主義の構図を警戒し、当初は遠巻きにみていた感じがある。彼の発言は一八九七年のエミール・ゾラの告発以降、すなわち事件をめぐる対立が人権対反人権、科学対反科学という構図に移ってからだ。

けれども、それを非政治的な態度とするのは素朴すぎる。むしろ、関与を始めた時期をふくめて、よく考え抜かれたものだったと思う。

『社会分業論』（1893＝1971）から『宗教の原初的形態』（1912＝1975）まで、デュルケームの研究をつらぬく大きなテーマは、近代社会における「道徳」の再生であった。一九世紀の「道徳」は今よりはるかに意味の厚みがあって、現代の社会科学では「関係性」や「社会的行為」といった方が近い。例えば当時の「道徳統計学（moral statistics）」は社会学の成立にも重要な役割を果たしたが、これは二〇世紀の社会統計学の原型にあたる（第3章第3節、第5章第1節参照）。

F・テンニースが『ゲマインシャフトとゲゼルシャフト』（1887＝1957）で描き出したような、伝統／近代社会の対立図式をデュルケームも認めていた。二人だけではない。近代的な産業社会への移行によって従来の関係性がこわれ、それが個人や社会にさまざまな負の影響をもたらしている、というのは同時代の多くの人の共通了解であった。

産業社会という新たな社会形態に対応しながら、「道徳」をどうやって再構築していくのか。対立点となったのは、その方向性と担い手である。それをめぐって当時のフランス、歴史学の用語でいえば、フランス第三共和政では大きく二つの勢力が対立していた。一方はカトリックという伝統的宗教を再強化することで、「道徳」＝関係性の再建をはかった。もう一方は、カトリックによらない新たな思想や科学によって、「道徳」＝関係性の再生をめざした。サン＝シモンやコントら、一九世紀前半の社会学者たちもこちらの側だった。

教権派と反教権派の対立　二つの勢力はそれぞれ「教権派」と「反教権派」と呼ばれる。当時のフランス国家の体制、すなわち第三共和政の主流派となったのは反教権派の方だが、そのなかにもさまざまな立場があった。

例えば、これは単純な宗教対反宗教ではない。カトリックという「普遍《キルヘ》教会」を基盤とする教権派にとっては、プロテスタントやユダヤ教も排除すべきものであった。それゆえ、プロテスタントやユダヤ教徒は反教権派を支持していた。

また、たんなる思想の対立でもなかった。「道徳」の再構築の鍵をにぎるのは教育だとされたため、学校が両派の主戦場になった。小学校から大学にいたるまでの、多数の教育機関をどこが経営するのか。どんな人間をどのポストにつけるのか。そして、それらの人々をどうやって育成するのか。そんな、お金と仕事口の話に直結していた。

教権派の考えにしたがえば、中心的な役割をになうのはカトリック教会になる。初等・中等教育やその教師の育成では、カトリックの宗教教育が重視される。そして大学や研究機関でも、カトリック神学の研究に多くの資金とポストが投じられる。反教権派の考えにしたがえば、宗教とは直接関係ない思想や科学が中心的な役割をになう。その訓練をうけた人間が初等・中等教育の教師になり、大学や研究機関は、それらの思想や科学の研究や教育の拠点となる。

教権派と反教権派の対立とは、どの宗教団体に国費を支出するか、そしてどのような教育機関や研究機関をつくり、そのどれにどんな形で予算を投じ、どのポストにどんな人間を配置するかという、ひどくなまなましい問題でもあったのだ。ラビの息子のデュルケームはいわば生まれながらの反教権派であり、社会学者としてももちろん反教権派のイデオローグの一人であった(7)。彼の社会学は、道徳と教育の脱宗教化が必然であり、資本主義の産業社会でも社会的結合を保持できるとするものだ。

例えば、デュルケームが「道徳」＝関係性の再生で重視したのは社団（corporation）、現代の言い方でいえば、個人と社会の間にある中間団体である。実はこれはデュルケームの独創ではない。教権派もまた中間団体の再建を主張していた（高村 2007、伊達 2010）。

両者のちがいは、中間団体を重視するかどうかではなく、その中間団体をどんな人間たちが指導するかにあった。教権派の主張では、もちろんカトリックの司祭やカトリックの宗教教育を深くうけた人たちになる。それに対して、デュルケームの考えにしたがえば、社会学の教育をうけた人たち、例えば、社会学をカリキュラムに組み込んだ師範学校で育成された小中学校の教員たちになる。

その点でいえば、デュルケームはドレフュス事件に参加《アンガージュマン》しただけではない。むしろ、この事件に集約される形で露わになった、当時のフランス社会の対立軸の、一方の立役者でもあった。実際、第二次世界大戦が終わるまで、彼は「無数のパンフレットで、「ユダヤ学の化身」として告発されつづける」(Birnbaum 1992 = 2002 : 307)。

『ゲマインシャフトとゲゼルシャフト』の書評で、デュルケームはこう書いている（1889 = 1993 : 54）。

……私は、著者がゲマインシャフトについて行った分析と叙述を大筋において承認する。しかし、私が著者と意見を異にする点は、彼のゲゼルシャフトの理論である。……われわれの近代社会にも、純然たる個人的な運動のほかに、昔の規模の大きくない社会のそれと全く同じように自然な、純粋に集合的活動が存在するのである。それは昔のものと異なることはたしかである。……しかし、この同一類に属する二つの種の間にいかに相違があるとはいえ、質的な相違は存在しないのである。

社団《コルポラシオン》による道徳の再生を唱えた彼の主張が凝縮された文章だが、ここには高度に学術的であるとともに、高度に政治的でもある発言を聴きとることができる。デュルケームの社会学は、一方でカトリック教会を後ろ盾にする復古的な教権派に対抗し、もう一方で新興の社会主義勢力に対抗するという、第三共和政主流派の路線と重なる。

その点で彼の学問と政治は一貫していた。両者の結びつけ方においても、そしてその結びつけ方の変わらなさにおいても。

履歴と拠点のネットワーク

彼の人生の軌跡をたどると、そんな隠れた政治性の痕跡がほの見える。例えば、デュルケームが最初に大学教員となり、そして最初の社会学の講座をもったのはボルドーであった。当時のボルドー大学は文部省とも近く、一種の拠点校だったようだが、ボルドーという都市自体も興味ぶかい。

ボルドーはフランスの南西部、首都パリをはさんで、ちょうどアルザスと対称的な位置にある（図序-1）。アキテーヌ地方の中心都市だ。アキテーヌは言語的にはオック語圏に属する。オック語はロマンス語群の一つだが、フランス語ではない。現在のフランス語は北部フランスのオイル語の一つ、パリとその周辺を中心とするフランシアン語に由来する。オック語圏のアキテーヌは、オイル語圏とはちがう言語や歴史、文化をもつ。

ユダヤ人との関わりでも、ボルドーは特異な都市だった。先にふれたように、アルザスと同じく、ユダヤ人が昔から住んでいた。一八世紀には七つの会堂《シナゴーグ》があり、人口は一五〇〇～二〇〇〇人、都市人口の二～三％を占めていた（深沢 2002：204）。

ボルドーのユダヤ人は「スファラディ」（「西方系」ともいう）というグループに属する。同じフランスのユダヤ人でも、スファラディはアシュケナジよりも世俗化が進んでおり、ボルドーでも都市社会の上層にも入っていた。もちろんユダヤ人差別がなかったわけではないが、デュルケームのような、世俗化したユダヤ系知識人にとってはより住みやすい都市だったろう。

私はそこに、第三共和政主流派の優しく「長い手」を感じる。社会学という新しい学問から宗教と道徳の分離を唱える、優秀な若手の研究者。教権派と復古主義者を主な敵としていた当時の体制にとって、それは「使える駒」だったはずだ。社会科学の先進国ドイツに留学させて最新の知識と権威を身につけさせ、帰国後は良い研究環境をあたえる。うまく育てば、今度は首都パリでさらに「使う」ことを考える。

デュルケームと第三共和政主流派の間には、そんな暗黙の取引があったのではないか[(8)]。そう考えると、彼の甥であり、弟ともいえるマルセル・モースが、パリではなく、ボルドーで大学生を過ごしたもう一つの意味もうかんでくる。社会学史では、二人の間の愛情を示す逸話として知られるが、もっと切実な理由があったかもしれない。

「使える駒」だと実証し、職業的成功をつかむためには、ボルドーで期待通りの成果をあげる必要がある。恵まれた研究環境とはいえ、慣れない土地での暮らしだ。家族でもあり優秀な助手でもある人間が身近にいれば、これほどありがたいものはない。その結果、デュルケームが学術界の階段をのぼっていけば、モースにも有形無形のさまざまな援助をあたえられる。

事実、ボルドー大学にいた一八八七〜一九〇二年に、デュルケームは重要な研究を次々に発表している。博士論文でもある『社会分業論』、『社会学的方法の規準』（1895＝1978、第二版は1901）、『自殺論』（1897＝1985）、そして『社会学年報』の創刊。社会学者デュルケームの主要な業績は、パリではなく、ボルドーで生み出された。

モースは大学卒業後にパリに移って、一八九三年に大学教授資格をとるが、デュルケームの良き協力者でありつづけた。『年報』の編集に携わり、『自殺論』に必要な統計資料も集めた。もしモースがいなければ、『自殺論』はなく、デュルケーム学派もなかったかもしれない。

モースは一八九六年に、パリの高等研究院《エコール・プラティーク・オート・ゼテュード》の宗教学部門に就職する。これも政治色の濃い研究機関だった。高等研究院は一八六八年に創立されたが、宗教学部門は一八八六年に設けられる。前年にフランスの国立大学のカトリック神学部が廃止され、その代わりにつくられたものだ（伊達 2010、Baubérot 2000 = 2009）。モースも反教権派の「長い手」の下で、研究者の履歴を歩んだ。

いうまでもなく、モースもデュルケームと同じく、すぐれた研究者であった。ブルデュー的にいえば、パリと比べて文化資本の薄いボルドー大学を出て、教授資格を得た。その事実からも能力の高さはうかがえるが、それでも、というか、だからこそ、二〇代でパリに研究職をえた履歴は注目される。

少なくとも、高等研究院のポストは彼らにとって有利に働いたはずだ。『年報』の編集や発行にも都合がよい。デュルケーム学派の拠点というと、ボルドー大学やパリ大学ソルボンヌがすぐあがるが、実際には高等研究院が重要な役割を果たしていた（内藤 1985、田原 1993）。

二面性と二重性

伝記的な話がずいぶん長くなった。わざわざこんな話を書いたのは、〈今の社会学〉が生まれた時代の社会状況を知ってもらいたかったからだけではない。デュルケームの生き方からは、〈今の社会学〉がもつ視線の原型といえるものが見えてくる。

それには二つの面がある。

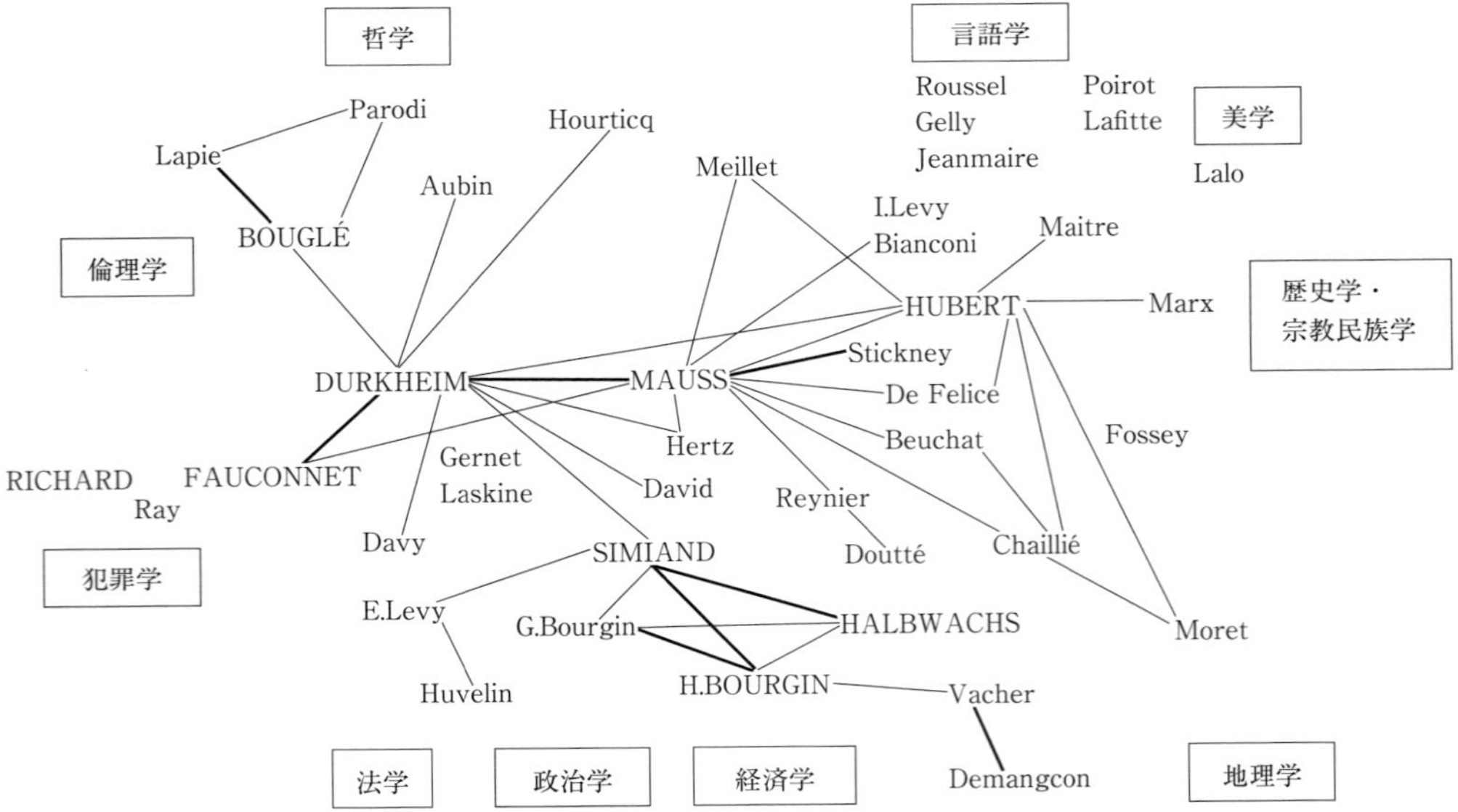

図 2－4　P・ベナールによるデュルケーム学派の社会関係図《ソシオグラム》

注：個人を結んでいる種々の線は，重要と認められる諸関係（協力関係，師弟関係，友人関係など）を示す。これらの線は，その諸関係の強弱によって濃淡がある。

出典：内藤（1985：13）より。

一つは、少数派のなかの少数派という位置づけに現れてくるような、社会への独特な距離感だ。少数派にとって、多数派はたんに自分たちとちがう人たちというだけではない。多数派がいることによって、少数派は自らの特異性を鋭く意識させられつづける。そして、少数派のなかの少数派であることは、そういう特異さのしくみを反省的に見つめさせるところがある。人類学的な視線を自分の社会に持ち込むという、デュルケーム学派の考え方の少なくとも一部は、そうした位置づけに関わるものだろう。

「デュルケーム」という彼の名前も、その点で興味ぶかい。〝Durkheim〟という綴りをどう発音するかで、戦前の日本でちょっとした論争があったそうだ（夏刈 2008）。ドイツ語風に読めば「デュルクハイム」、フランス語的に読めば「デュルカイム」「デュルカン」になる。どちらが正しいかで議論になったのだが、結局、エミールに親しかった人たちが、どちらでもなく、「デュルケム」「デュルケーム」と呼んでいることが紹介されて決着した。元々の発音はわからないが、「デュルケーム」と名乗りつづけたのは彼自身の意志によるものだろう。

そして、それは彼の社会学の視線でもあった。自らの生きている社会の外に出ることなく、その社会を見つめつづける。「デュルケーム」という音の選び方には、『常識をうまく手放す』ことで要求される、そんな独特な距離感に通じるものがある。少数派の少数派にとっては、それはしばしば生き延びる手段であり資源ですらある。

もう一つは、そういう視線を制度にしていったことである。デュルケームは大学や師範学校、研究機関に自分や自分の協力者たちの場所をつくり、二重の少数派の視線を公式の制度の一部に組み込んでいった。それを特定のエスニシティに還元せず、むしろ誰もが学べる学術の方法にしていった。

デュルケームの独創性はそこにある。自分の生きる社会を観察しつつ、その観察の営みそれ自体を学として、制度化することに成功した。たんに社会の内部にいて観察するだけでなく、その知見や技法が観察の制度として認められている。そういう位置づけを彼は創りだした。

現在の社会学者にとって、デュルケームは〈今の社会学〉を始めた一人である。その事実によって、彼の著作は古典として学ぶべきものになっている。それに対し、デュルケームにとって、社会学は学ぶべき何かではなく、学ぶべき何かにすべき何かであった。

私から見たデュルケームは、いろいろな意味で、周到で粘りづよい学者だ。政治から一見距離を置き、学術に専念するような彼の態度は、反教権派としてみれば、権威づけの手段でもあった。もちろん、だからといって、デュルケームが学問的に誠実でなかったわけではない。きわめて真面目な学者だったが、その真面目さがもつ社会的な意味にも十分に自覚的だったのではないか。ウェーバー以降の術語を借りて言えば、デュルケームの社会学は価値中立的（value-neutral）な姿をとっていたが、その中立性自体が高度に価値づけられたものだった。

そこに、〈今の社会学〉の最初の一歩が踏み出されたのである。

注

（1）この方向で考えていくと、「実定性」というフーコーの術語は、学システムへのシステム信頼というルーマンの術語につながってくる。

（2）ラビは「律法学者」とも訳されるが、これが何かを理解するには、ラビ・ユダヤ教を一通り知る必要がある。くわしくは市川（2004，2009）など参照。

ラビ・ユダヤ教の大きな特徴は「口伝トーラー」という考え方にある。ラビ・ユダヤ教の「律法（戒律）」には「成文トーラー」と「口伝トーラー」の二つがある。成文トーラーは旧約聖書のモーセ五書、特に申命記、レビ記、民数記に記された生活規範をさす。日本語で「ユダヤ教の律法（戒律）」という場合、こちらだけを想定することが多い。

口伝トーラーも成文トーラーと同じく、神がモーセにあたえたものとされるが、文字化されなかった。モーセからヨシュアに伝えられ、それがさらに別の人々に伝えられた。その伝承者たちが「ラビ」だ。

口伝トーラーはいわば書かれざる法である。だから、実質的に新たな律法をつくる自由度もある。ラビ・ユダヤ教はそうやって時代の変化に対応してきたが、口伝トーラーは近代的な制定法ではない。あくまでも神からあたえられた法を人間が解釈したものだが、プロテスタンティズムとはちがい、過去のラビたちの解釈が根本的に誤っていたとは仮定しない。

それゆえ、口伝トーラーはつねに過去の解釈をふまえつつ、部分的に再解釈されることで、新たな状況に適用される。ラビ・ユダヤ教とはこの（再）解釈の歴史であり、その（再）解釈に必要な技法と知識自体もまた、過去の（再）解釈を学ぶことで得られる。ラビになるとは、そうした解釈の営みを引き継ぐことなのである。こうしたあり方は自己産出《オートポイエーシス》にもつながる。第8章注（8）、福留・佐藤（1996）、佐藤（2008：終章）参照。

デュルケームも父の後継者として、ラビになる学習と訓練を積んだ。彼が「ユダヤ教」と呼ぶのは、このラビ・ユダヤ教である。ウェーバーの言葉を借りれば、「タルムード的ユダヤ教」であって、「古代ユダヤ教」

ではない。他の宗教でラビに一番近いのは、イスラムの法学者だろう。信仰の指導者でもある点も重なる。影響関係は当然あるだろうが、どちらも、西アジアのセム語族圏での宗教や法の長い歴史をふまえて成立したものだと思う。

（3）アルザスの歴史と言語は複雑なので、簡単な紹介にとどめる。アルザス地方には二つのドイツ語系言語、フランク語とアレマン語がある。どちらも国境外の隣接地域でも使われる。Philipps（1975 = 1994）参照。ストラスブール（シュトラスブルク）の歴史に関しては宇京（2009）、内田（2009）、フランス語圏での「アルザス」の語られ方については、Mayeur（1986 = 2002）などを参照。

P・ノラ編『記憶の場1』ではフランスの少数派の歴史、パリと地方、地域対立などが手際よくまとめられており、デュルケーム学派の社会的背景がわかる。特にChartier（1996 = 2002）は、同じ新興科学である地理学と地理学の対抗と競争にふれている。『自殺論』で使われた、地図で地域特性を示す手法も、一八世紀前半から地理学で発達してきたらしい。

（4）現在のロレーヌ地方は、言語的には大部分がロマンス語群に属する。エピネルもそちらだ。「アルザス・ロレーヌ」と呼ばれる場合のロレーヌは、ロレーヌの一部、ドイツ語系の言語が話される地域にあたる。

（5）マルク・ブロックは遺言で、ユダヤ教の儀礼で葬られることを明確に拒否した（二宮 2005：202-210）。ラビ・ユダヤ教は事後的再解釈を重んじるので、本当に棄教するにはこうした意思表示が欠かせない。

（6）例えばモイーズ・デュルケームもラビとして、政府から給付金をうけていた（中島 1982：111-112）。デュルケームにもデュルケーム学派にも、宗教と教育に関わる公務員の性格は強い。

(7) ただし、デュルケームの立場が反教権派全体を代表していたわけではない。教権派と反教権派の間にも、さまざまな中間的な立場があった。当時の思想や科学、宗教の状況や、そのなかでのコントやデュルケームの位置づけは伊達（2010）などを参照。

(8) デュルケームの職業的履歴にアシュケナジであることが影響したかどうかに関しては、意見のちがいがある。例えば、アシュケナジのユダヤ人が高い地位に進むことは容易でなかっただろう、とL・コーザーが述べたことに、E・ティリアキアンは反論している（Tiryakian 1979＝1986）。

ボルドー大学の教授就任までの彼の履歴（「プロソグラフィー」）は、典型的なエリート大学教員のものだ。高等師範学校の卒業順位（一一位）、大学教員資格試験の成績順位（七位）からみても、順当な昇進である（池端 2009：114）。ただし、高等師範の入試に二回落ちたことには、出身家庭の言語的環境が影響した可能性がある。

大きな論点になるとすれば、反教権派という政治的な立場だろう。これに関しては、彼に選択の余地はなかった。第三共和国では反教権派が主流派でありつづけたため、明瞭な不利益は生じなかったが、A・センの「潜在能力」論のように、生きる可能性の幅まで考慮すれば、その選択できなさはアルザス・ユダヤ人だったことによる。

コーザーとティリアキアンの見解の相違には、二人の出身と履歴が関係しているかもしれない。コーザーはコロンビア大学のマートンの下で学位を取り、ブランダイス大学などで教えた（矢澤 1996 など）。ティリアキアンはハーヴァード大学のソローキンの下で学位を取り、デューク大学で教えた。第7章参照。

第3章　目に見えるモノと見えざるもの

——科学の視線と方法——

『常識をうまく手放す』と『社会が社会をつくる』。第1章で述べたように、この二つは社会学の最も基本的な考え方といえる。デュルケームは『自殺論』で、具体的な資料や統計数字を題材にして、二つをあざやかに使ってみせた。その意味で、『自殺論』は社会学の古典となっている。

この章では『自殺論』で展開された彼の分析の道筋をたどり、現代の社会学の標準的な手法と対比しながら解説していく。そのなかには、説明変数の重なり（多重共線性）、分析単位のずれ（生態学的誤謬）、さらには統計的検定の意義と使い方など、現在の実証でも直面する重要な問題群がふくまれている。これらをデュルケームがどうあつかったか、そして現代の社会学はどうあつかっているかをみていくことで、デュルケームがどのように社会学の対象＝「社会的事実」を発見していったかをうかびあがらせる。

彼の社会学の特徴は、その独自の方法的全体主義にある。それは事実をつきとめる手法においても、背景にある社会の概念においても、現代の社会学とはかなりことなる。けれども、そのちがいこそが〈今の社会学〉をつくりだしたのである。

1　因果をつきとめる

いうまでもなく、デュルケームにおいて〈今の社会学〉ができあがったわけではない。彼が踏み出した一歩は偉大な一歩だったが、それでも最初の一歩でしかなかった。彼と彼の継承者たちは「デュルケーム学派《デュルケミアン》」と呼ばれるが、その学派は今はもう残っていない。デュルケームと現代の社会学の間には、まだかなり距離がある。

第2章では、デュルケームを取り巻いた状況から〈今の社会学〉につながる視線の成立をみてきたが、この第3章では、彼の具体的な分析や手法を通じて、現代の社会学とのちがいをみていこう。それは現在の標準的な方法を、いわば裏側から眺めることでもある。

デュルケームの奇妙さ

社会学を制度化する上で、デュルケームが基盤にしたのは「科学」という理念であった。この言葉には二重の意味がある。広い意味では、これは反教権、つまり反カトリックをさす。デュルケームももちろんこの意味での「科学」をめざしていたが、それが彼の独自性だったわけではない。コントやサン＝シモンらも、道徳を科学的に分析することで再建することをめざした。当時の反教権派全体が共通して掲げていた目標だといった方がいい（第2章第3節）。

デュルケームの独自性は、むしろもう一つの、狭い意味での「科学」にある。こちらは自然科学の方法を準用することをさす。それもコントのように、物理学のモデルをメタファーとして移植するのではなく、その一部を具体的な手法として取り込んで、方法の上でも社会学を独自の科学にすることをめざした。

これには二つの面がある。一つは科学的手続きによる因果同定であり、もう一つはデータの計量的な分析である。序章で述べたことをふまえていえば、まず前者によって、複数の観察者が共通して理解できる形式を確立しようとした。そして、後者によって、複数の当事者に共通して成立する事態をとらえようとしたわけだ。

いうまでもなく、この二つは現代の社会学でも標準的な手法になっている。その意味で、デュルケームは科学としての社会学の創始者といっていいが、彼の「科学」は現在のものとは少しちがう。それは後で述べるように、彼が社会学の制度化に成功した理由にも関わってくる。

象徴的な事例を一つ、あげておこう。

デュルケームは自分の使う因果同定手続きを「共変法（methode des variations concomitance）」とした。現在の日本語圏では、これは自然科学の比較対照実験の考え方を延長したもの（＝間接実験）とされることが多い。

自然科学の実験では、実験対象にあたえる条件を少しずつ変えていって、それぞれの状態を測定する。例えば、同じ環境で同じ材料に熱を一分間加えた結果x1と、一〇分間加えた結果x2をそれぞれ測って比べる。もしちがいがあれば、それは「熱の加え方のちがい」が原因だといえる。

ここで重要なのは「同じ環境で同じ材料」という前提だ。つまり、x1とx2は熱の加え方という条件aがちがうだけで、それ以外の条件b、c、d、e、……は全くひとしい。だから、二つの結果のちがいがaによると判定できる。それと同じように、条件が一つだけがちがう二つの社会状態があってその帰結がちがう場合、その条件を帰結（＝結果）の原因と判定する。それが共変法だと理解されることが多い。

「共変法」という名称は、ジョン・スチュアート・ミルの『論理の体系』（1843＝1949）による。ミルは観察や実験によって因果を特定する手続きとして、一致法、差異法、剰余法、共変法の四つをあげた上で、差異法（method of difference）が本来の同定法だとした。それに対して、デュルケームは差異法ではなく、共変法が社会科学の因果同定手続きにふさわしいとした（Durkheim 1895＝1978：6章）。

しかし、ミルの『論理の体系』を読むと奇妙なことに気づく。先の比較対照実験の延長を、ミル自身は差異法と呼んでいるのだ。『論理の体系』を実際に読んでもらうのが一番よいが、名称からもこの方が自然なのはわかるだろう。比較による因果同定は、ただ一つの条件だけがちがうことにもとづく。だから、差異法なのである。デュルケームも誤解していたわけではない。「差異法」は「比較される諸事例がただひとつの点でのみ……異なっているものと想定している」とはっきり述べている（同：245）。

ミルの共変法の定義は明確だ。条件 a と結果Xの間に「a が大きくまたは小さくなれば、Xも大きくまたは小さくなる」という相関関係があれば、a をXの原因または原因と関連した変数だと判定する。つまり、相関すなわち共変関係があれば因果だと見なす。だから、共変法と呼ばれる。

現在では、社会学にかぎらず、社会科学のどの分野でも、相関は因果ではないと教えられている。どちらが原因かは時間的な先後がつく場合にだけ決まる、とか、擬似相関かどうかを確かめよ、といったことは、実証の初歩の初歩としてどんな学生も教わる。

ところが、デュルケームは共変法の方を適切な因果同定手続きだとした。それも、社会学でも比較の手法が準用できると認めた上で（同：252-253）、共変法の方を採用した。なぜそんな立場をとったのか。それがこの章の主題になるわけだが、混乱をさけるために、この本ではミルの、そしてデュルケームも引き継いだ定義の方を採用する。つまり、比較対照実験を延長した因果同定手続きは「差異法」と呼ぶ。命名の一般ルールからみても、これが正しい呼び方だからである。

実は私も長い間、共変法と差異法を混同していた。つい最近、N・スメルサーの『社会科学における比較の方法』（1976＝1996）を読み返していて、初めて気がついた。このなかでスメルサーは、デュルケームが『自殺論』の分析では「差異法の要件にかなう方向に進んだ」が、「最後までやり遂げなかった」としている（同：125）。

本当にそうなのか。もしそうならば、なぜ差異法の方を正しい手続きにしなかったのか。デュルケームの社会学を考える上でもこれは重要な論点になるが、その前に、彼がどんな実証をやっているかを見ておく必要がある。すでに述べたように、それはそのまま現在の経験的分析の方法を知るための、よい題材になる。

自殺を社会学する

デュルケームが量的なデータと科学的な手続きを本格的に使った著作は、『自殺論』（1897＝1985）である。『自殺論』は彼の最も有名な著作であり、おそらく最もよく読まれてきた著作だろう。社会学の専門教育でも必読文献とされることが多い。

その理由の一つは彼の著作のなかで最もまとまっているからであるが、もう一つは、これが序章で述べた社会学の考え方を明確に展開した、最初の作品だからだ。つまり、方法的な自覚をもって常識をうまく手放そうとした、その最初の試みなのだ。

『自殺論』の序論はこんな文章で始まる。

　自殺という言葉はしじゅう会話のなかに登場するので、その意味はだれにとっても自明のもので、ことさらに定義をくだすにはおよばないとおもわれるかもしれない。しかし、じつは日常語というものは、それによってあらわされている概念と同じように、いつも曖昧なものなのだ。（同：17）

序章の独学の例で述べたことは、そのままこの「自殺」にもあてはまる。

――自殺は常識的には、きわめて個人的な出来事だと考えられている。生きている人間が自分自身を消すというのは異様なことだ。それゆえ、そこにはおそろしく特異な何かの力が働いた、とされる。現代風の言い方をすれば、他人にはわからない「闇」がある。それが常識的なとらえ方であった。

デュルケームはその自殺をとりあげ、複数の当事者に共通して成立する事態として、複数の観察者が共通して理解できる形で説明できるとした。そういう形で、彼は自殺を社会学してみせた。

歴史的な文脈を少し補足しておこう。

社会科学的な研究として自殺をとりあげたのは、デュルケームが最初ではない。彼の同時代人でいえばガブリエル・タルドがいるし、一九世紀前半の学者では、アドルフ・ケトレもいた。こうした先行者たちの研究は『自殺論』でもとりあげられ、批判されているが、実はケトレが最初でもない。

現在の社会科学につながる範囲でいえば、最初の研究はジョン・グラントの『死亡表の観察』（1662＝1941）だろう。これは当時公刊されていた「死亡表（bills of mortality）」という資料を使って、ロンドンの一六二八〜六二年の死亡数と死亡原因を研究したものだ。正式な題名は『以下で示す指標によって示される、死亡表にもとづくところの、自然的および政治的諸観察』。統計学の出発点になった著作の一つだ。

このなかで、グラントは「埋葬の総数に対して恒常的比率を保つもの／そうでないもの」という区別を立てた（同：113-114）。死亡原因には、死亡者数内の比率が毎年ほぼ一定であるものと、年によって大きく変動するものがあることに、気づいたのである。後者はペストや天然痘、麻疹など急性伝染病で、前者は心臓発作や痛風など慢性疾患と事故、そして自殺もふくまれる。

図３-１はグラントの表にある男女別の死亡数（埋葬数）と出生数を図にしたものだ。この時期はちょうどピューリタン革命の内乱期をはさみ、戦争による混乱と復興、伝染病の波などによって、ロンドンの人口自体が大きく変動していた。それにあわせて、出生数も死亡数も大きく上下する。

そのなかで、自殺者数は総死亡数に対して一定の比率を保つ。デュルケームは『自殺論』の序論で、自殺性の恒常性を特に総死亡率と対比させて強調しているが（1897 = 1985：28-31）、二〇〇年以上前にグラントは実質的に同じことを発見していた。この発見は、自殺が純粋な個人的な事態ではないことを示唆する。そこにはロンドンの都市社会に関わる何かが大きく影響していると考えられる。

ただし、グラントは自殺の原因には踏み込まなかった。著作をみるかぎり、彼は数を調べるのが好きで、その知識をどう役立てるかにはあまり関心がなかった。規則的に起こる事態と偶然に左右される事態を区別できれば、行政や商業がもっと効率的になる、くらいしか述べていない。

ケトレになるともっと社会科学に近くなるが、ケトレは数値それ自体に、自然と社会に共通する普遍

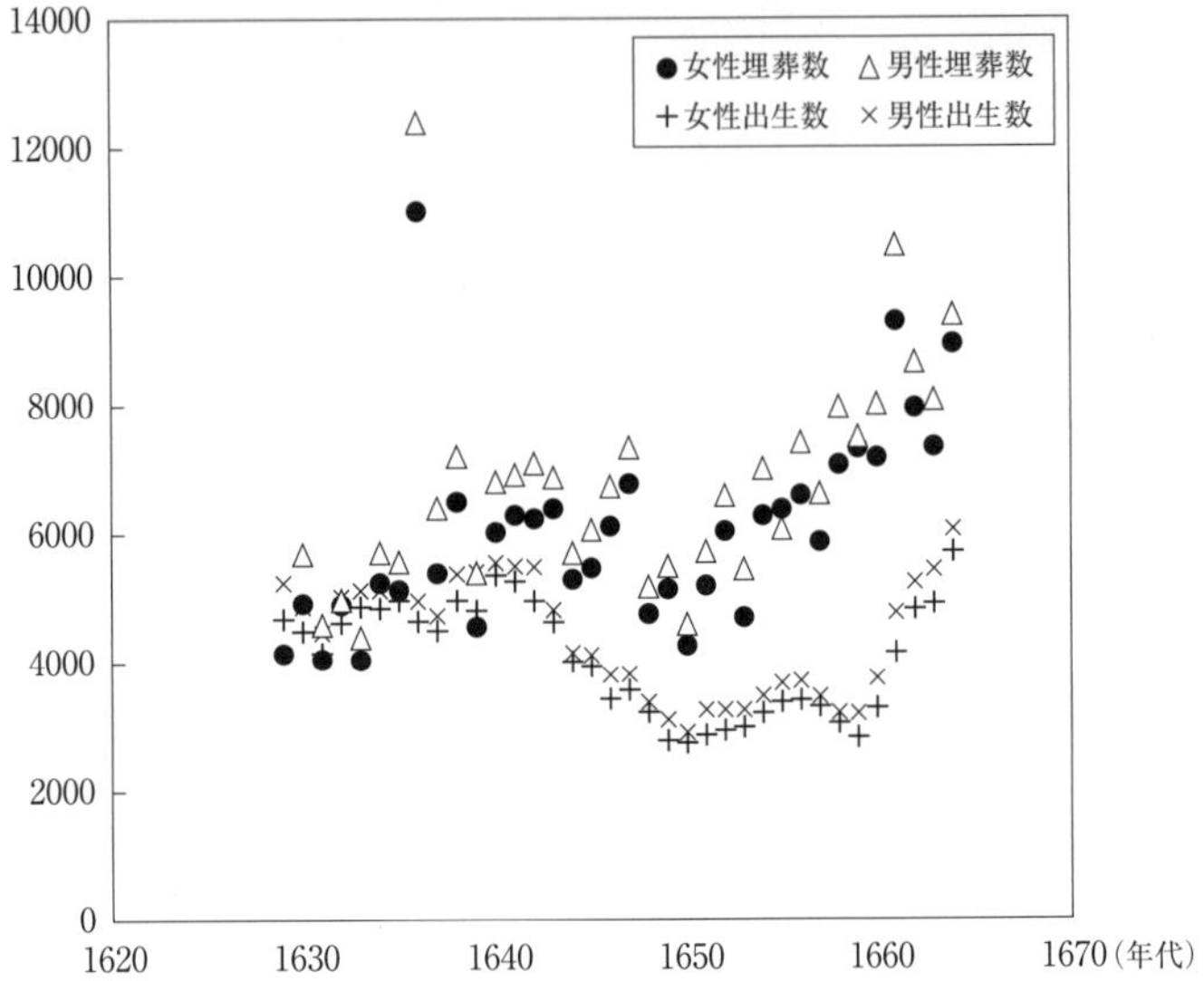

図 3－1　17 世紀ロンドンの性別死亡数と出生数

出典：筆者作成。

的な特性を直接見出そうとした。[1]それに対して、デュルケームは自殺の原因を明確に社会的な要因から説明しようとした。自殺の非個人性を数値でとりだすところまでは同じだが、それを人間たちの営みの結果として、最終的には日常的経験と大きな不一致が起きない形で説明しようとした。自殺を社会的事象としてとらえて、それを社会の状態から説明しようとした。社会から社会を説明しようとしたわけだ。

複数の原因を識別する

ではデュルケームは具体的にどんな形で自殺を説明していったのか。『自殺論』の第二章「自己本位的自殺」の分析を例にみていこう。[2]

この章で彼は自殺という事象を次のような手順で分析している。

表３-１　ヨーロッパ諸国の自殺率

	1866 − 70 の期間	1871 − 75 の期間	1874 − 78 の期間	順位		
				第一の期間	第二の期間	第三の期間
イタリア	30	35	38	1	1	1
ベルギー	66	69	78	2	3	4
イギリス	67	66	69	3	2	2
ノルウェー	76	73	71	4	4	3
オーストリア	78	94	130	5	7	7
スウェーデン	85	81	91	6	5	5
バイエルン	90	91	100	7	6	6
フランス	135	150	160	8	9	9
プロイセン	142	134	152	9	8	8
デンマーク	277	258	255	10	10	10
ザクセン	293	267	334	11	11	11

出典：Durkheim（1897 = 1985：31）.

（1）ヨーロッパの国ごとの自殺率をみていくと、プロテスタントが多い国家はカトリックが多い国家に比べて自殺率が高い（表3-1参照）。

ただし、国別の比較では各国ごとの文化のちがいが大きい。そこで、

（2）文化が同じだと考えられるドイツのなかで比べても、プロテスタントが多い州はカトリックが多い州より自殺率が高い[3]。さらにプロテスタントの多いプロイセンとカトリックの多いバイエルンで、それぞれの地域ごとにみても同じ傾向がみられる。

表3-2　スイス各州における宗教と民族ごとのちがい

	人口100万あたりの自殺数		
	フランス人の州	ドイツ人の州	各民族の州の全体
カトリック	83	87	86.7
両者の混成			212.0
プロテスタント	453	293	326.3

出典：Durkheim（1897 = 1985：174）.

ただし、プロテスタントが多い国家はゲルマン系の民族が多く、カトリックが多い国家にはラテン系の民族が多い。そこで、

(3)　スイスのなかの、ドイツ語を使う各州とフランス語を使う州をみると、どちらでもプロテスタントの方がカトリックよりも自殺率が高い（表3-2参照）。

この三つのステップを重ねることで、デュルケームは自殺の原因として、宗教のちがいを同定する。

まず、ステップ（2）によって、文化のちがいではなく、プロテスタントとカトリックという宗派のちがいが原因だと判定できる。さらに、宗派のちがいが宗教そのもののちがいと民族のちがいの両方をふくむことをふまえて、ステップ（3）で民族のちがいではなく、宗教そのもののちがいであると判定される。

その上で、さらに少数派集団か多数派集団かによる影響も検討される。

（４）自殺率は少数派集団では少なくなる傾向がある。実際、プロテスタントが少数派の国では、多数派の国よりも、カトリックとの間での自殺率の差が小さくなるが、その場合でもプロテスタントの方が高い自殺率を示す。

したがって、多数派か少数派かという影響を考慮しても、なお宗教のちがいが自殺率に影響すると考えられる。

なお、ステップ（３）の「民族（race）」は実際には各州の公用語によるが、デュルケームは言語のちがいをそのまま民族のちがいにしているので（同：81など）、ここでも民族と呼んでおく。この論理でいけば、アルザスのドイツ語話者は「ドイツ人」になってしまうが、その点は無視されている。

複数の原因を識別する（続き）

（１）～（４）のように要約すると、デュルケームがかなり周到な議論を組み立てていることがわかる。特に重要なのは、原因となりうる変数の重なりが考慮されている点だ。原因として条件ａが考えられる場合でも、ａとある程度関連する別の条件ｂやｃがあることがある。例えば、プロテスタントが多い国家にはゲルマン系の民族が多く、カトリックが多い国家にはラテン系の民族が多いように。

現在の計量分析では、これは「説明変数間の多重共線性（multi collinearity）」と呼ばれる。原因となりうる変数、例えばａとｂとの間に関連性があるとき、「多重共線性がある」という。多重共線性がある場合、ａの効果とｂの効果は厳密には区別できない。つまり、ａが原因なのかｂが原因なのかは識別できず、「ａまたはｂが原因である」としかいえない。

あたりまえの話に聞こえるだろうが、実際の分析では、テクストの形をとった質的なデータでも、数値の形をとる量的なデータでも、これは意外に見逃されやすい。例えば、日本の家族では、父親の学歴と母親の学歴は関連性が強い。だから、例えば子どもの学歴や職業に「父親の学歴が効いているのか母親の学歴が効いているのか」は、(特別な手法を使わないかぎり) ほとんどの場合は識別できない。あるいは、年齢や経験年数など、経過時間による影響を調べる際にも、経過時間の1乗項と2乗項は関連性が強い。だから、どちらがどのような効果をもつのかが、識別できないことは多い。

1乗項と2乗項というと、「一体なんの話？」と思うだろうが、これは経済学関連の議論ではよく出てくる。高校数学の用語でいえば、二次曲線を描く関係だ。

有名なものでは、限界効用逓減の法則もそうである。例えば経済学のモデルでは、賃金は経験年数に比例して上がるが、その上がり方は年数に比例して小さくなるとすることが多い。この場合、経験年数と賃金のグラフを描くと二次曲線になる (図3-2（a）参照)。1乗項と2乗項でいうと、経験年数の1乗項は賃金を上げる方向に働き、2乗項は下げる方向に働く。経験年数の限界効用が逓減するわけだ。

社会学に関連がふかい分野では、クズネツォフの逆U字曲線もある。これは経済発展と不平等度の関係をめぐる仮説だ。産業化が進展し急速な経済成長が始まると、社会のなかに次第に不平等が拡大していくが、ある閾値をすぎると、今度は不平等が縮小する方向に転じていく。図3-2（b）でわかるように、この曲線の左半分でも、不平等度は産業化の程度に比例して上がるが、その上がり方は産業化の程度に比例して小さくなる。つまり、1乗項は正で2乗項は負という二次曲線になる。

ところが、経過時間の1乗と2乗は関連性が高い。片方を2乗したものだからあたりまえだが、それ

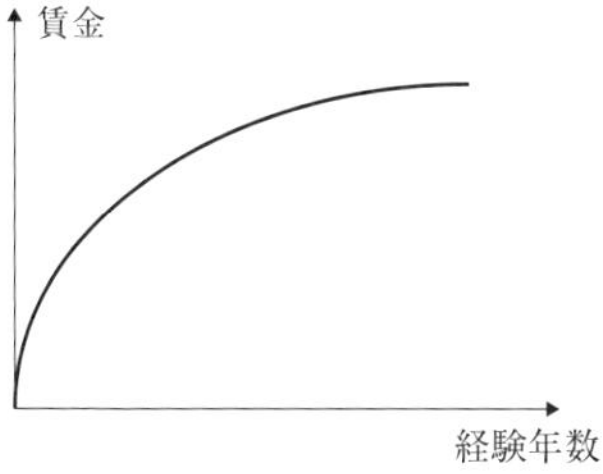

図3－2(a)　経験年数と賃金の二次曲線

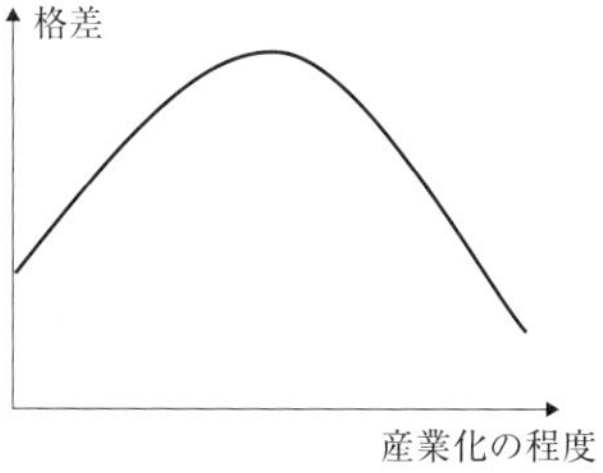

図3－2(b)　クズネツォフの逆U字曲線

ゆえ、どちらがどう働いているかは識別できないことが多い[4]。限界効用逓減というのは近代経済学では最も重要な仮定の一つだが、データではそもそも検証できない場合が少なくないのだ。

2　論理を組み立てる

解釈の逆転

デュルケームの事例に戻ろう。

この事例では幸い、(3)は識別できるケースになっている（厳密にはいくつか仮定をおく必要があるが）。宗教と「民族」はかなり重なることが多いが、スイスの場合は、二つのどちらかが原因かを識別できるからだ。

ところが、『自殺論』のさらに先を読んでいくと、データ上は識別不可能な変数が出てくる。プロテスタント／カトリックのちがいと識字率、すなわち教育水準のちがいだ。

宗教と「民族」では、ドイツ系にもフランス系にもプロテスタント／カトリックが両方いて、それぞれ（＝4通りのケースで）の自殺率がわかっていた。だから、識別することができた。ところが、プロテスタント／カトリックのちがいと教育水準のちがいに関しては、プロテスタントが多い地域や国は全て教育水準も高い。それゆえ、宗教のちがいが原因なのか、教育水準のちがいが原因なのかが識別できない。

ここでデュルケームは離れ業に出る。プロテスタント／カトリックのちがいと教育水準のちがいが識別できないのは、データの問題というより、この二つが実は同じものだからだ、としたのである。今風にいえば、この二つの背後に共通する要因（＝潜在変数）を見出した。

その共通要因として彼が名指したのが、宗教社会の凝集性である。データの上では、プロテスタントはカトリックより自殺率が高く、また教育水準が高い方が自殺率が高い。この二つの事実を、（a）信仰内容の面でプロテスタントはカトリックより凝集性が低く、また、（b）教育水準が高ければ凝集性が低いから、（c）どちらでも自殺率が高い、という形で説明してみせた。その傍証として、イタリアの各州では、教育水準が高いほど自殺率も高いという関係があることにもふれている（表3-3参照）。

なぜそこで宗教社会の凝集性のちがいが持ち出されるのかは、『自殺論』を直接読んでもらいたい。デュルケームはかなり飛躍の多い議論をやっているが、重なりあう複数の原因（＝説明変数）の問題、すなわち多重共線性の問題には明確に気づいており、その対処策として一つの模範回答を示した。

実際、デュルケームの答え方は、方法的にはほぼ正解である。計量分析で多重共線性が見出されたときも、同じやり方で考えていく。関連性の高い二つの原因候補があって、それぞれの効果が識別できないときは、二つを同じものとして解釈する。言い換えれば、両者に共通する何かを見出して、それが結果に影響していると考える。そうするのが一番無理のないやり方だ。

その意味でいえば、多重共線性の出現は頭が痛い難問というより、原因―結果のつらなり方を考え直

表３-３　イタリア各州での教育水準と自殺率

第１群の州	結婚契約書に夫婦の署名のあるもの（%）	人口100万あたりの自殺件数	第２群の州	結婚契約書に夫婦の署名のあるもの（%）	人口100万あたりの自殺件数	第３群の州	結婚契約書に夫婦の署名のあるもの（%）	人口100万あたりの自殺件数
ピエモンテ	53.09	35.6	ヴェネツィア	19.56	32.0	シチリア	8.98	18.5
ロンバルディア	44.29	40.4	エミリア	19.31	62.9	アブルッツィ	6.35	15.7
リグリア	41.15	47.3	ウンブリア	15.46	30.7	アプリア	6.81	16.3
ローマ	32.61	41.7	マルカ	14.46	34.6	カラブリア	4.67	8.1
トスカーナ	24.33	40.6	カンパニア	12.45	21.6	バジリカータ	4.35	15.0
			サルデーニャ	10.14	13.3			
平　均	39.09	41.1	平　均	15.23	32.5	平　均	6.23	14.7

出典：Durkheim（1897＝1985：189）.

す良い機会になる。原因―結果の全体的な布置、つまり変数の関係全体をちがう形で考えた方がいいよ、とデータが教えてくれているわけだ。

量的データでも質的データでも、経験的な分析の上手下手は、この辺で決まることが多い。データを集めるのが好き、計算がうまい、あるいは知識が豊富というだけで、研究がうまくいくわけではない。当初の予想から外れるデータやあてはめにくいデータが出現したときに、最初の仮説を適切に修正できるか。その柔軟性があるかどうかで、実証の上手下手は決まる。

都合が悪いデータが出てきたときに、最初の仮説を単純にすてるのは簡単だ。あるいは反対に、いろいろ理屈をつけて、最初の仮説を頑強に守ることもできる。

けれども、そのどちらも決して良いやり方ではない。前者でいえば、つねにゼロからやり直しのぐるぐる回りになる。後者でいえば、「データがおかしい」とか「こんな調査では事実はとらえられない」といった理屈をつけることになるが、やればやるほど「私の考えが正しい」という自己正当化になっていく。

もちろん、つねにうまく修正できるとはかぎらない。成功／失敗は場合《ケース・バイ・ケース》によりけりだが、基本的な考え方として、最初の仮説を単純にすてるのも、頑強に守るのも、お奨めではない。

柔軟性というのは、そういうことだ。たんに妥当な解釈を発見するというより、仮説に必ずふくまれる先入観を反省的に考え直していく。そういう形で全否定も全肯定もしない、第三の途を見出していく。後の章で述べるように、ウェーバーやマートン、ルーマンら、経験的分析がうまい「偉大な社会学者」たちの研究には、必ずそういう面がある。

変数の系統的な統制

『自殺論』をみると、デュルケームもデータと対話できる柔軟さはもっていた。道徳の科学化という大きな目標を掲げながらも、経験的なデータに寄り添って何が起きているかを見ようとした。

書き方も工夫してある。先に、宗教のちがいと教育水準のちがいが識別できないと述べたが、デュルケーム自身の説明では、最初に、宗教のちがいの背後にある、より根本的な要因である凝集性のちがいを指摘する。次に、その後で、凝集性のちがいのもう一つの現れ方として、教育水準のちがいを持ち出す。そういう順番で変数を並べることで、宗教のちがいと教育水準のちがいという、データの上では識別不可能な二つの変数の重なりをうまく位置づけている。片方の変数から導かれる結論をもう一つの変数が補強する形にしている。

ただ、さすがにこの辺の議論の展開は少し危なっかしい。例えば、ユダヤ教の信者では、教育水準が高いにもかかわらず自殺率が低い。デュルケームはこれを、周囲の多数派に対抗する少数派の道具として、ユダヤ教信者が高い学歴を求めたためだとする。その傍証として、プロテスタントが少数派の地域では、プロテスタントの知識欲が高いことをもちだしている（同：193）。

つまり、凝集性以外にも教育水準を高める要因があるとして、それでユダヤ教を説明しようとしたのだが、もしこの仮説が正しければ、プロテスタントが少数派の地域と多数派の地域を比べた場合、他の条件がひとしければ、少数派の地域の方でプロテスタントの教育水準がより高くなるはずだ。カトリックについても同じことがいえる。ところが、それらについては系統的に検証されていない。

現代の社会学からみて、デュルケームの実証が不十分な理由の一つはここにある。複数の原因がありうることに目を配っているのだが、議論の途中でその都度その都度とりあげる。だから、全体でみると、とってつけた感じがぬぐえない。

例えば、表3-3で、イタリアでは非識字率が高い州ほど自殺率が低いことを指摘して、「教育水準が高いほど自殺率も高い」証拠とする。けれども、教育水準が高い州は、産業化や都市化の進んだ北部と首都ローマ周辺である。だとすれば、経済や文化などで原因候補になるものは他にもある。当時のドイツ帝国内の社会以上に、イタリアは地域差が大きかったはずだ。

ところが、『自殺論』では、そうした他の説明の可能性はつねに場当たり的にしかあつかわれない。意地悪い言い方をすると、ドイツのデータで文化のちがいによる説明は不十分だとし、スイスのデータで民族のちがいでは不十分だとし、イタリアのデータで教育水準が自殺に影響するとする。そのため、全体の論理構成も見通しづらい。

現在の計量分析では、こういうやり方は採らない。あつかう全ての事例に関して、まず、関係する全ての変数の状態（値）を一律に同定する。その上で、どの説明変数がどう影響しているのか、統一した基準で識別していく。もちろん、その際には、凝集性を示す指標も説明変数の一つに入れておき、その効果が十分大きいかどうかを検証する。(5)

質的データでは一律にあつかいにくい場合もあるが、それでも「議論を整理するために、一覧表にしてみろ」といわれる。たとえ数値化できなくても、そういう表をつくると論理の欠陥や短絡が発見しやすくなるからだ。もし「特定の性質があてはまる／あてはまらない」が1／0に単純化できれば、その組み合わせをブール代数（ある性質に「あてはまる」を1、「あてはまらない」を0として、その組み合わせ方を0と1の足し算と掛け算の規則で数式化したもの）の形で分析することもできる（Ragin 1987 = 1993）。逆にいえば、そういう一覧表がない研究は、論理に大きな穴があきやすい。

集計単位のずれ

こうした場当たり的な反論、すなわち系統的検証の不在以外にも、『自殺論』の分析には大きな問題がいくつかある。欠点をあげつらうようで悪いが、どれも今の研究でもしばしば見られるものなので、少しくわしく解説しておこう。

一つは「ロビンソンの生態学的誤謬（ecological fallacy）」だ。これは、仮説の成立する水準（単位）とデータで観察する水準（単位）がずれていることをいう。社会科学では多くの場合、個人の水準での仮説を地域の水準で検証する形をとる。それゆえ、「個人相関と地域相関の混同」とも呼ばれる。

ご本人の名誉のためにいっておくと、ロビンソンはこの誤謬をやった人ではなく、この誤謬を指摘した人である。一九三〇年のアメリカ合衆国の国勢調査のデータから、ロビンソンは各地域でアフリカ系の人々の占める比率と非識字率の関係を求めてみた。

まず、全米四八州（アラスカとハワイがまだ州でなかった）ごとにアフリカ系の比率と非識字率を求め、州単位でアフリカ系比率と非識字率の相関をとると、相関係数（二つの変数の間の関連性を数値化する指標の一つ）は〇・七七三になる。さらに州単位ではなく、東海岸北部、東海岸中部、中西部、西海岸という九つの地域ブロック単位でアフリカ系の比率と非識字率を求めて相関係数をとると、〇・九四六になる。ところが個人単位で、つまり調査された一人一人単位で、アフリカ系かどうかと識字できないかどうかの相関をとると、相関係数は〇・二〇三になる。

この場合、相関係数は0（＝全く関係ない）から1（＝完全に重なる）の間の値をとる。したがって、州単位や地域単位でみれば、アフリカ系であることと文字が読めないことは「強く関連する」という結論になるが、一人一人でみれば「あまり関係ない」という全く反対の結論が出てくる。

一般に、個人単位での相関と集団単位での相関では、集団単位での値の方が大きくなる。アフリカ系かどうかや文字が読めるかどうかのような、本来、個人単位で測れる二つの変数を地域ごとにそれぞれ集計した上で、その集計データ同士で関連度を測ると、数値が大きくなりやすいのだ。それも集計する範囲、つまり集団が大きくなるほどそうなりやすい（安田・海野 1977：260-265）。

生態学的誤謬になっている研究は、今でも見かける。例えば、国ごとに不平等の程度をジニ係数（平等でなさを数値で表す代表的な指標）で数値化し、その値と平均寿命との関連性を数値化すればそうなる。

表3-4　ドイツ語圏の国や邦での宗教別自殺率

		プロテスタント	カトリック	ユダヤ教
オーストリア	(1852 − 59)	79.5	51.3	20.7
プロイセン	(1849 − 55)	159.9	49.6	46.4
	(1869 − 72)	187	69	96
	(1890)	240	100	180
バーデン	(1852 − 62)	139	117	87
	(1870 − 74)	171	136.7	124
	(1878 − 88)	242	170	210
バイエルン	(1844 − 56)	135.4	49.1	105.9
	(1884 − 91)	224	94	193
ヴュルテンベルク	(1846 − 60)	113.5	77.9	65.6
	(1873 − 76)	190	120	60
	(1881 − 90)	170	119	142

出典：Durkheim（1897 = 1985：175）.

現代の経済学者の研究でも、企業のＩＴ化率と収益率を産業分野ごとに集計した上でその相関を分析した論文を、私は読んだことがある。経済学の計量分析では、あまり教わらないようだ。

『自殺論』の分析も、現代の一般的な考え方からみれば、生態学的誤謬を犯している。上のステップ（1）（2）（3）ももちろんそうである。自殺するかどうかは個人単位で起きる事態だ。カトリック／プロテスタントも、文化も「民族」も、教育水準も、個人単位で定義できる。したがって、本来ならば、ステップ（1）（2）（3）は全て個人単位のデータを集めてきて、それで分析するべきなのである。

デュルケームも個人単位の相関を全く計算していないわけではない。例えば、ドイツ語圏のいくつかの国や邦での、プロテスタントとカトリックそれぞれの人口一〇万人当たりの自殺者数も提示している（表3-4参照）。このデータでは、プロテスタント／カトリックに関しては個人単位で自殺する／しないが観測されているので、この二つの関連性の分析では生態学的誤謬になっていない。

けれども、デュルケームのやり方では、そこで見出された「カトリック／プロテスタントのちがい」が本当に宗教によるものなのか、言い換えれば、一人一人の生活環境や「民族」のちがいではないのか、という識別まではできない。個人単位でみた場合には、ドイツ語圏でのプロテスタント／カトリックのちがいが生活環境のちがいや「民族」のちがいに大きく重なっている可能性があるが、一人一人の生活環境や「民族」がわからないので、重なっているかどうかを調べられないからだ。

つまり、『自殺論』では個人単位での原因の識別はされていない。集団単位でみた場合には、それぞれのちがいは識別されているが、集団単位で成立する強い関連性が個人単位で成立するとはかぎらない。生態学的誤謬とはまさにその問題なのである。

3　部分と全体

統計的検定の不在

『自殺論』の欠点としては、もう一つ、統計的検定がないこともよくいわれる。現在の検定手続きができあがるのは第一次世界大戦後だから、しかたがないようにも見えるが、もっと重大な問題がここにはひそんでいる。

まず、技術的な面でいえば、『自殺論』の場合、検定がないこと自体は大きな欠点ではない。検定する必要がない、もしくは、検定してもあまり意味がない種類のデータをあつかっているからだ。

これに関しては、統計的検定とは何かから解説した方がいいだろう。統計的検定とは、「観測にともなって偶然的な誤差が発生していると考えられる場合に、その誤差を見込んだ上でも変数間に関連性があるといえるか」を判定する手続きである。わかりやすくいえば、たんなる偶然によるものか、それとも偶然では説明できない何かがあるとみるべきかを判定するものだ。

ここでいう「偶然的な誤差」には、二種類ある。

一つはサンプル調査におけるサンプリング誤差だ。サンプル調査というのは、本来調べたい集団（＝「母集団」）を全て調べるのがむずかしい場合、無作為抽出などによってその一部をとりだし、元の母集団をできるだけ忠実に再現した集団（＝「サンプル集団」）をつくって調べることをいう。こうしたサンプル集団をつくる際に生じる誤差を、サンプリング誤差という（図3-3参照）。

この場合、サンプリング誤差は二項分布という確率分布にしたがう。さらにサンプル集団がある程度以上大きければ、中心極限定理という定理により、正規分布という確率分布に近似的にしたがう（二項分布、正規分布、中心極限定理については、ここではくわしい内容はわからなくてよいが、興味がある方は統計学や社会調査法の教科書をみてほしい）。もし、こうしたサンプル集団を全て調べられれば（＝回収率が高ければ）、発生する誤差はサンプリング誤差だけになる。

もう一つは、観測機器の細かいずれなど、観測にともなう小さな誤差が積み重なったものだ。その誤差の一つ一つは小さくても、塵も積もれば山となることがある。こうした場合、それぞれの誤差がごく小さく、かつ互いに関連性なく発生し、かつ同じ分布にしたがう場合には、誤差の集計は正規分布にしたがう。これも中心極限定理で証明できる。

細かくいえばいろいろあるが、大きくいえば、統計的検定はこの二種類の誤差がある場合に用いられ

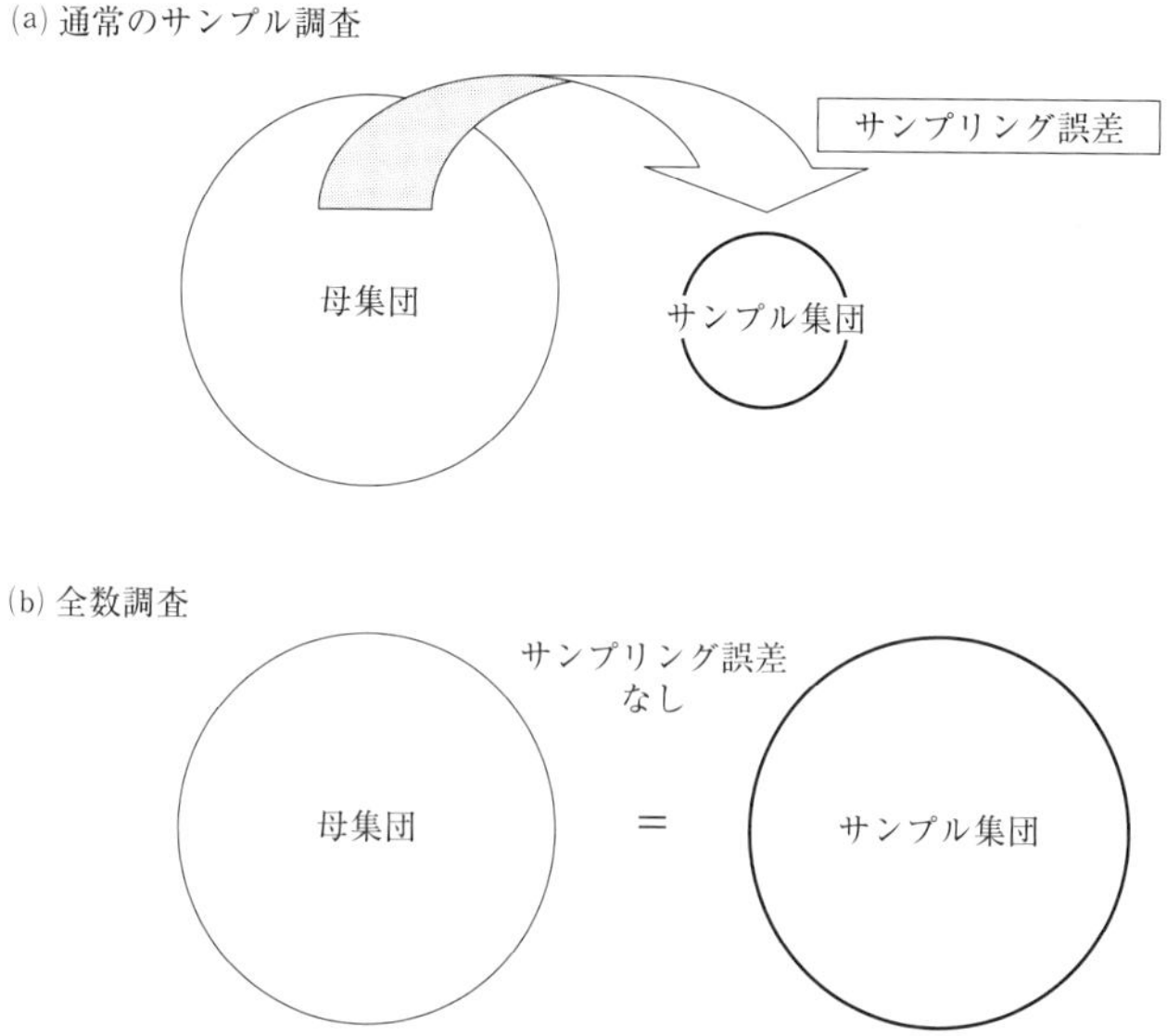

図3－3　調査の形態とサンプリング誤差

る。逆にいえば、二つのどちらかでなければ、使ってもしかたがない。

自殺率のようなデータは、一般的にはどちらにもあてはまらない。第一に、この種のデータは、国勢調査や警察資料などの全数調査（＝母集団がそのままサンプル集団になる調査）によるものが多く、サンプリング誤差はゼロになる。第二に、観測にともなう小さな誤差、例えば自殺が事故や他殺にまちがえられたり、その逆がおきたりするとしても、それらが多様にかつ互いに関連なく生じるのであれば、サンプル集団の大きさ＝「標本サイズ」が巨大な場合には相殺しあう(6)。自殺者の全数調査では標本サイズは自殺者総数になるから、サンプル集団はふつう巨大になる。

サンプリング誤差を想定するにせよ、観測誤差の集積を想定するにせよ、標本サイズが巨大であれば、どちらもほぼゼロになる。そのため、データの上のわずかな差も「統計的に有意」になる。こうした場合は、仮説の内容にもよるが、検定しない方が誤解をまねかないこともある。

データの代表性の問題

『自殺論』のデータのほとんどは、標本サイズが巨大だと考えられる。それゆえ、検定を欠くことだけで問題があるとはいえない。むしろ、問題があるのかないのか、厳密にはわからないことの方が問題だ。

デュルケームの掲げる表の多くは比率だけで、実数（例えば全体で何人か）が記載されていない。つまり、標本サイズが正確にはわからない。国や県あたりの比率であれば、当時の人口はほぼわかるが、例えば自殺の動機を分類して比率を示した表もある（同：167）。これになると一体どんなデータにもとづくのか、よくわからない。現在の日本のように、公表された官庁統計があったわけでもないようだ。

もしこの表が全数調査ではなく、一部だけを調べたもので、かつその標本サイズがそれほど大きくないならば、もちろん統計的検定をした方がよい。そして、それ以上に重要なのは、その調べた一部の代表性である。その一部、すなわちサンプル集団が母集団をどれだけよく再現できているのか。そういう代表性のよしあしによって、データの意義は全く変わってくる。

具体的にいうと、サンプル集団が無作為抽出やそれに類似した方法でつくられており、回収率も高ければ、データには代表性がある。逆にいえば、サンプル集団がそれら以外の方法でつくられていたり、回収率が低かったりすれば、偶然的な誤差だけでなく、特定の偏りも発生している可能性が高い。こうした場合は、統計的検定をしなくていい、のではなく、統計的検定をしてもしかたがない。

『自殺論』のデータには、標本サイズだけではなく、そもそもどんな誤差が生じているのか、推測できないものがいくつかある。この点は『自殺論』の学説研究でもすでにとりあげられているが、現在の計量調査にももちろん同じことがいえる。統計的な検定も重要だが、それ以上重要なのはデータの偏りや歪みである。それによって観察結果が左右されてしまうからだ。

検定の不在が意味する問題点は、もう一つある。こちらは技術的というより、社会のとらえ方に関わる。『自殺論』の根幹に関わってくる問題だ。

個人に外在する社会？

統計的な検定は確率統計学にもとづくが、『自殺論』を読むかぎり、デュルケームは確率統計の考え方を理解していなかったらしい。例えば『自殺論』第三篇第一章ではケトレの議論を批判しているが、統計学的にはほぼ全てデュルケームの方が誤っている。(7)

同時代の社会科学の状況をみると、もっと奇妙なことに気づく。例えばM・ドロービッシュ、G・クナップ、W・レキシスら、道徳統計学のドイツ学派では、ケトレの社会物理学がもっと根底から批判されていた。例えばドロービッシュは一八六七年の著作で、こう述べている。「犯罪行為の反復及び分布における規則性は自然的及び社会的諸条件の組み合わせの結果でしかなく、その際これらの条件が恒常的であれば恒常的な数が現われ、……これらが変化するや直ちにこの数値の修正が結果される」（Drobisch 1867 = 1943：154、表記は一部変更）。

現在の社会科学の考え方はもちろんこちらに近い。「（記述における）方法的個人主義」と呼ばれるものだ。第5章で述べるウェーバーの理解社会学も、次の章でとりあげるジンメルの心的相互作用もそうだ。こうした考え方にもとづいて、ドイツ学派は個人単位の確率モデルへ踏み出していた。例えば、レキシスは一八七七年にフランスの自殺統計を使って、自殺者中の入水自殺者の比率の変動が偶然的な誤差をこえることを示し、付録に正規分布表までつけている（Lexis 1877 = 1943）。

それに対して、デュルケームは「人をかならず自殺へ追いやるような生活上の不幸な出来事というものは存在しない」として、不幸な結婚や破産、貧困などを自殺の原因とすることを退けた（1897 = 1985：384）。これらが単独で、あるいは複合して、自殺する確率をあげるとは認めなかった。

原注3にある通り（同：532）、この一節はドロービッシュら、ドイツ学派の道徳統計学への反論であった。そこにあるのは、社会的な事象を個々のふるまいの集積だとする方法的個人主義をとるか、それとも、一つの不可分の全体だとする方法的全体主義をとるか、というちがいだ（第5章第1節参照）(8)。それに比べれば、検定手続きを使うかどうかは、二次的な問題にすぎない。

デュルケームは自殺率を、個人から独立した独自の力の産物だとする。自殺率は個人単位での自殺する／しないを特定の集団で平均した値だから、平均値の一つである。この章の初めで述べたように、ケトレは平均値から直接、社会の力を読みとろうとした。これは「平均人」と呼ばれる。デュルケームは「平均人」を戯画化して批判したが、実際には「平均人」と同じことをやっている。その点で『自殺論』はむしろケトレの社会物理学の社会学版にあたる。

デュルケームは理系の大学入学資格もとっており、数学や自然科学が苦手だったわけではない。もっと基本的な、彼の社会学そのものに関わる水準で、確率統計学の考え方を受け入れなかったのだろう(9)。実際、M・アルヴァクスは『自殺論』の計量分析を再検討し、確率論の入門書も書いているが、自殺を確率的なモデルでとらえようとはしなかった（Coser 1992：14–18）。

デュルケームは一つの原因には必ず一つの結果が対応し、一つの結果には必ず一つの原因が対応する

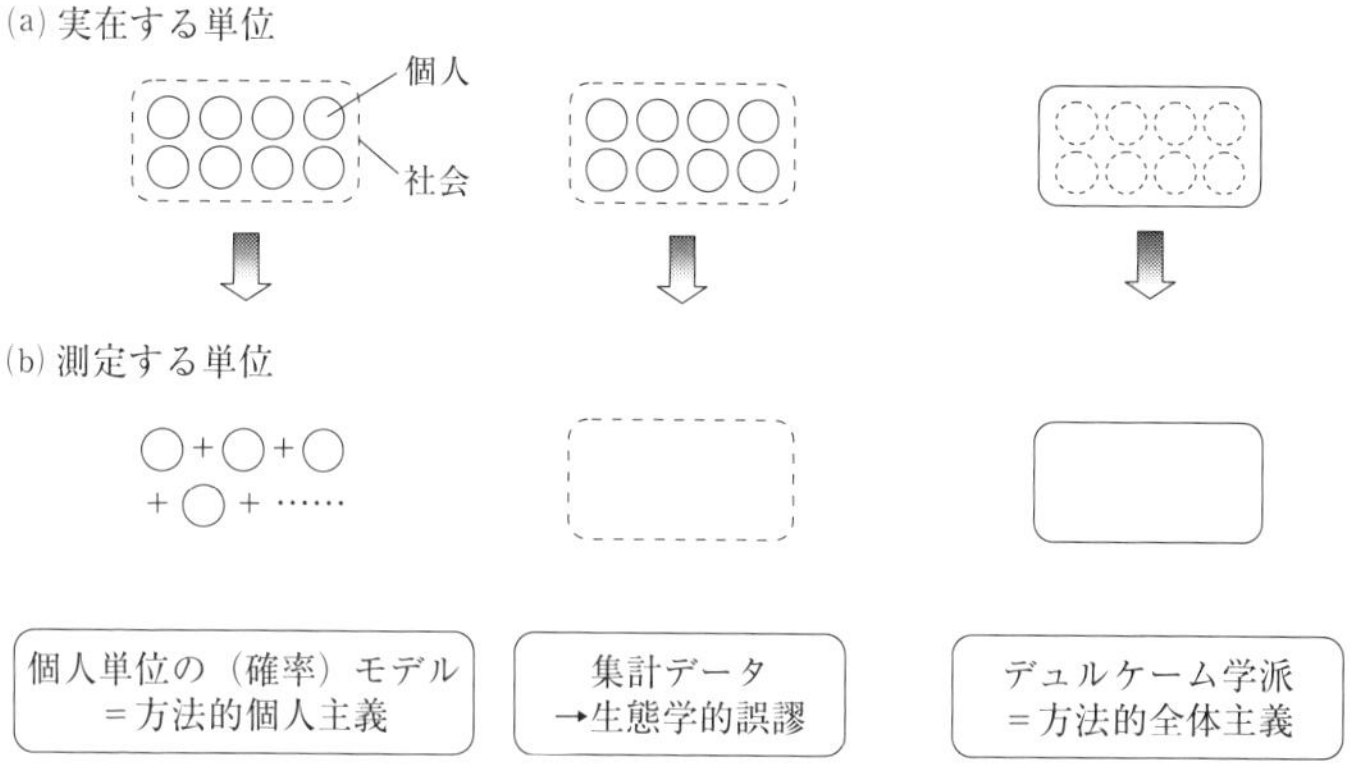

図3－4　実在する単位と測定する単位

とした（1895＝1978：239–245）。必ず特定の結果を生じさせるものしか原因にならないとすれば、たしかに自殺は、個人単位で経験される出来事や事象からは説明できない。個人単位でみれば、同じ状況にいて自殺しない人は必ずいるからだ。言い換えれば、自殺を起こす社会の力は集団単位で初めて見えてくる（1897＝1985：25）。自殺率の恒常性、すなわちある比率の人間が自殺するという特定の結果が必ず生じるといえるのは、ある程度大きな集団で見た場合だけだからだ（第3章第1節）。

この考え方にたてば、社会の力は集合的な単位にしか出現しない。それゆえ、社会を観察する社会学にとって、真に実在するのは個人ではなく集合体になる[10]。もし個人単位で見たとしても、そこにあるのは断片的で、分散的で、無定形な何かにすぎない。こうした考え方は「（記述における）方法的全体主義」といわれる（第11章注（6）、第12章注（5）参照）。

たしかに、図3-4のように考えれば、生態学的誤謬も検定の不在も大きな問題ではなくなるが、これは、自殺が個人単位で確率的に生じる可能性を否定して、初めて成立する。

『自殺論』第三篇第一章は①自殺は社会的事実であり、②社会は個人にとって外在的で拘束的だとする彼の主張を理論的に基礎づける部分だが、自殺が個人単位で確率的に生じるのであれば、少なくとも②は崩壊せざるをえない。Ｉ・ハッキングが指摘したように、確率統計学への沈黙は、デュルケームの社会学の根幹に関わる（Hacking 1990＝1995：191-193, 260-263）。

　では、今度はこれを逆から見ていこう。

　現在の標準的な方法とデュルケームの方法とのずれを、これまで『自殺論』の欠点として述べてきたが、これらのずれは彼の社会学の特徴として読み直すこともできる。これも『常識をうまく手放す』の応用だ。

相関と因果

　まず原因を同定する手続きについて。すでに見たように『自殺論』第二章の要因分析にはいくつか問題があるが、特に奇妙なのは最後の結論の出し方だ。宗教のちがいと就学率のちがいを一気に、凝集性のちがいにもっていく。

　先に述べたように、現在の計量分析では、凝集性を示すと思われる指標を用意して、それと自殺率との関係を調べる。あるいは、宗教のちがいと教育水準のちがいを統合する潜在変数を設定する。どちらにせよ、凝集性のちがいをもっと直接的《ポジティヴ》な形で実証することが求められる。デュルケームはそこを一気にとびこえる。凝集性それ自体を測らないまま、プロテスタント／カトリックや教育水準のちがいを凝集性のちがいと同一視するのだ。

　例えば、宗教と教育水準がお互いに相関し、かつ自殺率にそれぞれ相関しているとすれば、凝集性のような宗教に近い要因だけではなく、教育水準に近い要因もありうる。例えば、都市では生活の期待水準が高くなるが、現実の生活水準はそれほど良くならない。その落差が自殺をうむ、といった可能性もあるが、それらは考慮されない。『自殺論』のデータには大きな制約があるので、実際に原因を特定するのはむずかしいが、議論の進め方をみると、どちらが原因なのかという懐疑自体があまりない。自殺の真の原因が最初からわかっているかのようだ。だからこそ、より直接的な代理指標で検証する必要も感じないのだろう。

そこにミルとデュルケームの決定的なちがいがある。デュルケームは、原因と結果が根本的には必ず一対一で対応すると考えていた。特定の原因は必ず特定の結果をうみだす。表面的には複数の原因候補がつねにありうるが、それも最終的には一つの原因に還元できる、と考えていた。

それを理由にして、彼は自殺が個人単位で確率的に生じるという考え方を退けたわけだが、差異法を退けた理由も同じではないだろうか。一つ以外の条件が全てひとしいという差異法の適用条件は、現実にはきわめてきびしい。デュルケーム自身が指摘しているように、社会科学でこれが厳密にみたされる場合はほとんどない（1895 = 1978 : 246）。それでも、この条件には大きな意味がある。これによって未知の原因もまとめて考慮できるからだ。例えば、bとeとfが組み合わさった場合にXの原因になりうるかもしれないが、その可能性も排除できる。条件が有限個でも組み合わせの数は膨大になるが、それを全て検討したことになる。

つまり、差異法は未知の原因の可能性を考慮した方法になっている。だからこそ、差異法だけが真の意味で因果を同定できる（第８章第３節参照）。その点でミルの結論は正しい。第５章で述べるように、社会学でもウェーバーは差異法を使っている。対照的な結果を生み出した二つの社会を比較して二つ以上の条件がちがっている場合には、それらの条件のなかでどれが本当の原因なのかは識別できないことを認めた上で、より踏み込んだ仮説を解釈として展開した（第5章第1節参照）。

それに対して、デュルケームは、正しい因果関係の可能性をあらかじめ特定できると考えていた。現代風にいえば、正しい社会学は重要な因果関係の全ての可能性を知ることができる、そして自分は正しい社会学を知っている、と考えていた。だから、未知の原因の可能性を考慮する必要も認めなかった。そう考えれば、『社会学的方法の規準』の方法論と『自殺論』の実証を整合的に理解できる。『自殺論』における原因識別は一見、差異法に近く見える。スメルサーもそう理解しているが（第3章第1節）、私はちがうと思う。デュルケームは差異法を中途半端に使ったのではない。差異法と共変法を混同していたわけでもない。未知の原因の可能性を認めなかったので、差異法を使う必要がなかった。彼には、ありうる因果関係がすでにわかっていた。だから、それから外れる相関（共変）が見つかれば、その都度その都度、ありうる因果に還元すればよいと考えた。むしろそういう意味で、「第三の変数に都合よく絶えず訴えることができるという可能性が、デュルケム理論の論理のなかに組み込まれていた」（Smelser 1976 = 1996 : 128）。

デュルケームは全く論理的に考えていた。ただ、考える前提が大きくちがっていた。そこでずれているのだ。

4　社会の過剰さと社会学

因果のもう一つの面、すなわち結果の面から見ても、デュルケームの実証は特異なものになっている。

「社会」の先取り

現代の社会学者が「自殺は社会的現象だ」という場合、ふつうはその原因が社会的なものであることを意味する。例えば、高齢者の生活の質を支える制度が弱い、とか、経済的な変動が弱者を追い詰める、といった形だ。

ところが、デュルケームが自殺を社会的事実とするのは、自殺それ自体の特性による。個人単位では、必ず自殺にいたらせるような確定的な原因がないにもかかわらず、集団単位の自殺率は恒常性をもつ。だから自殺は社会的事実だとするのだ。彼自身の言葉を借りれば、彼の自殺の分類は「形態学的《モルフォロジック》ではなく……原因論的《エティオロジック》」だが（1897＝1985：163）、自殺自体は原因論的にではなく、形態論的に社会的事実だとされている。

逆にいえば、自殺が社会的事実なのは、その原因が社会的だとわかったからではない。かりに『自殺論』で見出された凝集性の弱さや集団的同調圧力、アノミーといった原因が本当はあてはまらなくても、自殺が社会的事実であることにかわりはない。

ここには興味ぶかい対称性が見出される。先ほど述べたように、デュルケームは自殺が社会的な原因によることを積極的には実証していない。その反面、結果としての自殺が社会的な事象であることは、それ自体で積極的に論証されている。原因での社会性が積極的な論証を欠く代わりに、結果での社会性が積極的に論証されている。

この面でも、『自殺論』の議論では、ありうる因果関係の可能性が最初から限定されている。デュルケームは社会から社会を説明する形で自殺を説明したが、まず自殺を「社会」として囲い込んでから、議論を展開する。そのことが個人からではなく、「社会から」説明する作業に信憑性をあたえている。自殺が社会的なものである以上、その主要な原因は社会的な何かに求めるのが自然だからだ。

そこに『自殺論』の大きな特徴がある。社会学だけが対象を十分に説明できることが先取りされているのだ。デュルケームがコントに近づくのは、そんな瞬間である。社会学は社会を観察する学として、特権的な正しさをもつ。彼の実証とコントの実証主義はそこで地続きになっている（第2章第1節）。

デュルケームの議論はコントよりはるかに洗練されているが、やはり社会学者の特権的な正しさを暗黙の前提にしていた。データと対話する柔軟さをもっていたし、説明変数の重なりを選り分ける作業の必要性も理解していたが、あらかじめ想定していた原因まで到達すれば、それ以上は検討する必要はない。そういう考え方をしていた。

そこで見出された「社会」は、現代の社会学からみれば、かなり異様なものだ。集合体として実在し、必ず特定の結果を生み出す。物理的には目に見えないが、社会学の視線の下ではその挙動を確定的に知りうるという意味では、それこそ「モノのように（a la chose）」目に見える何か。それがデュルケームの考える「社会」だった。

正確にいえば、著作の時期によってこれもある程度移り変わる。例えば『社会学的方法の規準』第二版序文（1901＝1978）や『宗教生活の原初形態』では、ジンメルやウェーバーの考え方に近づく（第4～5章、第7章第4節参照）。一九世紀社会学から二〇世紀社会学へ、彼自身も移行しつつあったのだろう。[11]

けれども、全体としてみれば、デュルケームにおいて、社会学の観察は当事者に対して絶対的な優位におかれている。『宗教生活の原初形態』の序章のように、因果律自体を社会的なものだとする場合でさえ、因果律を社会的なものだとする社会学の視線自体は疑われない。社会学の視線もまた社会の産物ではないか、とは考えない。

あるいは、もしかすると彼も本当はそんな疑いをもったかもしれない。仮にそうだとしても、その懐疑をデュルケームは停止できた。疑いを封印して、自らが提唱した「科学」的方法で分析を進めることができた。

デュルケームと同い年のジンメルは、そこで停まれなかった。だから、ジンメルの分析はつねに断片的で、随想的になってしまう。ウェーバーも停まれなかったが、一時的に棚上げするやり方をうまく見つけた。それゆえ、ウェーバーは比較社会学の体系的な実証分析を展開できたが、方法を主題的にあつかう論考は途中で打ち切られる。

デュルケームと機能主義

デュルケームは社会の実在性を疑わない。というか、社会の実在性を発見できる社会学の視線を疑わない。彼にとって、社会はそれこそ「モノのように」そこにあり、そこに見えるものだった。レイモン・アロンは「彼の作品には、社会学主義の誤りが全て潜在的に含まれている」（1983＝1999：380）とし、ハッキングは、「社会の天文学的概念化」というクナップのケトレ批判がデュルケームにもそのままあてはまると述べている（1990＝1995：262）。辛辣な表現だが、どちらも的外れではない。

それは彼の社会学史上での位置づけにも関わる。差異法と共変法をめぐる誤解はその一つだが、機能主義との関係でもよく似たことが起きている。ここにも奇妙なずれが見られるのだ。

デュルケームは『社会学的方法の規準』で、後の目的論的機能主義（第6章第2節参照）にあたる説明様式を明確に退けている（1895＝1978：187-199）。目的因は認めず、作用因だけを認める。つまり目的論的な説明はせず、因果関係だけで説明すると明言している。にもかかわらず、社会学史の上では、デュルケームは目的論的機能主義、なかでもタルコット・パーソンズが提唱した構造機能主義の先駆者とされることが少なくない。

このずれは従来から気づかれているが、機能の概念自体が不明確なこともあって（第7章参照）、議論が混乱しているようだ。それを解く鍵は実はデュルケーム自身が教えてくれている（1895＝1978：187）。

たいていの社会学者はこんなふうに考える。諸現象がなにに役立っているか、どのような役割を果たしているかがいったん明らかにされれば、それらについての説明もすでになされたことになるのではないか、と。……これらの貢献が実際に存在することを確証し、それがどのような社会的要求を充たしているかを明らかにしたとき、その現象を理解可能なものとするのに必要ないっさいのことが言いつくされたように思いこんでしまうのだ。

この文章は目的論的機能主義、すなわち因果の分析とは違う説明様式としての機能主義とはどういうものなのか、簡潔かつ的確に解説している。第6章でくわしく述べるが、目的論的機能主義は、機能として指定された関連性だけを特定できれば十分な説明ができるとする。裏返せば、その事象に関わる全ての因果関係を観察しなくてもよい。

デュルケームはこうした目的論による説明を明確に退けた。目的因を退けて作用因だけを認めた、というのはそういうことだが、もう一段抽象度をあげて考えてみると、まさにこの特定の関連性だけ見ればよいという点で、デュルケームの社会学と目的論的機能主義は機能的に等価（functional equivalent）になる（第7章第2節参照）。社会学者は重要な因果関係の可能性をあらかじめ知っているとする彼の考え方は、特定の関連性だけわかれば全体がつかめるという「超因果性」を導入することになるからだ（第8章第1節参照）。

彼自身の立場からすれば、彼の方法と目的論的機能主義は全くちがう。彼は目的論という形での超因果性は認めなかった。けれども、ジンメルやウェーバー以降の、社会学を「限定された知」だとする立場からは（第5章参照）、この二つはよく似ている。どちらも、特定の種類の因果関係だけに注目すればよいとし、どの種類に注目すべきかについては理論的な考察ですでにわかっているとするからだ。

実際、現代の社会学者ならば、デュルケームの分析を「統合」や「凝集性」といった機能による説明として、簡単に書き直せるだろう。それは、彼が本当は機能主義者だからではない。ジンメルやウェーバー以降の社会学からは、彼の方法と目的論的機能主義が等価に見えるからである。

そこに、一九世紀と二〇世紀の大きな不連続がある。その点でいえば、デュルケームは一九世紀社会学の最後の一人であり、彼の「科学」は科学自身に対する懐疑や反省をもたない科学であった。わかりやすくいえば、デュルケームは自然科学と社会科学のちがいに自覚的だったが、自然科学と同じくらい強力な社会科学ができると考えていた。社会科学に内在する限定性がちがいをもたらすとは考えなかった。

ただし、念のため付け加えておくが、だからといって、デュルケームのやったことを過小評価すべきではない。『自殺論』のデータ分析でも、彼は彼なりに論理を一貫させている。それを解説するために、この章では計量分析の初歩を簡単に説明することになった。そこがわかっていなければ、彼の方法が妥当かどうかも検討できないからだ。

そのくらいには、デュルケームは統計学にもデータ分析にも通じていた。「質と量」の対立図式はばかばかしい、と述べた理由が少しわかってもらえただろうか（序章第3節）。

制度としての社会学

簡単にまとめておこう。

現在の水準からみて、『自殺論』の実証には大きな欠陥がある。統計データの分析でも、そして科学的な手続きでも、デュルケームは特にすぐれていたわけではない。前者には多くの先行者がいたし、後者ではむしろ遅れていた面すらある。もちろん、だからといって、『自殺論』を読むのが無意味なわけではない。説明変数の重なりの識別や、生態学的誤謬の有無、あるいは誤差と偏りなどは、データをあつかう上で必ずぶつかる問題だ。その練習問題としても十分に読む価値があるが、デュルケームの革新性は別のところにある。

個人的な出来事か、異常な現象だと考えられてきた自殺を、彼は正常な社会的事象とみなした。その上で、凝集性のような社会的な要因から説明してみせた。彼の社会学の中心はその切り返しにある。入手可能な量的データと彼の考える科学的手続きを使って、常識をうまく手放し、社会を社会から説明する科学を、デュルケームなりに一貫して構築してみせた。彼の使った方法は現在では妥当とはいいがたいが、基本的な方向の定め方において、デュルケームは〈今の社会学〉へと一歩踏み出したのである。

そうした視座から見直すと、デュルケームにおける懐疑や反省の不在にも、ちがう意味が出てくる。彼の「科学」は、現在からみれば、たしかに素朴な科学主義に見えるが、その素朴さこそが社会学の制度化につながったのではないか。「社会」を先取りして囲い込む論法も、哲学や歴史学に対抗して社会学の有用性を主張するには効果的だっただろう。

だからこそ、デュルケームの社会学は、学術機関《アカデミズム》のなかで制度化しやすかった。社会学を専門分野として確立し、大学や研究機関に少数とはいえポストをつくり、小中学校の教師の育成カリキュラムにも組み込ませることができた。そういう面もあるのではないか⑿。

その制度の上で〈今の社会学〉は営まれている。例えば、現代の社会学者の多くは社会学に対してもっと懐疑的であり、反省的である。第１章で述べたように、自分自身をも正面からあつかう社会学にとって、それは不可欠な思考の技法の一つですらあるが、この懐疑や反省も社会学者という職業に、つまり社会学の制度によって支えられている。わかりやすくいえば、社会学を教えることで生活しながら、社会学を疑っていられるのだ。

デュルケーム自身には、そういう可能性はなかった。制度に頼らずに、常識を手放す思考を展開し、社会を社会で説明するしかなかった。その、まさに個人的な力業によって、社会学は制度化され、その制度の上で社会学自身を懐疑することも可能になった。

彼の最大の貢献はそこにある。『常識をうまく手放す』という考え方や、社会で社会を説明する、すなわち『社会が社会をつくる』というとらえ方を始めただけではない。そうした考え方やとらえ方を高等教育機関や研究機関のなかに専門分野として定着させ、制度的に保持する途を開いた。

これらは現在では社会学という学の個性として、その制度と意味境界に守られて成立している。そのしくみを彼はつくりだしたのだ。私たちは社会学のなかで書いているが、デュルケームは書くことで社会学をつくりだした。デュルケームが採った方法や、展開した議論は、そういう視点からも評価するべきだろう。

『社会学的方法の規準』の最後は、こんな文章で結ばれている。

> 多数の顧客をあつめることはわれわれの目的ではない。むしろ反対に、社会学はいわゆる世俗的成功を放棄し、およそ科学というものにふさわしい秘教的な性格を獲得すべきその時点に立ちいたっていると思われるのだ。そうすれば、社会学は、おそらく通俗的な親しみにおいて失うであろうものを、威厳と権威において取りもどすにちがいない。（1895 = 1978：268-269）

コントやスペンサーの履歴からわかるように、一九世紀の社会学は、アカデミズムというより、ジャーナリズムに近い場所で成長してきた。その一九世紀社会学に、高等師範《ノルマリアン》出身者の教授資格者《アグレジェ》デュルケームは訣れを告げる。

デュルケームの社会学がジャーナリズムから遠かったわけではない。専門家以外にもわかりやすいという点では、ジャーナリズム的でもあった。けれども、彼はそれを学術の機関《アカデミズム》として制度化する資源として使い、ジャーナリズムとの間に、そして他の社会科学との間に意味境界をつくりだした。その二面性にこそ、デュルケームのデュルケームらしさがある。

「社会的事実という独自な対象、心理学や生物学に還元しえない独自な対象についての科学という、社会学の学問的アイデンティティの追求、自然科学と同じような客観的指標の仕様にみられるような独自の方法、そして普通なら個人に帰属させられる心性や行動までを含む包括的な社会現象とする主題領域の独自な設定。これらのどれをとってみても、社会学の学問的正当性のあくなき探求というほかない」。「社会学が短時日の間に社会に関する自律的な一科学として自己主張することが可能であり正当でもあると言うためには、こうした極端さが不可避であった」（田原 1993：249）。

現代の社会学者は、『常識をうまく手放す』ために、社会学の観察の絶対的な優位を必要としないし、社会を過剰に先取りして『社会が社会をつくる』とする必要もない。それらの点では、デュルケームの考えた「科学」も「社会」も受け継がれなかったが、『常識をうまく手放す』方法を組み立て、社会を社会から説明するやり方を導入して、社会学を制度化することに成功した。その意味で、やはり彼は〈今の社会学〉を始めた人である。

本当は、だからこそ、デュルケームは奇妙なのだ。創始者である彼はまさに創始者であるがゆえに、〈今の社会学〉の外にいる。と同時に、創始者であるがゆえに、〈今の社会学〉の内部にいる人間、つまり社会学者には、あたかも〈今の社会学〉の内にいるかのように見えてしまう。そんな境位に彼は立っている。

デュルケームの奇妙さ。それは彼から〈今の社会学〉が始まった証しなのである。

注

（1）この点で、ケトレの考え方は社会物理学だった。これは「社会学（sociology）」という名称の誕生とも関わる。コントも「社会物理学」を名乗るつもりだったが、ケトレがすでに使っていたため、「社会学」という新語を創った。コントの社会学も社会物理学的だが、ケトレの方がより明確にそうであり、結果的に妥当な命名だったと思う。

（2）以下の要約では、折原（1981）を大きく参考にした。私自身の理解は折原とは全くことなるが、これが重要な参考文献であることにかわりはない。Smelser（1976＝1996）とあわせて読むとよい。

（3）『自殺論』では、プロイセンやバイエルンといったドイツ帝国内の各邦（Land）が「国家（etat）」「国（pay）」と呼ばれている。つまり、一八七一年にできたドイツ帝国を一つの国家としてあつかっていない。このこと自体は当時の帝国内の社会を考えれば必ずしも不適切ではないが、スイス連邦の各州は「州（canton）」と表記されている。

なお「アルザス・ロレーヌ」はフランス領とされているが、図表上のあつかいは必ずしも一貫していない。

（4）多重共線性が強い変数群を説明変数にした場合でも、二つの説明変数が完全に同じ（＝相関係数が±1）でないかぎり、数値上は、それぞれの効果を計算できる。そのため、多重共線性を考慮せずに、父親と母親の学歴の効果を比較したり、経過時間の1乗項と2乗項の正負を「検証」したりする研究は今も見られる。

（5） Besnard（1984 = 1988）は現代の標準的な計量手法を仮想的にあてはめて，『自殺論』のデータの一部を再集計している。なかなか面白い結果がでていて興味ぶかいが，これはデュルケームの方法にそうものではなく，ベナールの独自の分析だと思う。第3章第3節参照。

（6） 統計的検定では，①一つのサンプル集団内のサンプルの数だけでなく，②サンプル集団の数も問題になることがある。統計学では①を「標本サイズ」，②を「標本数」と呼び分ける。ここでもそれにしたがう。

（7） 集団の平均値だけを論拠とする議論は，平均人と基本的に同じものになる。デュルケームは国民のなかの自殺者比率がきわめて低いことも批判するが，統計的手法の信頼性は標本サイズで決まる。もしデュルケームの反論が正しければ，自殺より発生率の低い病気の原因は統計学的に分析できないはずだ。なお，ケトレは原因特定では差異法の厳密な適用を推奨している（Quetelet 1846 = 1942：195 など）。

（8） 当時の社会学と道徳統計学，そして社会統計学の関係はこみいっている。ドイツ学派の道徳統計学がドイツ語圏の統計学の主流だったわけでもない。これは歴史社会学や言説分析でも重要な主題になるので，余裕があればあらためて論じたい。さしあたり重田（2009），山岸（2007）など参照。

私自身の理解は重田より山岸に近い。記述における方法的個人主義はウェーバーではなく，クナップやレキシスでほぼ完成されている（Rumelin 1875 = 1942，Knapp 1871 = 1942：110-111，Lexis 1874 = 1943：45-46 など）。なお注（9），第4章注（1）参照。

（9） デュルケームと統計学の関係はそれ自体で大きな主題であり，本来はもっと詳細に検討する必要がある。例えば『自殺論』にも，中心極限定理によく似た議論は出てくるが（Durkheim 1897 = 1985：61 など），ウェーバーと対比してみると，やはり対照的な立場をとっている。『自殺論』ではドイツ学派の道徳統計学が批判され、かつドロービッシュだけが言及されている。それに対して、ウェーバーはその方法論の研究で、レキシスを代表的な論者にあげている。社会のとらえ方だけではなく、経験的な分析手法の上でも、そのちがいは大きい。いずれにせよ、〈今の社会学〉の成立を考える上で、道徳統計学との関係は無視できない。

なお、方法的全体主義は記述が成立する単位の問題であって、個々の制度が永続的だと考えているわけではない。デュルケームも、個々の制度は動的《ダイナミック》に変化しうるとする（中島 1997 参照）。

(10)　それゆえ、デュルケームが個人単位で原因を識別していないからといって、生態学的誤謬を犯しているとはいえない。生態学的誤謬は仮説とデータの間の単位のずれの問題であって、つねに個人を単位にしなければならないわけではない。

ただし、集団単位でも仮説とデータで単位がちがえば、当然、生態学的誤謬になる。『自殺論』のなかでは、どの範囲の集団が適切かの検討はされていない。したがって、やはり生態学的誤謬に犯している可能性が高い。もし本当に自殺率の恒常性を社会の実在性の根拠とするのであれば、レキシスがやったように、まず国単位や地域単位の統計で自殺率がどの程度恒常的かを調べる必要がある。その上で、可能ならば、最も恒常的なものを正しい社会の単位だとするべきだ。

(11)　例えば、ケトレのように「社会」をただ素朴に実在するとはせず、社会学の視線の下で実在すると限定した点には、方法の主題化の芽生えも見出される。

遠藤（2010）によれば、一八世紀の人間観察の言説、社交や観相学では、個体観察と社会観察は同型的に考えられていた。人間の表情や容貌という外形から、一定の規則にしたがって、内面が読みとれる。それと同じように、人間の集まりの外形的特性からも、その内容が読みとれる。そうした形態学的な視線が、個人にも社会にもあてはめられていた。

社会学の歴史に引きつければ、コントやスペンサーらの社会学は社会有機体説に立つ進化論を展開した。つまり、個体の成長の類比で社会の進化をとらえたが、これも一八世紀の人間観察の言説の延長上にある。それに対して、デュルケームは個体観察の形態学をやめて、社会観察だけに適用した。そこには個人の内面のある種の不可知性、すなわち心理学実験のような間接的で数量的な測定しかできないという考え方があったのではないか。

その意味では、デュルケームも新カント派的であり、一九世紀社会学から離れつつあったといえるが、一九七〇年代以降の「デュルケーム復興《ルネサンス》」的な評価には、私は違和感を覚える。同時代の社会科学のなかに位置づけた場合、アロンやハッキングの評価の方が妥当だろう。

(12)　他の要因との識別ができないので、差異法による厳密な因果同定はできないが。

第4章　ジンメルの問いの平面
——社会と形式——

デュルケームの創った社会学の思考と制度に、現代につながる手法と概念を盛り込んだのはジンメルとウェーバーである。

デュルケームと同い年のゲオルク・ジンメルはその透徹した考察によって、〈今の社会学〉につながる視座と文体を切り開いた。「形式」の概念にもとづき、「心的な相互作用」に注目するという彼の方法は、デュルケームの方法的全体主義に対して、方法的個人主義にたつ社会学の可能性を開いたが、名人芸といえる使い方によって、制度としての社会学をどこか踏み越えるものにもなった。

この章では、まず、彼の社会学の特徴を同時代の文脈に位置づけた上で、その独特な美しさと深さを小論「橋と扉」から追体験する。そのなかで、実現されなかったもう一つの〈今の社会学〉の可能性に触れてみる。

1　もう一つの起源

ラインの対岸で

第2章と第3章では〈今の社会学〉の誕生をみてきた。

エミール・デュルケームは社会学を高等教育の内部で制度化し、その二重の境界によって社会を観察するという営みを基礎づけた。その点で、彼は偉大な創始者であった。制度化された後の時代を生きる私たちにとって、社会学があることはあたりまえだが、そのあたりまえさこそが、彼がどれほどの力業をやってのけたかを証言する。

その反面、社会のとらえ方や科学の方法では、デュルケームは決して革新的ではなかった。これらの点では、彼はコントの継承者でもあった。第3章で述べたように、その連続性は社会学の制度化にはむしろ有利に働いたと考えられるが、制度化された後では中途半端で旧弊なものにならざるをえなかった。デュルケームの偉大さが忘れられやすいもう一つの理由はそこにある。

社会のとらえ方や科学の方法の上でも一九世紀社会学を葬り去り、〈今の社会学〉を始めたのは、ドイツ語圏の二人の社会学者、ゲオルク・ジンメルとマックス・ウェーバーである。第4章と第5章ではこの二人をみていこう。

デュルケームとは別の形で、ジンメルもウェーバーもアルザス（ドイツ語読みでは「エルザス」）と関わりをもっていた。アルザス地方の中心都市ストラスブールは、一八七〇年の普仏戦争後にドイツ領となり、「シュトラスブルク」と呼ばれる。ドイツ帝国において、シュトラスブルクとエルザスはドイツ語の話される土地であり、だからこそ「ドイツ」であった。それがストラスブールとアルザスに戻るのは、第一次世界大戦後である。

ジンメルはこのドイツ領時代の最後の時期に、シュトラスブルク大学の正教授を務めた。ベルリン生まれでベルリン育ち、主にベルリン大学で学んだ後、長く私講師（学生の聴講料を収入源とする講師）と員外教授をやっていた。履歴だけみると苦労人だが、かなりの遺産を相続しており、少なくとも途中までは経済的には恵まれていたらしい。ヴァルター・ベンヤミンのように、優雅で瀟洒な都会人だった。それがシュトラスブルク大学に移ったのは、ユダヤ系であり、かつジャーナリズムでも活躍していたため、ベルリンやハイデルベルクなどの伝統的な名門大学では、正教授になれなかったからである。資産も次第に目減りして、苦しくなっていたらしい。そのあたりも、ベンヤミンとよく似ている。

おかげでシュトラスブルク大学は「流刑地」みたいに言われがちだが、それはこの大学に少し失礼だろう。いわゆる名門校ではないが、新たな領土に新設された大学として、ドイツ帝国も力をいれていた。正式名称は「皇帝ヴィルヘルム大学」、当時のドイツの学術研究の拠点の一つだった。戦前の日本でいえば、京城帝国大学や台北帝国大学に似ている（第5章第1節参照）。

例えば、第3章で出てきたG・クナップも、第一次世界大戦までシュトラスブルク大学の教授を務めており、ドイツ語圏の統計学・経済学の中心地になっていた。シカゴ学派の都市社会学者ロバート・パークもドイツ留学中、ベルリン大学でジンメルの社会学と哲学の講義を聴いた後、一九〇〇年の一学期をここで過ごしている。

そんなシュトラスブルクの大学と都市社会も、ジンメルには決して暮らしやすい場所ではなかったと思う。この都市にもともと住んでいたアルザス人、当時の言い方だと「新ドイツ人」からみれば、外来の支配者。そして、帝国ドイツの最前線として進駐してきた支配層のドイツ人、すなわち「旧ドイツ人」からみれば、うさん臭い、ちゃらちゃらしたユダヤ人学者。学界の主流から外れたジンメルは、ベルリンでもどこか異人だったろうが、社交という圏には守られていた。シュトラスブルクでは、それも奪われたのではないか。大戦中の飢餓にも苦しめられたはずだ。

その意味では、たしかに「流刑地」だったかもしれない。

デュルケームと同じく、ジンメルもウェーバーも、最初から社会学者だったわけではない。ジンメルは哲学、特にカント哲学の研究者として知られ、若き日のウェーバーは法学や国民経済学での業績で高く評価されていた。二人が社会学にたどりついた経緯はちがうが、先に述べたように、どちらもカントの批判哲学の影響を強くうけていた。

カント哲学の影響

わざわざ解説するのもなんだが、イマニュエル・カントは『純粋理性批判』『実践理性批判』『判断力批判』の三部作で知られる。近代哲学のなかで最も重要な人物である。後でみていくように、「意味」や「機能」という社会学の最も基本的な概念にも、カントの影響は色濃く出ている。あまりに基底的なので、気づかないだけだ。

カントの哲学は三部作の題名にあるように、「批判（Kritik）」を鍵概念にする。マルクス主義の「批判」や、フランス現代思想系の「批評」と混同されやすいが、批評が他人を評する営みなのに対して、カント的な意味での批判は、まず自分自身に向けられる。自らが何をいかにして見ているのか、なぜ見ているといえるのか。その妥当性の条件を論理的かつ反省的に考え直す。それがカントのいう批判だ。ルーマンが「カント的な問いの技法」について述べているように、カントは「これは何か」だけではなく、「いかにそれが可能なのか」を問うた。認識や美的判断、あるいは社会秩序に関して、それが成立する条件を明確にしようとした（Luhmann 2004 = 2007 : 393）。現代の社会科学の術語系でいえば、科学論や科学哲学に近い。

一九世紀の社会学の時代にもカントの批判哲学は知られていたが、その影響はほとんど見られない。

カント的な批判は、自分が見ていること、知っていることをそのまま受け入れられないという自覚から始まる。自分の視線や知識にはある限界があり、それが決定的に作用している。だから、その限界を見定めておく必要がある。そういう反省的な自覚が批判を呼び起こす。

一九世紀の社会学はそうした自覚をもたないか、きわめて弱かった。物理学者がモノを観測するように、自分たちは社会を観察できると考えていた。そこに、一九世紀の社会学と二〇世紀以降の社会学を分ける大きな不連続がある。すでに述べたように、この転換は一挙に起きたわけではなく、例えばデュルケームの場合、社会学固有の方法の整備に努めたが、社会学者の視線そのものの限界や限定は考えなかった（第3章第4節、第3章注（11））。

ジンメルとウェーバーは、ちがっていた。彼らは社会学そのものの限界や限定、つまり社会学者が社会を観察できているといえる条件を見定めようとした。現代の社会学が考える「社会」と「社会学」は、彼らの試行錯誤から始まるといってよい。

相互作用と観察

ジンメルは「社会はいかにして可能か」という問いを最初にたてた人である。この問いは後にパーソンズの理論社会学につながっていくが（第6章参照）、ジンメルの視線の特徴をよく表している。彼にとって社会は素朴にそこにあるものではない。「社会」に関わる人々によって、社会はつくりだされる。

現代の社会学を少しかじった人は「社会は構築されるということか」と決めつけてしまいそうだが、そうではない。「社会は構築される」という言い方は、「社会」と「構築」の二つを自明視している。ジンメルはそこを問うたのだ。

ジンメルが出した答えというのは、控え目にいっても、かなり複雑なものだ。個人と個人の間には「心的な相互作用（seelische Wechselwirkung）」が働く。その心的な相互作用はそれ自体が実在性をもって個人の方にさらに作用する。大まかにいえば、そういうことを彼はいっている[(1)]。

この過程を「相互作用が社会という実体を結晶する」みたいに考えれば、デュルケームに近づくが、ジンメルはそういうとらえ方を注意ぶかく排除している。だから、相互作用がさらに作用するような、そんな形で実在性をもつ、くらいに解釈した方が適切だろう。

ジンメルの相互作用にはもう一つ重要な特徴がある。観察する側の観察がふくまれていることだ（新1987、菅野 2003 など）。わざわざ「心的」という形容語がついてくるのは、そういう意味だと考えるとわかりやすい[(2)]。ジンメル自身は必ずしも明確に区別しているわけではないが、心理学や社会心理学の「心理」とは少しちがうようだ。観察するという作用によって個人間の相互作用が見えるとすれば、この事態も作用の作用といえる。

その観察する作用で働いている枠組みを、ジンメルは「形式（Form）」と名づけた。形式を通じて私たちは観察し、その観察にもとづいて他人に働きかけ、他人の働きかけを受け取る。その意味で、形式は心的相互作用を可能にする条件になっている。わかりやすくいえば、心的相互作用は形式の産物である。だから、彼の社会学は「形式社会学」と呼ばれる。

ジンメルが実際に見出した形式は、「結合／分離」「並存／継起」「引力／斥力」「近接／遠隔」といった、きわめて抽象的なものだった。そのため、彼の形式社会学は空疎な抽象論だと見られやすいが、彼の形式は、たんに相互作用がとる特定のパターンであるだけではない。観察する側の認識枠組み（解読格子）でもある。

観察する枠組みの多くは、さまざまな社会的事実に広く適用できる。だから、どうしても一般的で抽象的なものになりやすい。と同時に、観察が特定の作用だというためには、何らかの強い拘束性（規定性）が働いていなければならない。先にあげたジンメルの形式は、ただ漠然と曖昧なものではなく、この両方の条件をみたすものとして、やはり注意ぶかく選ばれている。

ひどくこみいったことを考えたものだが、カントの批判哲学をまともにふまえれば、こういう途しかない。カントの『純粋理性批判』は、人間は自然をいかに認識できるのかという問いを立てたものである。その答えとして出てきたのは、認識には超越的なカテゴリーがつねに働いているというものだった。一方、『実践理性批判』は、人間と人間の営みはどうあらざるをえないか（≠どうあるべきか）を問うた。その答えとして出てきたのは、自分の自由を尊重するのと同じように他者の自由を尊重せざるをえない、というものであった。人間はみな平等、特に大きい自由をもつ人がいるわけではない。これはそのまま、人間を観察する人間にもあてはまる。観察する人間も絶対的な優位に立てるわけではない。同じ人間として同じ限定性に従っているはずだ。

この二つを組み合わせたのが、ジンメルの「社会はいかにして可能であるか」という問いである（1908：22–30 ＝ 1994a：37–57）。人間と人間の営みを人間はいかにして認識しうるのか。その答えとして出てきたのが、観察する／されるという相互作用をふくめて、全ての相互作用に一般的に働く「形式」に着目することだったのである。

2　「形式」の思考

実際の議論では、ジンメルは「形式」という語をかなり多義的に使う。だから、先の説明もジンメルは形式をこう定義していた、というより、形式をこういう文脈でも使っていた、という程度にとってくれた方がよいが、随筆風な書き方とは対照的に、ジンメルは社会学という観察のあり方を徹底的に考えている。その辺は、良い意味でカント学者《カンティアン》だ。

「形式」と社会

それだけに、ジンメルを読む作業は骨が折れる。深い海を素潜りしていく感じだ。デュルケームのような「これが正解」という底もないし、ウェーバーのように、「この辺まで考えておけばいいだろう」みたいな嚮導役《ガイド》になるわけでもない。目の前にある事象の深淵に、ジンメルといっしょに潜っていき、どちらの息が長続きするかを競う。そんな読み方になる。

勝つにせよ負けるにせよ、一度潜れば体力をかなり奪われる。だから、一段落ずつ進むしかない。その点でいえば、随筆風で断片的だからまだ読める、といった方がよい。おそらく書いたジンメル自身もそうだったのだろう。もし彼が本気で体系的な著作をめざしていたら、結局何も書けなかったのではないだろうか。

先ほど述べたように、ジンメルがあげた形式はかなり抽象的で、多くの社会に共通して見られる種類のものだ。それゆえ、彼のいう形式が本当に働いているのかを、具体的なデータで検証するのはむずかしい。その点がデュルケームには不満だったようで、後で見るように書評でくり返し批判しているが、考え方の大筋《アウトライン》として、ジンメルの発想はそんなに外れていない。というか、二〇世紀以降の社会学はデュルケームの方向ではなく、むしろジンメルの方向で、社会を観察することや社会の成り立ちを考えていった。

実際、社会を過剰に見出したデュルケームと比べると、ジンメルの社会学はずっと控え目だ。『常識をうまく手放す』でいえば、社会学者の視線が他の人間よりも特権的に正しいとはしない。『社会が社会をつくる』でも、確定的な結果をもたらすものしか原因と認めない、とか、集計データに見られる数値の恒常性から社会の存在を論証される、とはしない。そうでありながら、形式という概念から『常識をうまく手放す』と『社会が社会をつくる』が自然に出てくるようになっている。

まず、ジンメルの形式は『常識をうまく手放す』ことを、社会のあり方の上でも裏書きする。日常の生活では、私たちは他人のふるまいやその集積をありのままに見ているつもりでいる。形式という発想はその常識を覆す。観察につねに形式が介在しているとすれば、私たちはありのままに見ているのではなく、形式を通して見ている。他人のふるまいやその集積として見える事態は、実は観察する側の形式によるもの、いわば形式の効果という面をもつ。

例えば、自殺の原因はしばしば個人的な事情や状況に求められるが、それは実際にそうなのではなく、さまざまな事象を個人の心理に起因するものとしてみる形式があるために、個人的な要因から自殺が起きたように見えやすいのかもしれない。自殺を社会的事実としたデュルケームの発見は、そういう風に読み換えることもできる。常識的なとらえ方はつねに形式を通したものだとすれば、その形式を外してみればどうなるかという意味で、常識的な見方を手放してみることも自然になる。

では、この形式はどこから来るのか。もしこれが普遍的なもの、つまり文字通り全ての人間に共通するものでないとすれば、カントの「時間」や「空間」「因果」のような、超越論的な主観に属するものではない。そして、この形式が一人一人の人間に特有のものではないとすれば、つまり一人一人でちがうものではないとすれば、それは個人的な心情や体験からくるものではない。言い換えれば、普遍的でもなく、一人一人別々のものでもない形式が見つかれば、それは生体的な認知のしくみにも、個人個人の心理にももとづかないという意味で、社会的な何かだと考えることができる。

もしそうした意味での社会的な形式があり、それを通じて人々は他人を観察し、その観察にもとづいて対応する、つまり、その形式にもとづいて心的相互作用を営んでいるとすれば、それは『社会が社会をつくる』ことになる。認知のしくみにも心理にも還元できない形式によって、相互作用に特定の性質や形態が出現するからだ。その過程は『社会が社会をつくる』としてとらえられる。

ジンメルの社会学では、デュルケームとちがって、つねに個人個人の水準での意味づけや解釈の営みを通じて社会的な事象が成立する形になっている。その点で、現代の社会科学にずっと近い（第3章第3節、第5章第1節参照）。実際、特有の言い回しや思考の深度に慣れてしまえば、ジンメルの文章はデュルケームよりも、むしろその論理を再構成しやすい。それは、社会学以外でも彼の著作が今も広く読まれている理由でもある。

その一方で、ジンメルはデュルケームのように、具体的な形式を特定できる検証手続きを提示しなかった。それゆえ、彼のあげる形式は、デュルケーム以上に恣意的なものに見えやすい。正確にいえば、恣意的ではないかと反論された場合、それを有効に遮断する論理をもたない。

社会形態学と形式社会学

もちろん、ジンメルの考え方をもっと強い形で再定式化することはできる。例えば、形式と、形式によって集合的に生じる相互作用の性質や形態とを同じものだと宣言してしまえば、つまり後者をも形式だといってしまえば、もっと積極的に『社会が社会をつくる』といえる。そういう特別な形式を観察する学として、社会学を位置づけることもできる。具体的にいえば、モースやレヴィ＝ストロースのように、住居や集落の形態から、形式としての社会を「モノのように」観察できるとすればよい。

ジンメルの死後、レオポルト・フォン＝ヴィーゼらの形式社会学は、そうした方向に進んでいったが、それはデュルケームの過剰さを再び呼び込むことにもなる。実際、デュルケーム学派の社会形態学とフォン＝ヴィーゼの形式社会学は、よく似ている。「形態」と形式が似ているだけではない。どちらも社会学が制度化されていく先駆けとなり、制度として定着した後は受け継がれなくなった。

裏返せば、ジンメルのジンメルらしさは、そういう強い公理をもちこまなかったところにある。彼は、形式と形式による相互作用の性質や形態を、単純に同一視しようとはしなかった。あくまでも相互作用として、社会的な事象をとらえようとした。

その繊細さがジンメルの持ち味だが、それだけに、彼のあげたさまざまな形式が本当に働いているかどうかは、彼の社会学の内部でも検証しがたい。一般性が高いので、それが働いていない事例を見つけにくいだけではない。どのように働いているかも特定しづらい。だから、彼の文体は徹底した例示《イラストレーション》の形をとる。どう働いているかを厳密に特定しないまま、「例えばこんなように」という例示を並べていく。

実際、デュルケームはジンメルをこう評している（1903a＝1993：76、1903b＝1993：78）。

ジンメルがその取り扱う問題において一つの題材から次の題材へ、一つの考えから次の考えへ移行する時に示す精神の柔軟さは、彼が書いている内容に非常に興味をもたせてくれる。しかし、その結果、彼の用いている概念は一般に明確な意味をもたないものになっている。それらは展開のままに極めて著しい柔軟性を示している。

のべられた命題が規則的な証明をうけることは困難であった。最も重要な主張が多くの場合、僅か数語で要約される証明を伴うだけである。……ある種の重役会がそれを構成する成員の数によって指し示されているという事実だけでは、数が集団に及ぼす影響の事例として見ることは困難である。

ジンメルへの関心の高さがうかがえるが、よく似た苛立ちを覚えた人は多いのではないか。「そう思っているからそう見えるだけでは？」と疑い出すと、ジンメルの文章はとたんに空疎に見えてくる。決まった手続きに適っているといった形で、その懐疑を退ける手段がないからだ。

だが、ジンメルからすれば、「ではデュルケームは本当に実証しているのか？」と反問したかっただろう。社会形態学であれば、形式がそのまま具体的事物になっているように見えるものをあげて、実証とすることもできる。M・モースや都市社会学のシカゴ学派は、実際にそうした(3)。けれども、ジンメルにとってそれは実証ではない。なぜなら、具体的な事物に特定の形式を読み取れること自体が、読み取るという作用に働く形式の作用でもありうるからだ。

実際、ジンメルの形式はしばしば二重に発見される。例えば、近さと遠さ、それぞれのなかに彼はさらに遠隔と近接を見出す（1908：482-483 = 1994b：245-246 など）。その分、各形式の概念定義は複雑で抽象的になり、どこに何を見出すかは恣意的になる。少なくとも、近さのなかに遠さを、遠さのなかに近さを見出した瞬間、近さ／遠さはユークリッド空間的な自明性と操作性を失い、人間の思考や了解の作動《オペレーション》に近づく。その恣意性がデュルケームには耐えがたかったのだろうが、ジンメルからすれば、耐えがたく感じるデュルケームの方が過度の単純化と不当前提を犯していることになる。

第3章でみたように、デュルケームは社会学者の特権的な正しさを疑わなかった。ジンメルにとって、それはただの論点先取にすぎない。全くその通りなのだが、だからといって、誰もが利用可能な方法や手続きを提示しなければ、社会学は個人の名人芸にとどまる。学として制度化されることはない。その平凡な事実をジンメルは見逃していたか、あるいは気づいていても無視した。その意味でも、デュルケームは「制度」の人であるのに対して、ジンメルは「社交」の人であり、「精神貴族主義」の人であった（廳 2008）。

二〇世紀社会学の出発点

「社会はいかにして可能か」という問いにも同じことがいえる。彼の決定的な貢献は、答えではなく、この問いそのものにあった。社会とは実体としては存在していないが固有の実在性をもつ、そしてその内部で社会学者も社会を観察している。そうした社会のありようの、最も基底的な構図をジンメルは提示し、彼以降、紆余曲折をへながら、その問いの平面はずっと受け継がれてきた。

それをみたすしくみをジンメルはうまく特定できなかった、いや特定できたことにしなかった。そのため、相互作用や形式といった概念を曖昧なまま使いつづけたが、もし社会があるとしたら、たしかに彼が定式化したようなものとしてあるしかない。つまり、答えが答えでありうる条件をジンメルは提示し、その条件は社会学の制度のなかで多くの人に受け入れられた。「社会はいかにして可能か」という問いを、答えが出ないまま問いつづける。デュルケームがつくった制度の形式に、ジンメルはそういう内容をあたえたのだ。

第3章で述べたように、デュルケームのようなやり方でなければ、社会学は制度化できなかっただろう。けれども、その内部で展開される思考もデュルケームのものであれば、あまり長続きしなかっただろう。一時的にもてはやされたとしても、かなり急速に陳腐化したのではないか。

デュルケームの考える科学や方法論は、当時すでに時代遅れになりつつあった（第3章第4節）。ミルの『論理の体系』は今でも十分読める、というか現在では常識的な内容だが、デュルケームの『社会学的方法の規準』第六章は率直にいって、魅力的でも常識的でもない。むしろ現在では、デュルケームの社会学はあまり科学的でない着想の方が面白いくらいだが、それは制度としての社会学にはそぐわない。

社会の内部にある社会学が社会を観察する科学でありうるためには、素朴な科学主義とはちがう独自の論理構成が必要だった。それをあたえたのはジンメルとウェーバーであり、さらにいえば、彼らの背後にあった新カント派的な科学論であった。ジンメルの形式――まるで逃げ水のように、とらえたと思った瞬間にその手をすりぬけるあの形式の概念は、その産物でもある。

わたしは精神上の相続人をもたずに死んでいくだろう、それはわかっている（それでよい）。わたしの遺していくものは、多くの相続人に分け与えられる現金払いの遺産のようなもので、各人がそれぞれ、自分の分け前を自分の性質に応じて何らかの所得に変えればよいのであって、それがわたしの遺したものから出ていることなどわからなくてよい。（Simmel 1923 = 1976 : 17、訳文は一部変更、以下同じ）

ジンメルのこの言葉は、彼が社会学にあたえたものを何よりもよく表現している。それは独自の深度と徹底さを十分にもっていたが、手続きや方法といった、誰でもあつかえる外形をもたなかった。それゆえ、制度のなかで継承するのがむずかしかった。

制度化とは凡庸化でもある。学術《アカデミズム》の一つとして教育機関と結びついた以上は、誰にでもあつかえる、少なくともそう見えるくらいには、平板化し単純化しなければならない。「多数の顧客」（第3章第4節）はいらなくても、参入希望者には、程度の差こそあれ、何らかの形で身につくものでなければならない。デュルケームが構築した社会学の意味境界は、そういう構造的制約をともなうものだった。

ジンメルの言葉をそのまま借りれば、彼の遺産を継承するには、流動性を好み、しなやかに転態していく貨幣ではなく、見てくれは少々悪くても、形のある不動産にもう一度変換する必要があった。それをやるには、ジンメルは上品な趣味人でありすぎた。その役割をになったのは、マックス・ウェーバーである。

3　断絶と連続の手触り

だから、ジンメルを体系的に解説するのはむずかしいが、具体的な使い方からその一端をみていくことはできる。

橋と扉

「橋と扉」という小論がある。社会学の論文というより随想《エッセー》に近いが、彼の作品のなかでも特に有名で、広く読まれてきた。日本語訳もいくつかある。彼の代表作といっていいだろう。

「橋と扉」は文字通り、橋と扉の話である。橋と扉とはそれぞれ何であるかを、ジンメルは結合／分離という形式によって解き明かす。

> 自然の事物があるがままにあるなかから、私たちが二つのものを取り出し、それらを「分離した」ものと見なすとき、私たちは意識のなかですでにこれらを結びつけ、両者の間に介在しているものから両者をともに浮き立たせているのだ。
> 　そしてその反対もいえる。私たちが結びついていると感じるものは、私たちがまずは何らかのやり方で互いに分離したものだけである。つながるためには、事物はまず離れ離れにならなければならない。（1909 = 1999 : 90-91）

彼らしい流麗な文章だが、ここにも、あの『常識をうまく手放す』、すなわち常識をいったん停める

図４－１　世界遺産「モスタルの橋《スタリ・モスト》」

注：ボスニア・ヘルツェゴビナの都市モスタルで，ムスリム地区とカトリック教徒地区を結び／分ける。1993年に破壊され，2004年に再建された。
出典：http://upload.wikimedia.org/wikipedia/commons/f/f8/Stari_Most_September_2004_4.jpg より。

考え方が使われている。常識的には、分離と結合は正反対のものだ。分離していれば結合しておらず、結合していれば、分離していない。

ジンメルはそのさらに裏側を指し示す。分離しているためには結びついていなければならず、結びつくには分離していなければならない。その意味では、分離とは結合であり、結合とは分離である。そういう形で、形式がやはり二重に見出される（第４章第２節）。

言葉遊びのように見えるが、ジンメルは奇抜なことを言おうとしているのではない。「感じるもの」とあるように、私たちの見え方、事物のとらえ方の論理的な構成を反省的に取り出しているのだ。「結合している」という感覚の背後には、分離しているというとらえ方が潜在している。「分離している」の背後には、結びついているというとらえ方が潜在している。あるいは、同時に二つが感覚されることもある。

いずれにせよ、結合または分離という事態はつねに相即的に成立する。現代の社会学風に表現すれば、同時に成立しているからこそ、分離している／結合しているという意味が結晶できる。あるいは、それぞれの状態をそれとして認識できる、といった方がわかりやすいかもしれない。形式とは、いわば意味を結晶させる媒体《メディア》なのだ。

この二重化された二面性はさまざまな形をとる。例えば、橋は結びつけることがある方向で極限的な姿をとったものである。あるいは、結びつけることがある方向で極限的な姿をとったとき、私たちはそこに「橋」を見出すともいえる。

> そこにはたんに空間的に距たっているという消極的な抵抗だけでなく、地形のような、結びつけるという人間の意志に立ち向かっている積極的な特別な形象がある。その障害を克服することで、橋は私たちの意志の領域が空間をこえて拡がることを象徴している。私たちにとってのみ、川の両岸はたんに距たっているのではなく、「分離している」のだ。もし私たちがその目的思考や必要性や空想において、両岸をあらかじめ結びつけていなかったならば、分離という概念がそもそも意味をもたなかっただろう。（同：92）

「地形のような～形象」の原語は、Konfiguration（英語の configuration）だ。「形の配置」という意味の語で、星座のような具体的なものから、抽象的な構成や配置までふくむ。その幅広さをうまく使った表現だ。

そして、その橋の「結びつける」あり方も、分離しているというとらえ方を前提としており、さらに、その分離しているというとらえ方は、私たちが結びつけるという作用を潜在的に働かせているからこそ成り立つ。そうした形式の重層性をジンメルは簡潔に指摘している。

その上で、その橋とのちがいで、扉とは何かを描き出す。

> 分離と結合の相関関係において、橋が結合の方に強調をおき、同時に、橋によって資格化され、測れるようになった両岸の距離を克服しているとすれば、扉はより明確な形で、分離と結合が同じ行為の両面にすぎないことを表現している。最初に道をつくった人と同様に、最初に小屋を建てた人もまた、自然に対する人間の独自な能力を発揮した。空間の限りない連続体から一区画を切りとり、この区画を一つの意味に応じて一つの特別な単位 Einheit へと形づくったのである。それによって、空間の一部分が自身のうちで結びつくとともに、他の全ての世界から切り離された。扉は、人間の空間とその外部にある一切のものとの間に、継ぎ目をとりつけることによって、この内部と外部の分離を廃棄する。（同：94-95）

橋では、結合と分離が表と裏のようになるのに対して、扉では、結合と分離が同時に成立する。あるいはこれも、結合と分離がある形で同時的に成立しているとき、私たちはそこに「扉」を見出す、といった方がいいかもしれない。

ある形で、とわざわざ限定したのは、扉が結合／分離する二つは、内と外という非対称性をもつからだ。無限の連続体から一区画を切り出したとき、その一方だけが特定の一かたまり Einheit（英語の unit）となり、もう一方がそれ以外の何か、というあり方をとることがある。それが内と外である。扉はそういう内と外を分離しつつ結合する。

ここにも形式の重層が見られる。扉とともに、いわば建物をつくるという意志において、人間は空間を区切る。それ自体が一つの結合／分離である。さらに、その区切られた片方では、空間が「自身のうちで結びつく（in sich verbunden）」。それによって内が成立し、そして内でない側として外が成立する。そういう内と外として、扉は二つを結合／分離しているのだ。

「自身のうちで結びつく」、英語でいえば〝united in itself〟を、ちくま学芸文庫版では「内的なまとまりを得る」と意訳している。適切な訳だと思うが、ジンメル自身はそれも結合のあり方として描いている。内／外というあり方自体、その非対称性自体も、結合／分離のあり方の一つとして描き出しているのである。

重層する形式

紹介した部分は原語で二百語足らずだが、これだけでもジンメルが論理的で、繊細で、そして周到な人であることがよくわかる。

例えば、ここで彼は「扉」という事象を、結合／分離という形式の複合として記述している。扉とは、①空間が切り取られ、②内と外とが区別され、③その内と外を結合／分離するものである。たんに①②③が同時に成立しているというだけでなく、①も②も③もその成立に結合／分離という形式が作用している。①〜③はそういう統一的な視点でとらえることができ、その①〜③の重層として「扉」という事象が記述できる。

いうまでもないが、ここで描かれているのは物理的な橋や扉だけではない。例えば、自分や他人の生を語るとき、私たちは「橋をかける」や「扉を開く」といった表現をよく使う。そういう言葉をつかって、自分や他人の生を理解したり、位置づけたりしている。さらに、社会学でもこれらの言葉はよく使われる。差別や共生、ライフコースやコミュニケーションなどが論じられるときに、決め台詞のように使われる。

そういう言葉を使うとき、ふつうの人々やふつうの社会学者がどのようにとらえ、了解しているか。「橋と扉」の分析は、それを解き明かす。だからこそ、魅力的なのである。物理的な橋や扉だけの話なら、広く長く読まれるはずはない。

特にあざやかなのは、扉の②だ。内／外という境界性は、社会学では理論的にも経験的にも大きな主題になっていく。例えば、第8章でとりあげるルーマンの意味システム論でも重要な論点になっている。

ジンメルの「内」の記述、「自分自身へ結びつく」は実は自己産出論の内／外にほぼ重なる（第11章第1節参照）。この一見不思議な定義は、システムの内と外を自己産出的《オートポイエティク》に考えれば、ごく自然な記述になる。(4) ジンメルの思考はそのくらい長い射程をもつ。哲学的な社会学というと、A・シュッツの現象学的社会学が有名だが、ジンメルはシュッツより深く考えた人だと思う。文章もはるかにうまい。

しかし、その深さとうまさは彼のわかりにくさにもつながる。

ジンメルの著作は論文か随想か区別がつかない、ともいわれる。たしかにそういう面があるのだが、それは彼の議論が散漫だからではない。逆である。簡潔すぎるのだ。ルーマンなら「形式の自己適用」とでも名づけて十数頁述べることを、ジンメルはわずか数行で描く。途中の展開を省略して、結論だけをあっさり、さりげなく書く。

それは彼の美意識の現れでもあるのだろう。けれども、その簡潔さゆえに、論文として読もうとすると、かなり苦労する。読み手の方で途中の展開を再構成する必要があるからだ。先ほどやったように、この作業は手間がかかる。ジンメルが深く考えられる人だけに、追跡する方は大変だ。私自身の経験でいえば、ジンメルのテクストを一行読むのはウェーバーの数倍かかる。ひどく複雑なパズルを解かされる気分になる。

随想として読むのであれば、そんな苦労もしないでよい。厳密に論理を追えなくても、「お、うまいこと言っているな」ですむ。文章がうまいから、それだけで十分楽しめる。だからこそ、随想として読まれてきたところもあるのだろう。

社会への内属

ジンメルの文章が随想に見えやすい理由はもう一つある。書いている彼自身の立つ位置だ。

「橋と扉」では、橋と扉が結合／分離という形式の重層として描かれているが、先ほどの解説では一つ、私はわざと層を省略した。ジンメル自身も語っていない。これもたぶん意図的なものだと思う。

それは「橋と扉」の「と」である。ここにもまた結合／分離の形式が見出される。橋と扉とを同じ結合／分離の作用として結びつけ、かつちがいを明らかにして切り離す。「橋と扉」の議論全体が結合／

分離になっている(5)。

ウェーバーやルーマンならば、そのことにもはっきり言及しただろう。ウェーバーの「価値自由」や、ルーマンの「二次の観察」という方法論はそういう性格をもつ。そうした反省的な言及によって、デュルケームのような絶対的な客観性ではなく、相対的な客観性をつくりだす。それが価値自由や二次の観察というやり方だ。

ジンメルはそうしなかった。この論考自体もまた結合／分離であることに、彼が気づいていなかったとは考えにくい。「橋と扉（Brücke und Tür）」という題名自体、二つの対称性と非対称性を浮き彫りにしている。ドイツ語で発音すると、それはいっそうはっきりする。

これも美意識といえば美意識だが、その背後にはジンメルの根源的な姿勢がある。ウェーバーやルーマンは相対的な客観性をつくりだしたと述べたが、それは裏返せば、洗練された「客観性もどき」でしかない。この辺になると〈今の社会学〉のさらに先、現代の私たち自身の実定性に触れてくるのでむずかしいが（遠藤 2006）、ジンメルにとって一番重要な主題は社会学ではなく、カントの超越論哲学との対決だった。カントの「普遍性」についてあれだけ考え抜いた人だ（1904 = 2004）。コントやデュルケームのような客観性の一段ずらしはもちろん（第2章第1節）、ウェーバーのような「客観性もどき」も潔しとはしなかっただろう。

ウェーバーは新カント派の影響を自認していたし、ルーマンもパーソンズよりカントを強く意識しているが、カントとの対決という点では、ジンメルの方がより誠実だった。社会の内部で社会を観察する捩れを、ジンメルの社会学は文章そのもので体現する。

その点でいえば、ジンメルは論理的でないのではない。むしろ内部観察の論理を一貫させようとした。だからこそ、仮想的にせよ、語っている対象の外から対象を観察するかのような形をとれなかった。自分自身の考え方やとらえ方、つまり自分自身が使う形式にも十分に自覚的だったが、それらに反省的に言及することで相対的な客観性をつくりだす、という操作は受け入れなかった(6)。

ジンメルの社会学では、当事者も観察者であるだけではなく、観察者もまた当事者になる。その二律背反をジンメルは適当な方法論や概念装置で隠さなかった。そういう意味で、彼の社会学では、当事者も観察者も同じ平面上に立たされる。同じように観察しながらふるまっている。それら全てがジンメルのいう心的相互作用であり、社会学も当然その一部にふくまれる。

こうした考え方をつきつめれば、社会学という意味境界も最終的には無意味化される。もちろん、それもまたジンメルの魅力なのだが、この点をどう評価するかはとてもむずかしい。

一方で、相対的な客観性は客観性もどきだという見方は決してまちがいではないが、他方で、反省的に言及する操作には固有な意義がある。これを介在させることで、考えている当人だけではなく、それを読んでいる人々も、どんな前提があるのかを容易に理解しやすくなるからだ。正確にいえば、その理解が他の人にも広く共有されうるという前提を新たに持ち込める。その意味で、反省的に言及するという操作は独自の客観性をつくりだすともいえる。

ジンメルの文体はそれを欠く。わかりやすくいえば、わかる人にしかわからない。いや、わかる人にしかわからないとしかいえない。それゆえ、参入希望者全てが程度の差こそあれ、身につけられるものにはならない。それどころか、観察者であるジンメル自身が形式に内属しながら、なぜか形式を特権的に語っているかのようにすら見えてしまう。

けれども、その狭さはジンメルなりの誠実性の表れだった。わかる人にしかわからないという形で、彼は外部に立てないという限界を引き受けたのだと思う。だからこそ、彼の文章は美しく、そしてその論理を追えない「多数の顧客」にもその美しさは伝わる。ゲオルク・ジンメルはそういう人だった。

デュルケームとジンメル

念のため断わっておくが、だからといって、ジンメルが社会学ではない、というのではない。少なくともデュルケームの一段ずらした絶対的客観性が社会学だというのであれば、ジンメルの客観性もどきの拒絶も十分に社会学である。

むしろこういった方がいいだろう。――デュルケームは一九世紀社会学の延長上に、かなり素朴に客観性をもちこんだ。ジンメルはカント哲学にたちもどって、徹底的に考え抜いた。次の章で述べるように、そのちょうど間を、ウェーバーは通り抜けた。その延長線上に、〈今の社会学〉《モダン・ソシオロジー》が成立した。

だから、デュルケームと〈今の社会学〉との間に断絶があるように、ジンメルと〈今の社会学〉の間にもやはり断絶があるが、彼の探究は姿と形を変えながら、今も社会学の中心的な主題でありつづけている。例えば、第7章でとりあげるマートンは、形式の重層と社会への内属を「顕在的機能／潜在的機能」という形で定式化している。そのマートンの視座を引き継ぎながら、ルーマンは、コミュニケーションシステム論という形で、形式の作用を理論的に再構成し直した。

ジンメルの問いは今も活きている。むしろ、彼の答え方をそのまま受け継ぐのがむずかしいからこそ、彼の問いかけは今なお、社会学の可能性をある極限において指し示すものになっている。その意味でも、デュルケームとジンメルは対称的な位置にある。

なかば自覚的だったかもしれないが、デュルケームの方法は「社会」の過剰な先取りになっている。そして、だからこそ、デュルケームは社会学の制度化に成功した。社会学という意味境界を、第三者にも妥当する形で成立させることができた。もしデュルケームが成功しなかったならば、ジンメルの著作は社会学ではなく、哲学か随想かどちらかになっていただろう。ジンメル自身が使った「社会学（Soziologie）」という語も、一つの学を表すものではなく、社会哲学の別の表現になっていたのではないか。

けれども、その「もし」にはもう一つ裏がある。もしジンメルの社会学や、その一部を受け継いだウェーバーがいなかったなら、デュルケームはコントの後継者として、一九世紀社会学の最後の人として、忘れ去られていっただろう。社会学そのものも一時の流行に終わっていたかもしれない。実際、第二次世界大戦の影響もあったのだろうが、デュルケーム学派も第二世代の後はそうなりつつあった。形式と内容という形式を使っていえば、デュルケームは社会学に、制度という形式をあたえた。ジンメルは、社会のなかで社会を問うという内容をあたえた。二人の社会学はそのまま〈今の社会学〉につながるわけではないが、二人の社会学がなければ、〈今の社会学〉もなかった。そういう風にいえる。

この章の最初に述べたように、二人はともに一八五八年の生まれ、同い年であった。そしてともにユダヤ系であった。二人が社会学に対して対照的な立場をとることになったのにも、それは部分的には関わっていただろう。ジンメル風にいえば、それぞれの近さと遠さは、実は同じ何かの二つの面なのである。

デュルケームはアルザスを離散した人々の末裔として、「ダヴィド・デュルケーム」の名でパリのユダヤ人墓地に眠り、ジンメルは移住した「旧ドイツ人」の最後の一人として、ストラスブールの墓地に今も眠っている。ただの偶然だが、不思議な巡りあわせでもある。

注

（1）こうした発想もドイツ学派の道徳統計学に見られる。原文だけをあげておく。“Die Gesellschaft und ihre einzelnen Gruppen sind etwas unbewußt, durch die spontane Massenwirkung vieler individueller Kräfte und Triebe, durch das Wechselspiel in den Einwirkungen des Einzelnen auf Viele und der Vielen ans Einzelne Gewordenes und stetig Werdendes.”（Rümelin 1875：277＝1942：453）.

（2）私自身は高橋幸（2008）からこうしたとらえ方を学んだ。

（3）この点で、デュルケーム学派とシカゴ学派と形式社会学は結びつく（第3章第3節）。シカゴ学派にはジンメルの影響が強いといわれるが、第二次世界大戦前は主に社会形態学の方向で引き継いだようだ。

（4）ルーマンは『社会の社会』（1997＝2009）の第一章第四節「システム／環境の区別」で、全く同じ事態をとりあげている。私はそれを一部修正した議論を組み立てたが、結局、「自分自身へ結びつく」という描き方になった（佐藤 2008：4章参照）。

（5）そういう形で、自分自身の記述もくりこんで形式を多重同時発見していくところも、ジンメルはルーマンに似ている。馬場（2000）参照。

（6）前提を反省的に自覚化することで客観性に近づく、という考え方もあるが、この考え方が成立するためには、反省的な再記述で使われる術語系が、以前のものよりも自明で明証的でなければならない。その保証はどこにもない。その意味で「相対的な客観性」は客観性もどきといわざるをえない。

これはフッサールの現象学がぶつかった問題であるが、カントの批判哲学が、時間や空間や因果といった基礎的な語彙に限定して、超越論的カテゴリーを構築した理由でもある。ジンメルがこの点に自覚的でなかったとは考えにくい。全くの推測になるが、ジンメルは最終的にはカントのような究極の二律背反《アンチノミー》による弁証をめざしていたのではないか。だから、中途半端な客観性もどきは受け入れられなかったが、かといって、超越的な視座が全くないとは断言できず、断言できないとも断言できなかった。

ジンメルの文章からはそういう苦しさが伝わってくる。ウェーバーの「価値自由」（第5章第3節参照）も、ルーマンの「社会の自己記述」（第12章第2節参照）も、その鈍い痛みを遅延させるが、解消するわけではない。たぶん、そこには私たち自身の実定性の平面があるのだろう。

第5章　ウェーバーの旋回
——実証と比較——

デュルケームとジンメルを受け継いで〈今の社会学〉を完成させたのは、マックス・ウェーバーである。彼は同時代の歴史学や哲学だけでなく、統計学や自然科学もふまえて、社会学の手法と概念を整備していった。それが「因果的な解明」という方法であり、比較による因果特定と意味連関の準客観的な解釈を基軸にする。現代の社会学でも、これは最も中心的な方法でありつづけているだけでなく、「限定された知」としての社会学を反省的に位置づけた成果としても、今なお重要な指針となる。

この章では、「プロテスタンティズムの倫理と資本主義の《精神》」に始まる彼の比較社会学的分析と方法論の探究の展開を大きく見渡しながら、ウェーバーの使った手法と概念の特徴を現代的な語彙を使って描き直す。それによって、デュルケームが始めた『常識をうまく手放す』と『社会が社会をつくる』という考え方を、ウェーバーがどのように変換していったかを示す。その途が現代の社会学につながっていく。

1　方法の巨人

生まれと履歴

デュルケームとジンメル、同じ年生まれの二人を受け継ぐ形になったのは、マックス・ウェーバーである。

ウェーバーは二人から六年後、一八六四年にドイツのエルフルトで生まれた。正式の姓名《フルネーム》はマクシミリアン・カール・エミール・ウェーバー。マックスはマクシミリアンの略称である。育ったのは主にベルリンだが、母方の親族がライン川流域に住んでいたこともあって、ハイデルベルクやゲッティンゲンの大学でも学んだ(1)。

デュルケームも正統派の秀才だったが、ウェーバーはそれ以上の大秀才だった。ベルリン大学で法学の員外教授を一年間務めた後、フライブルク大学に経済学の正教授として招聘される。わずか三〇歳の若さであった。

その後、ハイデルベルク大学に移り、結局この都市が彼の研究活動の拠点となった。若いころから学界の寵児で、ユダヤ系でもなかったウェーバーは、大学教員としても言論人としても、順調な途を歩んでいた。母方は大資産家だったから、いろんな意味できわめて恵まれた人生だったといえよう。

それが大きく転変するのは、父親の死がきっかけらしい精神疾患を発症してからである。一九〇〇年以降は講義を休み、入院と転地療養で回復をはかる。ウェーバーが社会学に入っていくのはこの頃からだ。ジンメルの著作もこの時期に集中的に読んでいる。

やがて病状が好転し、研究を本格的に再開する。「ロッシャーとクニースおよび歴史学派経済学の論理的諸問題」(1903-06＝1955-56)、「社会科学的および社会政策的認識の「客観性」」(1904＝1998)、「文化科学の論理学の領域における批判的研究」(1906＝1965)、そして有名な「プロテスタンティズムの倫理と資本主義の《精神》」(1904-05＝1998)などから、彼の社会学者としての活躍が始まる。

大学教員としては、一九〇三年にハイデルベルク大学を正式に休職し、嘱託教授になる(野崎 2011)。

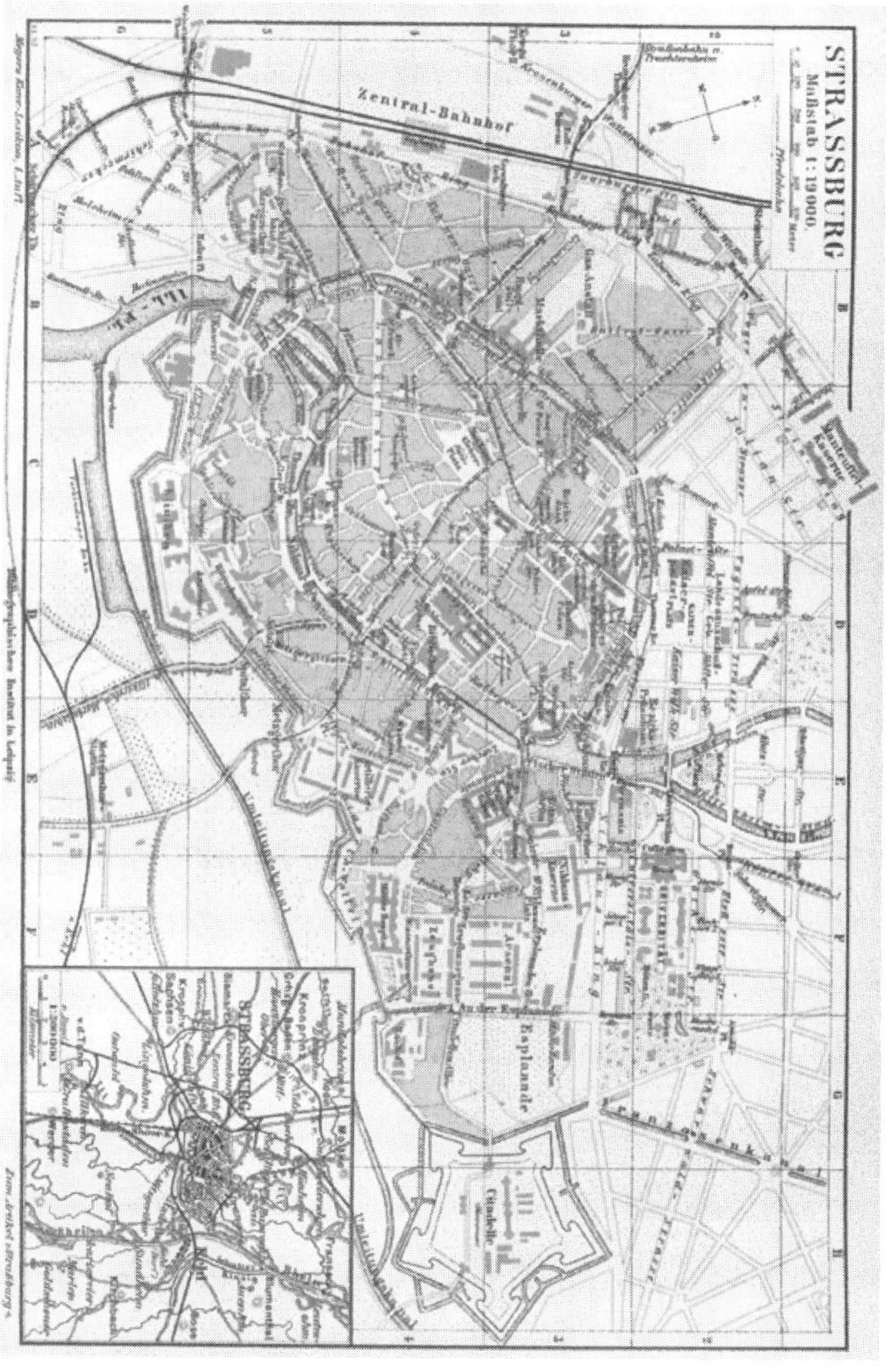

図5-1　1888年のシュトラスブルク（ストラスブール）

出典：http://upload.wikimedia.org/wikipedia/commons/8/85/Karte_Strassburg_MK1888.png より。

亡くなる前の一年間、ミュンヘンで正教授に復帰するが、社会学者ウェーバーの活動の主な舞台は大学での教育や研究よりも、著作の執筆だった。経済的にも、主に相続遺産の利子で生活していたようだ。

デュルケームは経済的にも学術機関《アカデミズム》の制度に拠っていたから、この点ではウェーバーはジンメルに近い。遺産を次第に食いつぶし、正教授の給与のために慣れない土地に移って亡くなったのも、よく似ている。その一方で、ウェーバーは若い頃から既存の学術の内部で高く評価されていた。その点ではデュルケームに近い。いわば、デュルケームとジンメルにそれぞれ近い面をもつ人だ。

マックス・ウェーバーもアルザス地方には縁がある。

二〇代の一年間を、彼はシュトラスブルク（ストラスブール）で暮らしている。一年制の志願兵となり、軍務地としてここを選んだのだ。母方の叔母が二人、住んでいたのが主な理由らしいが、当時のアルザスを考えれば、この任地選びはかなりきわどい選択だった。彼が軍務についたのは一八八三年、ドイツ領になってから一二年後である。

ドイツ帝国への併合によって、多くのアルザス・ユダヤ人だけではなく、都市の上層市民でフランス国籍を選んだ人たちも、アルザスを離れなければならなかった。その空白をうめる形で、ユダヤ系もふくめたドイツ国籍の人々が大量に流入する。

それによってシュトラスブルクは言語的にも社会的にも、さらには景観や空間構造まで大改造されつつあった（宇京 2009）。大学だけでなく（第4章第1節）、都市全体が日本の植民地統治下の京城や台北みたいになっていた。そこでウェーバーは志願兵の一年をすごすことを選んだのだ。

図5-1は当時のシュトラスブルクの地図である。中央東よりの川に囲まれた卵形の地域が旧市街、

その西側と東側にドイツは「新市街（Neustadt）」を造った。西側新市街の中心はシュトラスブルク駅、そして東側の中心は大学だ。「皇帝ヴィルヘルム大学」がこの都市においてどんな意味をもっていたか、地図を見ただけでよくわかる。

当時の帝国直轄領《ライヒスラント》シュトラスブルクはドイツ帝国の最前線であり、新市街はその前線基地であった。アルザス・ロレーヌ併合は平穏に進んだわけではない。シュトラスブルクの市長は空席、市議会は停止されたままだった。政治的な野心も軍事への関心も強かった若きウェーバーが、そうした事情を知らなかったはずはない。

二人の叔母の結婚相手は、ともにシュトラスブルク大学の教授だった（今野 2007：20）。彼が暮らしていた兵営は大学の少し南側、二人の叔母のうち、特に親しかったイダ・バウムガルテンの邸宅は大学から北に伸びる並木道沿いにあり、もう一人のエミーリエ・ベネッケは旧市街に住んでいた。二人の家を訪れる「旧ドイツ人」マックスの軍服姿は、従来からの市民たちの目には、どう映っていたのだろうか。故郷を離れざるをえなかったアルザス・ユダヤ人たちからは、どう見えたのだろうか。想像するだけで苦い気持ちになる。

ただ、ウェーバー自身もその苦さから無縁だったわけではない。マリアンネ・ウェーバーの回想には、彼がドイツ語を話す「ドイツ人」だと見なしていたアルザスの人々から、意外な視線を浴びたことが述べられている。その違和を違和として記憶しつづけた。そこに彼が社会学者になった資質の断片をかいま見ることができる（Weber 1976：242–243，528–529 参照）。

理解社会学の成立

マックス・ウェーバーの業績は膨大で多岐にわたるが、この本での文脈でいえば、彼が社会学にもたらしたものは、かなり簡単に要約できる。社会の内部からの観察である社会学の記述に、準客観的な文体をもちこんだのだ（向井 1997、2000 など参照）。デュルケームは一段ずらしの科学主義による実証を試み、ジンメルは形式の多義性を通じて、自然科学的な客観性にもカント的な超越論的主観性にも還元できない何かを描こうとした。それに対して、ウェーバーは社会内部の了解に支えられる意味的な事象を、できるかぎり経験的に記述する営みとして、社会学を展開した。

たぶん、それはウェーバーが法学者として出発したこととも関わるのだろう（牧野 2010 など）。法という制度は、人間の了解に依存する点では意味的で、その時々の状況にあわせて改変される点では寄木細工的だ。法学はそれをできるだけ論理的に再構成してみせる。第三者にも適用できるためには、複数の当事者に共通して理解できる形が必要だが、原理や体系で割り切れない部分も無視して通れない。その丸めこみ方をウェーバーは身につけていた。

一番わかりやすいのは、彼の「意味」の定義である。理解社会学として「考えられた意味（gemeint Sinn）」を対象にすると宣言しながら、ウェーバーはその「考えられた」をなし崩し的に拡張してしまう。例えば、こんな感じだ。

「理解」とは、次の全ての場合における意味や意味連関を解釈して把握することである。（a）（歴史的な研究での）ある具体的なケースで実際に考えられている意味や意味連関。（b）（社会学的な大量観察での）平均的かつ近似的に考えられている意味や意味連関。（c）頻度の高い現象の純粋類型（理念型）として科学的に構成される（「理念型的な」）意味や意味連関。

（1921：546＝1972：16、訳書はかなり独自の訳なので原文から訳した。以下同じ）

三つの場合分けのうち、（a）で「考えている」のは個々の当事者だが、（b）での「考えている」はすでに、当事者の多くもそうであるだろうと考えられている、という方向にずれている。つまり、（b）の「意味や意味連関」はもはや個々の当事者が本当にそう考えているものとはかぎらない。

なぜなら、この（b）が「〜と考えられている」ではなく、本当に考えている内容をさすものだとすれば、「実際に考えられている意味や意味連関」がすでにわかっていることになる。その場合、（b）は（a）をたんに集計したものであり、（a）の一部にすぎない。

言い換えれば、もし（b）が（a）の一部でなく、（a）や（c）と並列されるような何かだとすれば、ここでの「平均的」や「近似的」は（a）の平均や近似ではない。むしろ、観察する側が「平均的」や「近似的」だと了解している何かである。実際、ウェーバーはジンメルのいう意味理解を、観察される人間の心理を観察する側の心理へ複写することだと見なして、反論している（1903–06＝1955–56：190–193）。

（c）になると、「考えている」は観察者の側へはっきり移っている。この文章の少し先では次のように述べられる。

「動機」とは、行為者または観察者から、あるふるまいの意味的な「根拠」としてみなされる意味連関をいう。一連の継起したふるまいは、その諸部分の関係が私たちの平均的な思考や感情の習慣に照らしてみて、類型的な（ふつうは「正しい」と表現される）意味連関として認められる程度に応じて、「意味適合的」だとされる。それに対して、先行した事象に後続する事象は、経験の規則性に照らしてみて、機会を有する程度、すなわち、つねに現実に同じような経緯をたどる程度に応じて、「因果適合的」とされる。……

具体的なふるまいの正しい因果的な解明（kausale Deutung）とは、その外的な経過と動機が符合していると同時に、その関連性において意味的に理解されると認められることを意味する。（理解される「行為類型」の）類型的なふるまいの正しい因果的な解明とは、典型的とされる出来事の経過が、（ある程度）意味適合的だとみなされ、かつ（ある程度）因果適合的だと確認できることを意味する。（1921：550＝1972：19–20）

法律家の見解みたいな書き方だが、「意味」と呼ばれるものが観察する側の習慣と深く関わっていることは、はっきりと指摘されている。「考えられた意味」の内容は結局のところ、平均的な習慣から解釈されるしかない。

ジンメルならば、こんな割り切り方はしない。意味に主観的な面と客観的な面、つまり当人が実際に考えている意味と他人が解釈した意味と二つあるならば、その二つがどのように統合されるかを考える。実際、ジンメルは単純な複写説に立っていたのではなく、他人の解釈した意味でしかないものがなぜ当人を理解したことになるのかを、えんえん考えた（Simmel 1905＝1977、1908：468＝1994b：226-227、廳 1995：11章など参照）。

ウェーバーはその傍らを通り過ぎる。主観的に思念された意味も、平均的に理解された連関という形をとれば、すなわち大多数の人々がどう解釈しているかに注目すれば、第三者にも特定しやすくなる。こうした解釈は複数の人間の間で共有されたり、共有されることをめざしたりすることが多い。だから、言語化されて記録されやすい。それらを使えば、解釈された内容もある程度特定できる。

ウェーバーが出した答えは、簡単にいえば、そういうものだ。意味を何か別のものに還元する必要はない。ただ、その特定の側面や特定の形態に注目すれば、第三者による検証や同定が部分的にできる。そういう限定された形であれば、社会学でも客観的に近い記述や分析ができる。そう位置づけた。

ウェーバーは厳密に考えなかったわけではなく、むしろ考え抜いた結果として、そういうやり方をとることにした。理論的にもそして経験的な実証でも、彼はきっちり考え抜く。これまでみてきたように、現在の目からみれば、社会のとらえ方でも手法でもデュルケームはあぶなっかしい。天才肌のジンメルもときどき独断的な例証に走る。

それに対して、ウェーバーは明らかな誤りや飛躍をすることがほとんどない。一〇〇年以上前の人なので、さすがに彼の使った資料や史料を額面通りには受け取れないが、それらのあつかい方においては、現在でも十分に通用する。その意味で、〈今の社会学《モダン・ソシオロジー》〉はウェーバーが確立したといっても言いすぎではない。

差異法による因果同定

例えば、因果特定のやり方一つとっても、デュルケームとウェーバーの間には決定的な差異がある。第3章で述べたように、デュルケームはミルの差異法を退けて、共変法を採用したが、ウェーバーは差異法に厳密にしたがう。

方法的個人主義もふくめ、ウェーバーが採用した方法の論理はほぼ一世代前、レキシスやクナップらのドイツ学派の道徳統計学ですでに整備されていた（第3章第3節、第3章注（8）～（9）、第4章第2節、第4章注（1））。ウェーバーの革新はむしろ、それが量的な現象以外にも広く適用できることを示した点にある。いわば「量から質へ」転換させたのだ（1906：269–270 = 1965：182, 222–223, 1913：437 = 1990：31–33, 1921：550–551 = 1972：20–21）。もちろん、そのためには「価値」や「意味」の再定式化が不可欠で、それが〈今の社会学〉の確立につながっていくのだが、論理的に明晰な方法論があったことは大きな援けになっただろう。

方法的個人主義や方法的全体主義は、思想や理論の面から語られることが多い。パーソンズの『社会的行為の構造』（1937 = 1976–89）などはその典型だが、デュルケームやウェーバーにおいては、データをどう分析していくかという経験的な方法の問題でもあった。社会学の歴史をみていく上でも、それはとても重要なことだと私は思う。

ウェーバーの最も有名な論文は、いうまでもなく、「プロテスタンティズムの倫理と資本主義の精神」である。プロテスタンティズムの倫理、より正確には、彼が「禁欲的プロテスタンティズム」と呼んだ信仰群の倫理にもとづく禁欲こそが、規律正しさと計算可能性、利潤の再投資による無限拡大志向といった特性をもつ近代資本主義をつくった――。

このウェーバーの仮説は、資本主義は個人の欲望の産物であるという、従来の常識的な理解をひっくり返すものだった。常識をいったん手放すだけでなく、一回宙返りしてみせた。そのあざやかな議論は、今も社会学の古典のなかの古典になっている。

それだけに、この論文は一九〇四〜〇五年の雑誌発表後、さまざまな批判にさらされた。それらに応える形で、彼は概念や論証の手直しを進める一方で、比較宗教経済社会学というべき壮大な研究に乗り出していく。その主な成果は『宗教社会学論集』、とりわけ彼自身が編集し改訂を加えた『宗教社会学論集1』にまとめられている。

論文「プロテスタンティズムの倫理と資本主義の精神」も、『宗教社会学論集1』に収められた際に、大改訂された（1920b = 1989）。膨大な注記も、ほとんどがこのときのものだ。その過程をたどるには、戦前の梶山力訳を安藤英治が編集・補訳した『プロテスタンティズムの倫理と資本主義の《精神》』（1904-05 = 1998）を読むとよい。近代資本主義の厳密な定義や、プロテスタンティズムの教理の展開過程など、多くの重要な論点が追加されているが、最も大きなちがいは、論文自体の位置づけにある。プロテスタンティズムと西欧の近代資本主義の因果関係を実証したものではなく、実証する作業の一部に位置づけ直された。

第3章を読んだ人は、何が問題だったか、すぐわかるだろう。差異法の解説で述べたように、因果関係の特定には最低限、二つのケースがいる。原因とされる条件aをもつ事例1と、a以外の条件は事例1と同じ事例2との間で、結果とされる変数Xにちがいが見出される。そういう場合にのみ、因果関係は特定される。

したがって、西欧のプロテスタンティズムが近代資本主義をうんだかどうかは、西欧だけでは検証できない。プロテスタンティズム以外は西欧と同じ変数群をもち、結果として近代資本主義が生じなかった社会をもう一つ見つけてこなければならない。

『宗教社会学論集1』はそういう比較実証の研究である。プロテスタンティズム以外は西欧と同じで、結果として近代資本主義が生じなかった事例として、彼は伝統中国社会、特に清王朝期の中国近世社会に注目した。具体的にいえば、論文「儒教と道教」(1920c＝1971)で、近代的でない資本主義や人口―環境的要因をふくめて、中国近世社会には西欧と同じ条件がかなりそろっていたことを示そうとした。

それによると、中国近世にも①強烈な営利欲、②個人個人の勤勉さと労働能力、③商業組織の強力さと自律性、④貴金属所有のいちじるしい増加と貨幣経済の進展、⑤人口の爆発的な増加、⑥移住や物資輸送の自由、⑦職業選択の自由度と営利規制の不在、⑧生産方式の自由といった要素はあった(同：1～4章)。西欧古代やインド、イスラム圏と比べても、中国近世は西欧近代の初期状態に近かった。

にもかかわらず、結果Xにあたる近代資本主義は生成しなかった。そこに欠けていたのは、(1)形式合理的な法とそれにもとづく計算可能な行政と司法の運用、(2)官吏における租税収入における公/私の分離、そして(3)倫理である(同：8章)。差異法によれば、この(1)～(3)こそが近代資本主義を生み出した原因aにあたる。つまり、ウェーバーは(3)プロテスタンティズムの倫理だけではなく、(1)形式合理的な法やそれにもとづく行政や司法なども、近代資本主義の原因、もしくは原因に関連する変数としている。

因果的解明の考え方にしたがえば、差異法で特定されたこれらの原因候補のうち、「意味適合的」なもの、つまり「私たちの平均的な思考や感情の習慣」で近代資本主義に関連すると了解できる変数が、近代資本主義を生んだ原因になる（第8章注（6）参照）。それが彼の最後の著作になった『宗教社会学論集1』の結論である。

比較という視座

この論証が経験的に妥当かどうかは、現在の研究水準ではやや疑問が残る。行政や司法の計算可能性や儒教倫理の性格づけも、大まかすぎる。しかし、最も大事な点はそこではない。こうした論証をとることで、少なくとも結果的に、二つの考え方へ導かれた。そちらの意義の方がはるかに大きい。

一つは、社会学という知の性格を変えることになった。先に述べたように、ウェーバーは、プロテスタンティズムだけが近代資本主義を生んだという原因特定には成功しなかった。それ以外にも伝統中国と西欧には大きなちがいがあった、と認めざるをえなかった。これは論証の失敗というより、むしろ限界である。プロテスタンティズムの有無以外は西欧近代の初期状態と同じである比較単位がなければ、そもそも特定できないからだ。実験ができない社会科学の限界ともいえる。

重要なのはその先だ。デュルケームとはちがい、ウェーバーはそこで因果同定の手続き自体を変更しようとはしなかった。あくまでも差異法にのっとって論証しようとした。デュルケームのように、自然科学と同じくらい強力な社会科学を打ち立てようとはせず、限られたデータに厳密な方法論で臨んだ(2)。

それは「限定された知」という特性につながる。全てを解き明かそうとするのではなく、わからない部分はわからないとする。もちろん、社会科学全てにこれはあてはまるが、分野や学派で大きなちがいがある。

例えば経済学では、微分可能性の想定や情報の非対称性の議論に見られるように、自分の使う方法が適用できる可能性をできるだけ大きく見積もろうとする。裏返せば、それだけ強力な方法をもっているわけだが、自らの手法や知識で現実の全てを解明しようとする傾向が強い。デュルケームの共変法の主張も、こちらに近い。

それに対して、ウェーバーのやり方では、方法が十分に適用できる範囲はどうしても狭くなる。その分、自らの知の限界を明確に意識させられる。だからといって、もっと良い方法があるわけではないから、手持ちの方法をどのようにうまく、あるいは適切に使うかを考えるしかない。限定された知はそういう性格をもつ。

もともとウェーバーは完全に正しい方法にこだわる人ではない。方法を論じた彼の論文は、つねに途中で終わる。とりあえず必要な部分まで明確にできたから、おいておく。そんな感じだ。これも限定された知に通じる。

もう一つは、西洋／東洋の二分法から外れることになった。それはウェーバーの『宗教社会学論集』とヘーゲルの『歴史哲学講義』（1840 = 1994）を比べてみると、よくわかる。この二つの著作はともに、中国→インド→中近東（ユダヤ）、さらにはローマ→（ドイツ→）イングランドと、東から西へと世界を横断する。

ヘーゲルにとっては、この横断の順序はそのまま西欧からの遠さ近さの序列であった。ウェーバーはちがう。あつかう時空の範囲はヘーゲルとほぼ同じで、宗教倫理の面では例えば「脱呪術化（Entzauberung)」の程度で測れば、よく似た序列も見出される。けれども、経済社会の面では、差異法を部分的にせよ、あてはめられるのは中国近世だけだ。西欧にその面で最も近いのは、最も東にある中国なのである。西欧を頂点とする遠近法がそこでは崩れている。

それゆえ、全ての社会を一次元の物差しで測れなくなる。現代風の言い方をすれば、差異法を厳密に適用することで、ウェーバーは複数の「西欧近代でなさ」を発見することになった。テンニースのゲマインシャフト／ゲゼルシャフトのような二分法は、ウェーバーの比較社会学には少なくともそのままではあてはまらない。

実際、ウェーバーは「社会学の根本概念」（1921＝1972）では、テンニースのゲマインシャフトの概念にあわせたが、その前の「理解社会学のカテゴリー」（1913＝1990）では、「ゲマインシャフト関係」を「諒解」にもとづく社会関係、すなわち、制定法のような成文規定をもたない団体関係一般をさす術語として使った。一見奇妙に見えるが、「ゲマインシャフト」という語はもともと「ゲゼルシャフト」と同じ意味で使われており、いわゆる「共同体」をさす語として定着するのは一九世紀後半からである（Riedel 1975＝1990）。つまり、「ゲマインシャフト」で社会状態を一般的にさすのは伝統的な用法で、テンニースの方が新奇な言葉遣いを持ち込んだのだ。

「脱呪術化」のように、ゲマインシャフト／ゲゼルシャフト図式に近い術語はウェーバーにもあるが、彼の比較宗教社会学はこの図式から外れる方向性ももっていた。個々の実証には疑問があるが、近世中国社会が近代資本主義の一歩手前まで来ていたという見方は、Ｆ・ブローデルなどにも共有されている（1979＝1986-88）。着想自体が外れていたわけではない。

もう少しくわしくいえば、「プロテスタンティズムの倫理と資本主義の《精神》」として雑誌に発表された段階では、ウェーバーの議論は結果的に、共変関係で因果を同定するものになっていた。その後、批判をうけて再検討していくなかで、差異法を厳格に適用する途を選んだのだろう(3)。

ウェーバー以降、これは社会学の事実上の標準として定着する。フランスの社会学にもレイモン・アロンらによって導入されて、デュルケーム学派は次第に過去のものになっていく(4)。デュルケームが制度という外枠をつくったとすれば、ウェーバーはその中身をつくった。その点で、デュルケームとはまた別の意味で〈今の社会学〉の創始者といえるが、その後の比較社会学の研究の進展のなかで、重要な論点がもう一つ、うかびあがってきた。それは伝播の問題である。

ゴルトン問題と観察の右方打ち切り

近代資本主義の成立以前の西欧と中国近世で共通する変数とそうでない変数を識別することは、差異法を使う上で、必要条件であるが十分条件ではない。なぜならば、西欧で出現した近代資本主義は西欧以外の社会にも伝播しうる。それが中国にも到達した時点で、「中国近世でも近代資本主義が生まれた」といえる論理的な可能性がなくなるからだ。

英語圏ではこれは「ゴルトン問題」として知られる（Smelser 1976 = 1996）。この問題には二つの面がある。

第一に、伝播が生じるような場合には、伝播それ自体が比較される二つの社会での差異になる。伝播する側とされる側という変数が付け加わるわけだ。したがって、ちがう条件として自動的にもう一つ変数が追加されることになり、それらの間では、どれが本当の原因かは識別できない。

第二に、これは観察の打ち切りでもある。西欧でも、プロテスタンティズムや形式合理的な法運用の出現から近代資本主義の成立までには、二〇〇〜三〇〇年の時間が経過している。つまり、これらの変数をもつ社会から近代資本主義が成立したという結果は、数百年の時間をかけて起きている。したがって、中国近世社会から近代資本主義が生まれるかどうかを観察するにも、同じくらいの時間は必要だろう。いや、西欧と同じくらい時間をかけたとしても、十分だとはいえない。どのくらい経過を観察すればよいかは、あらかじめわからない。それゆえ厳密にいえば、伝播が生じた時点で「生まれなかった」という結果が確定したというよりも、観察が強制的に打ち切られたと考えざるをえない。

統計学の術語では、これを「観測の右方打ち切り」と呼ぶ。社会学でいえば、職業キャリアを調査した場合には、必ずこの右方打ち切りが生じる。例えば、三〇代の人の「現職」は多くの場合、六〇歳代の人の「現職」と意味がちがう。現在時点で六〇歳代の人の三〇歳代のころの職業は回顧質問（過去の事実を思い出して答えてもらう質問）で観察できるが、現在三〇歳代の人の六〇歳代の職業は、論理的に観察できない。こういう右方打ち切りが混じったデータをあつかう際には、生存時間分析など、その影響を考慮した手法が必要になる場合がある。

まとめていえば、西欧から世界中に近代資本主義が伝播した。その事実によって、西欧以外の社会では、近代資本主義が内在的に生まれたかどうかの観測は、右方打ち切りになってしまったのである。

2　仮説と検証（その1）——事実を見出す

ゴルトン問題は比較による因果の同定手続きを直撃する。これに対する解決策としてよくあげられるのは、Ｉ・ウォーラーステインが提唱した世界システム論である。

世界システム論のアポリア

ゴルトン問題は、伝播という影響関係を無視することから生じる。ならば伝播という事実もとりこめるよう、枠組みを変えてしまえばよい。すなわち、影響関係のおよぶ範囲を全て一つの単位として、すなわち一つの相互作用の系《システム》として考えればよい、という考え方だ。

しかし、これは致命的な欠陥をもつ。差異法による因果の特定には、二つ以上の単位が必要である。だからこそ、ウェーバーは中国近世と西欧近代のような、空間的に隔たった二つの単位を見出して、両者を比較した。ところが、世界システム論は世界全体を一つの単位とするので、差異法による因果の特定を放棄することになりかねない。

この難問に対してウォーラーステインがとった対処策は、控え目にいっても、かなり奇妙なものだった。空間を二つの単位に分割する代わりに、時間を二つの単位に分割したのである。具体的にいえば、一六～一七世紀の西欧国家社会群と一八世紀の西欧国家社会群にわけて、前者と後者の間で差異法を適用しようとした。

これがどんな事態を引き起こすかは、少し考えればわかるだろう。

こういう形で差異法を適用するには、一八世紀の初期状態が一六～一七世紀の初期状態とほとんど同じであることが前提になる。一八世紀の初期状態は一六～一七世紀の終局状態でもあるから、まず、(1) 一六～一七世紀の歴史は始まり（＝初期状態）と終わり（＝終局状態）はほぼ同じ状態でなければならない。さらに、(2) 一八世紀からの歴史も少なくとも始まってしばらくは、一六～一七世紀の歴史の初期とほぼ同じ経過をたどっていなければならない。さもなければ、二つの時期の初期状態が同じだといえないからだ。

(1) は、一六～一七世紀の歴史に、始まりと終わりの状態がほぼ同じになるという円環性を要請する。(2) は、一六～一七世紀の歴史と一八世紀からの歴史に、初期はしばらく同じ経過をたどるという反復性を要請する。この二点で、ウォーラーステインの世界システム論は強い周期性を前提にする。簡単にいえば、(1) と (2) をみたす形でしか、二つの時代の歴史は記述できない。時間軸上で複数の単位に分割できるという仮定は、歴史に強い決定論をもちこむのと同じ結果をまねくのである。

歴史を周期的にみるという発想自体は別におかしなものではない。ウェーバーにもこの種の着想はある。例えば「古代における農地関係」(1909＝1959) では古代地中海世界が (1) のような周期性をたどったとされており、その上で、西欧古代と西欧中世～近代を、近代資本主義を生まなかった／生んだ二つの単位として比較している。

けれども、ウェーバーとウォーラーステインの間には決定的なちがいがある。ウェーバーの記述では、西欧古代や西欧中世の初期の歴史を周期的だとしなければならない理由はない。空間的な分割を認める彼の立場では、他の単位を使って因果を同定できるからだ。それに対してウォーラーステインの記述では、歴史を周期的だと考えなければならない。空間的な分割を認めない彼の立場では、歴史が周期的でなければそもそも因果を特定できないからだ。それゆえ、具体的な歴史的事実の記述において、それが事実なのか、それとも方法上そう見ざるをえないのか、識別できなくなる。

事実と仮定

社会科学における事実や検証とは何かを考える上で、これはとても示唆的な事例になる。

社会科学で何が事実かを厳密に判定するのは決して容易ではないが、そのなかでも事実性を特に強く疑われるケースはいくつかある。その一つは、観察者のもつ前提から、「こうであるしかない」ことが論理的に導き出されるケースだ。この場合、「こうである」という具体的な記述は事実ではなく、前提仮説の一部だとみなされる。

これは比較による論証一般にあてはまる。例えば、二つの単位における「初期条件の多くが同じ」という判定にも全く同じことが生じる。それゆえ、比較による因果の論証では、本当に「初期条件の多くが同じ」かどうかが最も脆弱な部分になってしまう。ウェーバーの中国近世と西欧近代との比較でも、もちろんそうだ。たんに反証がでやすいだけでなく、前提仮説からの要請であるがゆえに、事実性がメタレベルでも疑われるからだ。

世界システム論の場合、この「初期条件が同じ」という仮定は歴史の周期性という、より強い形をとる。つまり、初期条件だけではなく、その後の因果経路のあり方までが、この仮定によって縛られてしまう。その点で、空間的な分割よりも時間的な分割の方が、実ははるかに負荷が大きい。ウォーラーステインの世界システム論は宿命論的だといわれるが、これはたんなる歴史の見方の問題ではない。特定の因果経路を前提とするので、必ず宿命論的になってしまう。

それゆえ、世界システム論は「そう見たいからそう見えるのだろう」という疑念を効果的に遮断できない。その成否が前提仮説を信じるかどうかに直ちに還元されてしまう。その点でも、ウォーラーステインはマルクス主義的歴史学に近い。彼はコロンビア大学の社会学の出身で、第7章でとりあげるマートンの共同研究者だったP・ラザーズフェルドの下で学んだが（山下 2001）、マートンたちの反省的で洗練された方法論の思考は受け継がなかったようだ[5]。彼の世界システム論は、むしろパーソンズ的な「巨大理論」を引き継ぐものだろう（第6章参照）。

断わっておくが、だからといって、世界システム論的な視点が無意味なわけではない。伝播という事態が否定しがたい以上、それを視野にいれるのは正しい。分かれ目になるのは、そういう見方もありうると考えるか、そういう見方しかないと考えるか、である。後者に立った場合には、因果を特定する可能性そのものを放棄することにつながる。

したがって、現実的には、世界システム的な見方もありうる、くらいにとどめざるをえない。その上で、伝播による影響が小さいと仮定できる二つの単位が見つかれば、その間で因果関係を検証する。この検証は「(この種類の) 伝播は無視できる」という仮定によるが、検証する因果の内容が仮定に直接重ならなければ、ある程度の事実性をもつと見てよい。

それらの点を考慮すると、例えば西欧と日本の間の比較検証は有力な手段になりうる。この二つは空間的な距離が大きいので、特定の種類の伝播による影響が少ないという仮定があてはまりやすい。その一方で、市場化の程度や行政の計算可能性、あるいは人口の動態などの点では、類似性がある程度見込める。だから、比較検証の単位になりやすい。

もちろん、具体的にどのくらい妥当性をもつかは、あくまでも、原因と結果として何を想定するかによる。伝播が直接関わりそうな事象では、たとえ部分的な検証もできないとしても、世界システム論的な見方をとった方がよいだろう。その場合、因果の記述は全て完全な仮説にとどまる（佐藤 2008：7章）。

意味の主観と客観

ウェーバーの比較社会学とウォーラーステインの世界システム論を比べると、限定された知とはどういうものかが、あらためてよくわかる。限定された知では、わからないものはわからない。限界をこえた瞬間、何も言えなくなる。だからこそ、その限界といかにうまくつきあうかが重要になってくる。

ウォーラーステインの世界システム論は、因果を特定できる限界をこえて、因果関係を見つけ出そうとした。その結果、前提仮説を事実として押しつけることになり、「そう見たいからそう見える」ものになってしまった。それに対して、ウェーバーは差異法を厳密に守り、宗教倫理だけが近代資本主義を生み出した要因であるとはしなかった。それがかえって記述の妥当性を確保することになった。

ウェーバーの社会学全体にもそういう性格は強い。見えないものを無理に見えたことにしない。識別できないことを識別できたとはしない。そういう限界とのつきあい方が彼は上手だった。「考えられた意味」や「因果的な解明」の定義もそうだし、「プロテスタンティズムの倫理と資本主義の精神」の経験的な実証でもそうだ。

この論文で見出された禁欲と資本主義の因果には、二つの経路が考えられる。一つは禁欲の結果、せっせと働いて富を蓄積した、という経路であり、もう一つは禁欲の結果、他人から広く信頼されるようになったことが成功につながった、という経路だ。後者は言い換えると、信仰を共有しない人々からも「あの人と商売するのがよい」「あの人に投資すればよい」と思われるようになった。ウェーバーの術語を借りれば、他人にもその営業が計算可能になったわけだ。

ウェーバーの仮説は、プロテスタンティズムの信者やそれに共感する人に特に愛されてきた経緯もあって、主に第一の経路が重視されてきた。「プロテスタンティズムの信仰がかつてない強度で勤勉さへと駆り立てた」という議論だが、これには大きな弱点がある。

禁欲による富の蓄積は、実際にはいろいろな社会に見られる。例えば日本でも吉田兼好の『徒然草』第二一七段にこんな人物が紹介されている。

ある大福長者の曰く、人は萬をさしおきて、一向《ひたぶる》に徳をつくべきなり。……人の世にある、自他につけて所願無量なり。……財は盡くる期《ご》あり。かぎりある財をもちて、かぎりなき願ひにしたがふこと、得べからず。所願心に兆すことあらば、われを亡すべき悪念きたれりと、かたく慎みおそれて、小用をもなすべからず。……銭を……君の如く神のごとくおそれ尊みて、従へ用ゐることなかれ。（ある金持ちがいった、全てをさしおいて、富に専念しろ。人間の欲望は無限だ。有限の財産で無限の欲望をみたすことはできない。欲望が心にうかんだときは、自分をほろぼす悪い思いがやってきたと恐れろ。ほんの少しでも実現しようとしてはならない。金銭を、主人のように、神のように畏れ尊べ。自分のものとして使ってはいけない。）

この種の禁欲倫理は世界中にある。それゆえ、第一の経路を主張するには、プロテスタンティズムが他にはない強度で禁欲を実践させたとせざるをえないが、禁欲の強さ弱さは現実には測定しがたい。例えば、ウェーバーのいう「禁欲的プロテスタンティズム」が最も深く浸透した事例として、一七世紀のニュー・イングランド、現在のアメリカ合衆国東海岸北部に入植したピューリタンたちの社会があげられるが、その代表的な研究者であるE・モーガンは「一般的な印象とは反対に、ピューリタンたちは禁欲的ではなかった」と述べているくらいだ（Morgan 1966：16）。内心の量の大小にもとづく仮説は、その点でどうしても無理がある。

それに対して、他人から広く信頼されたという第二の経路は、取引などを通じて複数の当事者が関わるので、外形的に観察しやすい。他人の平均的な理解にもとづくので、ウェーバーのいう「《法則論的》知識」（1906：276＝1965：191）、すなわち「こうなると通常はこういう経緯をたどる」という経験則的知識もあてはまりやすいし、理解された内容を具体的に推定する手がかりも残りやすい。ちがった信仰をもつ同時代人の証言を拾うことになるので、データの信頼性も高い。

したがって、差異法による因果特定でもより飛躍なく絞り込めるし（第8章第3節参照）、意味連関の妥当性も高くなる。どの程度妥当性をもてるかはデータ次第だが、仮説として筋が良いのだ。

この経路の二重性がどこまで意図されたものかはわからないが、語られた言葉の客観的な「理解」の独自性は、「ロッシャーとクニース」以来、彼の方法論の重要な主題でありつづけた。彼が社会学の対象とした「社会的行為」は、「他人の行為に意味的に向けられた」ものであり、それゆえ、他人の行為を解釈し、他人に解釈される過程を必ずふくむ。それをさらに「解明して理解する」のが、理解社会学だ（1921：546，564＝1972：8，37，第5章第1節、第8章第3節参照）。

経験的な仮説としても、複数の経路が想定できることは大きな意味をもつ。二つの事象の間に複数の経路が想定できれば、両者の関連性はより反証されにくくなる。また、他の事象ではなく、その二つが原因と結果であることももっともらしくなる。だから、こうした種類の関連性が見つかれば、実証の作業もうまくいきやすい。その点でも、「プロテスタンティズムの倫理と資本主義の精神」は良いお手本になる。

3　限定された知として

因果と理解

その点でいえば、ウェーバーはしたたかな学者である。実際、「プロテスタンティズムの倫理と資本主義の精神」は、大改訂をうけたこともあって、いろいろな読み方ができる。その分、反証しづらい。ある解釈にもとづいて反証すると、別の解釈がでてくる。二重、三重に防衛線がある感じで、「狡い」と思う人さえいるかもしれない。

けれども、はっきり言うが、こうした「したたかさ」や「狡さ」は経験的な分析には欠かせないものだ。反証されにくい、つまり失敗しにくいからではない。本来多様なデータから一貫した論理を組み立てるためには、データの多面性や複雑さ、何通りもの解釈可能性を考慮しながら、最も整合性が高い道筋をつけていかなければならない。学説研究のテクスト解釈にもそういう面はあるが、現実の、とりわけ過去の社会のデータをあつかう場合はなおさらそうなる。著作に比べて資料ははるかに断片的だからだ。

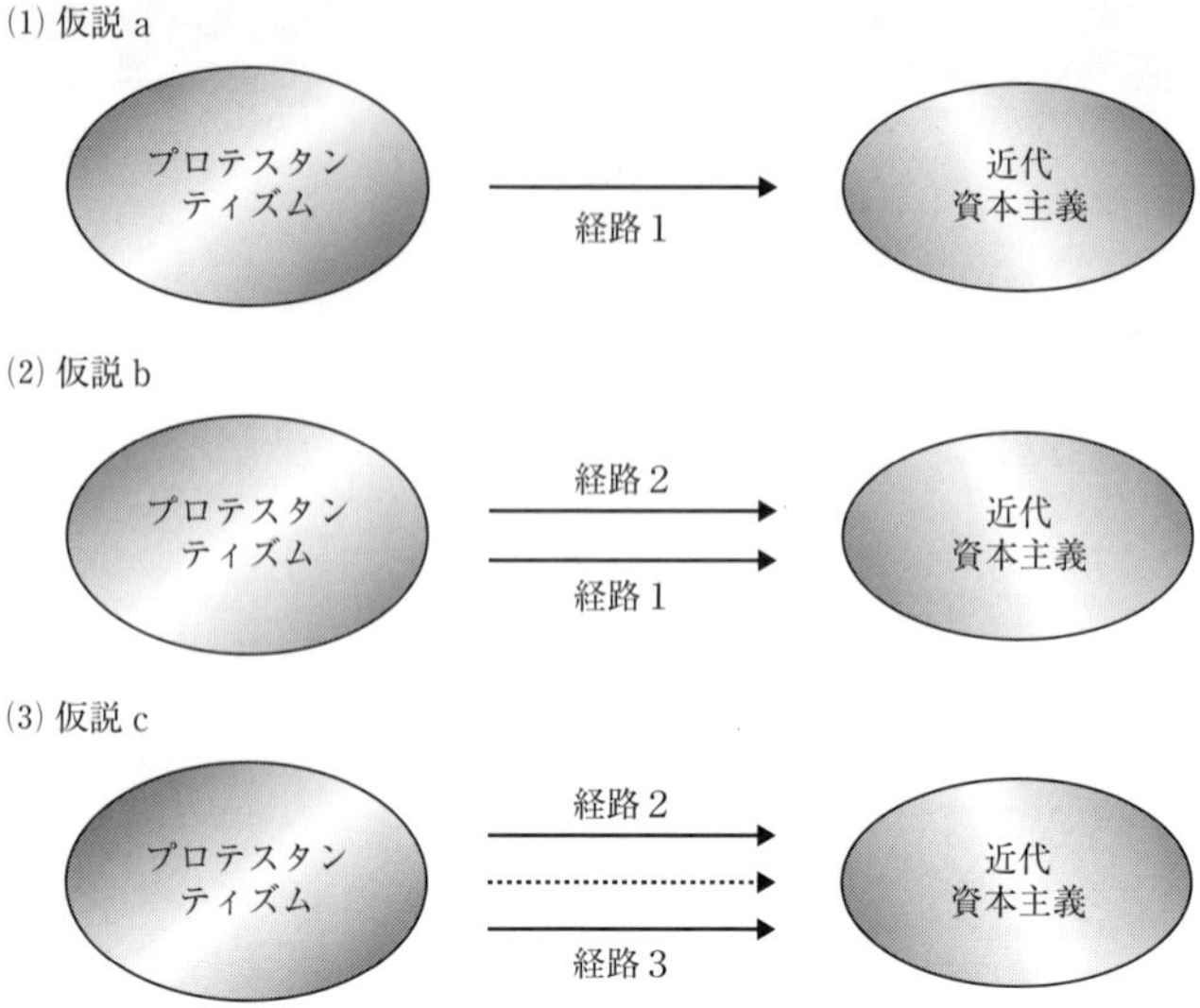

図5-2　プロテスタンティズムと近代資本主義の経路

それゆえ、仮説をたてることも教科書通りにはいかない。一通りデータを集めて仮説を考えて、というより、まず、少数のデータで何かが閃く。次に、データの数をふやしながら、それをより特定し検証し修正していく。実際にはそういう作業になる。少数のデータで閃かなければ、どんなに多くのデータを集めてもただの砂の山だ。

最初の閃きが最後まで検証に耐えることはまずない。必ず何らかの修正を強いられる。二つの変数をAとBとすれば、最初に想定した関連性は大体反証される。AとBの間に何か別の関連性を探して見つけ出すことになるが、最初の閃きが完全に的外れであれば、修正もうまくいかない。逆にいえば、最初の閃きが当らずとも遠からずだからこそ、検証と修正を積み重ねていける。その意味では、最初の閃きがやはり大事で、そこでカンがわるい人は実証下手なままに終わる。

　わかりやすく描くと、図5-2のような感じだ。Aがプロテスタンティズム、Bが近代資本主義だと考えればよい。

　関連性を新たに見つけ出す作業は、たんなる試行錯誤ではない。第10章でもまた述べるが、それによって、元の変数の意味も部分的に変わってくるからだ。ウェーバーの言葉を借りれば、まさに「意味連関」をなす。プロテスタンティズムと近代資本主義でいえば、二つの間に新たな関連性の可能性を見つけ出す作業は、プロテスタンティズムと近代資本主義の双方について、これまで気づかなかった面を発見することでもある。

　そういう意味で、因果関係の探索は元の変数の理解を深めていく。それがデータの多様さや複雑さにつきあうということであり、だからこそ「したたかさ」や「狡さ」が欠かせない。あえて感覚的に表現すれば、データを相手に説得するようなものだ。「そういうところがあるだろうが、こういうところもないか?」と提案しつづける。自分の意見に固執しても（＝最初の仮説を押しつけても）いけないし、相手に迎合しても（＝最初の仮説をただ棄てても）いけない。第3章で「データと対話する」と表現したが、これは隠喩《メタファー》ではなく、現実の体感に近い。

　社会学の方法論には、因果の記述と意味の解釈を客観主義と主観主義として対立させる議論が少なくないが、この二つは本来同じものなのである。新たな因果経路を見出すことは、元の変数の意味を理解し直すことにほかならない。その点でも、「理解社会学」や「因果的な解明」というウェーバーの表現はとても的確だった。後でくわしくとりあげるが、第7章に出てくるマートンの「機能的等価」の考え方も、第8章でふれるルーマンの「等価機能主義」もそのプロセスを定式化したものだ。二人がともに述べているように、これらは元の変数の理解を深める手法になっている。

プロテスタンティズムと近代資本主義にも、それは当然あてはまる。ウェーバー自身の論証、特に第一の経路には史料的にも疑問が多い。私自身、第二の経路を修正する形で新たな仮説を提案したし（佐藤 1993：1章）、他の可能性も必ずあるはずだ。それらの検証と修正を通じて、プロテスタンティズムと近代資本主義の新たな面が発見されてきたし、これからも発見されていくだろう。

ウェーバーの論文は結論ではない。私たちは今もなお、プロテスタンティズムと近代資本主義を理解する途上にあるのである。

聖化と義認の教理と理解社会学

「プロテスタンティズムと資本主義の精神」の議論に戻ると、興味ぶかいことに、「他人から見て」という可視性は、当時のプロテスタントたちにとっても重要な主題であった。論文に出てくる事例でいえば、カルヴァン派の「聖化（sanctification）と義認（justification）」の教理はまさにこれを焦点とする。

カルヴァン派は厳格な預定説を主張した。誰が救済されるかどうか、つまり誰が正しい信仰をもっているかどうかは、あらかじめ厳密に決まっている。それは神の測り知れない意志によるものなので、人間には直接知ることができないが、誰に救済される可能性があるかについては、知る術があると考えた。具体的にいえば、自分たち、つまりカルヴァン派の信者団体《ゼクテ》の掲げた正しい生活様式にしたがっている人間は、救済される可能性がある、と考えたのだ。

要するに、救済される十分条件はわからないが、必要条件ならわかる。それが聖化と義認の教理である。この必要条件のなかに、規律正しさや絶えざる自己検証、さらには営業的な成功などがふくまれていた。それゆえ、プロテスタンティズムの信仰は無軌道な営利欲ではなく、計画性や規則正しさをもち、かつ、無限にその強さを昂進させていく新たな経済活動をつくりだすことになった。それが近代の合理的な資本主義の母体となった、とウェーバーは考えた。

先ほど述べたように、こうした禁欲がプロテスタンティズムの倫理だけに見られるかどうかは疑問だが、このような、十分条件の「目に見えな（invisible）」さに脅えて「目に見える（visible）」必要条件へ強迫的に駆り立てられる運動は、たしかにカルヴァン派に広く見られる。一七世紀のニュー・イングランド、現在のアメリカ合衆国東海岸北部に入植したピューリタンたちの社会でもそうだった。次の第6章でふれるが、当時のピューリタン、とりわけその主流派だった「会衆派（congregationalist）」たちの多くは、この「目に見える／見えない」のはざまで生きていた。救済の必要条件を彼らは「救済準備（preparation）」と呼んでいたが、その教理は彼らの宗教だけではなく、政治をささえる論理にもなっていた（佐藤 1993：2章）(6)。

「見える／見えない」の落差は、行為の意味は主観か客観かという、理解社会学の方法論の中心にも関わってくる。他人から見てどうかが問題になるとすれば、他人から見えない主観的な意味や心理を無理に同定する必要もなくなる。この章の最初で、ウェーバーがこの二つをあっさり分断したと述べたが、彼はただ単純に分断したわけではない。むしろ、この二つを特に区別しないでいい場面に注目した。

プロテスタンティズムと近代資本主義の関連性でいえば、第二の経路で両者を結びつけているのは「見えない」十分条件の方ではなく、「見える」必要条件の方である。だから、「見えない」内心それ自体ではなく、「見える」行為の外形に関わる影響関係だけをあつかえばよい。当人の内心ではなく、他人にどう理解されているか、例えば信者団体の掲げる基準に適うとされているかといった、受け取られ方や規準のあり方の方が重要になる。

その点で、ウェーバーの仮説は、実は、行為の意味が主観的か客観的かに関わりなく成立する形で立てられている。どちらが本来正しいかに関係なく、他人による理解という、第三者に追跡しやすい面の方が有意《レリヴァント》になる。だから、「類型的な意味連関」という緩い定義ですむ（第5章第1節）。それによって、特権的に真の因果関係がわかるとするデュルケームの過剰さも、意味の主観と客観はどう絡まりあっているかというジンメルの底なしの問いも、ともに回避できる。そういう形でウェーバーは社会学固有の記述可能性を確保した。

もちろん、これは回避策であり、わからないことはわからないと認めることでもある。それゆえ、その欠落をうめあわせる積極的な面があった方がよい。ウェーバーもこうした課題を意識していたと思うが、それを基軸にして社会学の方法を考え直したのは、ロバート・マートンである。ウェーバーが社会学の「巨匠」だとすれば、マートンは社会学の「達人」といえる。

「これが社会だ！」と断定する「巨大理論」ではなく、社会学する方法を、二人はわかりやすい形で示し、あざやかに使ってみせた。〈今の社会学〉はその恩恵を多大にうけている。というか、多種多様な「理論」の乱立にもかかわらず、社会学が一つの学としてやってこられたのは、学の基盤がそれらの「理論」にはないからだ（序章第3節）。その意味では、社会学を本当に支えてきたのは、ウェーバーやマートンの思考である。

三つの道標

社会学を制度化したのはデュルケームだが、第3章でみたように、彼の社会学は限定された知とはいいがたい。この点に最初に取り組んだのは、第4章で述べたジンメルであり、現在につづく標準的なやり方を編み出したのは、これまで述べてきたように、ウェーバーである。その意味で、ジンメルとウェーバーも〈今の社会学《モダン・ソシオロジー》〉の創始者だといえる。

限定された知は曖昧さとはちがう。どこに限界があるかを明確に示す必要があるからだ。ジンメルの形式もまさにそういうものだが、彼の文体は天才芸に近い。それに対して、ウェーバーは、その限界をいくつかの術語でうまく特徴づけて、上手につきあうやり方を考案した。そうした緩やかな方法論を提示することで、いわば誰でも訓練すれば、限定された知をある程度使えるようにした。

その道標になるものは三つある。

第一は理念型と価値自由という考え方だ。ウェーバーは全ての認識は理念型を通じたものであることを強調した。社会学で知りうることは理念型、つまり観察者側のカテゴリーを通じて認識されたものである。その点では、素朴な実証も素朴な客観性も否定する。その一方で、この理念型がどこから来るのかは語らない。社会内で通用している了解形式なのか、それともカント的な超越論的主観の産物なのかも、語らない（第4章第3節）。理念型という形で、準客観性の特徴を標づけておけばそれでよい。それで大体通用するし、致命的な誤解も起こらない。そう考えたのではないか。

この準客観性は「価値自由」とも言い換えられる。価値自由とは特定の価値を前提にしていることを自覚することをさす。社会科学の分析はつねに特定の価値を前提にする。それゆえ、価値中立的ではありえないが、価値自由ではありうる。

全ての理念型は、特定の価値にもとづく特定の視点から組み立てられる（1904：213＝1998：158など）。価値づけなしに考えることはできないが、前提とした価値を反省することはできる。それゆえ、理念型を介さない知識はないが、どんな理念型を使っているかには反省的でありうる。そういう意味で、理念型という方法と価値自由という理念は、限定された知の特性をうまくとらえている。

第二は厳密な科学的手続きである。ウェーバーはデュルケームとちがって、ミルの差異法にしたがった（第5章第1節）。理念型を介する、言い換えれば特定の価値を前提にするという点で、社会学は自然科学のような客観性をもちえない。だからといって厳密性が必要ないわけではない。特定の理念型と価値に依存しながら、それ以外の面ではできるだけ厳密であろうとする。そこにウェーバーは社会学の新たな可能性を見出した。

第三は、ウェーバー自身はあまり明確に述べていないが、限定する代償になりうる利点の提示である。限定された知は、結論に必ずある程度の空白を残す。わからないものはわからないからだ。だからこそ、限定された知には、その空白をうめあわせる何かが望まれる。

そこに出てくるのが、意外で重要な関連性だ。もし従来気づかれていないが、重要だと思われる何かを指摘できれば、空白も許容される。逆にいえば、発見的な意義をもたない自明な結論は、限定された知では成果になりにくい。この考え方はその後、マートンによって「意図せざる結果」や「顕在的機能／潜在的機能」の形に定式化され、社会学の重要な方法として定着する（第7章参照）。

ウェーバーの社会学はこの三つを組み合わせた形でできている。『宗教社会学論集1』の比較宗教—経済社会学を例にとっていえば、資本主義という制度は、従来、個人の営利欲がつくりだしたものだと考えられてきた。それに対して、ウェーバーは西欧近代に特有な資本主義の特性を「近代資本主義」という理念型でとらえ直し、それが個人の無軌道な営利欲ではなく、プロテスタンティズムという宗教倫理、すなわち社会的な事象から生まれたという仮説を立てた。そして差異法を厳密に適用した比較分析によって、この関連性がどの程度裏づけられるかも示した。それによって、近代資本主義というきわめて重要な制度に新たな視点から光をあてた。近代を生きる私たちにとって資本主義がもつ意義を、彼なりに描いてみせた。

ウェーバーは、デュルケームとちがって、社会や科学の本質をめぐる思索を展開しなかった。ジンメルとちがって、社会や科学の成立にせまる魅力的で一般的な概念も提示しなかった。そうした根源的な問いに答えなくても、限定された知として、意外だが重要な関連性を発見すれば、十分に有意義な社会学ができることを示した。そうすることで、デュルケームともジンメルともちがうやり方で『常識をうまく手放す』と『社会が社会をつくる』をやって見せたのである。

限定された知と社会学の制度

価値自由の考え方からすれば、全ての営みは何らかの価値を前提にする。つまり、当事者にせよ、社会科学者のような専門家にせよ、それ自身の立場によって見えなくなるものがある。意外で重要な関連性は、そうした構造的な見えなさの周囲で特に見つかりやすい。

ジンメルと同じく、そこには観察者の限界への強い自覚がある。社会学が内部から観察する視線であり、限定された知であることが気づかれているが、ウェーバーの方法では、ジンメルのように、例証を連ねて一般論にもっていく必要もない。常識をうまく手放し、構造的な見えなさのなかから、意外で重要な関連性をある程度厳密に見出せれば、それだけでやっていける。

これはデュルケーム学派の社会学主義から社会学を解放することにもなった（第1章第1節）。それぞれの社会科学に構造的に見えない部分があるならば、未開拓の領域をつねに探す必要もないし、他の社会科学の上位に自らを位置づける必要もない。他の社会科学の専門分野で、その社会科学が構造的に見えない事象を発見できれば、十分な成果だといえる。

そういう意味で、ウェーバーは社会学に新しい途を開いた。コントらの一九世紀社会学を最終的に葬り去り、〈今の社会学〉を確立したのは彼である。

もちろん、それは良いことばかりではなかった。社会学者に特権的な正しさを認めたデュルケームとはまた別の意味で、意外性の追求は独りよがりになりやすい。当事者だけでなく、他の社会学者も気づいていない新たな関連性を探し求めるあまり、論理の飛躍や事実の読みちがいを「発見」だと誤認したり、人目をひく派手な事件を過大評価して「変化の兆候」を読み込んだりする。たんに新たな前提を持ち込んだだけなのに、「革新的なとらえ方を生み出した！」と思い込む例も少なくない。

それをさけるには、具体的な事実をさらに集めて反証テストをつづけたり、訓練を積んだ専門家同士で相互検証したりする必要がある。社会学という制度の壁がそこで重要になってくる。それこそ意外に聞こえるかもしれないが、意外で重要な関連性を発見するには、むしろ意味境界に守られた方がよい。「多数の顧客をあつめること」ではなく、「科学というものにふさわしい秘教的な性格」が求められるのである（第3章第4節）。

その点でウェーバーの社会学はデュルケームの社会学に結びつく。意外性をめざすからこそ、専門性の壁が大事になる。二つの間には制度的な親和性があるのだ。

その結びつきは必然的なものであった(7)。今の私たちはたぶんそう言うしかない。けれども、そうなることで、社会学はジンメルのような美しさとしなやかさをもてなくなった。それもまた事実である。

注

（1）ウェーバーの伝記的事実は、主に安藤（1972）とRoth（1992）を参考にした。家系に関する情報は、二つの間で少しちがう。大学での職歴・活動は野崎（2011）によった。

（2）この点では、新カント派の「自然科学」と「精神科学」の峻別がジンメルやウェーバーには有利に働いたと考えられる。この二つが全くちがうものとされていたので、自然科学と同等な説明力を無理に求めずにすんだのではないか。

（3）折原浩はE・マイヤーを批判した「文化科学」論文（1906＝1965）に、その糸口を見出している（1998、2007）。妥当な見方だと思うが、この論文ではレキシスとL・ボルトケヴィッツが言及されている。ボルトケヴィッツはクナップとレキシス（第3章）の下で学び、当時のドイツ学派を代表する道徳統計学者で、数理統計学者である。一九一一年の社会政策学会では、工場調査のデータ分析をめぐってウェーバーと討論した（村上 2005）。なお、クナップは、プロイセン農業問題でもウェーバーの先行者であった（肥前 2003）。

社会科学では差異法をめぐる問題はくり返し出てくる。例えば一九九〇年代のアメリカ政治学では、その厳密な適用を主張する立場から従来の実証が批判され（King, Keohane, and Verba 1994＝2004）、激しい論争がおきている。これは比較検証かケース・スタディかという二者択一の形で論じられやすいが、前者はウェーバーのいう「因果適合的」、後者は「意味適合的」にほぼ相当する。因果的な解明の立場からすれば、その両方が必要である。

したがって、「客観性」とは何かにあえて答えるとすれば、この二つの要件をより良くみたすことだといえよう。ただし、この二つはそれ自体、意味定式に依存している（第8章第3節参照）。そのことを含意するという意味で、「準客観的」と表現しておいた。

（4）ウェーバーの方法や文体は、第3章でもふれたアロンらによって、フランス語圏に導入された。アロンは一九〇五年生まれ、高等師範学校でJ・P・サルトルらと同級生だった。フッサールの現象学をフランスに紹介したことで知られるが、厳密な方法論にもとづく社会学も、彼が輸入した（Aron 1983 = 1999、厚東 2011 参照）。

アロンもユダヤ系で、父系の祖父はロレーヌ地方で繊維商を営んでいた。ロレーヌに住み始めたのは一八世紀とあるので、アルザス・ユダヤ人だろう。アロンの父はカトリックまたは無宗教に転じて、学者の道に入っていた。もしアンドレ・デュルケームが第一次世界大戦で戦死しなかったら、エミールの子孫たちも似た途をたどったかもしれない。

（5）ウォーラースティンの社会科学方法論の議論は Wallerstein（1991 = 1993）、時間単位の分割による因果同定の事例は（1995 = 1997）などを参照。一六～一七世紀、一八～一九世紀、二〇世紀という三つの時間単位が使われることもある（2004 = 2006）。学説史的な背景は山下（2001）が丁寧でわかりやすい。

ウォーラースティンはどの著作でも、差異法による因果特定と計量分析を混同しており、ウェーバーの方法論的な考察は全く理解できていないようだ。彼のシステム定義の議論はマートンの「機能の単位」論の延長上にあるが（第7章第2節参照）、A・スティンチコムやN・スメルサーと比べると、明らかに浅い。もともとは理論研究をやっていなかった、という履歴もうなずける。

（6）　この教理は、間接的にせよ、人が神の意志を知りうることを意味する。その点では多神教的である。実際、西欧キリスト教が異端視した東方キリスト教やラビ・ユダヤ教は、絶対神の超越性をもっと侵犯しない形で倫理を構築しようとした（第2章注（2））。

それゆえ、一神教の神学としては中途半端だが、この中途半端さこそが西欧独自の合理性の基盤になった。目標は無限に遠くにあるが、遠さ近さのちがいはなぜか測定できる。西欧近代の合理性の根幹にはそんな逆説的な思考があるが、聖化と義認の教理はその原型の一つにあたる。

（7）　知の限定性と方法と科学の制度との関連については、ルーマン『社会の科学』第六章「正当な縮減」が包括的に考察している（1990＝2009）。

第6章　パーソンズと機能主義
――理論社会学の地平――

タルコット・パーソンズは、会衆派の牧師を代々だしてきた家系に生まれた。彼が構想した構造機能主義の社会システム論にも、系譜的関心は強い。それは彼独自の発想というよりも、従来の社会学の思考の集大成にあたるものであった。

この章では、構造機能主義の理論を紹介しながら、その構築と解体の過程を追う。特に焦点になるのは、機能要件の概念やシステムの定義の再検討である。これらを手がかりにして、パーソンズが社会学の創始者たちのどこを引き継ぎ、どんな視座を新たに取り入れ、そして何を引き継げなかったかを明らかにしていく。

ウェーバーが『常識をうまく手放す』と『社会が社会をつくる』を熟練の職人技でつなげたのに対して、パーソンズは『社会が社会をつくる』を一般理論の形で体系化することで、『常識』を科学で書き換えようとした。その試みは最終的には失敗におわったが、そこから社会を理論的に反省する理論社会学の地平が開かれたのである。

1　ピューリタンの末裔

冒頭からこんなことを書くのはなんだが、私はタルコット・パーソンズが苦手である。彼の著作を読むと、いつも途中で放り出したくなる。えんえんつづく分類や、独り言めいた論理展開が嫌になるのだ。

大西洋の彼岸で

いうまでもなく、パーソンズも「偉大な社会学者」の一人である。デュルケーム、ジンメル、ウェーバーという三人の創始者の後をうけて、彼らの集大成という形で独自の社会学を展開した。「構造機能主義（structural-functionalism）」という一般理論を構想し、社会システム論を取り入れて、「理論社会学（theoretical sociology）」の地平を開いた。「偉大な社会学者」の一人どころか、最も「偉大な社会学者」とされていた時期もある。

そんな人の著作を退屈に感じるのは、あまり幸せなことではない。私が学生のころは、構造機能主義はまだまだ有力な学説だったから、ひたすら我慢して読むしかなかった。たぶん私だけではなく、多くの人が同じような体験をしたのではないか。

それは彼の社会学をめぐる独特な空気とも無縁ではないと思う。アメリカでも日本でも、パーソンズは激しい毀誉褒貶を浴びてきた。東西冷戦の代理戦争という面や、アメリカ中心主義、とりわけパーソンズが色濃く背負うWASP（白人《ホワイト》・アングロサクソン・プロテスタント）文化への反発もあっただろうが、彼の著作の退屈さも要因の一つではなかろうか。

ウェーバーやマートンのように、あつかう事象が面白いわけでもない。ルーマンやジンメル、そしてデュルケームも時おり見せるような、あざやかな切り返しがあるわけでもない。味気ない記述が拷問のようにつづく。そんな著作を読まされれば、パーソンズの信奉者にでもならないかぎり、辛辣な悪口の一つでもいいたくなる。

しかし、その退屈さを彼のつまらなさだと決めつけるのは、まちがいだ。パーソンズが退屈に感じるもう一つの理由は、彼の開いた地平の上に私たちがまだいるからである。だからこそ、自明なことがくり返されているように見える。

——そんな風に私が考え直すようになったのは、パーソンズの周囲にいて「機能主義者」と呼ばれた人たち、例えばK・デイヴィスやW・ムーア、マリオン・レヴィやニール・スメルサーらの著作を読んでからだった[1]。次の章であつかうマートンも広い意味ではその一人である。なんというか、要するに、彼らの著作は面白いのだ。ユーモアと批判精神、現実への鋭い洞察力もみてとれる。

例えば、レヴィの『社会の構造』は残念ながら日本語訳がないが、とても明晰な本だ（Levy 1952）。スメルサーはパーソンズとの共著『経済と社会』（1956＝1958-59）や『集合行動の理論』（1962＝1973）がよく知られているが、本来の分野は歴史社会学で、博士論文のテーマもそちらだった。彼の『社会科学における比較の方法』（1976＝1996）はこの本でもかなり使わせてもらっている。

データのあつかい方も、彼らは丁寧だ。具体的で、多様で、ときに自分たちの常識を外れる事象をどうとらえればよいのか。そうした「社会の記述」にも強い関心を寄せている。マートンやルーマンが見せる歴史への深い眼差しは特異なものではない。「機能主義者」のなかでは、むしろパーソンズの方が外れ値なのだ。

そういう人々をパーソンズは構造機能主義にひきつけた。経験的な歴史社会学や比較社会学に本来むいていた優秀な学者を、彼の壮大な試みへと引き寄せた。逆説的な言い方だが、パーソンズの魅力、そしてパーソンズの社会学の衝撃がどれほど巨大であったのかを知る上で、これ以上良い証拠はないだろう。

パーソンズ以後《ポスト・パーソンズ》の地平を生きている私たちには、その衝撃の大きさを具体的に感覚するのはむずかしい。私自身、パーソンズの魅力を体感できたことは一度もない。私にとって、彼の著作はひたすら退屈で味気がないが、社会学の歴史をたどっていくと、その退屈さがどれほど巨大な重力なのか、うかびあがる。パーソンズはそんな社会学者である。

パーソンズ家の系譜

タルコット・パーソンズは一九〇二年に、アメリカ合衆国コロラド州のコロラド・スプリングスで生まれた。父エドワード・スミスは牧師で英文学者、当時はコロラド・スプリングスの大学で教員を務めていた。

第2章や第5章で紹介したように、デュルケームやウェーバーの家族史も今ではかなり知られている。男系ならば三〜四代前にまで遡ることができるが、パーソンズはもっとすごい。父系・母系とも一七世紀まで追跡できるのだ。合衆国が独立する一〇〇年以上前である。タルコットの息子のチャールズが、その系譜を紹介している（Parsons 2004）。

タルコット・パーソンズの父系は、七代前のジョンまで遡れる。北アメリカ大陸への西欧人の入植は一七世紀に始まり、一六三〇年には、現在の合衆国社会の母型となったマサチューセッツ湾植民地が創立された。それから二世代ほど後に、ジョン・パーソンズはイングランドから移住してきた。職業は靴屋と革なめしで、おそらく農業も営んでいただろう、とチャールズは書いている。ジョンは現在のメーン州ヨークに住みつき、一六九二年に先住民の襲撃をうけて亡くなる。独立戦争まで、彼の子孫はずっとヨークに住んでいた。

母系はもっとすごい。タルコットの母メアリーの旧姓はインガソルだ。こちらの父系は、一六二九年に今のマサチューセッツ州セイラムに渡って来たリチャードとジョンの兄弟まで遡る。「巡礼の父祖たち《ピルグリムス・ファーザーズ》」にはおよばないが、ニュー・イングランド移民のなかでも、最も初期の移住者だ。メアリーはジョン・インガソルの子孫にあたる。

メアリーの祖先には、とんでもない有名人もいる。ジョナサン・エドワーズである。エドワーズは「コネティカット河域の教皇」と呼ばれた会衆派の牧師、S・ストダードを祖父にもち、イェール大学を卒業してその講師を務めた後、現在のプリンストン大学の第三代学長に招かれた。アメリカのプロテスタンティズムを代表する神学者の一人であり、一八世紀の半ばに起きた「大覚醒（the Great Awaken）」のきっかけをつくったことでも知られる。日本でいえば、親鸞や日蓮なみの宗教家だ[2]。

大覚醒がどんな運動なのかは、第5章で述べた聖化と義認の教理から説明するのがわかりやすいだろう。カルヴァン派の予定説は、救済の十分条件をみたすかどうかは知りえないが、必要条件をみたすかどうかなら知りうるとする。ウェーバーは、この二つの条件の落差がピューリタンたちをたえざる自己検証に向かわせたと考えた。

それもまちがいではないが、実際のピューリタンたちはもう少しとんでもない人々だった。たえざる自己検証というより、「自分は十分条件もみたしているはずだ」という傲慢な確信と、「そんな保証はどこにもない」という絶望的な懐疑とを往復していた。

「大覚醒」はその往復運動が集団的に発現したものだ。当時のニュー・イングランド諸社会で一定の地位を占めていた人々は、信徒団体の仲間から「正しい生活様式にしたがっている」と認められ、自分は救済されるはずだと信じていた。そんな人々の間で、そうした確信こそが傲慢であり、救済されない証拠ではないか、という懐疑が爆発的に発生し、伝播していったのである。

そのきっかけの一つが、エンフィールドの教会でのエドワーズの説教「怒れる神の手のうちにある罪人」であった。有名な一節を引用しよう。

> 昨晩、あなたが目を閉じて眠った後、地獄に墜ちることなく再びこの世に目を覚ますことができたのは、全く何の理由もありません。あなたが今朝起きて後、地獄に堕ちなかったのには、何の根拠もありません。ただ神の手があなたを支えていたにすぎないのです。あなたが今日礼拝をするためにこの教会に座って今に至るまで、地獄に堕ちなかったことにも、何も根拠はありません。まさに今この瞬間、あなたが地獄に堕ちないでいられるのも、全く理由のないことなのです。（森本 2006：49より）

この調子で、ほぼ一時間つづく。ネットで検索すれば再現版を聴くこともできる。

会衆派の伝統

当時の牧師には、身振り手振りを交えた劇的な説教で有名な人もいたが、エドワーズの説教はちがっていた。説教壇から、正面の壁に垂れさがった鐘の紐をじっと見つめながら、ただひたすら陰惨な罪への畏れを語っていたそうだ。もともと学者肌でもあり、人気のある牧師ではなかったが、この説教は絶大な反応を引き起こした。教会で聞いていた教会員たちは、半狂乱になって呻き叫んだといわれている。その後、説教は印刷されて、ニューイングランド各地に広まった。

日本語圏ではプロテスタンティズムは美化されて語られることが多いが、その懐疑や自己検証は、集団的熱狂《マス・ヒステリー》の形で発現することが少なくない。パーソンズの祖先の一人は、そうした運動に関わった人でもあった。

チャールズ・パーソンズの語る系譜は、アメリカの宗教史や家族史の面でも興味ぶかいが、読み物としても十分に面白い。魔法使いと告発された人も出てくる。エドワード・スミスが長年勤めたコロラドの大学を辞めた理由も明らかにされている。大学の運営をめぐって理事会と衝突したらしい。今でいうセクシャル・ハラスメントの告発などもあり、かなり大きな事件になったようだ。

そんな印象的な事件をはさみながら、チャールズは父タルコットの家族的背景をあざやかに描き出している。一言でいえば、タルコット・パーソンズは父系でも母系でも、ニュー・イングランドの宗教的伝統、具体的にいうとあの会衆派の伝統に連なる人だった。会衆派の人口比は独立時には二〇％少しあったが、南北戦争前で四％、二〇世紀初めには、アメリカ全体でわずか一・四％にまで減っていた（森本 2006：74）。

タルコットはいわば「伝統を引き継ぐ超少数派」の出身だった。ウェーバーにならって、自分の先祖をプロテスタントの信仰をもつ「商人」として描く癖が彼にはあったが、チャールズが指摘しているように、実際には宗教家の傾向の方がはるかに強い。会衆派の牧師を何世代にもわたって出している。ジョナサン・エドワーズもその一人であり、父のエドワード・スミスも、祖父の製造業をつがず、牧師と学者の途を歩んだ。ラビ・ユダヤ教とプロテスタントの会衆派というちがいはあるが、むしろデュルケームの家系に近い。それに対して、ウェーバーの家系は父系も母系も大商人や工場主などの資本家が多く、宗教家はあまりいない。このあたりはパーソンズの社会学の特徴とも重なってくる。

パーソンズの家系の人々は、自らの系譜を強く意識していたようだ。祖先をくわしくたどれるのも、家系の歴史が編纂され、記録されてきたからである。「タルコット」という名前もその記憶《メモリー》の一部だ。名《パーソナル・ネーム》としては大変珍しいが、これはもともと祖先の一枝の姓《ファミリー・ネーム》で、それを父が彼につけた。英語圏にはこういう名のつけ方がある。例えば、ＭＬＢのニューヨーク・ヤンキースの二塁手、ロビンソン・カヌーの「ロビンソン」は、ＭＬＢ最初のアフリカ系選手、ジャッキー・ロビンソンからつけられた。歴史上の有名人としては、一七世紀後半の有名な宗教指導者だったコトン・マザーもそうだ。彼の名、コトンはマサチューセッツ湾植民地創立期の宗教指導者、ジョン・コトンからつけられた。ジョン・コトンはコトン・マザーの母方の祖父にあたる。タルコットの命名も、コトン・マザーを意識したものかもしれない。タルコット・パーソンズはその名においても、伝統を記憶する人だった。

そうした、いわば家族的な意味でも、パーソンズはプロテスタンティズムに近代性や合理性を見出す歴史像に関心と利害をもっていた。彼が翻訳して英語圏に広めた「プロテスタンティズムの倫理と資本主義の精神」（英訳は一九三〇年刊）は、彼の家系の物語でもあった。そして、ハーヴァード大学で社会学を研究教育することで、それは職業的な関心や利害にもなっていく。(3) 第7章でも述べるが、ハーヴァード大学は一九世紀にはボストンの上層市民男性の教育機関になり、二〇世紀には世界的な学術研究の中心になるが、もともとは会衆派の牧師を養成する学校だった。

パーソンズの家系の人々は、しばしば激しい毀誉褒貶や集団的狂騒を招き寄せる。エドワーズと大覚醒運動がまさにそうであり、父エドワード・スミスの辞任の経緯にも似た匂いがする。冒頭に述べたように、タルコット・パーソンズの社会学もまた、激しい毀誉褒貶にさらされ、強い肯定と強い否定の間を往復することになった。

2　構造機能主義の提案

機能主義の系譜

系譜的な関心は彼の著作にも色濃く見られる。わかりやすくいえば、自らの連なる系譜を編纂して集大成しようとする癖があるのだ。最初の主著『社会的行為の構造』などはまさにそうだが、『社会システム』(1951＝1974) などにもあてはまる。

パーソンズが卒業したのはアムハースト大学という、マサチューセッツ州のカレッジだ。規模は小さいが、現在では全米でも屈指の難関校として知られる。学生時代には経済学を学び、一九二四年に卒業後、叔父の援助でイングランド留学の旅に出る。その後、交換研究員として、ドイツのハイデルベルク大学に移る。ウェーバーがいたあの大学だ(第5章第1節)。そこで社会学を知り、博士号を取る。帰国後は母校で経済学の講師に就くが、一九二七年にハーヴァード大学に移る。

パーソンズは、彼以前の社会学的な思考の集大成をめざした。創始者たちの後をうけた第二世代らしい試みだが、その壮大な企図を彼は「機能主義」の一般理論化によって実現しようとした。それによって、ウェーバーが空白として残した「社会とは何か」の問いを再びとりあげ、『社会が社会をつくる』しくみを理論上で構築する作業を始めることになった。

パーソンズの社会学がどのようにできていったのかは、彼に大きな影響をあたえた人類学者、アルフレッド・ラドクリフ＝ブラウンの機能主義から見ていくと、わかりやすい。ラドクリフ＝ブラウン（一八八一～一九五五年）は、イングランド出身の社会人類学者である。ちなみに、この人にも名前にまつわる逸話がある。彼の姓は自分で創ったものだ。もともとはただの「ブラウン」で、学生時代は「無政府主義《アナーキー》者のブラウン」として有名だった。魅力的だが、あくの強い性格だったらしい。「ラドクリフ」は母親の旧姓である。「ラドクリフ＝ブラウン」と名乗り始めたのは一九二〇年代で、正式の姓にしたのは一九二六年だから、人生の半分以上は「アルフレッド・ブラウン」だった。デュルケーム本人にも会っており、影響を受けている。

ラドクリフ＝ブラウンは、B・マリノフスキーとともに、現在の人類学の創始者といわれる。二人はともにフィールドワークの手法と「機能主義」の説明様式を人類学に導入したことで知られるが、二人の機能主義は対照的なものだった。

マリノフスキーの機能主義も、社会の制度や慣習、儀礼などをその機能から説明しようとする。けれども、マリノフスキーの場合、機能の宛先は人間の欲求（demand）であった。「Xという事象がxという状態なのは、それが人間の欲求yを（よく）みたすからだ」というのが、マリノフスキーの説明様式だ。

そのため、彼の機能主義は生物学的ともいわれるが、現在の言い方ではむしろ経済学的といった方がいいだろう。「欲求をみたす」というのは、個人にとっての効用で説明することと同じになるからだ。実際、マリノフスキーの機能主義は、社会学のなかではG・C・ホマンズやP・ブラウらの交換理論につながっていく。経済学でいえばG・ベッカーの「人的資本論」、結婚や自殺の経済学に近い。

それに対して、ラドクリフ＝ブラウンの機能主義で機能の宛先になるのは、社会全体である。「Xという事象がxという状態なのは、それが社会全体の状態yを成立させているからだ」というのが、ラドクリフ＝ブラウンの説明様式である。yにあたるのは統合や秩序なので、「Xという事象がxという状態なのは、それが社会全体を成立させているからだ」とも言い換えられる。

パーソンズの機能主義は、これをさらに一般理論の水準まで抽象化したものだ。

ラドクリフ＝ブラウンの場合、事象Xは具体的な制度や慣習になる。例えば、アンダマン島の社会における「○○」という儀礼が、それにあたる。こういう意味での事象Xはどの社会にも一般にあるわけではない。だから、このままでは一般理論にはならない。

そこでパーソンズは相互行為（interaction）に注目した。これは複数の人間間の関わり方、というか働きかけあいにあたる。社会の基本的な要素として、こうしたものがあると考えたのはジンメルである。[4]心的な相互作用がそれだ（第4章）。ウェーバーも、社会学の対象を社会的行為だとした（第5章第2節）。さらに遡れば、ドイツ学派の道徳統計学では一九世紀後半にすでに、個人のふるまいの集積として社会をとらえようとしていた（第3章第3節、第5章第1節）。

その発想を使って、パーソンズは機能主義を一般化しようとした。社会がどのように成立しているかを説明できる、体系的な一般理論を構築しようとした（序章第3節）。それによって『常識をうまく手放す』と『社会が社会をつくる』の組み合わせは、新たな展開を迎えることになる。

構造と機能の定義

パーソンズは社会の基本要素として相互行為があると考えた。そこまではジンメルやウェーバーとあまりちがわないが、パーソンズはこの相互行為にはもっと強い性質が一般的に成り立つと考えた。そこから彼独自の理論が始まってくる。

パーソンズはまず、相互行為は恒常的なものとそうでないものと二種類に分かれるとした。そして、恒常的なものを特に「構造」と呼んだ。この構造が彼の機能主義での事象Xにあたる。つまり、「ある社会における人間の相互行為のうちの恒常的な部分（＝事象X）が特定の形態 xであるのは、それが社会全体の状態 yを成立させているからだ」と考えたわけだ。この状態 yとして、パーソンズは四つの機能要件を天下り的《ア・プリオリ》に想定した。それが「ＡＧＩＬ」である。

社会が成立するためにはＡ「適応（adaptation）」、Ｇ「目標達成（goal-attainment）」、Ｉ「統合（integration）」、Ｌ「潜在的パターン維持（latency）」の四つの状態をみたす必要がある。ある社会における恒常的な相互行為＝構造Xの特定の形態 xは、社会全体でこの四つの状態y1～y4を成立させる。もし何らかの事情で成立させられなくなったら、構造Xの状態 xが変化するか、社会が成立しなくなるか、どちらかが必ず起こる。この「必ず起こる」という条件がつくので、yはただの「機能」ではなく、特に「機能要件（functional requirement）」と呼ばれる。これが、パ、ー、ソ、ン、ズ、の提唱した構造機能主義の大まかな中身だ。

わざわざ強調したのは、機能要件の見つけ方は他にもあるからだ。例えば、「AGILという四つがある」と頭のなかで考えるのではなく、経験的なデータから社会が成立しなくなった状態を同定した上で、その原因変数をつきとめる。つまり、何が成立しなくなったから社会が成立しなくなったかを帰納的に推測して、その「何」を機能要件だとする。

第5章でみたように、こうした原因特定には多くの社会のデータが必要になるが、構造機能主義の時代には人類学の発達によって、非西欧の社会群についても知識が蓄積されてきた。「構造機能主義者」といわれる人々のなかでも、レヴィらはこちらの方向で考えた。多数の社会の生成と消滅を調べて、機能要件の具体的な中身をデータからつきとめようとしたわけだ(5)。

逆にいえば、パーソンズの特徴はそうしなかったところにある。先ほど彼はAGILという機能を天下り的に設定したと述べたが、これは重要な論点を一つ省いている。パーソンズのいう機能要件は厳密にいえば、一種の近似にすぎない。相互行為の恒常的な形態が全体としてどのような挙動をとるのかを知る上で、「次善の策（second best）」として導入されたものだ（1951＝1974：26）。

簡単にいえば、こういうことである。

――もし観察者が神のように（というか、ラプラスの悪魔のように？）全てを知りうるならば、相互行為がそれぞれどのように影響しあい、その全体の挙動がどうなるかを知ることができる。けれども、現実の人間はそのごく一部しか知りえない。それゆえ、全体の挙動を知るためには、何か近似的な手段が必要になる。それにあたるのが機能要件である。

すなわち、相互行為の全ての挙動は知りえないが、AGILのような特定の機能がみたされるかどうかによって構造が変動する、とはいえる。相互行為全体の挙動は、そういう形で、近似的にのみとらえられる。したがって、機能要件は、相互行為群の挙動を近似的にモデル化したものにあたる。この公理の下では、相互行為群すなわち社会は、機能要件という目的を実現するために動くように見える。正確にいえば、機能要件による説明はそういう目的論的記述と等価になる（Parsons 1945：217-218）。それゆえ、目的論的機能主義と呼ばれる（第3章第4節）。

ここには、第5章で述べた、限定された知の特徴が顔を出している。パーソンズにとっても、社会学は限定された知であった。ただし、パーソンズの場合、その限定性はウェーバーの「価値」のように、それ自体が社会の一部として、特定の観察者を具体的に限定するものではない。人間は神のような全知ではないという、おそろしく一般的なものであった。だからこそ、パーソンズは一般理論を構想することができたわけだが。

パーソンズの失敗

機能要件の公理は相互行為群の挙動を近似的にモデル化したものであり、機能要件をみたすかどうかで、社会が変化しなかったり変化したりする。いわば社会によって社会がつくられるわけで、これも『社会が社会をつくる』といえる（「あれ？」と思った人がいるかもしれないが、次の節まで我慢してほしい）。デュルケームが形態学的特性から論証しようとした事態を、パーソンズは、およそあらゆる社会が一般的にそなえているしくみとして、理論的に想定したのである。

逆にいえば、もし構造機能主義が正しければ、社会といわれてきた事象がどんなもので、どのように動くのかが、近似的にせよわかる。『社会が社会をつくる』しくみを解明した構造機能主義を学べば、『常識をうまく手放す』のがそれほどうまくなくても、誰でも社会について考えられる。一般理論という着想を導入することで、パーソンズはウェーバーの熟練技的な解決と逆の方向に、社会学をひっぱった。何しろ、四つの要件のみたされ具合がわかれば、社会の大きな動きがつかめるというのだから。

なかなかすごい着想だったと私も思うが、問題はもちろん、そのしくみの理論が正しいかどうかにある。現在では、多くの社会学者はパーソンズの構造機能主義は失敗したと考えている。どこで破綻したのか。それは大きく二点ある。一つはモデルとしての論理的整合性、もう一つはおよそこれが近似なのかである。

第一の、整合性の方から説明しよう。

先ほど、構造機能主義を「ある社会Yにおける人間の相互行為のうちの恒常的な部分」、すなわち構造X「が特定の形態xであるのは、それが社会全体の状態yを成立させているからだ」という形で説明する様式だと述べた。ここにはうっかり見落としがちだが、とても重要な点がある。「恒常的な部分」=構造Xの形態xは、社会一つに一つしかないのだ。

これは、社会の基本要素が相互行為、つまり相互の働きかけや関係性であることによる。今、仮に社会に二つ構造があるとしよう。この構造の間の関係は定義によって恒常的なものではない（もし恒常的であるならば、全体が一つの構造になる）。言い換えれば、たまたま関係をもったり働きかけが起きたりすることはあっても、恒常的なものではない。

だとしたら、そこには構造が二つあるというより、社会が二つあると考えられる。より正確にいえば、社会の基本要素が相互行為だとした場合、その状態は「二つの社会がある」状態と区別できない。

実はパーソンズはこの辺りをかなり曖昧にしており、ＡＧＩＬの各機能ごとに、部分システムに分化

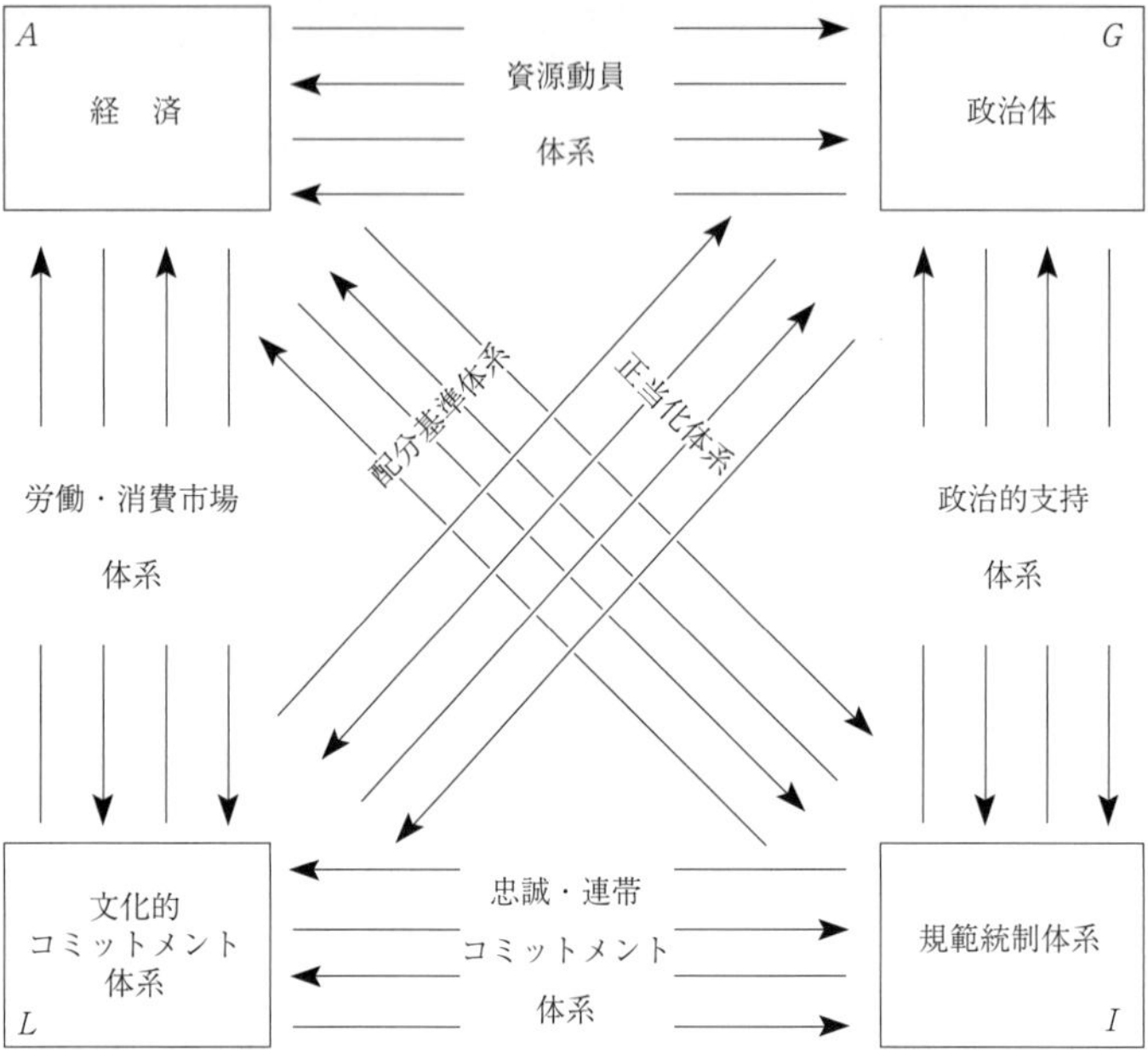

図 6-1　パーソンズの機能分化仮説

出典：直井（1974：179）より。

するというモデルも立てている。これは「（パーソンズの）機能分化仮説」と呼ばれる。それによると、Aにあたる部分システムが経済、Gにあたる部分システムが政治、Iにあたる……という形で、社会全体は四つの部分に分かれる（図6-1参照）。さらに、その四つがそれぞれ、例えばAのなかのAにあたる部分、AのなかのGにあたる部分、……と四つに分かれる。

ところが、システムの境界を働きかけの因果関係で定義した場合、機能分化仮説は成立しない。第5章の世界システム論のところでも出てきたように、相互行為（相互作用）を因果的な影響関係だとすれば、相互行為の全体のなかには独立した部分はありえない。相互行為の全体を一つのシステムだとすれば、その内部に部分システムが成立することはない。システムの境界は影響のおよぶ範囲、すなわち因果の果てにしかおけないからだ。

それゆえ、AGILのように複数の機能があるとすれば、一つの構造Xの一つの状態xが複数の機能y1～y4をみたす／みたさないことになる。この場合、例えばy1がみたされ、y2がみたされないようなケースが必ず出てくる。なぜならば、もしy1～y4がつねに同時にみたされる／みたされないとすれば、それは複数の機能ではなく、一つの機能になるからだ。

この「y1がみたされ、y2がみたされない」ケースでは、状態xはどうなるのか。機能要件論では、これについて文字通り何もいえない。y1が70％みたされy2が80％みたされればよい、みたいに考えることもできない。もしそういう合成ができるのならば、y1とy2は別々の機能ではなく、0・7×y1＋0・8×y2で定義できる一つの機能になるからだ。

くわしい論証に興味があれば、これらの点を厳密に証明した恒松直幸・橋爪大三郎・志田基与師の論文「Parsonsの構造―機能分析」(1982)などを直接みてほしい。要するに、一つの構造に複数の機能という論理構成は成立しない。

では一つの構造Xに一つの機能y0があるとすればいいのか。こうした単一機能仮説にすれば、たしかに矛盾はなくなるが、このときの「機能y0をみたす／みたさない」は「社会Yが成立する／しない」と同義になる。ならば、機能という概念は必要ない。「社会がある／ない」といえばすむからだ。

したがって、機能要件の概念は矛盾をきたすか、冗長か、どちらかである。

3　『社会が社会をつくる』とは？

こういう風に説明すると、なぜこんなものを一般理論と信じたのか、疑問に思うかもしれない。けれども、そう片づけてしまう前にもう少し考えてほしい。

構造機能主義の歴史的意義

第一に、結論が自明だからといって、論証がたやすいわけではない。むしろ結論が自明に思えるのは、論証できたからだ。論証にはつねにそういうところがある。結論がでれば自明に感じられる。でなければ、論証のどこかが不十分である。

だから、結論が自明に思えるからといって、論証する作業が簡単なわけではない。数学の証明問題に取り組んだ人なら、誰でも経験があるだろう。

第二に、ここまできれいに破綻が示せるのは、構造機能主義が論理的に構築されたからでもある。構造機能主義者たちは公理論をめざした。「社会」や「構造」や「機能」といった基本的な概念にできるだけ明示的に定義をあたえて、体系的に構築しようとした。だからこそ、矛盾が生じるとか、冗長であるとか判定できたのだ。

序章で述べたように、社会学の「理論」の多くはそもそもそんな性質をもたない。明確な論理構成をもたないがゆえに、「成立しない」と判定すらできない。きつい言い方をすれば、生きている人間なら死んだかどうかを判定できるが、幽霊が死んだかどうかの判定は誰にもできない。それと同じだ。

だから、もし理論的な研究や分析をしたいのであれば、現段階では、構造機能主義をきちんと学ぶ必要がある。どのように発想され、どんな理論が構築され、どこに問題があったか。その一連の過程を自分自身で追うことで、理論的に考える経験と能力が身につく。そのための題材としては、〈今の社会学〉には、構造機能主義以上に適したものはない。その意味では、パーソンズや構造機能主義が忘れられているのは、やはり不幸なことだと言わざるをえない。

特定の状況下では「成立しない」と明確に判定できること、すなわち理論そのものに対する反証可能性があることは、理論がみたすべき最低条件である（序章第3節）。一般理論としてその水準までなんとかもっていった。そのことだけでもパーソンズと構造機能主義は偉大だったと私は思う。

社会学では多くの場合、数学のような記述言語が使えないので、論理的に検証できる範囲も限られたものになるが、やはり序章で述べたように、並行した理論構築作業やデータとの適合性の程度といった形で、反証可能性そのものは用意できる。だから、それこそ近似的な判定基準として、それを欠くものは理論ではない（第7章第4節参照）。

第三に、機能要件と同じ論理を使う「理論」は少なくない。ある抽象的な目的を実現するように社会は動く、という説明様式は、社会学の内でも外でも広く使われている。機能要件論の失敗は、AGILにかぎらず、こうした目的論的説明がほとんど成り立たないことを示す。

一見縁遠そうな事例を一つだけあげておこう。構造主義的マルクス主義のL・アルチュセールは単純な経済決定論をしりぞけて、政治や科学などの相対的な自律性を主張した。そういう自律性をもつ領域が「審級」であり、それらの審級による「構造的因果性」によって社会の形態がきまると考えた。これも論理的にはAGIL仮説と同じことになる。構造因果性や審級の自律性の内実をつきつめていけば、システム論と同じ困難につきあたる。

学説史的な補足をいうと、機能要件論の破綻を論証したのは、先の「Parsons の構造—機能分析」である。この論文は残念ながら日本語圏以外ではほとんど知られていないが、英語圏でもC・ヘンペルやE・ネーゲルらの批判をうけて、一九六〇年代には「構造機能主義には大きな欠陥があるようだ」と考えられていた（Sato 2011）。

それゆえ、次の第7章でとりあげるマートンも、第8章のルーマンも、要件性を外す形で機能主義を再構成しようとした。機能を社会の維持や変動の必要条件ではなく、通常の因果関係と同じものとした上で、その発見的な意義を活かそうとしたのである。

第二の失敗の方に移ろう。パーソンズの構造機能主義はそもそも近似なのだろうか。ここにはパーソンズの社会学をこえて、社会学全体に関わる問題が潜んでいる。だから、少しくわしく説明する。

近似の妥当性

構造と機能の定義に戻ると、本来知りたいのは相互行為の全体の挙動であった（第6章第2節）。これを直接知ることができないから、パーソンズは機能要件で近似しようとした。相互行為のうち恒常的な形態（＝構造）をとるものが、一定の機能要件をみたすかみたさないかに応じて、全体が特定の動き方をする。恒常的な形態が変化するか、全体が成立しなくなる、と考えたわけだ。

しかし、相互行為のうち恒常的な形態をとるものも、相互行為の全体にふくまれるはずだ。むしろ、その主要な部分だといっていい。だとすれば、構造が特定できた段階で、相互行為の全体の挙動もかなりわかったことにならないだろうか。

構　造：{相互行為1，相互行為2，相互行為3，……，相互行為m}

↕ **関係＝機能**

全　体：{相互行為1，相互行為2，相互行為3，……，相互行為m，相互行為m＋1，……，相互行為n}

図6-2　構造と全体の対応

もっと理論内在的に言い換えると、次のようになる。構造機能主義の説明様式は「相互行為の全体のかなりの部分が、一定の条件をみたさないと、相互行為の全体がこうなる／ああなる」と述べている。図式的に書くと、図6-2のような感じだ。

数式風に表現すれば、（相互行為1、相互行為2、相互行為3、……、相互行為m、相互行為m+1、……、相互行為n）＝f（相互行為1、相互行為2、相互行為3、……、相互行為m）みたいなものだ。つまり、機能要件は構造＝{相互行為1、相互行為2、相互行為3、……、相互行為m}の自分自身への作用を含んでいる。

構造と全体の間に時間差がある場合には、こういうあり方も考えられる。例えば、セル・オートマトンのように「t時点の構造が一定の規則の下でt＋1時点の全体を決める」しくみも考えられるが、こうした場合、社会学的な意味で「構造」にあたるのは「一定の規則」の方だ。また、パーソンズはこういう形では考えていなかった。一般均衡論のように、全ての相互行為は同時に成立するとしている。

だとすれば、機能要件は、相互行為1～mの自分自身への同時作用というとても奇妙なものになる。そんなものはなくて、たんに{相互行為1、相互行為2、相互行為3、……、相互行為m}あるいは{相互行為1、相互行為2、相互行為3、……、相互行為m、相互行為m＋1、……、相互行為n〉があるだけではないか。

ならば、これらの相互行為がどのように成立するかは、例えば経済学の一般均衡論のような形で解明すべきである。そうすれば、相互行為群の同時的自己作用のような、論理的にあやしげな議論もせずにすむ。恒松・橋爪・志田は、パーソンズは一般均衡論にさらにいくつか概念を付け加えたが、それは余計なものだった、と述べている。

言い換えると、パーソンズの構造機能主義というのは、実際には近似モデルではなく、むしろ相互行為群に別の水準の何かを新たにくっつけている。わかりやすくいえば、彼は二つの全体をもちこんでいるのではないか。一つは相互行為の集まりそれ自体である。もう一つはその結果として生み出される独自の何かである。[6]

システムと社会の二重定義

実際、パーソンズの「社会システム（social system）」概念には、この二つの全体にあたるものがはっきり出てくる。

システムという語はさまざまな意味に使われるが、大まかにいえば、要素―全体関係の形で記述できる何かをさす。構造機能主義の定式化では、相互行為の集まりが社会にあたるので、社会は相互行為を要素とするシステムといえる。構造や機能の定義で語られるのは、こちらの「社会システム」である（第6章第2節）。

この場合、システムとは相互行為の集まりでしかない。物理学の力学系は実際そういうもので、質点間の相互作用をさす。ところが、パーソンズの『社会システム』には、もう一つ別のシステム概念も出てくる。それは「境界維持システム（border-maintain system）」と呼ばれ、自らの境界を維持するように動くとされる(7)。

相互作用の集まりとしてのシステムは、境界維持システムではない。相互作用の集まりでは、境界は相互作用の範囲以上のものではないからだ。それをシステムが維持するというのは、わかりやすくいえば、集合がその範囲を維持するように動くというのにひとしい。相互作用の一般的な定義では、そういうことはありえない。それゆえ、相互作用の集まりがあたかも境界を維持するかのように動くしくみが積極的に示されないかぎり、二つのシステム概念は別のものだと考えざるをえない。

こうした全体の二重定義は構造機能主義だけの問題ではない。社会学のあちこちに出てくる。例えば、物理学の力学系をモデルとした「社会」と有機体に類比された「社会」をくっつける発想は、一九世紀社会学のコントやスペンサーまで遡る。

『社会が社会をつくる』といった場合も、そこが直ちに問題になる。

ウェーバーのように考えた場合、これは、ある社会事象A（例えば宗教倫理）が別の社会事象B（近代資本主義）をつくり出したという、因果関係をさす。この場合、「社会が」＝Aと「社会を」＝Bは最初からちがうものだ。そういう因果関係がありうることは自明だから、具体的に見出された関係が意外かつ重要なものかどうかが鍵となる（第5章第3節）。相互行為の集まりという考え方も、同じ水準にある複数の変数間の因果関係なので、こちらになる（パーソンズの場合は、同時的な影響関係が想定されているが）。

それに対して、境界維持システムのように考えた場合には、社会を維持する機構＝Aがあって、それによって社会＝Ｂが維持されている。社会を維持する機構も社会だから、社会が自分で自分をつくっていることになる。そういう自己組織系として、『社会が社会をつくる』ことになる。もちろん、この場合にはＡがＢに本当に含まれうるのかどうか、そんな因果関係がそもそも成立するかどうかが問題になる。

これは現代社会学の最前線の主題でもあるので、第Ⅱ部であらためて述べるが（第10章参照）、その手前にも実は重要な問題がある。社会学では、この二つの『社会が社会をつくる』のちがいが曖昧にされやすい。社会は人間あるいは行為の集まりなのか、それとも独自の自己組織的な何かなのか。もっと簡単にいえば、社会は主語にならないものなのか、それとも主語になるのか。そこが曖昧にされやすいのだ。

社会学を学び始めるときには、多くの人がここにひっかかるが、専門的な研究者になっていくなかで、次第に忘れていく。これにはっきり距離をおいていたのは、「社会とは何か」の問いを明確に回避したウェーバーくらいだろう（Aron 1967＝1984：268-270）(8)。ジンメルは、形式と形式がうみだす特性を同じものだとしない、という消極的な形で対処した。パーソンズの場合は、二つを積極的に混同する形でシステム論を展開した。

いうまでもなく、この二重定義はくり返し批判されてきたが、だからといって解消されることはなかった。くり返し批判されてきたという事実が、何よりの証拠である。

つまり、この二重定義の曖昧さやあやうさは社会学でも反省されているが、その反省が二重定義を解消するわけではない。むしろ反省することで、批判が無害化される。近似によって飛躍を密輸入するだけでなく、「近似にすぎない」とすることで、飛躍への批判を弱毒化し、飛躍を実質的に正当化する。特に日本語は主語の特定性が緩いので、そうなりやすい。

ここには社会学の根元にある危うさが顔を覗かせている。社会学は自己自身が関わる事象を正面からあつかう（第1章、第9章参照）。その分、他の社会科学に比べて、自分自身への反省も容易にできる。それだけではない。その反省を通じて、本当に致命的な衝撃を無害化してしまうのだ。それは社会学の自由さであると同時に、不自由さでもある。構造機能主義がさんざん批判された後で、それと同種の「理論」が提案されるというのも、その一つの姿だ。

二重定義だとただ指摘しても何も変わらない。変えたければ、二重定義に頼らずに、社会学に固有に語れることは何かを、具体的に示さなければならない。ウェーバーが距離をおけたのもそれができたからだが、その方法としては重要な道標を残しただけで、まとめて定式化することはしなかった。機能主義を再定義することで、それを成し遂げたのはマートンである。

4　理論社会学という視座

社会システム論の導入

そこまで考えていくと、パーソンズの社会学とは一体何だったのかが、もう少し見えてくる。構造機能主義や社会システムという術語で、彼は何か新しい説明様式やとらえ方を示したわけではない。従来の社会学が明示的に、あるいは暗黙に使ってきた説明様式を集大成し、抽象的な形で定式化したのである。まさに、系譜の編纂だ（第6章第1節）。

その編纂は失敗であった。いや正確にいえば、彼の編纂を通じて、社会学のやってきた失敗が露わになった。けれども、その作業を通じて、パーソンズは社会学に新しい可能性を開いた。それは「理論社会学」という視座である。

パーソンズは、特定の出来事（例えば自殺、第3章参照）や制度（例えば近代的な資本主義経営、第5章参照）ではなく、社会そのものを理論的に考察しようとした。自殺に関する理論（モデル）も資本主義に関する理論（モデル）もあるが、それは理論社会学ではない。理論社会学の名の下で、彼は社会そのもののしくみの解明をめざした。

パーソンズ自身は理論社会学を、公理論の形をとった一般理論として構想した。この名称自体、理論経済学や理論物理学からの類比である。つまり、彼にとっては、理論経済学や理論物理学が経済学や物理学の基礎理論になっているように、構造機能主義は社会学の基礎理論をあたえるものであった。いわば、構造機能主義＝一般理論＝理論社会学という図式だ。ところが、構造機能主義は一般理論として成功しなかった。にもかかわらず、理論社会学という視座は残った。

コントやスペンサーらの一九世紀社会学でも、「軍事的社会」や「産業社会」みたいな形で、社会全体の特性が描かれる。けれども、これらは特定の制度を社会全体にそのまま拡大適応した議論でしかない。それに対して、パーソンズは社会を成立させるしくみを、「相互行為―構造―機能」という論理的構築の形で描いた。社会の基本単位を相互行為とし、相互行為の集まりを「社会システム」と名づけた。そして、その全体の挙動を構造と機能で近似できるとした。

つまり、パーソンズは、（1）社会そのものの成り立ちは社会システムの形で定式化できる、（2）社会システムの最も良い理論が構造機能主義である、と主張した。現在では（２）は否定されているが、（１）が否定されたわけではない。要素として相互作用を考え、全体として構造と機能を考えるという構造機能主義の見方が否定されても、社会のしくみを要素―全体関係の論理的構築の形で記述できるのではないか、という発想自体は残った。それがパーソンズ以降の、社会システム論になっていく。

パーソンズ以後の理論社会学

では、理論社会学とは何か。これには二つの答え方ができる。

一つの答えは、これを公理論的な一般理論の試みだとすることだ。この可能性ももちろん否定されたわけではない。構造機能主義は失敗したが、公理論的な一般理論が一般に成り立たないことが証明されたわけではない。構造機能主義＃一般理論だからといって、理論社会学＃一般理論だとはかぎらない。

けれども、彼の機能要件論やシステム概念が従来の社会学の集大成であることを考えると、もう一つの答えが出てくる。理論社会学とは、社会学が明示的にあるいは暗黙にとってきた説明や記述の様式を抽象化することで、反省する営みではないだろうか。つまり、社会学自身の自己反省の営みだ。

事実、社会システム論はパーソンズの後、ルーマンの意味システム論へと引き継がれる。この理論も今なお未解決の問題をかかえており、決して十分に見通しがよいとはいえない。けれども、ルーマンのシステム論は、少なくとも一つの点で、パーソンズのとはちがう。社会学者もまた社会の内部にいる以上、物理学のような形での理論はありえない。社会の外に立って、社会を対象化するものではない、とする。

だとすれば、社会そのものを考えるとは何か。社会そのもののしくみを問いつづけることで、私たちは何を考えているのか。むしろそちらの方が大きな焦点になる。たんに従来の記述や説明の枠組みを反省するだけではなく、その反省をふまえた上で、これらの問い―答えをふくみ込んで社会そのもののしくみを考えることが、理論社会学の課題として浮上してくる。現代の社会学は、そういう形で『常識をうまく手放す』と『社会が社会をつくる』を組み合わせようとしている。

『社会が社会をつくる』理論があれば『常識をうまく手放す』技法は要らないわけではない。二つの技はたんに組み合わせて使われるだけではなく、二つが組み合わさって一つの技になる。社会学が自分自身に関わる事象を考える学だとすれば、その方が自然なあり方だろう。

この辺りも現代社会学の最前線になるので、第9章以降であらためて解説するが、本当に興味があれば、関連する著作や論文を自分でも探して読んでほしい。私は私自身の考えを解説できるが、それがどこまで妥当かを正確に見積もることはできないからだ。自分自身に関わるという点からも、そう言わざるをえない。

関連する論点を一つだけ述べておくと、これはなぜパーソンズが失敗したかにも通じる。社会を描く営み自体が社会の内部にあるとしたら、社会そのものは通常の社会科学の対象と同じようには描けない。パーソンズはそこを取り違えたのではないか。その結果、具体的な制度をそのまま延長する形で、社会そのものを描くことになった。それによって、構造機能主義は最終的には、コントやスペンサーの社会学と似通ったものになった。

くり返すが、彼の試みは失敗だった。けれども、パーソンズが社会の論理的構築という形で考えたことで、その失敗にもかかわらず、いやむしろその失敗を出発点にして、社会を考えることや、社会を考えることを考えることを、開かれた問いとして、継続的に考え直すことができるようになった。例えば、パーソンズのような一般理論としてではなく、あるいはウェーバーのように個別の事例に限定するのでもなく、その間の、いわば「中範囲の理論」として（第７章第４節参照）、『社会が社会をつくる』を定式化することも可能になった。理論社会学という水準を開くことで、結果的に、パーソンズはそうした地平を、すなわち複数性の条件を用意したのだ（第12章参照）。

その意味で、パーソンズはたしかに「偉大な社会学者」の一人である。

プロテスタンティズムの倫理と社会学の論理

そこから見えてくることはいくつかあるが、パーソンズの社会学と特に深く関わるものが一つある。それは、限定された知がはらむ独自の力学である。簡単にいえば、どんな落とし穴にはまりやすいか、といってもよい。

限定された知は完全な真実には決して到達できない。その意味で、つねに近似であるが、近似であることのなかには、いろいろな飛躍が密輸入されやすい。構造機能主義でもそうなっていたが、こうした飛躍は独特な解除しがたさをもつ。全くの真理だと信じられているからではなく、むしろ近似だと表向きはわかっているからこそ、解除されにくいのである。

このしくみ、見覚えがないだろうか？　そう、あのプロテスタンティズムの聖化と義認の教理とそっくりだ（第５章第３節）。

聖化と義認の教理において、生活態度の規律は救済資格の十分条件ではない。あくまでも救済の必要条件にすぎない。言い換えると、規律正しい生活態度は宗教的な正しさ（＝救済資格）そのものではない。正しさを近似的に知る手段にすぎないが、だからこそ、プロテスタントは誰が本当に正しいかを知る術をもたない人間として、規律正しさという不十分な正しさにしがみつかなければならなかった。

さらにいえば、この教理を彼ら彼女らは頭から信じ込んでいたわけでもない。「プロテスタンティズムの倫理と資本主義の精神」だけ読むと、カルヴァン派はこの教理をひたすら信じたように見えるかもしれないが、ニュー・イングランドの会衆派でも、救済準備説が無条件で信じられていたわけではない。ジョン・コトンは否定的だったし、ジョナサン・エドワーズの信仰も救済準備説からは少し離れていた。

必要条件の形にせよ、神の救済の意志を知りうるという教理は、部分的にせよ、神の超越性を否定する。その点でいえば、教皇を神の代理人とするカトリックと等価なものだ。人間が神の意志を知り、代行者になれる抜け穴を用意する。一神教の歴史の薄い西地中海世界やヨーロッパに広まるなかで、キリスト教はそういう方向に展開した。

そこに西欧キリスト教の特徴があるわけだが（第5章注（6））、それが超越的な絶対神の観念から外れる以上、抜け穴への反省は必ず生じる。プロテスタンティズムの信者たちもそうだった。彼女ら彼らは、規律正しさを不十分な正しさだとわかっていただけではない。教理自体の疑わしさにも気づいていたはずだ。にもかかわらず、その飛躍を受け入れた。それなしに神の意志を知りえなかったからだ。

パーソンズの機能要件論やシステムの二重定義にも、同じことがいえる。人が神の救済の意志を知りえないように、限定された知しかもたない社会学者は、本当の社会である相互作用の全体の挙動を直接知ることができない。その不可知性が、機能要件や境界維持システムの議論にひそむ飛躍を受け入れさせる。

その点でいえば、パーソンズは『常識をうまく手放す』と『社会が社会をつくる』の天秤をただ逆転させただけではない。『常識をうまく手放す』の根底にある限定された知というあり方を、『社会が社会をつくる』といえる根拠に使った。そういう形で両者を組み合わせようとした。パーソンズから理論社会学が始まるもう一つの理由はそこにある。

しかし、彼自身の出した答えは、最終的には『常識をうまく手放す』から外れることになった。限定された知である由縁《ゆえん》を神の全知との落差に求め、それをうめるただ一つの正解があるとした。その点でも、構造機能主義は聖化と義認の教理の社会学版になっている。最初に述べたように、この教理を最も推し進めたのは、ニュー・イングランドの会衆派であった。タルコット・パーソンズはその会衆派の牧師を送り出してきた家系に生まれた。社会学を知る以前から、その教えは彼の血肉となっていたはずだ。

その教えを、彼にとって最も根底的な「常識」を、彼は結局、手放せなかった。父エドワード・スミスが英文学の大学教員でありかつ牧師であったように、タルコットもまた社会学者であるとともに、会衆派の教理の実践者だったのではないか(9)。彼の社会秩序への関心が一九世紀後半の社会福音運動の延長上にあったように（高城 1992：23）、彼の社会学は最も根底的なところで、プロテスタンティズムにつながっていた。

そこにパーソンズの栄光と挫折がある。それは程度の差こそあれ、現代の社会学にもあてはまる。実際、この章で述べたように、またこれからの章でみていくように、現代の社会学はさまざまな意味で、パーソンズが開いた地平の上にある。彼の失敗を引き継ぐことから、現代の社会学は始まるのである。

注

(1) ムーアは「ハーヴァード・サークル」という名で、パーソンズ、デイヴィス、マートン、レヴィ、そして彼自身をあげている（Moore 1978 = 1986)。スメルサーは彼らより一〇歳以上若い。

(2) ニュー・イングランドの宗教や社会に関する専門的な解説としては、増井（2006）をあげておく。主な研究文献もこちらを参照してほしい。

(3) タルコットの個人史や家族史については、チャールズの紹介のほか、高城和義『パーソンズとアメリカ知識社会』(1992）が参考になる。当時のアムハースト大学やハーヴァード大学の状況、他の社会学者・社会科学者との関わりにも丁寧に目配りされている。アメリカ社会学史を知る上でもお奨めの本だ。

ただし、パーソンズ側の資料にもとづき、かつ彼の価値観に寄り添っている点には十分に注意する必要がある。だからこそ、パーソンズの内在的な理解としてはすぐれているわけだが、他の社会学者や歴史的事実への評価では疑問が多い。例えば、ピューリタニズムを歴史的個体として実体化しているのは、ウェーバーではなく、むしろパーソンズや高城の方だろう（高城 1986：29-31 参照)。

パーソンズの採った「分析的実念論《リアリズム》」は特定の構造的な見えなさを想定しない。それゆえ、必ずどこかで無反省な実体化を呼び込む（注（4）参照)。その落差に自覚的でないかぎり、パーソンズのウェーバー解釈がなぜ強烈な反発と不信を引き起こすのかは理解できないのではないか。第5章第3節参照。

(4) ただしウェーバーの場合、記述の基底的な水準だからといって、必ずしも社会の基本要素とはいえない。社会の基本要素は本当はどんなものであっても、社会学では社会的行為の形でしか観察されない、といえるからだ。

パーソンズの場合、基底的な水準と基本要素と同じものになる。正確にいえば、彼の立場でも、そういう基本要素が「あると考える」とはいえるが、それが本当に「ある」かどうかはいえないとされている。「分析的リアリズム」と呼ばれる立場だが、そこでは「～と考える」内容を具体的に限定するものは想定されていない。この点で、ウェーバーやジンメルと決定的にことなる。

そのため、「ある」と「あると考える」の間には具体的な差がなくなり、観察者の視点の特定性や構造的な見えなさは実質的に消去される。パーソンズは分析的実念論《リアリズム》を「カント的」だと考えていたが、むしろスコラ哲学の実念論に近い。第8章第3節参照。

(5) こうした考え方にもとづき、レヴィらは機能要件として7または8つの条件を提示したが、これらは社会の成立と同義反復になる可能性があり、また、相互行為の恒常的な形態とも重なる。つまり、これらは機能ではなく構造であり、マートンの機能主義における「構造的制約 (structural constraint)」に近い。なお、ルーマンは『社会の社会』では、レヴィらの機能要件論をパーソンズと同種のものとしてあつかっている(1997＝2009：4章原注298)。

(6) 数学でも、〝function〟は「関係」と「関係が生み出すもの」という二重の意味で使われる。ライプニッツは微分法の説明を洗練させていくなかで、独立変数Xからつくられる変数Yだけでなく、XとYの関係を微分して得られる導関数の一次項の係数、現在の言い方では「接線の傾き」も、値xによる作用、つまり働きの一つだと考えた。ライプニッツは関係を〝relatio〟、「接線の傾き」などの作用を〝functio〟と呼んで区別したが、B・オイラーは関係そのものも〝function〟としてあつかった。山下(1980)参照。

(7) 境界維持システムでは機能要件もある程度特定できるが(Parsons 1951＝1974：477-478)、単一機能仮説と同じことになる（第6章第2節）。

（8）　レヴィの社会の定義も、実質的には二つの全体をくっつけたものになっている（第8章第4節参照）。その点でいえば、パーソンズの二重定義を引き継いでいるが、レヴィの場合、論理の混線に気づいていたらしく、社会の定義にとても苦労している。

（9）　パーソンズの家系は、当時のボストン都市社会の上層「ボストン婆羅門《ブラーミン》」に比べると、経済的にはゆたかではないが、思想的・文化的にはより正統的であった。タルコットにもこれはあてはまる。第7章注（4）参照。

ただし、タルコットの世代で会衆派とのつながりは次第に薄らぎ、チャールズの世代ではWASPとの結びつきも弱まっていく。タルコットの結婚相手の出身家庭は監督派で、姪のジョーンが中国系の男性と結婚するときにも、タルコットは大きな援けになったらしい。チャールズはそこに「ハーヴァードにおけるボストンの上層の影響力への不信」（2004：17）を見ているが、ボストン婆羅門の多くは一九世紀には、監督派やユニテリアンなどのよりリベラルな宗派に転じていた。ユダヤ系やアジア系との通婚も一九五〇年代には始まる（渡辺　2004）。タルコットのふるまいはむしろその後追いになっている。

したがって、タルコット以降の家族の歴史は、会衆派の伝統を守って、ニュー・イングランドから地理的にも文化的にも離れた保守的中流層になりつつあった家系が、ボストンの都市上層に戻っていったと考えた方がよい。チャールズもハーヴァード大学の数理哲学の教授である。タルコット・パーソンズには、いろいろな意味で、「自覚なき保守派」という表現がよく似あう。

第7章　マートンの視点と手法
——当事者と観察者の間で——

南フィラデルフィアの貧困地区で育ったロバート・マートンは、社会学の達人だった。マートンとパーソンズはともに「機能主義者」といわれるが、その思考は対照的である。マートンは既存の手法や理論を注意ぶかく再検討し、独自な視点を加えることで、『常識をうまく手放す』有力な手法を編み出していった。この章では、現代の社会学の隠れた共有資産となっている彼の方法と視点を、その前半生と重ねながら解説していく。

多岐にわたる彼の仕事のなかで、特に重要な成果は三つある。第一に、パーソンズらの構造機能主義にふくまれる暗黙の公理を取り出すことで、機能を因果の分析に差し戻した。第二に、ウェーバーの方法を機能的等価と顕在的／潜在的機能の概念で理論化することで、意外で重要な関連性の探索を方法論として確立した。第三に、デュルケームの社会的事実を、予言の自己成就というモデルを使って書き換えた。

これらは従来の社会学の思考を洗練させただけでなく、第Ⅱ部であつかう現代の研究の最前線につながっていく。社会学の展開のなかでも要めとなる仕事である。

1　海を越え街を超え

二つの名前

「ロバート・マートン」という名をもつ、有名な社会科学者は二人いる。

一人は社会学者のロバート・K・マートン、つまりこの章でとりあげるマートンその人である。もう一人は彼の息子、ハーヴァード大学の教授でノーベル経済学賞受賞者のロバート・C・マートンだ。授賞理由は、金融工学で有名なブラック―ショールズ式への貢献である。

けれども、本当は、ロバート・マートンは一人しかいないのかもしれない。社会学者のロバート・K・マートンは一九一〇年の七月四日、合衆国の独立記念日に生まれたが、そのときは「ロバート・マートン」ではなかったからだ[1]。Meyer R. Schkolnick、カタカナで書けば「マイヤー・R・シュコルニク」だろうか。両親は東ヨーロッパからの移民、育ったのは南フィラデルフィアの貧困地区である。

彼が生まれたとき、父親は小さな食料品店を手に入れたばかりだった。二階の住居は六部屋あったそうだから、それなりに余裕のある生活だったようだ。ところが数年後、店が火災で焼けてしまう。父は海軍基地の大工見習いに転職したが、その職も彼が一四歳のときに失う。そのたびに住居もかわり、少年時代は経済的には恵まれなかった。彼の自伝的文章のなかでも、父親の姿は戸惑うくらい薄い。

「マートン（Merton）」という、英語風の姓《ファミリー・ネーム》は彼の芸名から来ている。社会学の手つきだけでなく、本物の指先も器用だったらしく、父の二度目の失業後の転居先で知り合った青年に手品をならい、手品師としてお金を稼ぐようになる。最初につけた芸名は「ロバート・マーリン（Robert Merlin）」。「ロバート」は有名な手品師だったロベール＝ウーダンから、「マーリン」はもちろんアーサー王伝説に出てくる魔術師マーリンからとったものだ。その「マーリン」をさらに「マートン」に変えて、「ロバート・マートン」ができあがる。

舞台での名を本名にした理由は、彼がユダヤ系だったからだろう。エミール・デュルケームと同じアシュケナジ（東方系）だが、シュコルニクの場合、「ドイツ系」というより「東欧系」といった方がよい。両親の出身地は明かされていないが、現在のベラルーシ西部やウクライナ中部あたりではなかろうか。(2)

図7-1　ニューヨークのユダヤ系居住区（1890年ごろ）

出典：北（2009：14）より。

当時のロシア帝国からは、人口増や迫害、貧困などによって、多数のユダヤ系の人々がアメリカ合衆国へ渡った。その総数は約二〇〇万人と推計されている。残った人々の多くがナチスの絶滅政策の犠牲になったことを考えると、それはまさに生死を分けた移住であった。

当時のアメリカの俳優や芸術家には東欧系ユダヤ系の人が多かったが、ほとんどが英語風の名を名乗っていた。例えば俳優のカーク・ダグラス（マイケル・ダグラスの父親、一九一六年〜）も、ベラルーシ出身の東欧系ユダヤ移民の子どもだ。少年時代から多くの職業を転々として、やがて俳優の途に入る。本名はイーズル・ダニエロヴィッチだ。

ロバート・マートンの少年時代も似たような境遇だったが、彼は文学や古典音楽好きだった。図書館や美術館に熱心に通い、コンサートホールにも安い席を買って出入りしていた。そのなかで、大学に進学したいと強く思うようになったのだろう。南フィラデルフィア高校を卒業後、奨学金をえて、一九二七年にテンプル大学に入る。学生時代にはタロット占いで生活費の一部を稼ぎ、夏休みにはサーカスの巡業にも加わったこともある。予言の自己成就的な出来事を目の当たりにしたことも、何度かあったにちがいない（第7章第4節参照）。そんな若き日の彼を想像すると、少し楽しくなる。

テンプル大学で、マートンはジョージ・シンプスンという新進の社会学者に出会う。そこから社会学者への途を歩み出すが、彼の前には貧しさ以外にもう一つ、大きな障害が立ちふさがっていた。第二次世界大戦前まで、アメリカのほとんどの有力大学は、ユダヤ系の学部生の入学をさまざまな手段で制限していた。いわゆる「ユダヤ人枠」である。例えば、有名な物理学者であるリチャード・ファインマンも、ユダヤ人枠のために、コロンビア大学から入学を断られた。

ユダヤ人枠はたんなる入学制限ではない。伝統と格式のある大学にとってユダヤ系は望ましくない存在、歓迎されない存在だ、という運営者側の姿勢の表れでもあった。例えばハーヴァード大学では、一九二五年に、学部の新入生にユダヤ系の占める比率が二五％を超えたが、その翌年から入学制限が導入され、三〇年代終わりまで一〇〜一五％に抑えられた（北 2009）。

ハーヴァードが特に差別的だったわけではない。他の有名大学に先駆けて、キリスト教の礼拝強制などを廃止したため、ユダヤ系の学生が集まった。一九二五年の数値はその結果でもある。その後、他の有名大学並みに制限していくが、比率の値よりも、使われた手段の方が重要かもしれない。

ユダヤ系の学生比率は、公表された人数枠や礼拝強制といった「外形」によって、制限されたものではない。コロンビア大学でもハーヴァード大学でも、入学志望者の人格や精神面の評価という「内面」の評価を通じて排除された。

「外形」ではなく「内面」を――まさにウェーバーが指摘しパーソンズが強調した意味で、ユダヤ人枠は「ピューリタン」的であった（Weber 1920c = 1971）。一九三〇年代にパーソンズが教員を務めていたのは、そういう大学だった。

ユダヤ系学生と名門大学

そうした背景をふまえてみれば、「ロバート・マートン」という名前の意味は変わってくる。そもそも芸名を正式の名前にする必要はない。カーク・ダグラスも法的にはずっとイーズル・ダニエロヴィッチだった。マートンは改名した時期を明確に述べておらず、一九三〇年前後としかわからないが（1994：348）、彼がテンプル大学を卒業してハーヴァードの大学院に進んだのは、一九三一年である。

そこでパーソンズに出会うわけだが、マートンを大学院に受け入れたのはパーソンズではなく、ピリティム・ソローキンだ。ソローキンはボリシェヴィキ革命でロシアを追われ、ハーヴァード大学に迎えられた。パーソンズとは犬猿の仲で、社会関係学部の初代主任教授だったソローキンがパーソンズの昇進に頑強に反対したことはよく知られている。彼自身も述べているように、マートンは学問的にはソローキンよりもパーソンズにはるかに近かったが、おそらくもう三つ指摘しておいた方がよいだろう。

第一に、当時のハーヴァード大学はユダヤ系の学生だけでなく、教員も歓迎しなかった。例えば、P・サミュエルソンはハーヴァードで経済学の博士号をとる前年、一九四〇年にMIT（マサチューセッツ工科大学）で助教授（assistant professor）に就いている。ちなみに、サミュエルソンはその数十年後、MITの教授としてロバート・C・マートンの指導教員になる。

第二に、大学全体からみれば、ソローキンよりもパーソンズの方が圧倒的に主流派だった。[3] ユダヤ人枠を導入した当時の学長A・ローウェルも、ボストンの上層階級「ボストン婆羅門《ブラーミン》」の名家の出身だ。第6章で述べたように、会衆派の牧師を出してきたパーソンズの家系はボストン婆羅門からも遠くない。[4]

それに対して、ソローキンは明らかに「よそ者」だった。

第三に、その「よそ者」という立場を、ソローキンとマートンは共有していた。マートンはテンプル大学時代にソローキンと知り合い、自分をハーヴァードに導いたのは「大学ではなく、ソローキンだった」と述べている（同：350）。

要するに、マートンはパーソンズとソローキンの両方とうまくやりたいという利害をもち、うまくやれる素地をもち、そして実際にうまくやっていたらしい。ソローキンの研究補佐と教務補佐を務める一方で、パーソンズの共同研究者的な位置にもあった[5]。一九三六年に博士号をとり、ソローキンとパーソンズの計らいで非常勤講師になれたが、結局、昇進の途を絶たれる形でハーヴァードを去る（同：353-354）[6]。ハーヴァードの研究環境は素晴らしいものだったが、大学そのものには最後まで馴染めなかったようだ。同い年のＧ・Ｃ・ホマンズへの厚遇との落差も、心に翳を落としていたかもしれない。

その後、ニューオーリンズのテューレーン大学を経て、一九四一年にコロンビア大学に移る。ファインマンの入学を拒んだように、ここもユダヤ系を歓迎しない大学だったが、すでに第二次世界大戦が始まり、名門大学を取り巻く状況も大きく変わりつつあった。ユダヤ人枠への批判も強まり、次第に撤廃されていく[7]。その後のマートンの活躍ぶりはよく知られているが、彼の築いた「コロンビア学派」はＰ・ラザーズフェルドやＰ・ブラウなど、ヨーロッパの知識階級の出身で、ユダヤ系の人々を中心にしていた（矢澤 1996）。そのことは憶えておいた方がよいだろう[8]。

一つだけ暗合めいた話をすれば、彼が最初に選んだ舞台名「マーリン」は、アーサー王伝説に登場するあの魔術師から来ている。魔術師マーリンは父親をもたない子どもだった。彼の名を芸名に選んだとき、少年の心にあったのはたぶん茶目っけと少しばかりの覇気だっただろうが、その名は彼の将来を見事に予言していた。父をもたない人間になることを。そして、王者パーソンズの傍らで歩んでいく道と、その行く末までも。

あちら側とこちら側

マートンの人生を追っていくと、多くの社会学者にない特異性がうかびあがる。経験の幅が圧倒的に広いのだ。社会学者がとりあげる事象の多くを、マートンは自らの人生のなかで経験している。この本でとりあげる六人の社会学者のなかで、彼はただ一人、ライン川流域と関わりをもたないが、境界と交通の現実をおそらく最もよく知る人であった。

社会階層と移動。貧困地区での犯罪や統制。差別。さらには、アイデンティティ（自己同一性）の喪失。のちにE・ゴッフマンがとりあげた「レイベリング」や「パッシング」も、自分自身で経験したはずだ。少年時代から自分の生活費を稼いでいた点では、労働者でもあった。それだけに、多くの社会学者のふりかざす「説明」や「理論」は、いつもどこか一面的で浅いものに感じられたのではないか。

彼の有名な論文「顕在的機能と潜在的機能」のなかには、二〇世紀前半のアメリカ合衆国の大都市における「ボス組織（political machine）」を分析した一節がある。ボス組織というのは、都市政治によくある保護《パトロン》―服従《クライアント》関係の一種で、当時のアメリカの大都市で特に発達していた。新来の移民たちなど、都市の下層で暮らす人々に、ボス組織は私的な形でさまざまな便宜を図り、恩恵をあたえた。そして、その代償として、選挙のときには自分の推薦する候補者へ投票させていた。そういう集票マシンを政治家に提供することで、ボス組織は都市社会を支配した。

そのしくみをマートンは次のように描いている（1968：129＝1961：68、ただし原文から直接訳した）。

多くの人々にとって、法的な支援をうけることは「自己自身への尊敬」を失うという、あまりにも高価な代償を要求する。彼らと支援施設の人々、その人々はしばしば社会的にも、学歴の面でも、そしてエスニシティの面でもちがった集団からやって来るのだが、彼らとその人々との間には、大きな淵が横たわっている。それとは対照的に、ボス組織の人々は「我々の仲間」であり、こうした事情をよくわかっている。このボス組織の友人たちと比べれば、支援施設で働く、上から目線の

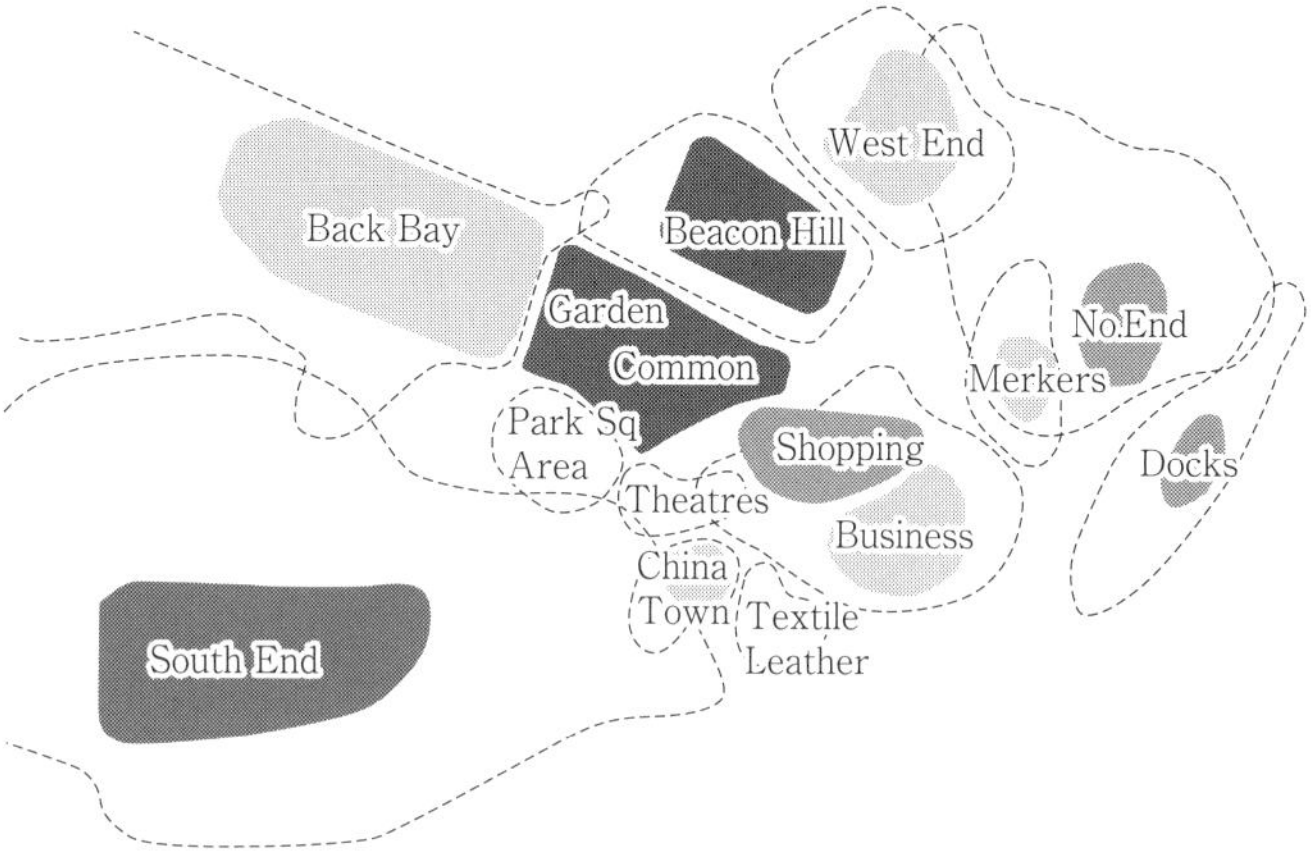

図7-2　ボストンの社会地図

注：Beacon Hill が「ボストン婆羅門」の居住区，東欧系ユダヤ人は20世紀前半には主に West End に住んでいた。文字通り丘の上と下である。
出典：Lynch（1960＝2007：87）より。

(condescending) 淑女たちはほとんど勝負にならない。援助と支えを必要とする人々にそれを提供するという、名目的には同じ機能をはたす社会構造上の選択肢の間の争いにおいて、支援をうける人々とより良く結びつくことができるのは、よそよそしく《インパーソナル》で、職業的で、社会的に遠く、そして法律に縛られている福祉の専門家たちではなく、ボス組織の政治屋たちの方なのだ。

都市下層を搾取するとされる街の「顔役《ボス》」たちこそが、下層の人々が本当に望む形で援助をあたえている――。ここでもまた、常識があざやかに覆されている。

「顕在的機能と潜在的機能」はウェーバーの「プロテスタンティズムの倫理と資本主義の精神」とならぶくらい重要な論文だが、文章はより端正で、美しい。その美しさの一部は、都市下層の人々を語る彼の視線から来るものだろう。蔑むこともへつらうこともない。ずっと等身大で描かれている。

「上から目線の淑女たち」の側にいるのは、慈善事業や公的な支援施設の人々だけではない。高等教育と結びつき、職業資格として高い学歴が要求される社会学者も、もちろんそちら側だ。そして、その多くは生まれたときからそうである。デュルケームもジンメルもウェーバーもパーソンズもそうだったが、マイヤー・シュコルニクはちがっていた。

だからといって、社会学が当事者の認識や了解にしたがうべきだ、ともマートンは考えなかった。当事者を神聖視するには、彼は当事者たちをよく知っていた。彼にとっては、観察者である社会学者も、観察される当事者たちも、それぞれ一面的であった。両者は対照的であるだけではなく、対称的でもある。(9)

その両方の一面性をどのようにうまくつなぎあわせるか。マートンの社会学とは、一言でいえば、そういうものだった。社会学は『常識をうまく手放す』ことだと述べてきたが、その「うまく」の部分にマートンはとても鋭敏だった。

2　機能主義を差し戻す——機能と因果

機能要件論の解体

論文「顕在的機能と潜在的機能」には、そんな彼らしさがよく現れている。これは機能主義という方法をめぐる論考だ。構造機能主義を強く意識しているが、それにかぎらない。「〜のために」とか「〜という働きがあるから」といった説明は、日常的にもよく使われる。その妥当性を考え直したものだ。社会学の方法にとって重要なことがまとめて述べられている論文なので、少しくわしく解説しよう。

マートンはまず、「機能（function）」という語の使われ方から入る。〝function〟はもともと日常的に使われてきた言葉だった。代表的な意味は、公共的な祭典や儀礼、職業、任務、従属変数、そして他に何らかの作用を及ぼす過程の五つであり、社会科学では主に後ろ二つの意味が、曖昧さを残したまま使われてきた――。

英文でも数ページほどの短い出だしだが、手際がよい。function がもともとどんな言葉だったのかがすっとわかる。function の語源はラテン語の functio で、「遂行」「執行」にあたる。英語の〝performance〟に近い言葉だった。祭典や儀礼も「パフォーマンス」だといえば、つながりが見えてくるだろう（第6章注（6））。

それをふまえて、マートンは理論的な概念としての機能の検討に移っていく。社会学と人類学の用例をあげながら、機能主義といわれる立場では、三つのより強い意味が付与されてきたことをうきぼりにする。

第一は一体性、第二は普遍性、第三は不可欠性である。一体性というのは、機能が何らかの全体に対して関わることをさす。普遍性とは、全てのものが何らかの機能をもつことをさす。不可欠性は、その機能がなくてはならないことをさす。機能主義といわれる立場はこの三つの公準のどれかを前提にするが、実はどれも必ず成り立つとはいえない。つまり、これらは本来、自明の前提になるものではなく、成り立つかどうかを経験的に確認すべき仮説にすぎない。そこから出発する必要がある、とマートンはいう。

確認すべき、というのは言い換えれば、そういう因果関係がありうると考えられる、ということだ。パーソンズとマートンは「機能主義者」として一括りにされやすいが、論理構成が全くちがう。マートンにおいて、機能とは因果関係の一つのあり方にすぎない。それが特別な性質をもった場合に、特に「機能」と呼ぼう、と主張したのである。

その背景には、機能と因果をめぐる科学論上の論争がある。社会科学で「機能」という語が広く使われるにつれて、C・ヘンペルやE・ネーゲルといった科学哲学者たちによって、その説明様式が再検討されるようになった。大きな焦点になったのは、機能と因果との関係である。ラドクリフ＝ブラウンやパーソンズの目的論的機能主義では、機能は因果とはちがう独自の説明概念だとされてきた。歴史的にはアリストテレスの目的因と作用因にまで遡る考え方だ（第3章第4節）。

それに対して、ヘンペルやネーゲルは、機能とは因果の特定のあり方ではないか、と批判した。例えば、AによってBが生じているとしても、そこから「BにとってAが不可欠だ」とはいえない。この場合、AはBの十分条件であっても、必要条件ではない。Bを生じさせるA以外の要因は複数存在しうるからだ。目的論的機能主義の説明様式は、十分条件と必要条件を混同しているのではないか。

マートンによる再検討は、こうした批判を全面的に取り込んでいる(10)。三つの公準を仮説とすることで、マートンは機能主義を具体的な因果関係の分析に差し戻した。機能は特別な説明の概念や様式ではなく、因果の経路にすぎない。個々の具体的な事例では一体性や不可欠性がありうるとしても、一般的に成立するとはいえない。

機能を再定義する

その点を明確に認めた上で、マートンは機能という術語の使い方を再定式化しようとした。特にマートンらしいのはこの辺りである。

方法論の検討はしばしば、こういう使い方はダメだ、という否定的な結論で終わるが、それだけではあまり生産的ではない。どうしようもなくダメな方法なら、そもそもとりあげる価値があるかどうかを考え直した方がよい。とりあげるに値する方法ならば、積極的な代替案を出せる方向で考えていくのが望ましい。

マートンはそれを実際にやってみせた。機能を因果関係に差し戻した上で、新たな使い方を提案したのである。

残念ながら、優れたやり方がつねに高い評価を得るわけではない。マートンの場合も、率直にいうと、やや裏目にでた。機能主義の再定式化というスタイルをとったため、彼の社会学は構造機能主義の退潮に巻き込まれた。「機能主義」として一括りにされ、「旧式の方法」「旧弊な理論」というラベルを貼られてしまった。

けれども、だからといって、論文の価値がなくなるわけではない。第６章で述べたように、構造機能主義と同じ考え方は今でも見られる。より広い機能主義であれば、社会科学でこれと関係ない記述や説明をみつける方がむずかしい（第10章第１節参照）。それらをうまく、そして安全に使う嚮導役《ガイド》としては、未だにこの論文をこえるものはない。

具体的に道筋をおってみよう。

機能という概念は、因果関係に一体性、普遍性、不可欠性の公準を付け加えた形で使われてきたが、この三つの公準は、公理といえるようなものではない。だから、そのままでは使えないが、だからといって全てを否定してしまえば、ただの元通りになってしまう。なんとかうまく活かす途はないだろうか。

三つのうち、不可欠性の公準はあまり目がなさそうだ。なぜならば、これは目的論的機能主義へ向けられた批判の中心部分、十分条件と必要条件の混同そのものだからだ。普遍性の公準は、機能を因果に差し戻すと、あらゆるものは何らかの因果関係をもつということになる。これはあたりまえだ。

残るのは、一体性の公準である。日本語訳で読んでいると気づきにくいが、論文のなかで彼は「機能的一体性（functional unity）」を「機能の単位（functional unit）」の問題に読み換えていく（1968＝1961：22-26）。機能は何かの全体に対して関わる。つまり、機能は特定の全体と対応関係にある。パーソンズの構造機能主義では、この全体はあらかじめ決まっているかのように考えられていたが、二つのシステム定義にみられるように、実際には明確な基準があたえられたわけではない（第6章第3節）。

だとすれば、全体を可変的なものと考えることもできる。機能が特定の全体に対応しているのであれば、全体としてどの範囲をとるかによって、機能も変わってくる。機能の具体的な中身は、どの範囲をみるかによって変わってくる。いわば観察する範囲の関数《ファンクション》でもある。したがって、Aがどんな機能をもつかという問いは、実はどんな範囲との関わりでAの働きをとらえるかに置き換えられる。

正直にいうと、マートン自身の文章からそこまで確実に読みとれるわけではない。一体性の公準が機能の単位の問題に読み換えられ、「一定の項目が特定の結果をおよぼす範囲（range）」（同：46）の議論に移っていくことは確認できるが、それ以上は私の解釈だ。だから、学説研究的にこれが妥当かどうかはおいておくが、少なくともこうとらえると「顕在的機能と潜在的機能」という論文はずっと読みやすくなる。マートンがその後で提示する三つの重要な概念、機能的等価、機能と逆機能、顕在的／潜在的機能と、三つの公準との関係がはっきりするからだ。

機能分析の再定式化

最もわかりやすいのは機能的等価だろう。これは不可欠性の公準の否定そのものだ。Bをつくりだす要因はA以外にもある。その要因をCとすれば、AとCはBをつくりだす点で等価である。これを機能的等価（functional equivalent）という。

要するに、AはBの十分条件だが必要条件ではない、ということだが、それを別の十分条件Cという形で具体的かつ積極的に示す。否定的な結論だけで終わらないという特徴が、ここにも出てくる。原因と結果でいえば、機能的等価は一つの結果に対して複数の原因があるとするが、結果についても同じ事態は成り立つ。すなわち、一つの原因が複数の結果をもたらす。それが機能と逆機能という考え方につながる。

機能と逆機能とは、文字通りにいうと、ある原因がもたらす結果はシステムという全体を存続させる方向のものと、存続させない方向のものと、二種類に分けられるという考え方だ（厳密には第三の「中立的」もある）。この定義は実際にはかなり強い仮定を含む。存続させる／させない（／中立的）は一般には判定しづらいからだ。どれともいえないケースがほとんどだろう。

逆にいえば、判定できるのは「こういう状況では存続させる方向に働く」とか「ああいう状況では存続させない方向に働く」といった、より細かい限定をつけた場合である。この場合、機能の及ぶ範囲、つまり影響する範囲は全体だけではなく、全体＋それがおかれた状況（例えば環境）まで含めて考えられている。つまり、取り巻く状況との相互作用をふくめた範囲を新たな「全体」として、機能の内容すなわち結果が考えられている。

だとすれば、一つの原因に複数の結果があるというのは、影響の及ぶ範囲《レンジ》の取り方で機能の中身がかわることにひとしい。つまり、機能と全体との対応関係の一種だと考えられる。特定の範囲をおいて、はじめて機能が特定される。新たな機能が見出されるときには、それに対応する新たな範囲が暗黙のうちに切り取られている。必ずそうなるかどうかは因果関係の定義とも関わるが（Durkheim 1897 = 1978：6章など参照）、少なくとも経験的な分析では、ほとんどの場合そうだ。

最初に述べたように、機能という考え方は日常的に使われている。その際、当事者は暗黙のうちに、特定の範囲を想定している。けれども、それが必ずしも唯一の正しい範囲とはかぎらない。範囲の取り方で機能が変わってくるとすれば、範囲を切り直すことで、見落としていた機能（結果）が見つかることもある。

それが顕在的機能と潜在的機能である。マートンは当事者水準で見出されている機能（因果関係）を「顕在的機能（manifest function）」、そうでないものを「潜在的機能（latent function）」と呼びわけた（1968：129 = 1961：55–57）。

3　機能分析の使い方

顕在的機能と潜在的機能

顕在的／潜在的の区別は、ふつうの人々／社会科学の専門家のように、機能を見出す人の職業や地位に結びつけられやすいが、むしろ、範囲の切り直しだと考えた方がよい。機能や因果を具体的に同定するとき、私たちは暗黙のうちに、ある範囲を全体として切り取っている。だから、切り取る範囲を変えれば、別の因果が見えてくることがある。それが潜在的機能の発見である。

最初に述べたボス組織の事例で考えてみよう。

先ほど引用したごく短い文章にも、機能的等価と機能／逆機能、そして顕在的機能と潜在的機能が組み合わさって出てくる。ボス組織、例えば街の顔役たちの口利きと、公的な支援機関（慈善団体などもふくむ）による援助は、「ふつう」全く別のものだと考えられている。前者は私的な支配と服従の権力関係であり、後者は公共的な福祉や善意だとされる。都市社会にとって、前者は逆機能的、後者は機能的だと考えられている。

しかし、援助される都市下層の人々からみれば、どちらも、自分たちだけでは手に入らない資源や機会を利用可能《アクセス》にする。その点で二つは機能的に等価である。そして、たんに等価なだけではなく、それぞれちがった結果も生み出す。

公的な機関による支援は公平性や公開性を求められる。それゆえ、援助されたという事実が誰の目にも明らかになる。援助される人々にとって、それはしばしば「独り立ちできる人間」という名誉を失うことにつながる。それに対して、ボスによる口利きは私的であるがゆえに、公平性も公開性も要求されない。だから、援助されたことも秘密にできる。「独り立ちできる人間」という名誉を失わずにすむ。

つまり、公的で公平な支援だからこそ、援助される人々にとっては、名誉を失い、自尊心や自立心も失う、という大きな負の結果が生じる。そこまで視野にいれると、公的な支援には、援助される人々を生きにくくさせる面もある。あるいは、名誉を失う恐れがあるため、使いづらく、結果的に生きにくさを軽減しない面がある。そういう独自の逆機能を公的な支援はもつ。

この逆機能は「ふつう」気づかれていない。ボスによる援助は私的な支配の手段であり、都市社会に悪い影響をおよぼすとされている。実際、そういう面はたしかにある。けれども、当座の援助がどうしても要る人々、あるいは、まさに今ここで特定の援助を得られれば、将来、大きな資源や機会を手に入れられる人々にとっては、ボスの口利きの方がはるかに役に立つ。

――想像してみてほしい。南フィラデルフィアの都市下層で育った移民家族の青年が大学への進学を望んだとする。学力は十分にあるが、父親の収入は少ない。奨学金が必要だが、東欧系やユダヤ系という理由で差別されるかもしれない。

そこで街の顔役に口を利いてもらえれば、確実に奨学金が手に入る。もちろん、見返りとして、彼の父親や兄弟はずっとそのボス組織の命令にしたがうことになるだろう。言われた通りの候補に投票し、選挙運動の片棒をかつぎ、正義感あふれる反対派を排斥する手助けもしなければならないが、彼らがどちらを選ぶかはいうまでもない。

青年がこれから名乗る姓《ファミリー・ネーム》は、別のものかもしれない。それでも家族は彼に未来を開く鍵をあたえてやれた。いや、それだけではない。彼らの住む下層の街では、鍵をあたえてやれたという名誉を抱えて生きていける。公的な機関にすがるのではなく、顔役と交渉し取引した。そのこと自体がその街では、一人前《ア・マン》の証明になるのだ。

断わっておくが、マイヤー・シュコルニクという青年に、実際にこんなことがあったというわけではない。論文にはボスの口利きの一例として、「地元の大学《カレッジ》での政治的奨学金」(1968：128 = 1961：67) という、少しドキリとする語句が出てくるだけだ。テンプル大学に入るときの奨学金を、マートンがどうやって手に入れたかはわからない。ただ、よく似た出来事は確実に見聞きしただろうし、彼自身もいくらか経験したと思う。

援助の機能と逆機能

ボス組織の援助の機能分析は、論文「顕在的機能と潜在的機能」の一部にすぎないが、幾重にも折り込まれた意味を読み手の心に響かせる。それは、この文章が彼の生きた現実に深く根ざすものだからだろう。

機能の顕在／潜在のずれは、さらなる問いも呼び起こす。では、なぜ名誉を失わせるという潜在的機能は「ふつう」発見されないのか？　理由はいくつか考えられるが、その一つは、援助の機能を顕在的に発見するのが援助される側ではなく、援助する側だからである。具体的にいえば、公的機関の職員であり、慈善事業家であり、そして、多くの場合その人々と出身階層や到達階層をともにする社会科学者たちだ。

この階層差に注目すると、名誉という潜在的機能の不可視は、たんなる見落としではなく、構造的な見えなさである可能性が出てくる（第5章第3節）。なぜ彼ら彼女らの目には名誉の問題が見えないのか？　それは彼女ら彼ら自身が「名誉ある」人々だからである。階層論の言葉でいえば、より豊かで、社会的威信も高い。だからこそ、都市下層の人々の、つまり都市社会全体では決して「名誉ある」と見なされない人々の、小さな名誉を失う／失わないという事態が見えないのだ。「上から目線の淑女たち」という、マートンのさりげない言葉はその落差をえぐり出す。

「名誉ある」階層の人々にとって、街の顔役との取引が名誉になるとは想像できないだろう。彼ら彼女らもボス組織と全く無縁に生きているわけではなく、もっと上位のボスと取引せざるをえないときもあるが、彼女ら彼らにとってそれは不名誉でしかない。

そして、この構造的な見えなさに着目すると、援助という営みがもつ独自の性格がさらに見えてくる。援助と名誉は表と裏になっている。援助を受ける側が、受けることで名誉を失いやすいだけではない。援助すること自体も名誉と結びついている。階層の高い人々、すなわち名誉ある人々の高貴な義務《ノブリス・オブリージュ》として、あるいは、威信を高めたいと思う人が名誉を手に入れる手段として。

そこまで考えると、援助を受けることで名誉を失うというのは、たんなる社会的な慣習や心性、あるいは家父長的感覚の問題だけではなくなる。援助することが名誉であれば、援助されることは不名誉である。援助する／されるの二項図式の一方に名誉を結びつければ、もう一方には不名誉が結びつく。それは構造的に必然的な事態である。

これは現代の援助にも当然あてはまる。例えば、開発途上国や先進国の貧困層への援助手段として、グラミン銀行のような無担保小額貸付《マイクロクレジット》が注目されている。グラミン銀行は一九七〇年代にバングラデシュで始まり、簡単な事業を始める資金を無担保で貸し付けることで、借り手の生活状態を向上させようとした。その創始者ムハンマド・ユヌスは二〇〇六年度のノーベル平和賞を受賞している。二〇〇七年現在で、借り手の数は一億五千万人、うち七一％は女性と報告されている（http://www.microcredit-summit.org/uploads/socrs/SOCR2009_English.pdf）。

無担保小額貸付が注目された理由はいくつかあるが、その一つは無償の援助よりも、貧しい人々の生活向上につながるとされたからである。貸付はまさに取引であるがゆえに、受ける側の「尊厳《ディグニティ》」すなわち名誉や自尊心を損ないにくいからだ。

援助することが名誉と結びついているかぎり、援助されることは不名誉になる。その点では商業的な貸付の方が優れているし、経済的な自立にもつながりやすい。自活できる経済的基盤を用意するという面でいえば、無償の公的支援も無担保小額貸付も機能的に等価なのだから、潜在的な逆機能をもたない方がより望ましい。

潜在的機能の仮説と検証

こうした分析はもう少し先に進めることもできる。

無担保小額貸付《マイクロ・クレジット》は、女性が借り手の場合にうまくいきやすいといわれている（鷹木2008など）。それはなぜだろうか。

無担保小額貸付は、完全な商取引ではない。潜在的《レイテント》には援助でもある。そして、借りる側も本当はそれがわかっている。つまり、顕在的《マニフェスト》にも、半ば援助である。それゆえ、貸付を受けることは、やはり不名誉でもあり、「一人前の人間《ア・マン》」であることを否定される面がある。

けれども、すでに「一人前」でない人間にとっては、それはさほど大きな損失ではない。むしろそれを受けることで家族の経済状態が向上すれば、新たに一人前の人間になることもできる。さらに、無償の援助とはちがって、商取引でもあるから、取引すること自体も一人前の人間だと認められることに通じる。

以上の推測がもし正しければ、無担保小額貸付は、ジェンダー差別が伝統的に強く、かつ現在弱まりつつある社会の女性に対して、特に効果的になる。彼女たちはもともと十分に一人前だとは認められていない。だからこそ、半ば援助である無担保小額貸付を受けても、名誉や自尊心は大きく損なわれない。取引の主体となって、うまく経済的地位の向上につながれば、得られるものの方が大きい。

——いうまでもなく、これも仮説である。現実はもっと複雑なようで、無担保小額貸付に批判的な研究では、外見上女性が借り手になっているが、実際の経営者はその夫や長男、つまり同一家族内の男性であることが多い、という指摘もある。事業が破綻した場合、女性だけに債務を負わせ、男性は名誉を失わずにすむからだ。

援助と名誉、取引と「一人前」の間には、ジェンダー差や階層差もからんで、かなり複雑な力学が働く(11)。例えば、同じ「名目上」でも、女性が本当にただの名義人でしかない場合もあれば、名義人であることが家族内での取引材料になる場合もあるだろう。あるいは、農村の男性たちにとっては、都市の、西欧化された知識人たちによる「偽装された」援助の、さらに裏をかくことにも意味があるのかもしれない。

顕在的機能の内容は当事者の了解という形で検証できるが、潜在的機能を直接検証するのはむずかしい。直接に検証できるものは、すでに顕在的になっていることが多いからだ。それゆえ、統計的な資料から見出される傾向のような、間接的な検証手段に頼らざるをえない。先ほどあげたさまざまな可能性も、どれがどの程度あてはまるかを本気で知りたければ、インタビューだけではなく、量的なデータからも接近した方がよい。

「質と量」の二分法では見落とされやすいが（序章第3節）、自尊心のような、当事者の了解の微妙な面にふれる場合には、量的データの方が信頼できることがある。インタビューは当事者の現実というより、現実についての当事者の語りを拾うものだからだ。

第3章で述べたように、量的なデータも固有の偏りや歪みをまぬかれないが、潜在的機能を知る上では、やはり重要な手がかりになる。限定された知でありつづけながら、新たな可能性を思いつく手がかりになったり、部分的かつ間接的にせよ仮説を検証しうる手段になったりする。

4　仮説と検証（その2）――社会を取り出す

「中範囲」をめざす

現在の事例も加えて、マートンの具体的な分析を少しくわしくみてきたが、簡単にいえば、彼の機能主義は『常識をうまく手放す』ための良い技法になっている。パーソンズの構造機能主義が、『社会が社会をつくる』理論があれば『常識をうまく手放す』技法はいらない、という方向に向かったのに対して、マートンはそれを再び反転させた。ウェーバーのめざした方向に再逆転させたわけだ。

ただし、マートンはウェーバーにただ戻ったわけではない。たんに、個々の事象の間に意外で重要な関連性を見つけるだけではなく、「意外で重要な関連性」とはどんなものかや、その見つけ方やその際に注意すべき点はどこかを、ある程度一般的な形でまとめた。ウェーバーがゆるやかな方法論の形で述べたものを（第5章第3節）、より抽象的な概念で明確に定義して、整理してみせた。パーソンズが開いた理論社会学という地平を（第6章第4節）、マートンはそういう風に使って『理論社会学について』（1967）という著作も編んでいる。

それによって、マートンの方法や分析概念はずっと見通しのよいものになった。彼の方法や概念が今も広く使われている理由もそこにある。

例えば潜在的機能でいえば、これはたんに、ある事象Aの影響の及ぶ範囲を切り直せば、ちがった因果関係が見出せるというだけではない。もし十分に説得的な形で潜在的機能が見出されれば、今度は、なぜそういう切り取り方がされてこなかったのか、という問いがうかびあがる。そこにはしばしば、事象Aに関わる構造的な見えなさが潜んでいる。援助する／されると名誉／不名誉の結びつきのように。

つまり、潜在的機能の発見はさらなる潜在的機能へ導く。そういう形で対象の理解を段階的に深めていくことができる。この発想は、ルーマンの「等価機能主義」へつながる（第8章第2節参照）。

影響の及ぶ範囲の切り直しは、つねに良いことだけではない。範囲を広げれば広げるほど、新たな機能は発見しやすくなるが、ありうる関係が複雑で多様になるので、機能の内容を特定するのはむずかしくなる（第1章第2節）。「ああもいえるし、こうもいえる」になりやすいのだ。だから、たんに広げるだけではなく、広げ方をうまく限定する必要がある。

この限定のやり方についても、最終的にはルーマンがシステム境界を意味で定義することで解決したが（第8章第4節参照）、マートン自身も重要な道標を残している。それは「中範囲の理論（theory of middle-range）」だ。

マートンは「中範囲の理論」を、日々の調査で使われる小さな作業仮説と一般的な理論をつくろうとする包括的で体系的な努力を媒介するものだとしているが（1968＝1961：3）、こういう空間的な表現はかえってわかりづらい。むしろ、潜在機能の探索にせよ何にせよ、考える範囲を広げていく場合には、できるだけ検証（反証）可能な仮説を導き出せる形にもっていく。それが「中範囲」だ、ぐらいに考えた方がよい(12)。

先の例でいえば、援助する／されるが名誉／不名誉と結びつくという命題は、現代の途上国や都市下層での無担保小額貸付の事例、特に借り手の属性から検証できる。もちろん、この一例だけで検証されたと結論するのはあぶないが、考える範囲を広げることは抽象化になる。そこで新たな仮説が思い浮かんだら、次はそれをどう検証できるか、具体的な事例を考えてみる。考えつけなかったら、もう一度、仮説から考え直した方がよい。

そういう形で抽象化と具体化を交互にやっていく作業を、「中範囲」として想定すればよい。大と小の間のどこかに中があるというより、大と小を交互にやっていく感じだ。

では、検証可能な方向にもっていくには、具体的にどうすればいいのか。この辺になるともはや一般論はむずかしいが、指針くらいなら述べられる。

検証可能にする

先ほどボス組織の援助や無担保小額貸付を例にして、援助する／されると名誉／不名誉との結びつきを考えてきたが、あの議論を展開するなかで、明示的には書かなかったが、援助と対照的なあり方を私はずっと想定していた。取引である。

援助する／されるが名誉／不名誉という非対称性をもたらすのに対して、取引はどちらの側も取引する／するになる点で対称性をもつ。つまり、援助する／されるの非対称をうまくつかまえるために、取引という対称的な関係との距離をモノサシに使った。援助する／されるの二項対立のあり方をうまくつかむために、援助／取引というより上位の水準での二項対立を使ったわけだ。

こうした場合に重要なのは、援助「でない」何か、援助とは対照的な性格をもつ何かを、具体的な言葉で表せるかどうかである。もし「でない」何かを具体的な言葉にできなければ、例えば「援助でない」という否定形でしか表現できなければ、検証可能でない方向に進んでいると判断した方がよい。それに対して、取引のような、積極的《ポジティヴ》な表現や対象を思いつければ、何らかの形で検証可能になることが多い。

特に複雑な仮説や前提の妥当性は、境界的な事例を使った方が検証しやすい。例えば、無担保小額貸付はボス組織の援助にくらべて、取引性がより強い。つまり、より境界的な事例になっている。その分、援助をめぐる複雑な力学が目に見えやすい。こうした事例を探す上でも、「でない」何かを積極的な言葉にできるかどうかは分かれ目になる。

この検証可能性という限定づけは、一般理論に近い水準でも使える。想定する因果の範囲を広げれば、反証されない命題をつくることは容易になる。例えば、神が世界を動かしているという「理論」は反証できない。もし反証になりそうな事実が出れば、「神が人間の信仰心をためすためにわざとつくった」といえばいいからだ。

そういう「理論」に出会ったときの一番よい対処は、肩をすくめて無視することだろう。反証可能性が示せない「理論」、わかりやすくいえば「こういう経験的な事象が観察されれば、この理論は正しくないといえる」といえない議論は相手にしない方がよい。理論が一般的であるほど、十分な検証可能性は提示しにくくなるが、提示しようとしているかどうかはすぐわかる（序章第３節）。「中範囲」とはそういう方向性をさす。

マートンを「達人」を呼んだ理由がわかってきただろうか。彼の提示する方法や概念は、派手ではない。大げさな表現もあまりしないが、大事なところは的確についてくる。そんな人なのだ。

予言の自己成就のしくみ

『社会が社会をつくる』についても、マートンは重要な議論を展開している。「予言の自己成就」である（1968 = 1961：11章）。手品師《マジシャン》で占い師だった彼らしい表現だが（第７章第１節）、その後の社会システム論にとっても、これはきわめて示唆的なものになった。

一九四九年に発表されたこの論文のなかで、マートンは「トマスの定理」、すなわちＷ・Ｉ・トマスの「人が状況を現実として定義すれば、その状況は結果において現実である」という命題を引いて、主観的な状況定義が客観的な現実に転じる過程をあざやかに描き出した。事例になったのは、銀行の取り付け騒ぎとアフリカ系労働者の排斥である。

銀行の取り付け騒ぎとは、「あの銀行はあぶない」という噂が広まることで、多数の預金者が預金を引き出そうとする。その結果、銀行の手持ち資金がなくなって引き出しに応じられなくなり、実際に倒産することをいう。日本でも一九七三年におきた豊川信用金庫の事件がよく知られている（徳岡 1987 な

預金者 p1 が「あの銀行はあぶない」と信じる→ p1 が預金を引き出す

→預金者 p2 が「あの銀行はあぶない」と信じる→ p2 が預金を引き出す

→預金者 p3 が「あの銀行はあぶない」と信じる→ p3 が預金を引き出す

→預金者 p4 が……

図 7－3　「あの銀行はあぶない」の自己成就過程

ど)。一九九七年に北海道拓殖銀行が破綻した際にも、預金が短期間に大量に引き出されたことで、銀行の信用がさらに低下し、他の金融機関からも資金が調達できなくなったといわれている。

取り付け騒ぎの場合、当初の「あぶない」という噂は事実ではない。少なくとも他の銀行に比べて、とびぬけて状態が悪いとはいえない。それゆえ、もし「あぶない」という噂が広まらなければ、営業を続けられていた可能性が高い。ところが、何らかの事情で噂が広まった結果、多くの預金が引き出される。それによって信用を失い、他の手段でも資金を調達できなくなって、破綻に直面する。「あぶない」と信じられることで、現実に「あぶない」銀行になってしまう(図7－3参照)。

もう一つのアフリカ系労働者の排斥の事例では、まず白人労働者が「アフリカ系労働者はストライキ破りをする」と考えて、アフリカ系労働者を雇わないよう、企業側に圧力をかける。その結果、アフリカ系労働者は正規の働き口を得られず、生活のために、白人労働者がストライキ中に、ストライキ破りの要員として雇われざるをえなくなる。アフリカ系の労働者は「ストライキ破り」だと信じられることで、実際にストライキ破りをすることになってしまう(図7－4参照)。

図からわかるように、二つの事例でのしくみは基本的に同じものだ。[13]

会社 p1 の白人労働者が「アフリカ系はスト破りをする」と信じる→アフリカ系労働者が排除される→アフリカ系労働者は会社 p1 のスト破りに雇われる

→会社 p2 の白人労働者が「アフリカ系はスト破りをする」と信じる→アフリカ系労働者が排除される→アフリカ系労働者は会社 p2 のスト破りに雇われる

→会社 p3 の白人労働者が「アフリカ系はスト破りをする」と信じる→アフリカ系労働者が排除される→アフリカ系労働者は会社 p3 のスト破りに雇われる

→会社 p4 の白人労働者が……

図7－4　アフリカ系労働者のストライキ破りの自己成就過程

取り付け騒ぎの例でいえば、一連の過程の最初の局面、当事者ｐ1やｐ2においては、「あの銀行はあぶない」というのはたんなる噂でしかない。ただの思い込みだ。けれども、最終局面のｐ10001やｐ10002では、「あの銀行はあぶない」は噂ではなく、現実になっている。破綻しないうちに、預金を引き出さないと本当に預金が消えるおそれがある。預金保護制度がある場合や中央銀行が救済に乗り出す場合でも、保護の限度額をこえる分や、高利で集めた預金や資金の一部は戻ってこない。それゆえ、預金や資金を引き出さざるを得ず、それによって銀行はさらに破綻に近づくことになる。

つまり、ｐ10001やｐ10002は、かりに「ｐ1やｐ2はたんなる噂を信じて預金を引き出しただけだ」と知っていても、預金を引き出さざるをえない。自分が引き出さなくても、他人が引き出せば、自分が損をする可能性が高い。そういう合理的な判断の結果、預金を引き出す。

つまり、「あの銀行はあぶない」と考える個人が連鎖的に多数出現することで、「あの銀行はあぶない」という現実がつくりだされる。連鎖的に多数集まることで現実が成立するので、この現実は、集まったという事態にしか、原因を求められない。

その意味で、マートンの予言の自己成就は、デュルケームが見出した社会的事実をより洗練された形で定式化したものになっている（第3章第4節）。デュルケームは『社会学的方法の規準』「第二版への序文」で次のように述べている（1901＝1978：43）。

> 社会的事実が存在しうるためには、少なくとも多数の個人がかれらの行為を相互にかかわらせ、その結合がなんらかのあらたな所産を引き出すということがなければならない。そして、この綜合（synthese）は、われわれ各人の外部で生じるため（なぜなら、そこには複数の人間の意識が入りこんでくるから）、必然的に、ひとりひとりとしてみた個々人の各意志には依存しないある種の行動様式と判断を、われわれの外部に固定し、確立することになる。

デュルケームの場合、社会的事実の外在性と拘束性は、社会学者が特権的に観察できる因果関係として取り出された。それに対してマートンは、日常的な因果関係の了解からみても外在性と拘束性をみたし、「社会的」と言わざるをえない事態を取り出してみせた。いわば現在の標準的な社会や科学の定義からみても、社会的事実と呼べる事態を再構成してみせた。

デュルケームはさらにこうつづけている。

> ……通常の意味を少しばかり拡大しさえすれば、きわめて独特なこの存在様式をかなり適切に表現してくれるひとつの言葉がある。それは、制度（institution）という語である。……その場合、社会学は、諸制度およびその発生と機能にかんする科学として定義される。

その言葉をそのまま借りれば、マートンが定式化した予言の自己成就のしくみは、「社会的事実」や「制度」の良いモデルをあたえてくれる。

アフリカ系労働者の排斥はともかく、銀行の取り付け騒ぎは一回きりの出来事なので、「制度」とはいいがたいが、その特徴である外在性と拘束性が成立していくプロセスを見せてくれる。その点で、これらは、デュルケームの社会学とウェーバーの社会学をつなぐ環ともなる（第10章参照）。そんなしくみにマートンは「深い社会学的な意義（deep sociological relevance）」を見出した（Sztompka（ed.）1996：183）。

主観と客観の重層

もう一つ、これらの事例で重要なことがある。それは行為の意味の主観と客観のずれだ。当初の局面では、当事者は「あの銀行はあぶない」とただ思い込んでいる。もしかすると「ただの思い込みかもしれないが念のため……」とまで考えているかもしれない。けれども、他人から見れば、そのふるまいは「あの銀行はあぶない」という現実の証拠になりうる。「あぶない」という現実の一断片を他人がそこに見出し、その理解にもとづいてその人自身もふるまうことで、現実の断片がさらにもう一つ加わる。そうやって、いわば後から後から外形的には同じふるまいが連なることで、ｐ1やｐ2のふるまいもその現実にもとづく行為になっていく。ただの思い込みや心配のしすぎが、先を見通した素早い行動になる。

つまり、当事者が主観的にどう考えたかとは別に、他人からどう理解されるかが成立しており、後者の方が積み重なって社会的事実をつくり出す。ウェーバーの「プロテスタンティズムの倫理と資本主義の精神」での第二の経路と同じ事態が（第5章第2節）、より劇的な形で、より中心的な部分に見出されている。

顕在的機能と潜在的機能の区別も、意味の主観と客観のずれといえるが、その場合の客観にあたるのは、主に社会学者などの観察者の視線である。それに対して、予言の自己成就の事例で客観にあたるのは、その当事者を見ている他の当事者の視線だ。その視線によって当事者の行為の意味が客観的《モノ》に同定され、「モノのような」社会的事実になる。

社会学者が観察するのは、そうした主観と客観の重層なのだ。境界と交通に深く関わる社会学らしさが現れる瞬間の一つだが、それだけではない。社会学者自身もこの重層に巻き込まれている。

論文「予言の自己成就」の後半部でマートンは、プロテスタンティズムの禁欲的な勤勉さをとりあげて、こんなことを書いている。


エイブ・リンカーンが夜遅くまで働いたとしたら？　それは彼が勤勉で、意志が強く、忍耐力に富み、自己の能力をできるだけ発揮しようという熱意があることを証明するものだとされる。ところがユダヤ系のエイブ・コーエンや日系のエイブ・クロカワが同じ時刻まで働くとしたら？　それはただ、彼らががむしゃらに働く心性をもち、アメリカ的水準を容赦なく切り崩し、不公正な競争にもっていく証拠とされるだけである。……内集団のエイブはスマートで、敏捷で、知性があると、ひたすら賞賛される。それと全く同じことをしながら、外集団のエイブはすばしこく、ずるく、悪賢くて、あまりに目先に利きすぎているとひたすら軽蔑される。（1968：482-483＝1961：390）

社会の多数派に属する人間と少数派に属する人間とでは、外形的には全く同じふるまいをしても、他人によって理解される意味が全くちがいうる。西欧系のプロテスタントであれば、勤勉と努力と意志の強さという内面が読み込まれる働きぶりが、東欧系ユダヤ人であれば、貪欲と協調性のなさと攻撃性によるものとして理解される。

そこには、アフリカ系労働者の排斥と同じしくみを見出すことができる。なぜなら、少数派の東欧系ユダヤ系や日系人は、もともとの地位が低く、貧しいからこそ、がむしゃらなまでに勤勉に学び、働かざるをえない。だが、主流派のＷＡＳＰからすれば、それは彼らが無軌道に貪欲であり、不公正な競争に引きずり込み、アメリカの伝統的な文化を破壊する証拠になる。低い地位ゆえに強いられる行動が、彼らを低い地位にとどめるべき理由と見なされるのだ。

マートンはこの論文でユダヤ人枠にも言及している（1968：484＝1961：392）。夜遅くまでがむしゃらに勉強することで、ＷＡＳＰのまともな学生を不公正な競争にひきずりこみ、文化や教養の伝統を破壊する「アブラハム《エィブ》」たち。それはまさに一九三〇年代のアメリカで、名門大学にユダヤ人枠を導入すべき理由として公言されていた内容だった（北 2009：48-49）。偏見とその自己成就のしくみを執拗に書き連ねたこの文章は、マートンという仮面《ペルソナ》の下に抑えられてきたシュコルニクの顔が噴き出したものかもしれない[14]。

これはそのままウェーバーやパーソンズへの痛烈な皮肉にもなっている。ウェーバーは、プロテスタンティズムのうんだ勤勉さがやがて営業用の道徳に転じたとする。けれども、彼がプロテスタンティズムと資本主義の「最も強烈に表現された姿」を見たアメリカ合衆国でも、あるいは彼自身が調査した東エルベの農業労働者でも、実際には、その人の属性（ascription）によって、その働きぶりは全くちがった意味で受け取られていた。例えば、会衆派の牧師の家系にうまれたタルコット・パーソンズや、都市上層の資産家で政治家でもある家系にうまれたマックス・ウェーバーと、貧困地区の東欧系ユダヤ移民の子どもたちとでは、全く同じ働きぶりが全くちがう意味で理解されるのである。

ウェーバーは「プロテスタンティズムの倫理と資本主義の精神」の最後を、「我々は職業人たらざるをえない」と結んだ。けれども、その「我々」は決して一枚岩ではない。そこには人並み以上に働きながら、決して「勤勉だ」とされない人々がいる。ウェーバーは近代資本主義の制度を「鉄の容器」に喩えたが、同じ容器に入れられながら、そこにいるとさえ認められない人々がいる。社会学者としては人種差別にははっきり否定的だったウェーバーもパーソンズも、そのことには鈍感だったように思う。

5　方法の意義

マートンの考え方

この本では、現代の社会学をつくってきた思考の流れをたどっている。デュルケームもジンメルも、ウェーバーもパーソンズも、それぞれ重要な社会学者であり、彼らの思考の積み重ねが社会学の地平になっている。

とはいえ、彼らの著作や論文がそのまま現代で通用するとはかぎらない。その意味でいえば、この四人のなかで今も大部分が「生きている」のは、ウェーバーくらいだろう。それに比べて、マートンは断然「生きている」社会学者だ。この章でとりあげたもの以外にも、「準拠集団」「相対的剝奪」「マタイ効果」など、彼の手で洗練された重要な概念や手法はいくつもある。

もちろん、その全てが彼の独創ではない。マートンの思考は独自な何かを零《ゼロ》から組み立てるよりも、既存の概念や方法を再検討し改良するのに向いていたようだ。その改良も徹底的とはいいがたい。例えば顕在的／潜在的機能では、レヴィが指摘したように、「顕在的」が「意図された」と「認知されている」の両方の意味で使われている。

機能／逆機能の定義にも問題がある。まず、概念として対称的でない。そのため現在では「順機能（eufunctional）／逆機能（dysfunctional）」というレヴィの術語の方がよく使われる。また、全体を存続させる／させないは経験的には判定できないことが多い。それゆえ現実には、特定の価値観からみて正／負の価値がある、といった基準にならざるをえない。

そうした点で、マートンの定式化や概念には中途半端なところがある。機能主義の再検討でも、マートンが詰め切らなかった部分をより徹底的に考えることで、ルーマンは新たな定式化に成功した（第８章参照）。

それでもマートンの方法や概念には、独自の良さがある。適度に自然な抽象化になっているので使いやすいのだ。機能／逆機能でいえば、レヴィの順機能／逆機能の方が対称的で明晰だが、社会事象を観察する過程としては、機能／逆機能の方が自然である。私たちはふつう、ある事象をみつける↓「なぜこうなっているのか」と考える↓「何かの役に立っているからだ」と考える↓それだけではないはずだと考え直す、という順番で考えていくからだ。

具体的な機能はつねに段階的に見出される（第7章第4節、第8章第2節参照）。視野を広げ、考える範囲が広がるにつれて、だんだん見つかってくる。その点で機能／逆機能は自然な言葉遣いになっている。それに対して、順機能／逆機能だと、あたかも全ての機能が最初からわかっている感じだ。その意味では、構造機能主義者のレヴィが順機能／逆機能と呼び、構造機能主義者ではないマートンが機能／逆機能と呼んだことは、二人の基本的な立場のちがいも表している。

社会を見る常識と良識

「機能《ファンクション》」という言葉は、社会学や社会科学が成立する以前から使われてきた（第7章第2節）。社会科学の専門家でない人々が、社会的な事象を描いたり説明したりするときにも、よく使われる。そうした、いわば日常的な観察を、マートンの機能主義は洗練し反省した技法になっている。

多くの人が日常的に使ってきた観察の技法を考え直し、「こう考えていく方がより適切ではないか」と提案する。だから、押しつけがましくないし、使える範囲も広い。初心者のマニュアル代わりにも使えるし、熟練した社会学者が自分の議論を反省するのにも使える。論文「顕在的機能と潜在的機能」では重要な事項が箇条書きに要約されており、マートン自身も使いやすさを強く意識していたようだ。

そんな彼の社会学をささえていたのは、社会を生きる誰もが社会を観察しているという経験ではないだろうか。ボストンの中高級住宅地やハーヴァード大学の知識人だけが、社会を見ているわけではない。

西ヨーロッパの旧貴族や有産市民の系譜をひく人々だけが、あるいは社会改良にもえる支援施設の人々だけが、さらにはユダヤ教のラビや哲学者だけが、社会を観察しているわけではない。南フィラデルフィアの貧困地区を生きる人々もまた、社会を見ている。見ながら暮らしている。

その視線のどれかが特別に正しいわけではない。ボストン婆羅門たちの世界観を特権視する必要もなければ、貧困地区の人々の感覚を神聖視する必要もない。どれも特に正しいわけではないという点で、全ての視線は等価である。

マイヤー・シュコルニクという青年は、本で得た知識ではなく、自分自身の体験として、その事実をよく知っていた。そして、それはロバート・K・マートンという社会学者にとっても、彼の社会学を貫く基軸でありつづけたように見える。その意味で、彼の機能主義は常識的で良識的なものだった。

それが構造機能主義という学派の形成と重なったところに、マートンの幸福と、そして不幸がある（Crothers 1987 = 1993 など参照）。実際、理論の面ではむしろパーソンズの目的論的機能主義を否定したにもかかわらず、構造機能主義の補完者という位置づけを、マートンは自分から壊そうとはしなかった。例えば、機能と因果が同じやり方でしか同定できないといいながら、二つが別の概念であるかのように書いたりした（1966 = 1969：465–466）。

西ヨーロッパに比べて、アメリカは大学と大学の距離が遠い。大学間で学派があるというより、むしろ大学ごとに社会学がある。そのなかで、「コロンビア学派」を築いたマートンの社会学は、他の学派をつねに意識していたように見える。ハーヴァードの構造機能主義のみならず、西ヨーロッパのさまざまな社会学まで。

それはニューヨークという、アメリカらしくない大都市の風土というだけではなく、知の辺境から中心へと昇りつめた二人のアシュケナジ系出身の社会学者、デュルケームとマートンが共通して背負った宿命なのかもしれない。デュルケームは反教権派、マートンは機能主義と理論社会学という時代の流れに賭けた。その賭けはそれぞれ成功だったが、同時に二人の社会学に、本来の性向以上に、体制への敏感さ《コンフォーミズム》の匂いを残したのではないか。

科学社会学者でもあったマートンには、たぶんその道筋まで見えていただろう。けれども、その全てをのみこんで、彼は生きていったように思う。自伝にせよ論文にせよ、彼自身の人生と時代を知って読むと、マートンの文章は濃い陰翳をおびてくる(15)。

彼の常識と良識の底には、独特の暗さとしたたかさが潜んでいる。貧困地区の飢えと渇きは、そんな形で彼の社会学に刻み込まれていたのかもしれない。

注

（1）マートンは「学びの人生（A life of Learning）」という自伝的文章を書いている（1994）。ハーヴァード大学を離れるまでの伝記的事実は、基本的にこれにもとづく。なお、出生証明書に記載された誕生日は七月五日であり、誕生日の日付も二つもっていた。

（2）ライン川流域が西ヨーロッパの空間的中心として境界地域だったのに対して、バルト三国から黒海にいたるロシア帝国の国境地帯は、ヨーロッパの果てとして境界になっていた。ライン川流域と同じく、ユダヤ人が多く住んでいたのもその歴史と深く関わる（市川 2009、野村 2008 など参照）。ハンナ・アレントの父系もここの出身であった。また、ユダヤ系ではないが、カントが一生を過ごしたケーニヒスベルク（現カリーニングラード）も近くにある。

マートンの共同研究者で再婚相手だった科学社会学者H・ズッカーマンも、東欧系ユダヤ系と思われる。例えば、ベラルーシの首都ミンスクの北にあるKurenetsという町には、SchkolnikとZuckermannという姓の家族がいた（http://www.eilatgordinlevitan.com/index.html, 二〇一〇年八月一日閲覧）。二人がここの出身者の子孫である証拠は何もないが、マートンもデュルケームと同様、ユダヤ系であることから離れて生きることはなかったようだ。「学びの人生」でも、少年手品師時代の目標というか、偶像だったハリー・フーディニが、（デュルケームと同じく）律法学者《ラビ》の息子で、（マートン自身と同じく）改名したユダヤ人だったことにふれている。

ただし、同じアシュケナジでも、「ドイツ系ユダヤ人」と「東欧系ユダヤ人」は全くちがう意味をもつ。「ドイツ系ユダヤ人」は東欧からの大量移民が始まる前から、西ヨーロッパやアメリカに住んでいた人々をさし、中流以上の階層に属することが多い。そのなかにはユダヤ人枠に賛成した人もいる（北 2009：74）。ユダヤ人枠は、貧しく異質な文化をもつ東欧系移民への差別でもあった。

（3）その点で、ハーヴァード大学の研究と組織の両面でローレンス・ヘンダーソン（一八七八〜一九四二年）がはたした役割は大きい。ヘンダーソンはハーヴァード大学を卒業し、その医学大学院を修了した後、シュトラスブルク大学（あの「皇帝ウィルヘルム大学」だ、第4章第1節）に留学して、生化学を専門とする。ハーヴァードの生化学の教授を長く務めただけでなく、社会学、経営学、医学の研究教育にも深く関わっていた。V・パレートをアメリカに紹介したのも彼だ。

ハーヴァード大学の社会学研究、とりわけパーソンズへの影響については赤坂（2009）など参照。また、ヘンダーソンはチェスター・バーナードを通じて、組織理論の形成にも関わった（Barnard 1938＝1968）。当時のハーヴァード周辺での有機体的システム観や「相互作用」の発想にはヘンダーソンの影響が強いようだ。彼の専門が「疲労」だったことも興味ぶかい。疲労の観念は物理学と生物学と社会科学の結節点《ネクサス》として、近代社会科学の形成にも関わっている。宇城（2010）参照。

（4）一九世紀以降、ボストン婆羅門の多くは会衆派からユニテリアンや監督派に変わり（第6章注（9））、ハーヴァード大学の神学もユニテリアンに移る。一方、富裕層ではなく、中西部に移住したパーソンズの家系は、ピューリタン的な性格を色濃く残していたが、だからこそ、思想的にはイデオローグになりえたし、学内政治的にも保護されたのではないか。現代の宗教右派にも見られるように、こうした位置にある人は少数派の自覚をもち、「誤解されている」という被害者意識を募らせやすい。これも、構造的な見えなさの一つだ。

パーソンズがユダヤ人枠にどんな態度をとっていたかはわからなかった。学説研究の進展をまちたいが、パーソンズのユダヤ人に対する態度は、ナチス・ドイツの政策への評価よりも、むしろこの点で測られるべきだろう。注（2）参照。

（5）マートンは『社会的行為の構造』（Parsons 1937＝1976-89）の草稿にもコメントしている（油井 2002）。

（6）一九三九年にハーヴァードを離れた理由を、マートンは、〝permanent post〟が得られる見込みがなかったからだと述べている。同じ年にパーソンズは准教授に昇進して終身在職資格を得ている（高城 1992：107）。

（7）一九四八年には、宗教や人種面での差別反対を掲げるブランダイス大学がユダヤ系の団体によって設立される。この大学はユダヤ教もふくめ、特定の宗教にもとづく教育をしない方針をとった。当時の高等教育全般に、差別がまだ強固に残っていたのだろう。

(8) その点でコロンビア学派は、パーソンズやホマンズといった、WASPを中心とするハーヴァード大学の社会学と鋭い対照を見せる。マートンやコーザー、ブラウらの履歴と比べれば、パーソンズやホマンズが「正統派《エスタブリッシュメント》」として庇護されていたことは、否定しがたい。

(9) 渡辺(2004)は一九九〇年代のボストンで、Beacon Hill に住む(図7-2)、かつての支配層だったボストン婆羅門の人々と、South End に住む、かつて都市下層だった「ボストン・アイリッシュ」の人々をそれぞれインタビュー調査して、両者の対照性を見事に描いている。著者自身も指摘しているように、その差異はかつてはもっとはるかに厳しかったはずだ。

ボストンのユダヤ系集住地区は一九世紀には West End だったが、その後、イタリア系に入れ替わる。H・ガンスの『都市の村人たち』には、マートンが描いたのとそっくりな場面が出てくるが(Gans 1982 = 2006:117-134)、ガンスが調査した頃には、ユダヤ系地区時代の姿はかなり神話化されていたようだ。

(10) 例えば『社会理論と社会構造』第二版には、ヘンペルとネーゲルの著作が両方でてくる(1968 = 1961:12, 77)。

(11) 一点だけ述べておく。マートン自身が使った「淑女／友人」という表現は、自尊心を傷つけないというボス組織の援助のあり方が、家父長的地位にある男性間の「ホモ・ソーシャリティ」(Sedgwick 1990 = 1999)と結びつく可能性も示唆する。その場合、ボス組織の援助の非公式性は、女性の排除という不公平に直結する。マートンはこの潜在的機能には気づいていないと思う。

(12) マートン自身のテクストにそって「中範囲の理論」を再定式化したものとしては、稲上（1996）が参考になる。また、理論と調査の関係では高坂・厚東編（1998）、特に高坂（1998）がまとまっている。
　私自身は、マートンのいう「中範囲」は厳密な概念ではなく、他のケースにも応用できる拡張可能性と部分的な検証可能性を自覚的に用意せよ、ぐらいの意味ではないかと考えている。その場合、ウェーバーのいう「因果的な解明」、すなわち因果適合性と意味適合性をともにみたすこととかなり重なる（第5章第1節）。

(13) 予言の自己成就に関しては、徳岡（1987）も参照。ただし、その分類論はあまり適切ではない。例えば取り付け騒ぎを複数一回系、ストライキ破りを複数循環系とするが、事実でない予言が現実になる点では、ストライキ破りも複数一回系である。
　マートン自身があげた事例には、つねに複数の人間が関わっている。そのため、過程の最終局面では、当事者は合理的な判断で預金を引き出したり、アフリカ系労働者を排斥したりせざるをえなくなる。その意味で、個人をこえた社会的な力で現実性がつくられていく。それが外在性と拘束性という社会的事実の要件をつくる。

(14) 先の文章のなかで、マートンは「エイブ」の名前をくり返し使っている。第一六代大統領エイブラハム・リンカーンを下敷きにした表現だが、「エイブ」という名《パーソナル・ネーム》はいうまでもなく、ユダヤ人の祖「アブラハム」に由来する。
　なお論文「清教主義・敬虔主義と科学」（1968＝1961：18章）ではピューリタンの勤勉さが素朴に肯定されているが、これは一九三六年に発表されている。

(15) 「学びの人生」もかなり多層的な文章だ。例えば、誕生時の住所828 South 3rd Street の周りの地図を載せて、図書館や美術館などの施設が近くにあり、子ども時代の文化資本には恵まれていた、と述べている。食料品店の焼失後の、最初の転居先の住所は書かれていないが、文章中の記述からみて、誕生時の住所の近くだと考えられる。

828 South 3rd Street は南フィラデルフィアでも最も北側にあり、フィラデルフィアの中心部「旧市街《オールド・シティ》」に近い。この付近は一九世紀には「ユダヤ人街」または「ロシア人街」として知られていたが、二〇世紀にはもっと南の、Washington Avenue の南側にユダヤ系地区は移っていた（http://www.phillyhistory.org/blog/index.php/2008/03/the-jewish-quarter-of-philadelphia/、二〇一一年一月七日閲覧）。

一四歳のときに父親が大工見習いを失業して、再び転居した先の住所も本文中にはないが、手品師としての名刺が載せられており、そこには 914 Wilder Street と印刷されている。ここは Washington Avenue の南側で、当時のユダヤ系地区にあたる。現在の街並みを見ても、828 South 3rd Street とは全くちがう。マートンが一〇代後半を過ごした地区は、文化資本に恵まれていたとはいえないようだ。

転居と転職の履歴からみて、マートンの父親は「ユダヤ人街」から脱出しようとして、結局、失敗に終わった人だと思う。当時の大工は熟練労働者で、中産階級として、西フィラデルフィアに住居を移しつつあった（竹田 2010）。その波にも乗り損ねたことになる。

「学びの人生」は表面的には、旧き良きアメリカの、貧しくも希望にあふれた社会と少年の物語に仕立ててあるが、その裏側を知る手がかりもしっかり書き込まれている。914 Wilder Street の家で出会い、手品師の師匠となり、姉の結婚相手となり、「父代わり」ともなった Charles Hopkins の描かれ方も印象的だ。『社会理論と社会構造』の謝辞では、「最も早くからそして最も多くを負う人」として、彼の名が最初に出てくる

(1968：vii＝1961：3)。

第8章　到達点と転回

――ルーマンをめぐって――

ニクラス・ルーマンは「偉大な社会学者」の最後の人である。彼はマートンを引き継ぐ形で、機能とシステムの定義をとりあげた。これらをともに意味の概念によって再定義することで、社会システム論に新たな地平を開いた。その試みはパーソンズの理論社会学を継承しながら、ジンメルやウェーバーの意味の社会学を現代的によみがえらせるものであった。

この章では論文「機能と因果性」を出発点にして、彼が機能の概念をどう再定式化していったのかを追跡し、等価機能主義という手法を、援助という具体的な事例を使って解説していく。その上で、意味システム論という彼の方法を反省的に検討する。

機能にせよ、システムにせよ、意味による境界づけに注目する彼の方法は、社会学をさまざまな面で革新するものだが、「複雑性の縮減」などではパーソンズの影を色濃く残している。第7章までの流れをふまえて、そうしたルーマンの新しさと旧さをともにみていくことで、今なお全体像を見渡しがたい彼の社会学の射程と限界を明らかにする。

1　旅路の終わり

「偉大な社会学者」巡りの旅も、ようやく最後の一人までやってきた。ニクラス・ルーマン。ドイツ語圏の社会学者である。

最後の一人

実はルーマンの人物像について、私は特に述べることがない。名前をめぐる興味ぶかい逸話も知らない。ルーマンは一九二七年に生まれ、一九九八年に亡くなった。生まれ年でいえば、マートンの一七年後、パーソンズの二五年後だ。

年代からわかるように、パーソンズやマートンは、戦間期からすでに社会学者として活躍していた。いわば第一次世界大戦の戦後世代にあたる。それに対して、ルーマンは第二次世界大戦後に大学を卒業した。第二次世界大戦の戦後を社会学者として生きた、最初の世代の一人である。

戦争はルーマンにも深い翳を落としている。他の五人も第一次世界大戦か第二次世界大戦を経験したが、前線で戦ったわけではない。ルーマンは一人の兵士として戦争に加わった。高校生のときに動員され、歩兵としてアメリカ軍の戦車の前に立つことになる。そのときの出来事は佐藤（2008）の序章で述べたので、省略する。

その後、アメリカ軍の捕虜となり、戦後のドイツ連邦共和国（西ドイツ）で大学に進む。彼のいた戦場の正確な位置を私は知らないが、彼が生まれ育ったリューネブルクは、旧東西ドイツ国境に近い。戦車の砲弾が当たらなかっただけではなく、その戦車がソ連軍のT34ではなく、アメリカ軍の、おそらくはＭ４シャーマンだった。それも彼にとって「他でもありうること（Kontingenz）」だったのだろう。卒業した大学はフライブルク大学。若き日のウェーバーが三〇歳の正教授として着任した大学である（第５章第１節）。現在ではこの大学の名は、ウェーバーよりも、現象学の哲学者Ｅ・フッサール、そしてマルティン・ハイデガーと結びついて記憶されている。ハイデガーは一九三三年、国家社会主義ドイツ労働者党「ナチス」の党員として学長に就任した。講義の前後にナチス式敬礼を義務づけ、ユダヤ系の教員を排除し、フッサールの構内立ち入りまで禁じたといわれている。

とはいえ、ルーマンが学んだ頃のフライブルク大学は、良い意味でも悪い意味でも、全くちがうものだったようだ。ドイツ語圏の人文社会科学をになっていたユダヤ系の人々の多くは、強制収容所で殺されるか、国外に脱出して戻ってこなかった。戦闘や空襲で亡くなった人も少なくなかったはずだ。

ルーマンは法学部を卒業し、司法と行政の官僚として働き始める。最初は社会学者ではなかったのだ。「偉大な社会学者」にはそういう人が多い。六人のうち、大学で社会学を専門に学んだのはマートンだけである。そのマートンは、六人のなかで最も長い距離を社会移動してきた。

標準的な専門教育を受けた人ではなく、むしろ変わった履歴をもつ人が伝統を革新していく。社会科学全体でそういう事例はよく見る（序章）。それは社会科学とは何かを、やはり何かの形で示しているのだろう。社会学ではその例外にあたるマートンが、学者としては例外的な前半生を歩んだこともふくめて。

官僚から社会学者へ

ルーマンが社会学の専門家になるきっかけは、官僚の業務のなかにあった。ニーダーザクセン州政府の教育省で働く彼の机の上に、ある日、ハーヴァード大学の大学院奨学生の募集書類が置かれたのだ。募集する立場だった彼は、それに自ら応募する。留学先は行政学の大学院だから、自己言及的なルール破りではないが、周囲から当惑と迷惑げな視線くらいは向けられたかもしれない。

彼自身にとって、それは突然の転身ではなかった。以前から、自分で社会学を学んでいたし、第5章で述べたように、法学と社会学はもともとそれほど遠いわけではない。専門分野の壁が厚い日本語圏ですら、民法や行政法の優れた研究者はそのまま優れた社会学者になれるくらいだ。ルーマンも大学では民法を専攻し、官僚として組織の経験もある。資質と素養は十分にあった。

特に彼が注目したのは機能主義である。ちょうど全盛期にあったパーソンズたちの構造機能主義と、マートンらによるその批判的再検討。それらを学び、自分でも考えを深めていくなかで、独自の視点と方法を築いていた。留学はその仕上げだった。

ハーヴァード大学で彼はパーソンズの演習に参加する。一九六〇～六一年のことだ（長岡 2006）。演習は参加者が各自の問題関心にそって発表する形で進められ、彼は機能主義について発表した。その内容は後に「機能と因果性」という論文にまとめられる。一九六二年に『ケルン社会学・社会心理学誌』に発表され、論文集『社会学的啓蒙1』（1970）の巻頭に収められた論文である。

『社会学的啓蒙1』の一部が日本語訳されるときも、ルーマン本人から、この論文はぜひ翻訳してほしいと要請されたそうだ（土方 1983）。たしかに重要な論文で、やや大げさに言えば、ルーマンの社会学はここから始まる。

最初に断っておくが、彼が亡くなって一〇年以上たつが、ルーマンの社会学がどういうものか、明確な像が描けているとはいえない。少なくとも日本語圏でみるかぎり、全体像を描く作業がようやく始まった段階にある。そのくらい巨大な社会学者だった。そう私は考えている。著作の量も膨大にある。だから、ここで描く「ルーマンの社会学」は、あくまでも私が現在そう考えているものでしかない（佐藤 2011）。章の主題にあえて「ルーマン」と入れなかったのもそのためだ。ルーマンの学説研究の専門家からみれば、かなり独自な内容になるかもしれない（高橋 2009、三谷 2010 など参照）。

まあ、それをいえば、第2章のデュルケームから始まって、それぞれの学説研究の専門家から似たような異議が出そうだが、社会学の思考の流れを概観する作業は、多かれ少なかれ、そうならざるをえない。一人の人間が一生かけて考えてきた内容を、六人分たてに並べてきれいに要約できるわけがない。もちろん、具体的な事実や読み方のまちがいがあればよろこんで修正するが、その程度のものだと割り切って、どの章も読んでほしい。

彼らの思考の積み重ねによって、社会学という意味境界は成立し、今は安定的に作動している。だからこそ、私はその境界に依存して、その内部の一部だけを考えることに安住したくない。それこそ私個人の価値観として（終章参照）。

ルーマンには良くない癖が一つある。奇抜な表現を使うのだ[1]。注目を集める点では効果的だが、よけいな誤解も招きやすい。

因果と機能

論文「機能と因果性」にもそれはあてはまる。この論文は従来、因果を機能の概念に解消したものだとされてきた。マートンが機能を因果関係に差し戻したのを、ルーマンは再転換させた、といわれてきた。論文のなかにもそう読める箇所がある。

因果から機能へ、という理解自体はまちがいではない。けれども、この「〜から〜へ」は「機能から因果へ」の「〜から〜へ」とはちがう。第7章でみたように、「機能から因果へ」の転換では、パーソンズの機能概念そのものが否定された。それに対して、ルーマンは因果関係そのものを否定したわけではない。機能分析の手法をうまく抽象化することで、因果を特定する作業で暗黙に前提になっていたことを明確にした。つまり、潜在的な前提を顕在化したのであって、機能に因果を還元できたわけではない。

「機能と因果性」は抽象的な理論というより、具体的な方法をめぐる論文である。機能分析の方法を徹底的に考えぬいたものだが、この点は意外なくらい理解されなかったようだ。少なくとも日本でルーマンが紹介された一九八〇年代はそうだった。「従来の因果の概念を超えるもの」としてルーマンの機能主義が紹介され、それによって「ルーマンはわからない」という印象をさらに強めた。その責任の一端は彼自身にあるが、少しかわいそうな気もする。

では、ルーマンがどのように考えていったのか。再構成してみよう(2)。

この論文の主題は、第6章や第7章でもふれた機能主義への批判と再構成である。冒頭で従来の議論を簡単に紹介した後、彼はこう述べる。

目的因（causa final）に対するよく知られた反論をくり返す必要はない。問題は、これらの反論が科学的方法としての機能主義にあてはまるかどうかだ。結論を最初に述べておこう。機能主義的方法の自己了解が、伝統的で存在論的な因果把握の範囲内にとどまり、それによって作用による目的論的解明や原因による機械論的解明に代わりうるものに関心を集めているかぎり、これらの反論はあてはまる。もし機能主義的方法が独自に自己規定し、機能的関係が因果関係の一つの種類としてではなく、反対に、因果性が機能的範疇《カテゴリー》の適用事例の一種類として見られる場合には、これらの反論はもはやあたらない。(1962：9–10 = 1984：5)

「作用による目的論的解明や原因による機械論的解明」に「代わりうるもの」とは、多様で複雑な相互作用を近似的に縮減できるとするパーソンズの構造機能主義や、それと結果的に同等になるデュルケームの説明様式などである。

これらは厳密には、目的因による説明ではない。ルーマンがこの引用部の直前に述べているように、近代社会では、時間を逆行する因果は公式には認められないからだ。実際、デュルケームも目的因を明確に否定している(第3章第4節)。けれども、その説明のあり方が目的因と等価になるものはある。パーソンズやデュルケームのはそうだ。この二つは、多様で複雑な因果関係をとびこえて、ごく少数の変数で説明が可能だとする(第6章第2節)。

W・イサジフはこうした説明様式を「超因果性(telecausality)」と名づけた(Isajiw 1968)[3]。パーソンズの場合は、「限定された知」としてとびこえることに自覚的であり、いわば近似として超因果性を導入した。デュルケームの場合は、少数の特別な因果関係に還元できると信じている点で、結果的に超因果性になっている。そういうちがいはあるが、機能的には等価だ。

第7章で述べたように、マートンはこうした超因果性論への批判を受け入れて、機能主義を因果関係の解明の一つの手法として再定式化した。それに対して、ルーマンは別の途をとった。因果をとびこえる説明（＝パーソンズやデュルケーム）でもなく、因果を同定する手法の一つ（＝マートン）でもない形で理解すべきだと主張したのである。

「機能主義」のまぎらわしさ

ここからわかるように、ルーマンはパーソンズを継承したわけではない。目的論的機能主義は明確に否定されている。あえて継承というならば、ルーマンはむしろマートンを部分的に引き継いだ。超因果性論は成り立たないという前提を共有した上で、マートンとはちがう途をいこうとしたわけだ。実際、論文「機能と因果性」はマートンの「顕在的機能と潜在的機能」を下敷きにすると、ずっと理解しやすくなる。論点も具体的につかめる。

「機能主義」という言葉にもこだわらない方がよい。第6章や第7章でみてきたように、「パーソンズの機能主義」や「マートンの機能主義」は、ほとんどの社会学者が使ってきた記述や説明と同じものだ。ちがいがあるとすれば、パーソンズが想定した超因果性は否定するがマルクスの想定した超因果性は肯定する、あるいはその逆、ぐらいだ。パーソンズやマートンの課題や問題点は、社会学の記述や説明全体にあてはまる。理論社会学的な課題だと考えた方がよい（第6章第4節）。

その意味で、パーソンズ、マートン、ルーマンの機能主義はそれぞれちがう。機能分析の方法の継承関係でいえば、マートンとルーマンの間には共通する部分が多いが、パーソンズとマートン、パーソンズとルーマンの間には共通する部分は少ない。だから「機能主義はパーソンズから、マートン、ルーマンへ継承された」とか「機能主義のパーソンズ版は否定されたが、マートン版は生きている」といった解説はあまり適切ではない。「パーソンズの機能主義は成立しないが、マートンやルーマンの機能主義は成立する」とはいえるが、これも慎重に使った方がいい。
より正確にいえば、ルーマンはマートンと出発点を共有した上で、マートンとは別の方向へむかうことで、より一般的な理論に近いものを構築しようとした。その点ではパーソンズと共通する部分があるが、後で述べるように、それには成功していない。ルーマンの一般理論志向は、学説史的にはともかく、社会学の方法としては重要ではない。

2　等価機能主義の視座

方法としての機能的等価

少し寄り道になった。というか、この辺は現代の社会学でも最前線、といえば聞こえがいいが、実際には未開拓の密林や大湿原に近い。だから、ときどき行き先を見渡しながら、進んでいこう。

ルーマンは機能主義の方法をどう位置づけ直そうとしたのか。マリノフスキー、パーソンズ、そしてA・グールドナーらが採った説明様式をそれぞれ検討し、それらの問題点を指摘した上で、彼はこう述べる。

伝統的で因果科学的な実証主義の基盤を堅持する場合には、ヘンペルやネーゲルと同じく、これらの矛盾を機能主義的理論の欠陥の形で解き、機能主義的理論が厳密な科学性の要請には応えられないものだと断定しがちである。しかしながら、それと同等な正しさで、この不一致は別の方向で解決することができる。伝統的で因果科学的な解明手法の有用性を争うことはできる。それには、機能主義的分析の固有な意味を、原因と結果の間の不変な関係を確定するという因果科学の規則とは独立して、うまく定式化できることが前提になる。(1962：13＝1984：5)

ルーマンによれば、機能主義は、通常の因果関係の同定とは別の何かでありうる。ここでルーマンはネーゲルやヘンペルの反論を否定していない。同じくらいの正しさで別の考え方もできる、と主張しているだけだ。後でみていくように、実は、こういう考え方自体、ルーマンの機能分析にそうものになっている。

では、どんな「固有な意味」があるのか。途中をぶっとばしていえば、それは、別の可能性があることを示すことだ、と彼は主張した。

機能主義的な分析は、あつかうさまざまな事態を比較可能にする。機能主義的分析は個々の営みを、ある抽象的な視点に関係づけ、この視点は他のありうる営みの可能性を目に見えるようにする。機能主義的分析の意味は、ある（限定された形での）比較の領域を開くことにある。マリノフスキーが儀礼の機能は感情的に困難な状態への適応を容易にすることにあるとするとき、それによって、この問題について他のどんな解決可能性があるのかという問いかけが暗に投げかけられるのだ。(1962：13-14＝1984：14)

例えば、現実の事態はaであるが、aに対してはb、c、d、……という可能性もある／あった。それが見えた瞬間、私たちは「わかった！」と感じる。もう少し正確にいえば、それが見えた瞬間、現実の事態aをより深く、より的確に理解できる。

そういう形で、他の可能性を提示できる視点を提供する。機能主義という考え方の固有な意味はそこにある、とルーマンはいう。機能主義で何かが解明されたといえるのは、つねにそういう瞬間ではないか、というわけだ。

これがマートンの機能的等価や潜在的／顕在機能を下敷きにしていることはすぐわかるだろうが、ルーマンによれば、機能主義の固有の意味は機能的等価を見出すことそれ自体にある。これは因果関係の解明とはちがう。

援助の機能分析・再考

抽象的な議論だけではわかりにくいので、具体的な例で解説しよう。

第7章で、都市下層の人々への援助をとりあげた。「援助」としてすぐに思いうかぶのは、慈善事業や公的な支援だろう。それに対して、地域のボスによる財や機会の提供は、そもそも「援助」だとは見なされにくい。非合法の便宜供与であることが多く、投票や政治活動への参加などの見返りも求められるからだ。けれども、慈善や公的支援には、援助される人々の名誉や自尊心を傷つける面もある。それは自立した生活を営む上で、むしろ負の効果がある。

マートンの分析はそういう形で、援助とは何か、そこにどんな要因が絡んでくるかを、より深くより多面的に理解させてくれる。くり返しになるが、整理しておこう。

まず、慈善や公的支援とボスの援助はともに、（1）必要な資源、例えば生活を営む上で必要な資金

表8-1　援助の機能的等価その1

	(1)資源提供	(2)道徳的正しさ
慈善や公的支援	○	○
ボスの援助	○	×

やそれを得る手段を提供する。その点で等価である。だが、ボスの援助は「援助」とされてこなかった。非合法なものが多く、見返りを要求するなど、（2）道徳的な正しさを欠くからだ。それは都市の政治や社会を腐敗させ、下層の人々の生活も劣化させると考えられてきた。表にすると、表8-1のようになる。

（1）は顕在的（順）機能、（2）は顕在的逆機能にあたるが、マートンはこれらに加えてもう一つ、別の潜在的機能を指摘した。見返りを求められることは取引の主体だと認められることでもある。この点でいえば、ボスの援助は、（3）援助をうける人々の自尊心を保護するのに対して、慈善や公的支援はそれをうばい、自分で自分の人生を組織することを妨げる。（3）からみれば、慈善や公的支援の方がむしろ逆機能的である（表8-2参照）。

援助の機能分析はそういう形で進められるが、ルーマンは、こうした分析のステップが形式的にはどんな操作をやっていることになるのか、に注目した。援助を機能分析する社会学者の営みがどんなことをやっているのかを、一段抽象化して反省的にとらえ直したわけだ。いわば観察の観察である。ルーマンはこういうアプローチが大好きで、とてもうまい（第9章第1節参照）。

表8-2をもう一度みてほしい。この表には援助を評価する三つの視点が出てくる。（1）資源の提供、（2）道徳的な正しさ、（3）自尊心の保護だ。こうした視点がルーマンのいう「抽象的な視点」であり、「機能的等価視点」と呼ばれるが、実はここでは二つの等価性が発見されている。

表８－２　援助の機能的等価その２

	(1)資源提供	(2)道徳的正しさ	(3)自尊心保護
慈善や公的支援	○	○	×
ボスの援助	○	×	○

表８－３　援助の機能的等価その３

	(0)自立した生活を営んでいく		
	(1-1)資源提供	(1-2)道徳的正しさ	(1-3)自尊心保護
慈善や公的支援	○	○	×
ボスの援助	○	×	○
無担保小額貸付	○	○	○

まず、（１）（２）（３）を評価視点として並列できるのは、これらが「自立した生活を営んでいく」という、より上位の評価視点を共有できるからだ。というか、マートンはこの上位の視点を、いわば視点（０）として顕在化させることで、（１）（２）と（３）を機能的に等価にしたのである。

さらに、慈善や公的支援とボスの援助は視点（１）だけでなく、○と×の組み合わせという、やはりより上位の水準でも等価になっている。どちらも○が二つで×が一つある。つまり、（３）自尊心保護を加えることで、二つの事象は全体として、すなわち視点（０）に関して等価にした。だからこそ、ともに「援助」として描くことができた。

まとめていえば、慈善や公的支援とボスの援助の機能的等価性の発見は、従来の視点（１）（２）に、より上位の視点（０）から見て等価な別の視点（３）を新たに発見することで、二つの間により上位の等価性を成立させた。あるいは、視点（３）を新たに発見す

表8-4　援助の機能的等価その4

	(0)自立した生活を営んでいく			
	(1-1)資源提供	(1-2)道徳的正しさ	(1-3)自尊心保護	(1-4)継続性
慈善や公的支援	○	○	×	○
ボスの援助	○	×	○	○
無担保小額貸付	○	○	○	×

ることで、隠れた等価性を見出した、といってもよい。

そこまで見えてくると、マートンの分析のさらに先に進むことができる。表8-2に第三の事象、無担保小額貸付《マイクロクレジット》を加えてみよう。視点（0）も書き加えて示すと、表8-3のようになる。

この表では、事象の間の等価性が再び破れている。無担保小額貸付は○が三つだからだ。だとすれば、ここにはもう一つの機能的視点が潜んでいるのではないだろうか。慈善や公的支援とボスの援助は○で、無担保小額貸付が×となる視点が。わかりやすくいえば、こういうことだ。――もし無担保小額貸付がどの点でも良いものならば、なぜ全ての援助を無担保小額貸付でやらないのか？

もちろん、現実にはそうなっていない。そこには無担保小額貸付がもつ固有の逆機能がある。これは融資とその回収という形をとっており、援助される人々が短期間で援助を必要としなくなると想定している。（0）自立した生活を営む上で、（1―4）継続的な支援を必要とする状況には適していないのだ。

この第四の視点を加えれば、三つの援助のやり方の間で、○が三つで×が一つという等価性が再び成立する（表8-4参照）。

この先さらにどう考えていくかはもうおわかりだろう。

四つの視点で○になる第四のやり方がないか、検討してみる。あるいは、四つの視点のうち二つで○になる第四のやり方を探してみる。どちらにしても、もしそれが見つかれば、今度は四つのやり方を○と×の数で等価にする第五の視点があるのではないか、と考えていけばよい。

機能視点の使い方

「顕在的機能と潜在的機能」の機能分析は、こういう操作になっている。より上位の視点を顕在化させることで、新たな評価視点を見出し、事象の間により上位の等価性を成立させる。あるいは、新たな事象を発見することで、事象の間の等価性を破る。そういう形で新たな視点と事象を発見することで、援助という営みをより深く解明する。マートンが見出した機能的等価という概念《コンセプト》は、すでに発見されている選択肢の関係を表すだけではなく、新しい機能視点を見出す手段にもなる。そのことをルーマンは「機能主義的分析は個々の営みを、ある抽象的な視点に関係づけ、この視点は他のありうる営みの可能性を目に見えるようにする」と表現したのだ。

ルーマンはこうした考え方を「等価機能主義（Equivalenz Functionalism）（英訳すれば equivalence functionalism）」と呼んだ（1962：15＝1984：18など）。「機能的等価（functional equivalent）」の前後をひっくり返したわけだ。パーソンズの「構造機能主義」に対して「機能構造主義」と自称したように、ルーマンはこういう名づけ方が好きらしい。

ただし、これはたんなる言葉遊びではない。従来の方法や理論を反省的にとらえ直して、より明確に、より一般的に使えるようにした。そのことを示す名称でもある。援助の機能分析でいえば、マートンのやった分析をとらえ直して、新たな定式化をあたえた。すなわち、機能分析とは新たな視点と事象を見出して、事象の間に等価性を成立させたり破ったりすることで、それぞれの事象と視点とをより深く解明する方法だとした。そういう方法的な反省にもとづく点で、たしかに「等価機能主義」と呼ぶのがふさわしい。

これはそのまま『常識をうまく手放す』技法にもなっている。新たな視点を置くことで、慈善や公的支援とボスの援助のように、常識的には「ちがう」とされてきた事象を同じ（＝等価）だと考える。あるいは、常識では「同じ（＝等価）」だとされる事象の間に、ちがいを見出す。そうやって『常識を手放す』わけだが、従来の視点での評価は保持されるから、常識が全て覆されるわけではない。その点で『うまく』という条件もみたす。

事実、序章の「社会学は独学できる／できない」など、『常識をうまく手放す』作業は、全てこの等価機能主義の形で書き換えられる。その意味では、社会学者は潜在的には全て等価機能主義者だといってもまちがいではない。もちろん、こんな一般化がどこまで意味をもつかは、場合《ケース・バイ・ケース》によりけりだが、機能主義を批判しながら同じ論法を使う「理論」がなくならない現状では、一定の意義があるだろう。

マートン自身の方法もより整合的に理解できる。第7章の最後で、マートンの「機能／逆機能」という表現は素直で使いやすいと述べた。等価にする視点や等価になる事象は一挙に全て見えるわけではない。一つ一つ、交互に発見されていく。その点では、「機能／逆機能」の方が「順機能／逆機能」よりもふさわしい。マートンの機能主義はそうした方向性をもつ。

機能的等価という考え方は、パーソンズの目的論的機能主義を再検討するなかで生み出された。いわば抽象的な理論から来た概念だ。それが具体的な分析にとってもきわめて有力な方法になる。マートンの社会学的な感覚《センス》の良さがよくわかるが、それをルーマンは抽象的な概念と用語で見事に表現している。

3　因果と意味の収斂

比較と因果

ルーマンのすごさの一つはこの辺にある。具体的な営みを抽象化してとらえるのが、とてもうまいのだ。もしふつうの社会学者が機能主義を定義しようとすれば、「何かの事象が特定のシステムに貢献するかどうかを探究すること」みたいに考えてしまうだろう。これだと貢献とは何かが直ちに問題になるが、ルーマンの定式化は、状況次第で貢献かどうかが変わりうることも視野にいれてある。その一方で、マートンの方法の長所もうまく取り込んでいる。

自分でデータをあつかうと痛いくらい思い知らされるが、うまい抽象化はなかなかできない。抽象度が低すぎて具体的な状況にひきずられすぎるか、抽象度が高すぎてなんでも取り込んでしまうか、どちらかになりやすい。その間にうまく着地させる技量では、六人のなかでもルーマンは一番うまい。あまりにうますぎて、なかなか気づかれないくらいだ。

また少し寄り道になった。先に進もう。

機能分析は、複数の事象を一つの視点から並列的に評価する。ルーマンも述べているように、これは「比較」である。だから、機能分析とは比較の作業だといえるが、第3章や第5章の議論を思い出してほしい。因果関係の特定でも比較の作業は出てくる。というか、因果の特定には比較が不可欠である。

第5章で使った例をそのまま使おう。ウェーバーは「儒教と道教」で近代資本主義の原因となりうる事象として、①強烈な営利欲、②個人個人の勤勉さと労働能力、③商業組織の強力さと自律性、④貴金

表8-5　近代資本主義の因果特定

		伝統中国＝ 生成せず	西欧＝ 生成した	因果あり
原因候補	強烈な営利欲	○	○	×
	個人の勤勉さと労働能力	○	○	×
	商業組織の強さ	○	○	×
	貨幣経済の発達	○	○	×
	急激な人口増加	○	○	×
	移住と輸送の自由	○	○	×
	職業と営利の自由	○	○	×
	生産方式の自由度	○	○	×
	形式合理的な法の運用	×	○	○
	租税収入の公私分離	×	○	○
	特定の宗教倫理	×	○	○

属所有のいちじるしい増加と貨幣経済の進展、⑤人口の爆発的な増加、⑥移住や物資輸送の自由、⑦職業選択の自由度と営利規制の不在、⑧生産方式の自由、⑨形式合理的な法と計算可能なその運用、⑩租税収入の公／私の分離、そして⑪特定の宗教倫理をあげた。その上で、伝統中国と西欧で、次のような点がちがうとした。

つまり、ウェーバーは原因候補として複数の事象を並列した上で、近代資本主義が生成した／しないとの関係でそれらを評価した。すなわち、「生成した」に関係し（＝該当し）かつ「生成せず」に関係しない（＝該当せず）を、近代資本主義の原因とした。

因果の特定は一般にこういう手続きになる。つまり、原因候補という機能的視点からみて並列される諸事象を、結果が生じる／生じないとの関係で一定の規準（＝「生じる」に関係しかつ「生じない」に関係しない）をみたすかどうかで評価する。

それが因果関係を特定することにほかならない。

その意味で、因果の特定も複数の事象を一つの視点から並列的に評価する作業である。ルーマン自身は次のように述べている。

> 重要なのは、決まった原因と結果の間にある、何らかの法則に合致した、もしくは多かれ少なかれありそうな関係性ではなく、問題となる結果という視点の下で、多数の可能な原因群の機能的等価を確立することだ。
>
> 機能的等価の概念はよく知られ、よく使われるが、何かを定義する標識や方法の原理としては見なされていない。けれども、機能主義を因果科学的方法から解き放つ鍵はこの概念にある。機能とは原因となる結果ではなく、規制的な意味定式（Sinnschema）であり、それによって等価な営みを比較する領域が組織される。機能は特定の視点を標しづけ、その視点によって、さまざまな可能性が一つの統一的な相の下にとらえられる。……機能とは、まさしくカントが定義した意味で、「さまざまな表象をある統一した表象の下で秩序づけるふるまいの単位」なのである。（1962：14＝1984：14–15）

機能分析の新たな定式化

ルーマンのとった途がどんなものだったか、つかめただろうか。

マートンは機能分析を因果関係の探究に差し戻した。それに対して、ルーマンは機能的等価や顕在的／潜在的機能をあざやかに再解釈してみせることで、因果から機能へ再転換してみせた。おまけにカントの『純粋理性批判』まで持ち出して、自分の再解釈の方が歴史的に旧く、用語法としても適切だと示唆する。あざといくらいの手際だ。

社会学は『常識をうまく手放す』技法だと述べてきたが、ルーマンは社会学者の常識までもひっくり返す。そこが最もルーマンらしく、そして最も論議を呼ぶところでもある。マートンが「達人」だとしたら、ルーマンは「鬼才」といえるかもしれない。時代がまだ彼に追いついていないという意味でも。

それらもふくめて、論文「機能と因果性」はマートンの「顕在的機能と潜在的機能」を下敷きにすると理解しやすい。重要な論点をいくつも圧縮した形で述べているので読みにくいが、それもマートンを下敷きにするとわかりやすくなる。

くわしい紹介はもう省略するが、「機能と因果性」の後半部もそうなっている。

例えばⅣ節の準拠単位（英訳すると reference unit）の議論は、マートンの「機能的単位（functional unit）」の考察をそっくり引き継いでいる。ここでルーマンは機能と逆機能が必ずしも対称的でないことを指摘している。逆機能は（順）機能にくらべて、より長い経路をたどる形で発見される。これは範囲の切り直しにあたる（第7章第3節）。考慮する範囲を変化させることで、新たな機能的視点が見出される。

機能主義的分析はそれゆえ、第一次の解を固定することでは終わらない。その次の水準でも分析はくり返される。けれども、その次の水準での分析は、より高次の水準での進め方に依存するし、取り替えによって、すなわち、別の一次の水準の可能性を選ぶことで、廃止されうる。二次の水準

には、三次の、そしてさらなる問いの段階がつづく。(1962：20＝1984：28)

マートンは機能と逆機能をシステムの存続に有利に／不利に働くという形で定義したが、ある事象がシステムの存続に寄与するかどうかは、本来、確定できない。新たな視点と新たな事象が見出されれば、すでに見出された視点や事象の意味も変わりうるからだ(4)。

したがって、機能的視点をシステムの存続に結びつけるのは適切ではない。マートンが定義した意味では、機能と逆機能は区別できない。ルーマンはそういう形で、マートンが提起した機能的一体性の問題を解決した(第7章第2節)。

V節では、機能的等価性を同定する手続きが考察されている。これも機能分析を実際に進める上では重要な点である。

これらからわかるように、論文「機能と因果性」は具体的な機能分析をつねに頭においている。この点も「顕在的機能と潜在的機能」を引き継ぐ(第7章第5節)。特定の哲学的な立場や方法論の立場から天下り的に議論するのではなく、それらを視野に入れつつ、経験的な分析でぶつかるさまざまな問題を掘り下げる。その作業を通じて、機能主義という方法が本当は何をやっているか、どう使われるべきかを、反省的かつ実践的に考察する。二つの論文はともに、パーソンズの目的論的機能主義の破綻を見すえて、社会学に固有な思考として何があるのかを探究したものだ。

因果は機能に解消されるか

ルーマンの機能分析の考察はとてもよくできている。機能分析や比較の方法に関しては、現在の社会学の到達点だといっていい。

では、ルーマンの定式化によって因果は機能に解消されたのだろうか。ゆっくり考えると、いくつか疑問が出てくる。

因果を具体的に特定する手続きは、たしかに機能分析の一種になっている。正確にいえば、因果を特定する手続きは機能分析と同型で、同じ型の論理は、因果を想定しなくても社会的な事象の理解に適用できる。例えば、二〇世紀前半のアメリカの都市下層の人々は、無担保小額融資を選択「しなかった」とはいえない。この選択肢は当時はなかったからだ。けれども、無担保小額融資を等価事象にいれることで、彼らが実際に手にした援助のあり方をよりよく理解できる（第7章注（11））。

それゆえ、因果の特定作業は機能分析にふくまれるといってよいが、だからといって因果が機能に解消されるわけではない。理由は二つある。

第一に、因果の特定作業は因果関係という概念を前提にしている。例えば、因果の特定では、結果とされる事象という一つの視点から、等価な原因可能性が並列される。この手続き自体は機能分析だといえるが、その視点の定義には「原因―結果」という概念が使われている！　等価機能主義や機能の概念から、原因や結果の概念が導き出されるわけではない。機能的等価視点が原因や結果の観念で意味づけられた場合に、はじめて因果を特定する作業になるのである。

したがって、「因果性が機能的範疇《カテゴリー》の適用事例の一種」とはいえない。因果を具体的に特定する作業ならばそういえるが、因果性という概念そのものは機能分析の外部にある。因果の概念を使って機能分析をすることはできるが、因果の概念が機能分析から導き出されるわけではない。

第二に、明示的に因果の形をとらない関係でも、実は因果になっている可能性がある。例えば、先の援助の機能分析で「資源を提供する」「自尊心を保護する」といった等価な視点を設定したが、これらの意味は通常は因果の形で了解されている。慈善や公的支援によって援助される人々は資源を提供されるが、自尊心は損なわれる。それは自立した生活をかえって送りにくくさせる、といった形で。

論文「機能と因果性」でも「生じる（ergeben）」や「引き起こす（bewirken）」といった語が使われている（1962：20, 23）。これらも因果的記述と考えるべきだろう（一ノ瀬 2001など参照）。因果性の概念を機能分析から導出できない以上、因果性が否定されたとか、因果が機能の一部だとはいえない。たとえルーマンにそういう意図があったとしても、その論証は失敗に終わった。実際、『社会学的啓蒙１』に収められた別の論文「社会システム理論としての社会学」（1967＝1983）では、因果と機能は別のものになっている。

要するに、ルーマンの議論は因果の概念そのものを解明したものではない。因果の特定作業で実際に何がなされているかを示すことで、特定された因果関係とはどういう性格のものかを明らかにしたものだ(5)。

意味定式としての因果

そこにはつねに意味が介在している。第５章で述べた、ウェーバーの因果的解明はそれを指摘したものだが、ルーマンの機能主義の定式化を使うと、その介在のあり方もより明確にできる。

第５章第１節のように述べると、差異法で絞り込まれた因果候補のなかで、意味的な解釈がつけられるものが、社会科学にとっての因果関係であるかのように思えるかもしれない。ところが実際には、因果の特定そのものに意味が介在する。

第３章で述べたように、差異法という因果同定手続きは、もともと自然科学の実験を想定していた。

それを社会的な事象にまで拡張したわけだが、社会では実験室とちがい、結果に関わる条件＝原因候補を人工的に操作できない。そのため、いくつかの限界が生じる。

その一つはすでに述べたように、西欧近代と中国近世など、既存の事象の組み合わせしか比較に使えないことだ。それに加えてもう一つ、大きな限界がある。実験室は周囲から物理的に隔離されている。つまり、実験に関わる因果関係は、実験室の内部である程度まで閉じている。だからこそ、関わる条件を人工的に操作できる。

それに対して、資本主義にせよ何にせよ、社会的な事象は周囲から物理的に隔離されていない。それゆえ、閉じた因果関係を想定できない。わかりやすくいえば、どんな原因候補がありうるかの一覧表を、暫定的にすらつくれない。検討するリストの外に、要因となりうるものはつねにある。

因果を具体的に特定するには、他の条件がひとしいという条件下で、結果Xが生じる場合と生じない場合を見出す必要がある（第3章第1節）。計量分析でいえば、相関関係が疑似相関でないことを示す必要があるが、「他の条件がひとしい」といえるためには、要因となりうるもの（＝先行変数になりうるもの）が限定されていなければならない。そうでなければ、無限に疑似相関のチェックがつづく。要因となりうる範囲が最初に限定されているからこそ、原因が特定できるのである。

図8-1のように、実験室では、実験室という物理的な設備によって、原因候補の絞り込みはある程度までなされる。それに対して、社会の場合、そういう絞り込みが物理的にはできない。実際の分析作業でそれにあたるのは、分析対象の事前の分類である。例えば、ある営みをみて「これは宗教だろう」、「これは政治だろう」という形で、とりあえず分類する。その分類によって関連すると考えられる変数

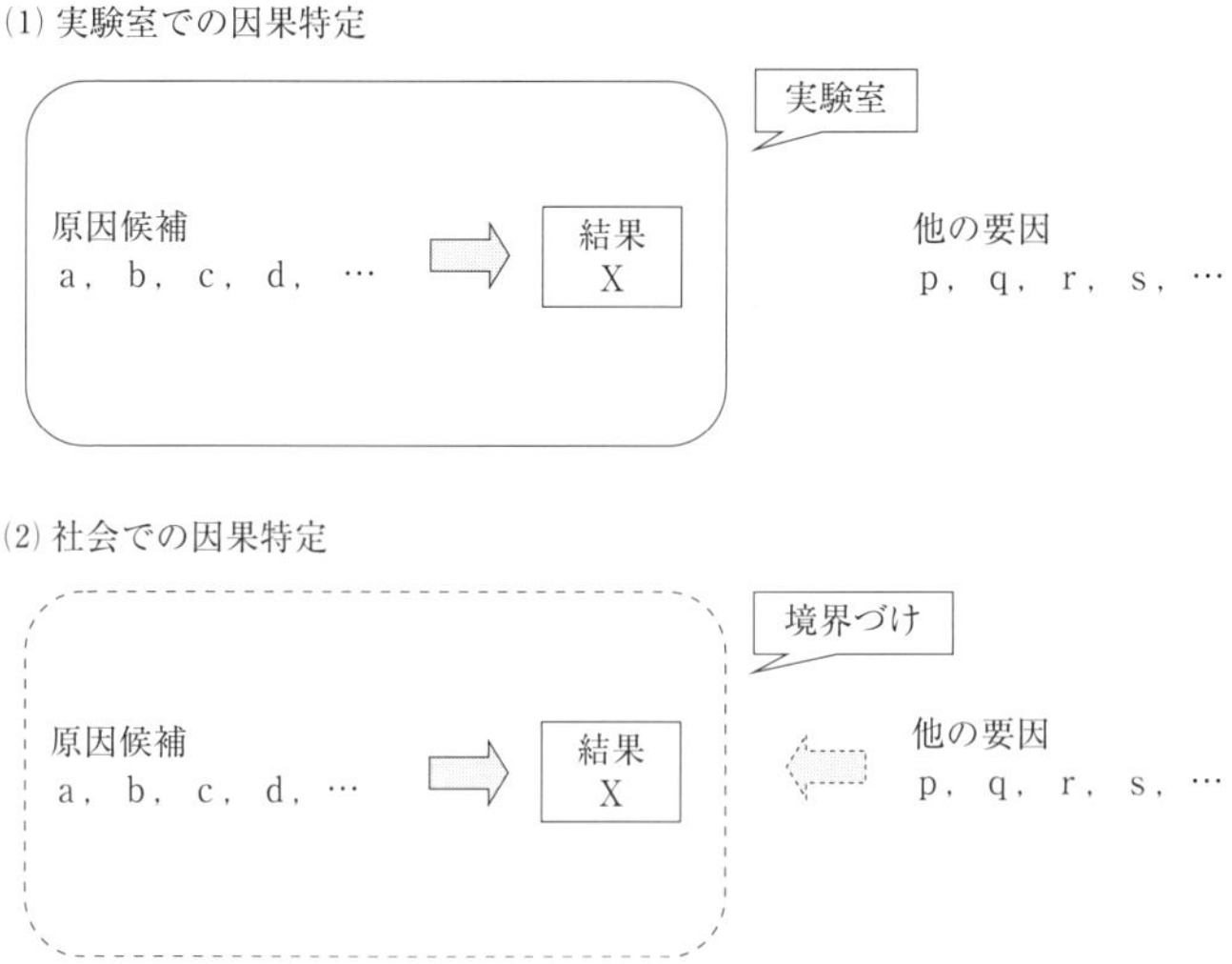

図8-1　実験室と社会のちがい

群を絞り込んでいるのである。明確に仮説を立てて研究する場合もあるが、それも事前の分類にあたる。

つまり、社会科学では、事前の分類という意味的な了解が実験室と機能的に等価になる。事前の分類は、観察者が自分の社会の常識をもちこむか、対象となる社会の当事者の了解を参照するか、どちらかによる。どちらにしても、当事者水準での意味的な境界にもとづく。社会科学の因果特定は、当事者水準での境界づけに依存した作業なのだ。

それゆえ、そこには因果以外の視点が必ずふくまれる。因果性の概念に加えて、「関連すると考えられる」「調査可能な」「検証可能な」などの、別の機能的等価視点を使うことで、はじめて原因群を具体的に特定できる。その意味でも、社会科学での因果の特定は必ず機能分析をともなう。因果性とは別の評価視点によって原因候補の範囲、すなわち原因かどうかを判定する変数群を限定する必要があるからだ。

因果と機能はむしろそういう形で結びつく。因果性そのものは社会学的分析の外部にあるが、特定された因果はつねに事前の潜在的な機能分析の産物である。だから、さらなる機能分析の対象になりうる。機能分析を「ある（限定された形での）比較の領域を開くこと」[(6)]だとするルーマンの定式化はその面でも的確だったが、実はウェーバーもほぼ同じことを指摘している。カント哲学の影響を考えればあたりまえの話だが、ウェーバーの価値の概念とルーマンの機能はほぼ重なる（第5章第3節）。ジンメルでいえば、因果は社会的な形式にあたる（第4章第2節）。ジンメルの場合、因果性の概念自体は、社会的というより超越論的定式になるだろうが、それとは別の意味定式が働くという意味で、社会的な形式だといえる。

因果の特定は、私たちが世界や社会を観察する意味定式、ジンメルのいう形式やウェーバーのいう価値の産物である。サモンの因果的説明の議論やハンソンの観測の理論負荷性など、現在の英語圏の科学哲学や分析哲学からみても、これは妥当な考え方だろう。因果を超える超因果性を社会科学者が観察できるわけではない。デュルケームのような特権的な視線も、パーソンズのような近似も成立しない。

社会科学は社会を内部から見ている。私たちが了解する因果をより適切にあつかう方法を社会科学は提供するが、私たち自身の意味づけをのりこえて何かを知りうるわけではない。内部観察では、因果の記述と意味の理解は重なりあう。ルーマンの機能主義の再定式化はそういう射程をもつ。

4　意味の境界作用

ルーマンが導入した大きな転換はもう一つある。システムの再定義である。パーソンズは社会システムを物理的なものとして構想した。それに対して、ルーマンは「意味システム（Sinnsystem）」を提唱した。

システムの意味境界

これも因果と意味に関わる。パーソンズの構造機能主義では相互作用、すなわち相互的な因果関係がおよぶ範囲全てが一つのシステムになる。より正確にいえば、恒常的な相互作用がおよぶ範囲全て、であるが、ともかくシステムの境界は因果関係のあるなしで決まる。簡単にいえば、因果の果てがシステム境界になる。

第５章と第６章で述べたように、この定義は深刻な問題を引き起こす(7)。南米のインカやオーストラリアのアボリジニ社会のように、空間的に隔絶していないかぎり、恒常的な相互作用はつねにあるからだ。貿易や交通だけではない。戦争もまた恒常的な相互作用である。影響の強さからいえば、主要な相互作用の一つといっていい。

パーソンズのもう一つのシステム概念、境界維持システムではこの問題がより明確になる（第６章第３節）。境界維持システムというあり方は、境界を成立させない、あるいは成立させにくくさせる何かの作用を前提にする。そういう作用があるからこそ、あえて境界を恒常的に維持することが必要となる。境界維持システムの境界は、相互作用が構造的に働く場であって、因果の果てではありえない。

では、システムの境界とは何か？　ルーマンの答えはいかにも彼らしく、根底的で、そして屈折《アイロニカル》したものだった。「境界がある」という了解とそれにもとづく「内／外」の区別がある場合に、その区別にもとづいて「内」に帰属される営みがシステムにあたる。くわしい議論は第11章であらためて述べるが、単純化すれば、彼はこうした方向でシステムを考え直そうとした。

この定義は、本当はそれほど特異なものではない。むしろ、具体的な社会や制度を考えた場合には、広く見られるとらえ方の一つだといえる。

例えば、ウェーバーは「社会的形成体（sozial Gebilde）」を、どんな人間が成員であるかにかかわりなく、人々から「同じでありつづけている」見なされているものとした（Weber 1913：448 = 1990：63）。ジンメルはもっと明快だ。国境線のような空間的な境界もまた「現実の、心的な境界づけ過程の結晶化または空間化にすぎない」、すなわち了解によって意味づけられた境界にもとづくものだと述べている（1908：467 = 1994b：225、第4章第1節参照）。

構造機能主義者のなかでも、M・レヴィは（a）成員の生物的絶滅や離散、（b）成員の意志阻喪、（c）全面戦争、（d）他の社会への吸収、という四つの場合に社会が消失するとしている。このうち、（d）の吸収は、行為システムの自己同一性と自己充足性が部分的に失われることをさす（Levy 1952：140）。第6章で述べたように、自己充足性や完結性といった因果性の境界で定義すると、世界全体が一つの社会になってしまう。それゆえ、レヴィも自己同一性という意味的な境界づけを導入せざるをえなかった（同：151、第6章注（8））。

マートンの場合、理論的な定義は論じていないが、ボス組織の分析でシステムにあたるのは、ニューヨークやフィラデルフィア、ボストンなどの市《シティ》のコミュニティだ（第７章第１節）。これらは明らかに外部と恒常的な相互作用をもつ。

要するに、経験的な記述可能性を考えれば、因果関係の有無で社会的な境界は定義できない。「同じでありつづけているとして」や「自己同一性《アイデンティティ》」といった、ある範囲を「内」として了解する営みに準拠して定義せざるをえない（第５章第２節）。

その点でいえば、ルーマンの定義はとりたてて新奇なものではない。パーソンズよりも伝統的なくらいだ。ルーマンの新しさは、それが何を意味するかをはっきりさせたところにある。こういう形でシステムを定義した場合には、システムがあってその境界ができるというよりも、境界が形成されてその「内」とされたものがシステムになる。システムを社会と言い換えても同じだ。社会があってその境界ができるのではなく、境界づけの作用があってその「内」とされたものが社会になる。

もう少し具体的にいえば、この定義では、社会的なこと（the social）は複数の境界がさまざまな形で重なりあったものになる。例えば、国家という境界があり、経済という境界があり、企業や学校という境界があり、家族という境界がある。それぞれの境界はそれぞれ固有な特性をもっており、その特性にもとづいて何らかの動きが生じる。そうした、さまざまな境界づけとそれらの特性にもとづく挙動が、社会的なるものを構成する。大まかに描けば、そういうことだ。

例えば、ジンメルは貧者についてこう述べている。「貧者はたしかにある意味で集団の外部におかれる。けれども、この外部なるものは、集団との相互作用の一つのあり方にほかならず、その作用が貧者を最も広い意味での全体に結びつけて一つに織りあわせる」（1908：352-353＝1994b：60）。

境界作用としての社会

ルーマンの定義は、システム論にとって特に二つの点で革新的だった。
一つは、これは物理学モデルよりも、理解社会学に近い。境界のもつ意味によって、その境界にもとづく動きが変わってくるからだ。

例えば、国家の内／外は、物理的強制力をもつ法の適用範囲になる。その「内」はそうした法、つまり国家法が適用される空間であることを前提とした営みで特徴づけられる。組織の内／外は、組織としてである／でないという区別にあたる。その「内」は組織としてのふるまいに固有な特性で特徴づけられる（第11章第1節、佐藤 2008：5章参照）。家族の内／外は、親密性ゆえに、民事関係などいくつかの種類の法の適用が除外される範囲になる。そのため、その「内」は感情にもとづくとされる。

ルーマンはシステム概念の再定義という形でこの点を指摘したが、論理的には、この「内」は必ずしもシステムにならなくてもよい。自己産出的なシステムにあたる場合も少なくないが（第10章参照）、それとは別に、社会的なるものをこういう境界作用の形で考えることができる。経験的な分析には、それだけで十分に意義がある。

例えば理解社会学にもこれはあてはまる。第5章で述べたように、理解社会学は「思念された意味」に注目するが、一人一人の頭のなかをのぞけるわけではない。実際には、誰かが体系化して文書化したものから、了解や解釈枠組みを推測している。

プロテスタンティズムの倫理でいえば、一人一人の信仰内容や他人の信仰への解釈が直接観察できるわけではない。『ウェストミンスター信仰告白』みたいな文書から、こういう倫理があったはずだと推定しているにすぎない。過去の出来事の場合、記録の残りやすさからもそうなってしまうが、現在の出来事でも事情はあまり変わらない。せいぜい意識調査への回答を使えるくらいだ。

具体的な了解や解釈枠組みは資料に残りにくいが、抽象的に体系化された理念は文書化されやすい。その上、社会の全体像を提示してくれる。だから、研究者が社会を再構成する上では絶好の資料になる。それゆえ、世界システム論が歴史に周期を見てしまうように、理解社会学は制度や社会が抽象的な理念で創られ、動いているかのように見てしまう。

そうした構造的な見えなさを、境界作用というとらえ方はある程度解除できる。意味的な境界とは、例えば「これは組織としてのふるまいではない／である」のような、その都度その都度の区別の集積だからだ。個々の区別の間にはもちろん関連性が見出されるが、それは体系的な理念というより、明確な不一致が見出されないこと、簡単にいえば、つじつまがあわせられることに近い(8)。

その分、社会を過剰に統合された形でとらえずにすむ。実際、同じく意味に注目するといっても、理念を社会や制度のプログラムと見なすのと、境界作用の集積として社会や制度を見ていくのとでは、描く内容が大きくちがう。例えば、後者の方が人間の多様性や散らばりを表現しやすい（佐藤 2010a：補章など参照）。

社会学は社会の秩序性や統合性を過剰に見積もりやすい。その代表例がパーソンズ以来の社会システム論であるが、ルーマンのシステム論のシステム境界定義のもう一つの革新性もそこに関わってくる。これは「自己組織」とか「自己生成」と呼ばれてきた事態にうまくあてはまる。それに関しては第10章であつかう。

「複雑性の縮減」をめぐって

ルーマンが新たに導入したのは大きくいえばこの二つ、すなわち機能分析とシステムの再定義であった。再定義というより、つくり直したといった方がいいかもしれない。社会学は社会を観察する学である。だから、どう観察すべきかとどこに着目すべきか、すなわち方法と対象は最も重要な論点になる。その両面で彼は大きな革新をもたらした。

現代の社会学はまだその衝撃のなかにある。論文「機能と因果性」はもう五〇年以上前、私が生まれる前に書かれたが、依然として新しい。「機能とは原因となる結果ではなく、規制的な意味定式である」という定式化の意義も、当時の社会学者にはあまり理解されなかったのではないか。

それはある面では大きな不幸だったと思う。機能やシステムの境界定義のような、根源的な考察は経験的な反証がむずかしい。他の研究者による再試行と追構成で検証するしかないが（序章第3節）、そうした内在的な批判を受ける機会をルーマンはあまりもてなかったようだ。

社会科学に「神さま」はいない。それは裏返せば、神さまみたいな超天才の社会科学者もいない、ということだ。従来の研究を全てひっくり返す、革新的な着想をもてる人はいる。手堅く緻密な論証ができ、ほとんどまちがえない人もいる。けれども、そのどちらもできる人はいない。

ルーマンはその両方をかなりできた人だが、それでも大きな失敗をしなかったわけではない。独創的で革新的で、かなりの程度、論理的である彼の議論にも、素朴な短絡や飛躍はある。その代表例が「複雑性の縮減」、簡単にいえば、システムは環境の複雑性に対抗して自身の複雑性を保持する、という命題だ。

先ほど述べたように、ルーマンは機能分析とシステムをそれぞれ再定義したが、複雑性の縮減はこの二つを結ぶ環になりうるように見える。W・ロス・アシュビイの「最小多様性（requisite variety）」の法則を言い換えたもので、他の社会科学者にもわかりやすかったため、長い間、ルーマンの社会学を理解する重要な鍵とされてきた。

けれども、これは失敗だった、と私は考えている。もともとルーマンは了解とか解釈枠組みの意味論をあつかうのがうまい。ジンメルやウェーバーらの社会学の流れを受け継ぐ人だ。それに対して、複雑性の縮減はサイバネティクスから来ている。社会を物理学的にとらえる概念だ。

社会を意味からとらえるのか物理学モデルでとらえるのか、という対立はコントやスペンサーの時代からある（第2章第1節）。だからこそ、両者を橋渡しする概念として、複雑性の縮減は魅力的に見えたのだろうが、結局、多義的で曖昧なままに終わった。ルーマンはこれを、意味づけること自体（＝「規定性（Bestimmtheit）」）から選択肢の増大まで、さまざまな意味で使う。著作によっても変わる。

複雑性の縮減のような原理が欲しくなった理由はわからないでもない。機能分析では、機能視点や等価事象は段階的にしか発見できない（第8章第2節）。そのため、下手をすれば、とってつけた《アド・ホック》、恣意的なものになってしまう。だから、どちらの方向に進むべきか、嚮導《ガイド》役になる原理があることが望ましい。効率的に分析できるし、結果も体系的に整理しやすい。

そう考えて、多くの社会的な事態に広く適用できる機能視点をルーマンは探していたのだろう。そして、アシュビイの最小多様性の法則に着目した。システム境界の内と外の関係にも言及する点でも、これは都合が良かった。境界の作用を一般的に評価する視点にも使えるからだ。

ルーマンの目には、機能分析と意味システム論の両方で嚮導役になれて、かつ両者を内在的に結びつける原理に見えたのではないか。例えば、機能分析をすること自体を意味システムの複雑性の縮減として、さらに機能分析できる。自己言及的な根拠づけが好きな人だから、そこも魅力的だっただろう。

だが、この利点はそのまま欠点でもあった。もし複雑性の縮減という原理が立てられるのであれば、等価な視点と事象を一つずつ交互に発見していく必要はない。これらが段階的にしか見出せないのは、それぞれをめぐってどんな因果関係が生ずるかが一般的にはいえないからだ。だから、多様で複雑な因果関係を一つ一つ同定したり推測したりしていくしかない。

パーソンズの影

逆にいえば、複雑性の縮減は、多様で複雑な因果関係を縮減して近似する。つまり、パーソンズの機能要件論と同じものだ。事実、複雑性の縮減に対しては、ルーマン自身が述べていることもふくめて、機能要件論への批判がそのままあてはまる。これは単一機能仮説と同じで、論理的には冗長でしかない（第6章第2節）。

システムの境界の作用の原理としても、適切ではない。そもそもシステムの内部と外部の複雑性を測る具体的な指標をルーマンは提示できなかった。それゆえ、複雑性の縮減は「システムがある」と同義反復になる（第11章参照）。彼がハーバマスとの論争で持ち出した「世界複雑性」、すなわち無限に複雑な世界のなかでシステムが無限に複雑性を縮減するという命題は、この同義反復の単純な転写でしかない。

こうした無限による根拠づけは悪い意味で神学でしかないが（第10章第1節、佐藤 2008：序章注（3）参照）、たとえ複雑性を測る指標があったとしても、その場合、システムの内／外は物理的状態のちがいとして定義できる。システム境界は意味的なもので、システムによる境界設定によるものだ、という意味システム論とは矛盾する。(9)

一言でいえば、複雑性の縮減は、マートンが機能主義から切り離した機能要件論を密輸入することにつながる。この点でいえば、「ルーマンはみずからを「神の視点」に置こうとしている」という評価は全く正しい（盛山 2011：216）。だから、パーソンズの構造機能主義とはうまくつながるが、だからこそ、ルーマン自身の等価機能主義やシステム定義とは相いれない。

裏返せば、パーソンズの思考はそれほど深く広く、当時の社会学の地平を覆っていたのだろう。もちろん全てがパーソンズ個人に由来するものではなく、彼の考え方が代表的な事例だった面も少なくないが（第6章第4節）、ルーマンもそこから自由だったわけではない。

例えば、論文「機能と因果性」で因果を機能に還元しようとしたのも、自然科学と社会科学の統合という、L・ヘンダーソンやパーソンズの路線を踏襲するものだった（第7章注（3））。ルーマンの場合、自然科学を社会科学に統合するという逆転の発想に出たわけだが、鏡映しも写しの一つだ。そう考えれば、因果の概念自体を機能に還元できるかのような主張の仕方も、理解しやすい。

システム境界の定義にもそれはあてはまる。自己産出《オートポイエーシス》の考え方を導入するまで、ルーマンも意味境界が成立するしくみを積極的には描けなかった。「意味」を標語に掲げたが、実質的な中身は、パーソンズの境界維持システム論を超え出るものではなかった。

一九八〇年代以降のルーマンの転回、いわゆるコミュニケーションシステム論への転回は、その地平から一つ一つ身を剝がす苦闘であった。そのなかで革新的で魅力的な着想がさらに生まれていったが、最後の著作になった『社会の社会』（1997 = 2009）や『社会の教育システム』（2002 = 2004）でも、パーソンズの重力圏から抜け出したとはいいがたい。中途半端なところも少なくない。

ルーマンは、抽象的な思考が好きな理論家《セオリスト》だと見られている。たしかに一般理論への志向は強いが、彼の良さはそこにはない。第Ⅱ部であらためてみていくが、複雑性の縮減にせよ、あるいは全体社会《ゲゼルシャフト》システムの概念にせよ、一般性の高い議論になると単純な短絡や飛躍を起こす。内在的な批判に恵まれなかっただけでなく、本当は得意ではなかったのだろう。

ルーマンの冴えやキレは、経験的な水準の議論を一見意外な方向から抽象することで、劇的に視界を広げる瞬間にある。その手つきは本当にあざやかで、楽しく、わくわくする。法学や組織科学、歴史学などから高く評価されたのも、それが実感できるからだろう。

ルーマンとマートン

とはいえ、ルーマンも決して孤高の天才だったわけではない。彼の前にはマートンがいた。一九六〇年代の英語圏でも、すでに機能主義は機能要件論を離れて、構造的制約に注目し、関係性を解釈するアプローチに変貌しつつあった（Sztompka 1986 : 140）。機能主義を意味の解釈につなげるという発想も、ルーマンの独創ではない。

ルーマンの独自性は新たな術語を工夫して、それをあざやかに定式化して見せたところにある。その点で、ルーマンとマートンは好対照になっている。マートンの方法は実際には革新的なものだったが、パーソンズの術語系に寄り添う形で表現された。いわば新しい酒を旧い革袋に盛った。だから、同時代の社会学者にあまり抵抗なく受け入れられたが、その反面、構造機能主義批判に巻き込まれて、不当に旧弊視された。

それに対して、ルーマンは自分の方法を新たな言葉で表現した。それも「等価機能主義」や「意味システム」、さらには「機能構造主義」のように、従来の術語系とのちがいを際立たせる名をつけた。

その呼び名自体は、すでに述べたように、決して突飛なものではない。例えば「機能構造主義」でいえば、パーソンズの理論では、構造が先に定義されて、その構造の特性として機能が定義される（第6章第2節）。それに対して、ルーマンの方法では、構造という形で因果関係を同定できるのは、それ以前に機能的視点があたえられているからである（第8章第3節）。「構造機能主義」か「機能構造主義」かは、その論理上の後先を表現したものだ。ルーマンの考え方がわかっていれば、ごく自然な言葉づかいである。

「意味システム」もそうだ。システムの境界は実際には因果関係ではあたえられない。その点でパーソンズはたんにまちがえていただけでなく、二種類のシステム定義を混在させてきた。だから、境界設定のちがいをはっきり強調する必要があった。そう考えれば、これも自然な表現である。

ただ、そのちがいの強調のしかたはやはり少しあざとい。酒と袋の喩えを再び使えば、ルーマンは袋の新しさを強調して酒を売り出した。その分、注目は集めたが、袋の見た目から中味を誤解された面も小さくない。複雑性の縮減などではパーソンズに近い部分もあったから、いっそう混乱を招いた。

マートンがルーマンの立場だったら、おそらく別のやり方をとっていただろう。それもまた個性であるが、英語圏の社会学の事典類をみると、ルーマンの機能分析の方法やシステム論はいまだに誤解されている。もしルーマンがちがった表現もしていれば、もっと広く受容されたのではないか。それが英語圏の社会学を活性化してさらに受容が進むという、二重の意味で好循環をつくれたかもしれない。

彼のやり方が良かったのか悪かったのかは、現時点では判定しがたい。マートンは既存の術語系に寄り添うことで、実際に好循環をつくりだした。それによって一九五〇年代から六〇年代のアメリカ社会学の全盛期に大きく貢献したが、それだけに実態以上に早く旧びた。パーソンズとは別の意味で、マートンも生きながら埋葬された人である。

ルーマンもマートンも社会的な事象としての循環に強い関心をむけ、さまざまな形で社会学に取り込んだ。いわば循環をあつかう名人であり、機能分析の達人でもある。その二人が自分の社会学をめぐる循環の生成では、対照的なやり方をとった。そのどちらが成功だったのかは、いまだにわからない。

そんな現在の社会学をみていると、「機能と逆機能は……論理的に等価である」（1962：21＝1984：31）というルーマンの言葉が、とても現実的に思えてくる。

注

（1）これは、社会学者として標準的なキャリアをもたなかった彼なりの適応でもあったかもしれない。
（2）「機能と因果性」の日本語訳は、部分訳もふくめて三種類を利用できる。土方昭の全訳（Luhmann 1962＝1984）、富永健一の要約的紹介（2008：664-669）、そしてネット上にⅣ節の最初までの個人訳を載せているホームページがある（翻訳権の問題があるかもしれないのでURLは記さない）。三つとも参考にさせてもらったが、ルーマンの原文自体が難解なこともあり、独自に訳し直した。
私の理解は最後のものに近いが、複数の訳を参照できたのはとてもありがたかった。三人の翻訳者に深く感謝する。
（3）イサジフ自身は超因果性を導入することに肯定的だった。その意味でも、この表現を使うのが適切だと思うが、彼はその導入を自己制御システムに限定し、かつ、自己の持続自体を解明すべき事態だとしている。

これは自己産出《オートポイエーシス》にもつながる（第10章第1節参照）。ルーマンだけが天才的で独創的だったわけではない。

（4）この依存性を、確定された可能性集合内での分割の上位—下位として解釈することもできる。その場合、元の段階の意味が次の段階によって変わることはないが、機能分析の実際の作業では、意味は事後的にしか決まらないと考えた方がよい。

（5）その点でいえば、ルーマンの意味定式というとらえ方は、D・ヒュームの「習慣」に通じる。もちろんパーソンズよりも、はるかにカント的である。

（6）ウェーバーは、この意味づけによる限定を、因果の特定には「《法則論的》知識」すなわち経験則的な知識の適用が欠かせない、という形で述べている（1906：271, 276-277＝1965：183-184, 191-193、第５章第２節）。その方法の形成史や現代の科学論との関連については、Ringer（1997）など参照。

（7）厚東（2011）はこれらの問題群を幅広くかつ見通しよく論じている。そちらも参照してほしい。

（8）これはS・A・クリプキによる「ルール」の定義でもある（Kripke 1982＝1983）。ラビ・ユダヤ教における口伝トーラーの解釈の営みもよく似た性格をもっている（第２章注（２））。事実、ルーマンはコミュニケーションシステム論とラビ・ユダヤ教の考え方の類似性を認めている（1997＝2009：５章原注47参照）。なお、この点は高橋徹（2009）から教えられた。これは佐藤（2008）への書評であるが、意味論分析とコミュニケーションシステムとの関わりについて、いくつか重要な指摘がなされている。

（9）くわしくは宮台（1986, 1987）参照。

第Ⅱ部　現代社会学の地平

第9章　内部観察と自己論理

この章から第Ⅱ部に入る。第Ⅰ部でみてきた社会学の形成と展開の上に、現代の社会学が現代の社会をどうとらえようとしているのかを、具体的な事例をおりまぜながら、現在進行中の研究もふくめて解説していく。

第9章では『常識をうまく手放す』の実践例として、社会学の内部でも外部でもよく使われる趨勢《ゼーション》命題の一つ、共同体や社会の「解体」論の図式をとりあげる。テンニースの『ゲゼルシャフトとゲマインシャフト』以来、この図式は社会学の内でも外でも社会の変動を説明する便利な理論として使われてきたが、論理的にも経験的にもその内容には疑問が多い。

それらについて簡単に解説した上で、この図式を内部観察の視座から自己論理的《オートロジック》に組み換えてみる。それによって、「心が不透明化した」といったありきたりの現代社会論に、どんな可能性が新たに開かれるかを示す。

1　社会学の現在

第2章のデュルケームから第9章のルーマンまで、〈今の社会学《モダン・ソシオロジー》〉の生成と展開をたどってきた。

社会学の問いと答え

ここでは六人の偉大な社会学者――女性がいないのはさまざまな意味でおそろしいことだが――としてまとめたが、いうまでもなく、彼らは一人で考えていたわけではない。デュルケームやジンメルの世代になると、もはや資料や記録が残っていないだろうが、同じような問いをいだき、似たようなことを考えていた同時代人はいたはずだ。それに明確な輪郭をあたえ、言葉に結晶させるには、大きな力業が必要だった。その点で六人はたしかに独創的だったが、同時代から離れて考えていたわけではない。

社会とその観察者は明確な対象《オブジェクト》と主体《サブジェクト》という関係をとらない。社会的なもの（the social）は、私たちの目の前にあるというより、私たちの皮膚を包んでいる。その外に立つことができない何かなのだろう。そういう意味では、社会学の思考の展開の多くは、数学の○○予想とその解決のような、明確な問いと答えという形をとらない。もっと漠然とした問いかけ、言葉になれるかなれないかの水準での疑問に対して、ばらばらで、断片的な答えの集積が応じる。その姿はそれ自体で、社会学の思考とは何かを表している。

そのことは社会学にさまざまな影響をあたえてきた。例えば、パーソンズがそうであり、デュルケームもそうだったかもしれないが、その限定を突破したいという強烈な欲望をうみだすこともある。事実、社会学の歴史のなかで、いや今日でも、限定された知を超える運動は何度もくり返されている。けれども、反復される今日もまた、不可逆な歴史のなかに堆積していく。その運動がくり返されるにつれて、反復という事実もゆるやかに浸透していく。

一九八〇年代以降の、いわゆる「理論並列状況《マルチパラダイム》」の背景にあるのは、そういう事態だと思う。たんに「理論」が乱立するのであれば、何も目新しいことではない。広く信憑される「理論」がなくなったのではなく、そういう理論がありうるという信憑が崩れてきた。幽霊のような「理論」が並ぶのも、「偉大な社会学者」の系譜がマートンからルーマンへという形で閉じられたのも、その一環なのだろう。

そうした社会学の現在を一言で表せば、限定された知である社会学の限定された知としての自己理解だといえよう。そういう方向で、現在の社会学の方法や知識や視座はゆるやかに整理されつつある。そんな形で『社会が社会をつくる』と『常識をうまく手放す』が組み合わされつつある。

二次の観察

その意味で、私たちはマートンやルーマンの同時代人なのだろう。日本語圏では、機能主義は客観主義的で、意味学派は主観主義的だと見なされがちだが（序章第2節）、スメルサーも、因果の同定が意味的なネットワークに依存することを指摘している（1976 = 1996：256–268）。カントを引くまでもなく、機能と意味は重なりあう。

その流れのなかで、現代の社会学はどんな視座や方法をもちつつあるのか。第Ⅱ部の四つの章では、その一部を私なりに言葉にし、使ってみせよう。いうまでもなく、あくまでも私なりの言葉であり、使い方にすぎないが。

顕在的／潜在的機能というマートンの方法や、意味定式としての機能というルーマンの再定義は、社会における当事者の「説明」や「理論」、英語でいえば〝native theory（folk theory）〟に否応なく目を向けさせる。盛山和夫の言葉を借りれば「一次理論」である（盛山 1995）。もちろん、それまでも当事者の観察が無視されてきたわけではないが、パーソンズがめざしたような一般理論では、当事者の観察は「原住民の呪術」にひとしい。観察者である社会学者の説明や理論によって、いずれ駆逐されるべきものだ。

マートンやルーマンの方法はその関係を逆転させた。社会学者の説明や理論は当事者の観察と地続きになっている。前者は後者の反省的な定式化や体系化の試みなのだ。この考え方を学派の名前にしたのが「エスノメソドロジー」である。

それは裏返せば、社会学者の観察は当事者の了解にひきずられやすいということでもある。当事者の了解から距離をとりすぎて空理空論になることもあるが、距離をとれずに、言葉面だけを変えてくり返すこともめずらしくない。社会学的な観察だと信じられてきた知識が、実は当事者の了解の言い換えや焼き直しでしかなかったりする。

現代の社会で『常識をうまく手放す』ためには、そのような、いわば当事者の常識と癒着した社会学者の常識も、うまく手放す必要がある。そういう種類の観察の観察、すなわち二次《セカンド・オーダー》の観察が求められるのである（第8章第2節）。現代の社会学に固有な課題の一つはそこにある。

「解体」論という常識

その事例として、この章では近代化論の「趨勢命題《ゼーション》」をとりあげよう。これにもいくつか種類があるが、最も代表的なのはF・テンニースのゲマインシャフト／ゲゼルシャフト図式だろう。「共同体が解体して個人が生まれた」「共同体から個人単位の社会へ転換した」といわれるものだ（第2章第1節）。

この図式は現代思想や文芸批評などの分野でも広く共有されており、現代社会を語る上でまさに「常識」になっている。社会学でも一九七〇年代までは、左右を問わず、近現代社会を説明する一般的な理論とされてきたが、八〇年代以降、社会史などによって、西欧や日本もふくめた非近代社会の知識が積み重ねられるにつれて、さまざまな面で疑問が出てきた（佐藤 1998）。

例えば、言葉の歴史からみても、第5章で述べたように、「ゲマインシャフト（Gemeinschaft）」が今でいう「共同体」の意味で使われるのは、一九世紀後半以降である。それ以前は、ゲマインシャフトとゲゼルシャフトは同じ意味の語だった（Riedel 1975＝1990）。

もっと奇妙なことがある。テンニースの『ゲマインシャフトとゲゼルシャフト』は一八八七年に公刊された（1887＝1957）。それが現実の社会の変化を反映したものならば、この時点で、すでに共同体は解体しつつあったはずだ。ところが、その後もこの図式は現代診断として長く使われつづける。日本でも一九三〇年代にはすでに語られており[1]、戦後の高度成長期をへて、八〇年代にもやはり「共同体の解体」が言われた。二〇〇〇年代にも「コミュニケーションの島宇宙化」といった形で、同じ内容がくり返されている。その処方箋として、友人関係や自発的社団《ヴォランタリー・アソシエーション》などの中間集団が推奨され、そのひ弱さや機能不全が嘆かれるところまで、そっくりだ。

さらに、「共同体の解体」の「共同体」の代わりに「社会性」や「規範」を入れれば、これはそのまま「脱近代化《ポストモダン》」になる。「大きな物語の失効」とか「象徴界の機能不全」といわれているものだ。これもD・リースマン『孤独な群衆』(1961 = 1964) の「他人指向」や「内幕情報屋」以来、少なくとも五〇年以上、語られている。ルーマンによれば、一〇〇年近くの歴史があるそうだ (1997 = 2009 : 6)。

昔から語られているからといって、「本当はちがう」とはいえない。また、現代の多くの人は実際にこうした社会像をもっているだろう。けれども、五〇年や一〇〇年以上語られてきたという文脈をふまえれば、その位置価は変わってこざるをえない。

2　内部観察と自己論理

現代の特権化と見世物化

「共同体／規範が解体した」「個人がバラバラになった」といった議論が経験的な裏づけを欠くことは、さまざまな専門研究ですでに指摘されている。家族の規範力や教育力が低下したともいえないし (広田 1999 など)、若者の社会性が低下したわけでもない (浅野編 2006 など)。むしろコミュニケーションがより濃密で繊細になったために、「コミュニケーション不全」が感じられやすくなった、と考えられている。

例えば、殺人事件の発生率も、小さな波をくり返しながら長期低下してきている。「社会性」という言葉にはいろいろな意味をもりこめるが、そのどれでも人を殺さないことは基本的な指標になる。少なくとも日本語圏では、社会性は徐々に上がりこそすれ、下がってはいない。それが二〇一〇年現在の社会学での一般的な見解だろう。

そもそも、「共同体の崩壊」にしても「近代の解体」にしても、人類史上数回程度の超巨大な社会変動である。そこにたまたま自分が立ち会うというのは、宝くじにあたるようなものだ。もちろん、これらが五〇～一〇〇年単位でゆっくり進んでいるとすれば、立ち会うことも十分にありうるが、その場合は、今度は崩壊や解体自体が特別な出来事でなくなる。デュルケーム的にいえば、「異常」ではなく「正常」な事態であり、むしろ、それらを組み込む形で私たちの社会は成り立っていると考えられる。「人の心が見えなくなった」とか「道徳心が失われた」と嘆かれながら、最も人を人としてあつかわない行為である殺人がずっと減りつづけてきたように。

ところが、「共同体の崩壊」や「近代の解体」を語る人は、一〇〇年間語られつづけていることを認める場合でも、現在は特に重要な転換期であり、特にドラスティックに何かが起きているとする。そういう風に、現代を見世物化《スペクタクル》して語る。

当事者の語り方としては、これはよくあるものの一つだ。ふつうの生活では、私たちは素朴な自己中心性をもって生きている。現在や自分を素朴に特権視している。けれども、それは自分だけでなく、他人にもあてはまる。現在ではない過去の、自分ではない他の人も、「現在の自分」を同じように特権的に位置づけて、社会の変化を語ってきた。だからこそ「共同体の崩壊」や「近代の解体」がくり返し語られるのである。

その意味で、この種の「解体」論は、第一義的には当事者の「理論」や「説明」であり、かつ、そうだと気づかれないまま、現代社会を説明する理論として使われてきたことになる。

だとすれば、その反省から現代の社会学は始まる。過去の他人における「現在の自分」の特権化が妥当でないならば、現在の自分における「現在の自分」の特権化も妥当ではない。趨勢命題《ゼーション》を考える場合には、それが『常識をうまく手放す』ことになる(2)。

こうした論理の再構成のやり方は、「自己論理（autology）」と呼ばれる(3)。これもルーマンが導入した言葉だ。

社会学者もただの人

わかりやすくいえば、他（人）にあてはまることは自（分）にもあてはまる。もう少し具体的にいえば、語る対象にあてはまる特性は語る自分にもあてはまる。そういう論理の進め方をさす。これもカントの哲学を知っている人にはおなじみだろう。カントの実践理性の格率「自分の自由を尊重されたいのと同じように他人の自由も尊重せよ」は、自己論理の最も端的な例の一つだ。実際、〈今の社会学〉の創始者のなかでもカント哲学の影響が強い二人、ウェーバーとジンメルはともに自己論理的であった。

例えば、ウェーバーのいう価値自由（第5章第3節）。これは、社会学者が特定の価値観から自由になれるという意味ではない。社会学者自身も特定の価値観で社会を見ており、それを反省的に自覚すべきだという意味である（安藤 1965）。特定の価値観で社会を見ている点では、社会学者ではない人と同じだ。

価値自由が自己論理的なのはすぐわかるだろう。社会を生きている人々にあてはまる特性は、社会学をする側にもあてはまる。社会を生きている人々が特定の価値観で物事を見ているのなら、社会学者もそうである。

あるいは、ジンメルの「形式」（第4章第3節）。ジンメルの形式の特徴は、観察している社会学者の側も形式を通じて事態を見ていることだ。つまり、社会学の対象と同じように、社会学者の方も形式に拘束される。これも自己論理的である。

社会学の対象は、社会を生きている人々の営みである。それにあてはまる特性は、社会学をする社会学者にも原則あてはまる。観察者である社会学者は、つねにすでに観察対象である社会に巻き込まれており、そこから自由ではありえない。その意味で、自己論理性と内部観察は表裏である。観察者が観察対象の外部には立てない、つまり対象と同じ水準にあるからこそ、自己論理性が要求される。

それに対して、デュルケームは、社会学者が特別な真理や知識をもてるとした。いろいろ留保はつけているが、当事者にはよく見えない因果も、社会学者にはよく見えると考えていた（第３章第３節）。

第３章で述べた通り、その考え方は社会学の成立に重要な役割をはたしたが、その底にはやはり素朴な自己の特権化がある。ゲマインシャフト／ゲゼルシャフト図式と同じだ。実際、ウェーバーもジンメルもこの図式に距離をおいていたが、デュルケームはほぼ信じていた（第２章第３節）。

それはたんに、デュルケームが一九世紀的だったからだけではない。社会学は外部観察ではなく内部観察であるという考え方はA・コントの時代、すなわち〈今の社会学〉が成立する以前からある（第２章第１節）。むしろ内部観察が外部観察によってたえずすり替えられてきた、「内部観察だ」といいながら実際には外部観察してきた。社会学の歴史にはそういう面がある（第１章第３節）。

「心の不透明化」をめぐって

逆にいえば、そうした既存の外部観察的な知識をうまく再構築できれば、つまり、うまく自己論理的に組み直せれば、それだけでかなり現代的にできる。それによって、従来の社会学の常識もうまく手放すことができる。

ただし、それはエスノメソドロジーの一部が考えたような、社会学を当事者の観察に差し戻すことではない。自己論理を組み込んだ形での観察の観察という視点を経由させることで、どんな事態が起きているかを再定式化する。そういう形で、内部観察のまま、当事者の了解にはない独自な意味や視点をもたせる。第5章で述べたように、これはむしろ制度としての社会学を前提とした考え方であり、かつ、制度としての社会学の必要性を示すものでもある。

具体的な事例を使って解説しよう。

「解体」論の図式にも流行の波がある。最近よくみられるのは、コミュニケーション関係のものだ。例えば「コミュニケーション志向の社会になっている」「コミュニケーション能力が重要になっている」、あるいはそれと裏表だが、「人々の心が不透明化している」というものもある。

これらを内部観察化するとどうなるか。先ほど述べたように、内部観察では自己論理的にならざるをえない。つまり、これらの命題は本来、観察対象である当事者だけではなく、観察者である社会学者自身にもあてはまる。実際、そういう風に書き換えると、なかなか面白いことになる。

「人々の心が不透明化している」が一番わかりやすい。この命題はいくつかの意味にとれるが、最も単純な解釈は、人々の心のあり方に言及しているととることだろう。つまり、人々の心がお互いの心が見えなくなるようなあり方になりつつある。けれども、なぜお互いに見えなくなった心のあり方が社会学者には見えているのだろうか？

もちろん、これは端的に矛盾である。「心が不透明化している」という命題を維持するには、この矛盾を何らかの形で解除する必要がある。こうした操作をルーマンは「脱逆説化（Entparadoxierung）」と呼んだ。似たことを考えた社会学者は他にいるから（ジンメルの「結合／分離」もそうだ、第4章）、これも彼の独創ではないが、魅力的な形に整理して述べているので、それを使わせてもらおう。

少し脇道にそれるが、これまで何度もみてきたように、社会学の発見や知識には、多くの場合、先行者や並行者がいる。実は、これも内部観察から来る特性だ。内部観察は当事者水準の了解から完全に離れることはできない。言い換えれば、内部観察の結果もまた、広い意味では、当事者の了解の一部である。つまり、当事者が半ば気づいていることだ。だから、いろいろな人が同じような発見をする。

そして、内部観察が当事者の了解を完全には離れられないからこそ、それにもとづく知識は、最終的には当事者の了解に再び接続できなければ意味を喪う（終章参照）。ウェーバーやルーマンのあざとさも、ジンメルの美しさも、社会学の重要な一面なのだ。制度の意味境界はそういうものでもある。

3　脱逆説化の技法

話を戻そう。脱逆説化にもさまざまなやり方があるが（第11章第3節参照）、「人々の心が不透明化している」でいえば、大きく二つの方向が考えられる。

逆説の解き方その1

一つの方向は、「心が不透明化している」状態を示す別の基準を導入することだ。すなわち、①ある基準cをみたせば「心が不透明化している」ように見える、という仮定を最初において、②基準cがみたされるようになってきた、という事実を示す。それをもって③「人々の心が不透明化している」とする。

こちらを採った場合に問題になるのは仮定①の妥当性、すなわち基準cと「心が不透明化している」

基準ｃ⇒趨勢命題「人々の心が不透明化している」⇒状態ｒ

図9-1　「心の不透明化」の図式その1

の関係である。矛盾をうまく解消するには、ｃと「心が不透明化してくる」の内容があまり重ならない方がよいが、重なる部分が少なくなれば、ｃ⇓《ならば》「心が不透明化してくる」はいいにくくなる。

　さらに、趨勢命題ではｃの反対側でもしばしば同じことが起きる。趨勢命題は別の社会状態を説明するためにも使われる。すなわち、ある状態ｒがあって、その原因が「心が不透明化している」に求められる。二〇〇〇年代前半でいえば、「凶悪犯罪がふえた」などがｒになっていた。

　先の基準ｃとあわせて考えると、図9-1のようになる。

　この場合、「不透明化」とｒの間でも同じ困難が生じる。同義反復でなくするには、「不透明化」とｒがあまり重ならない方がよいが、そうなると、「不透明化」⇓ｒが成立しにくくなる。

　第5章や第7章で述べた意外で重要な関連性を見出すむずかしさもここにある。意外さ、すなわち人を「あっ」と驚かせるためには、ｃと「不透明化」、あるいは「不透明化」とｒができるだけ重ならない方が望ましい。つまり、同義反復でなくすこと（「脱同義反復化（Enttautologierung）」）が必要になるが、そうすると今度は、それぞれの間の関連性を積極的に示すのがむずかしくなる。「明確にちがう」としたものを再び「部分的に重なる」とすることになるからだ。さらに、ｃとｒが直接結びつく可能性も出てくる。そうなれば、「心が不透明化している」

c：「凶悪な犯罪がふえた」
⇒《ならば》「心が不透明化した」
⇒《ならば》r：「凶悪な犯罪がふえた」

図９－２　「心の不透明化」の図式その２

という趨勢命題自体が要らなくなる。

このように、内部観察では社会学者の記述や説明にも強い限界が生じる。その分、妥当な記述や効果的な説明をするには、従来以上の工夫が必要になるが、残念ながら、この点はまだあまり意識されていないようだ。そのため、変な議論になりやすい。

その一つはイタい議論である。説明する当人は意外性も説得力もあるつもりだが、実際にはｃやｒとの間がうまくつながっていない。あるいは、ｃやｒとの間に別の関係性がありうることを見逃している。

もう一つは循環的な同義反復である。基準ｃと状態ｒが実は同じものになっている。「心が不透明化した」でいえば、先ほどの「凶悪な犯罪がふえた」が良い例になる。なぜ「心が不透明化した」と判断できるのか？　――凶悪な犯罪がふえたからだ。なぜ凶悪な犯罪がふえたのか？　――「心が不透明化した」からだ。主要な犯罪発生率の動向が知られるようになって、さすがに最近は少なくなったが、かつては図9-2のような議論が本当にたくさんあった。

いうまでもなく、これはたんに「凶悪な犯罪がふえた」といっているにすぎない。ｃとｒが同義だと気づいていない点では、ｃやｒとの間に別の関係性がありうることに気づいていないことでもある。だから、これも広い意味ではイタい説明にふくまれる。

c：「動機のわからない凶悪な犯罪がふえている」
⇒《ならば》「心が不透明化した」
⇒《ならば》r：「動機のわからない凶悪な犯罪がふえている」

図9-3　「心の不透明化」の図式その3

ちなみに、犯罪をめぐるかつての社会学的な語りはもう少し戯画的であった。先ほど述べたように、日本の場合、殺人や傷害致死・強盗致死などの犯罪件数（認知件数）のデータから「凶悪な犯罪がふえた」ことは反証できる。その知識が広まるにつれて、「凶悪な犯罪がふえた」という現代診断は「動機のわからない凶悪な犯罪がふえている」に変わっていった。こちらも統計的には裏づけられず、おそらく誤りだろうと私は考えているが、たとえ誤りではないとしても、これは図9-3のようになる。

要するに、「他人の考えがよくわからない」という話だ。「最近の若者は……」「年寄りは……」といった言辞と同じである。それこそ自己論理的に考えれば、相手がわからないのか、自分がわかろうとしないのか、両方の可能性がある。

逆説の解き方その2

脱逆説化のもう一つの方向は、まさにそれである。観察者自身にも不透明化が起きていると考えてみる。人々の間で心が不透明化しており、その一環として社会学者が他人の心を観察する上でも不透明化がおきている。いわば「不透明化」自体が不透明化している。

わかりやすく描けば、図9-4のような事態だ。図（b）のように考えれば矛盾は直ちには生じないが、この場合、記述している事象も実質的に変化する。

話を単純にするために、不透明度という指標がとれるとしよう。今、仮に図9-4（a）でのAさんとBさんの間の不透明度が6だとすれば、図9-4（b）で

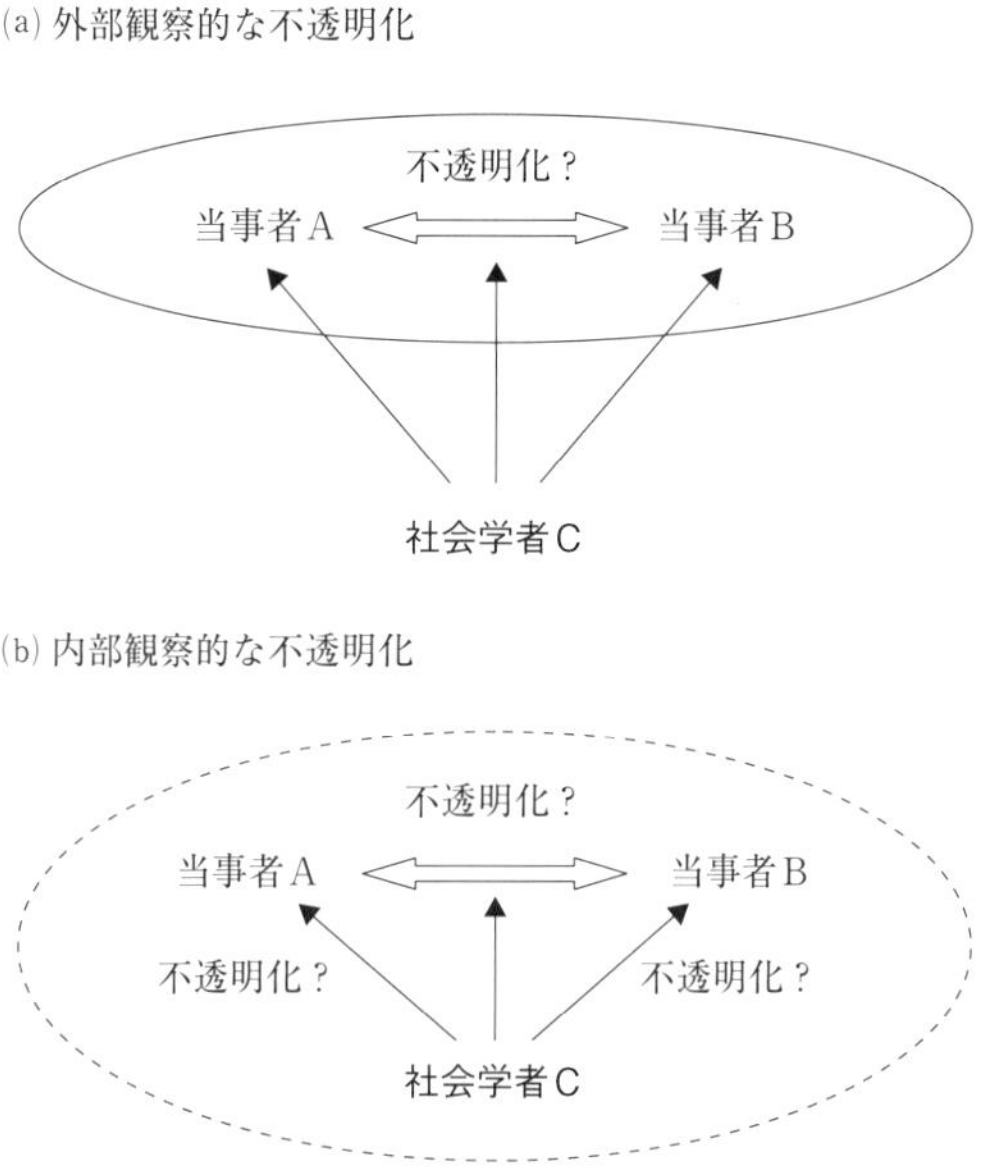

図９－４　「心が不透明になった」の内部観察化

は、その不透明度の何割かはＣによる観察によるものになる。

もしＡさん―Ｂさん関係とその関係を観察するというＣさんの関係とで、それぞれ不透明化が同程度に起きているとすれば、Ａさん―Ｂさん関係だけの不透明度は６÷２＝３になる。もしＡさん、Ｂさん、Ｃさんという関係者全ての間で同程度に不透明化しているとすれば、ＡさんとＢさんの間だけの不透明度は６÷３＝２になる。

どちらにしても、当初考えていたほど大きな不透明化は起こっていない。これは現実的にも妥当なとらえ方だと思うが、だとすれば、少なくとも当初考えていたほど大きな崩壊や解体は起きていない。だとすれば、例えば、近年の急激な人口転換にともなう家族や組織の変化と関連づけた方が適切ではないだろうか。

要するに、内部観察化して脱逆説化すると、第一の方向では、「あっ」と驚くような説明がしにくくなる。第二の方向では、驚くほどの事態は起きていない可能性が出てくる。いずれにせよ、意外で重要な何かが本当にあるのかは、慎重に検討した方がよい。

かなり丁寧に解説してきたが、これまで述べた考察は、内部観察の定義から簡単に導き出せる。内部観察では観察対象と観察者の距離が短い。短ければ、観察者は遠くまで見通せる鳥瞰的な視界をもちにくい。その分、ふつうの人々が全く気づかない驚天動地の発見や説明は成立しにくい。内部観察化はそういう限定性を出現させる。そのなかで意外で重要な関連性を見つけるには、従来以上の技量や知識が必要になる。

こうした状況では、同等にデータに接近でき、同等に分析手法が使える専門家集団での相互批判が大切になってくる（第5章第3節）。その一方で、内部観察が自己論理と裏表であることは、内部観察に固有な構造的な見えなさを教えてくれる。それは観察している自分自身である。「不透明化」の例でいえば、社会学者だけは心のあり方を透明に観察できるかのように考えてしまう。

内部観察では自己が対象のなかにふくまれる。それゆえ、自己が論理の一貫性のブラックホールになりやすいのである。だからこそ、自己論理という形で原則を強調する必要があるし、専門家集団の相互批判が求められるが、専門家集団はそれ全体で拡張された自己＝「自分たち」になりやすい。それゆえ、もう一つ、社会学の制度の外で、観察結果がどこまで通用するかという点検も欠かせない。たとえ、その「外」が社会学の内部で想像されたものとしかいえないとしても、だ。

もちろん、あらゆる趨勢命題が内部観察化すると矛盾を生じるわけではない。例えば、計量分析で測定可能な指標量に関する命題ならば、外部観察的に検証できる。けれども、その指標量の社会学的な意味にふみこんでいくと、c⇒「〜」の関係を考えるのと同じことが起きる（佐藤 1994）。

記述や説明が同義反復になる難しさは、趨勢命題にかぎらず、多くの議論で起きる。(4)

限定性のなかで

だから、あまり神経質になる必要はないが、「心が不透明化している」といったコミュニケーションのあり方をめぐる命題群や社会の観察可能性自体をめぐる命題群をあつかう場合には、やはり十分な注意が必要だろう。社会学者の記述や説明がそれ自体コミュニケーションであることは、現時点ではほとんど疑いえない前提になっている。それゆえ、これらの命題群では、その内容も内部観察的に組み立て直す必要がある。(5)

「現代の社会は大きな物語を失った」とか「現代の社会は虚構化している」といった議論もそうだ。これらも内部観察化すれば、その命題自体は大きな物語ではないのか、とか、その命題自体は虚構ではないのか、といった逆説が出てくる。もちろん「コミュニケーション能力が衰退している」や「高いコミュニケーション能力が求められている」でも同じだ。私自身こうした現代診断をしたことがあるので、自分のことでもあると認めた上で書いておくが、これらも基準cや状態rを考えていくと「不透明化」と同じ困難にぶつかる。そう言う社会学者のコミュニケーション能力は衰退していないのか、という疑問も出てくる。そこで単純な矛盾や同義反復に陥らないためには、それぞれの事象を繊細にあつかいながら、慎重に議論を進めるしかない。

社会が内部観察されるものになれば、全体を見渡す鳥瞰的な視線は想定しにくくなる。その一方で、当事者の了解から完全には離れられなくなるから、議論全体が短く循環しやすい。そのため、社会の語り方や見え方自体が強く制約されてくる。社会学者にとっても現代社会が「不透明化」したように感じられる背景には、そういう要因も働いているのだろう。

そこには内部観察性が多重に絡まっているが、その絡まりあいは現代の社会学にとって分析すべき対象であって、分析を押しつける手段ではない。内部観察されるがゆえに社会が不透明だとすれば、おそらく人類が出現してからずっと不透明なのである。

注

(1) 例えば一九三四年の日本社会学会の年報『社会学（第二輯）』（岩波書店）には、「社会を遊離し」「空虚」「原子化された個人」といった現代診断があちこちに出てくる（黒川純一「現代の危機と国家の課題」、今井時郎「群衆、群衆と国家及民族」など）。当時の社会学者はそれを、国家や民族の共同体に再包摂することで解決しようと考えていた。

(2) だから、もし本当に現在の自分が特権的な位置にあると主張したければ、統計的なデータなどの積極的な論拠を提示する必要がある。つまり、強い挙証責任を自分で負う。そうすることで、現在の自分の特権性を自明視せずに語れる。

(3) 「自己論理（autology）」は、正確にいえば、「自らへの適用」を意味する。何を「自らへ適用」するかは特定されていない。ここでは「他にあてはまることは自にあてはまる」という内部観察性に限定して使うが、「他にあてはまること」は自らが立てた議論だから、これは「自らの立てた議論を自らへ適用する」ことでもある。その意味では、autology は「自己包含」や「自己包摂」とも訳せる。

（4）「変化した」とか「同一である」という表現のなかには、「ちがうけれども同じ／同じだけれどもちがう」という形で、二重性が二重にふくまれる。このうち、「ちがうけれども同じ」にする操作が脱逆説化、「同じだけれどもちがう」にする操作が脱同義反復化にあたる。まさに、ジンメルのいう「結合／分離」の形式だ。ルーマンはこれを「脱逆説化……は分岐をへて、脱逆説化の途または脱同義反復化の途をとりうる」と表現している（Luhmann 1990 = 2009：546）。

（5）現代社会論として展開する場合には、内部観察のあり方を近代社会の変化ともっと具体的に結びつけることもできる。そうした分析の例としては、北田（2010）など参照。

第10章　制度と自己産出

『常識をうまく手放す』現代的な手法が自己論理《オートロジー》であるとすれば、『社会が社会をつくる』現代的なモデルにあたるのが、自己産出《オートポイエーシス》である。これは生物学から移入されたものだ。

第10章の前半では、自己産出の概念を論理的に整理する。まず、アシュビイの「自己組織の逆説」を手がかりにして、社会学で従来いわれてきた自己組織性論とどこがちがうのかを明らかにする。それによって、考え方を直感的につかみやすくする。

その上で、ルーマン以外の自己産出論を参照しながら、彼がかぶせたロマン主義的な装いを外す。そして、社会を記述する経験的なモデルとして使えるように、私自身の理解をふまえて、自己産出の基本的な発想を解説する。

社会における自己産出は、自己が自己を組織することではない。自己が書き換わるという意味論的な事態である。その点で、ジンメルが注目した境界の作用や、マートンが提唱した予言の自己成就といった、社会学の思考の伝統につながる。デュルケームの社会的事実とも重なってくる。第10章の後半ではそれらについて解説しながら、このモデルが特に制度がもつ独特な柔軟性や（不）安定性をとらえるのに適していることを示す。

1 『社会が社会をつくる』再訪

自己論理を組み込んだ内部観察がどんなものになるか、なんとなく感触をつかめただろうか。

「なぜ」への答え方

例えば、過去の他人も現在の自分も、同じように「時代の転換点に自分は立ち会っている」と思うのであれば、それはなぜかと問い、答える。そこに、当事者のふつうの観察にはない独自の観察の意義を見出す。すぐおわかりだろうが、これはマートンの顕在的／潜在的機能の延長にある。少し変えて使っているだけだ。その辺がマートンの「達人」たるゆえんなのだが、マートンと全く同じように考えているわけではない。

マートンの機能主義では、問いへの答えは、最終的には社会システムが存続するかどうかに求められた。第8章で述べたように、彼が定義した意味で、機能や逆機能を確定できるわけではないが、「なぜか」には結局「何かに役立つ」という形で答えるしかない。すなわち、あつかわれている事象に関わりぶかい何かを新たに見出して、それに関係づける。「機能主義」を名乗ろうと名乗るまいと、社会学ではそういう答え方にならざるをえない。その意味では、全ての社会学者は多かれ少なかれ機能主義者である（第8章第2節）(1)。

しかし、その「何か」を市場とか国家とか文化といった、従来の意味での社会や制度そのものに求めると、ヘーゲルの「理性の狡知」のような、気持ちの悪い議論になってしまう。例えば「何をやっても国家のためになる（国家の罠にはまる）」みたいな話や、その裏返しの「抵抗それ自体に意義がある」みたいな話になる。

もちろん、こうした見方も部分的には正しいのだろう。実際、現実の社会や制度は、多くの場合、独特な柔軟性や安定性をもつが、だからといって全てが予定調和になるわけではない。逆にいえば、重要なのはむしろ、この独特な柔軟性や安定性をどうとらえるかである。「神の見えざる手」や堅牢な構築物としてではなく、いろいろな不具合や小さな破綻を抱えながら、それでもなんとか一貫性を保ちながら動いている。そんなしくみとして、「社会」や「制度」と呼ばれてきたものをとらえ直すことができれば（第7章第4節）、「役に立つ」という社会学的な答え方にももっと可能性の幅が広がる。当事者の了解のくり返しでもなく、「上から目線」のイタい議論でもない答えを見出せる。

自己産出の着想

そのモデルになりうるのが、自己産出《オートポイエーシス》という考え方だ。

これはチリの生物学者H・マトゥラナとF・ヴァレラが考案したもので（Maturana and Varrela 1980＝1991）、現在では社会科学や自然科学の複数の分野で注目されている。社会学に導入したのは、第8章で述べたようにルーマンである。

自己産出を取り込んだ彼のシステム論は話題を集めたが、受け入れられたとはいいがたい。英語圏での紹介のされ方を見ると、むしろ拒絶されている感じすらある。その理由の一つは、現代の英語圏における理論的思考の弱さだろうが、もう一つの理由は彼自身にある。

ルーマンは自己産出を独自の方向で改造して、「ロマン主義版自己産出」とでもいえるものをつくった。ロマン主義というのは、簡単にいえば、矛盾や逆説を事態の根底に見出して、それによって自らの議論を根拠づけたり、体系化をはかったりする思想だ（Menninghaus 1987＝1991など参照(2)）。

私は、これもルーマンの失敗だったと考えている。自己産出の考え方にはもともと矛盾や逆説はない。自己産出に矛盾や逆説が見出されるのは、見出す側が新たなものを付け加えることによる。ルーマンもそうしたわけだが、それによって、より多くの観察結果がより簡潔に説明できたわけでもなく、論理的により明確になったわけでもない。むしろ恣意的な飛躍や不整合がふえただけだった（佐藤 2008）。その点でいえば、彼のシステム論があやしげに見られてきたのには十分な理由がある。

けれども、だからといって、自己産出の導入自体が的外れだったわけではない。内部観察や自己論理と同じく、自己産出の考え方もまた、実は「偉大な社会学者」たちが考えてきた制度や社会のあり方の延長上にある。その意味では、社会学の伝統に連なるもので、多くの社会学者にとって有力な道具になる。

わかりやすくいえば、ルーマンの目のつけどころは良かった。自己産出を社会学にどうやって導入するかの、基本的な発想もまちがっていなかった。ただ、余計なものまでくっつけてしまった。料理でいえば、煮込みすぎただけだ。

第Ⅱ部の残りの章では、そういう方向で自己産出の考え方を解説していく。具体的にいうと、第10章では自己産出の定義を再検討した上で、テクストの解釈学的循環や予言の自己成就のしくみとつなげて、自己産出の考え方を位置づけ直す。第11章では、その定式化を実際に使って、現代のさまざまな制度の動き方をとらえ直す。そして第12章では、それがルーマン自身の議論に少なくとも部分的に一致し、かつ現代社会を観察する上で重要な視点や着想を提供することを示そう。

要するに、自己産出は使えるが、ロマン主義版自己産出にこだわる必要はない。こだわらない方が、ルーマン自身の着想や視点ももっと活かせる。そういうことだ。

社会学と自己組織性

従来の社会学の術語系《ターミノロジー》に引き写せば、自己産出は「自己組織」や「自己変動」と呼ばれてきた事態に近い。おそろしく単純化すれば、それほど出来の良くない自己組織や自己変動のしくみともいえる。

第6章や第8章でみたように、「自己組織」や「自己変動」は社会学の研究でもずっと関心を集めてきた。パーソンズの境界維持システム論もその一つだ。実際、広い意味では、自己産出も境界維持システムになっているが、そのあり方はパーソンズや他の一般システム論で考えられてきたものとは全くちがう。

従来のシステム論は、境界がどうやって維持されるのかという問いに、制御のメカニズムで答えようとしてきた。わかりやすくいえば、システムは出来の良い自己維持のメカニズムをもっている。それを何とか理論化しよう、と考えた。

自己産出論は同じ問いに全くことなる答え方を見出した。自己とは何かを別の形で考えることで、これに答えようとしたのだ（馬場 2000）。システムの自己は従来のシステム論が想定してきたようなものではない。あえて感覚的な言い方をすれば、もっと緩い。自己なるものがあって、それが精巧なメカニズムで維持されるのではなく、維持されたものが事後的に自己として同定される。

「出来の良くない」というのは、そういう意味だ。従来の自己組織系論からすれば、「そんなものは自己組織ではない！」といいたくなるだろう。その評価に異論はないが、そもそも現実の社会のしくみはそんなに立派に自己組織しているわけではない。一方ではたしかに柔軟性や安定性があるが、他方ではいろいろ不具合も起こしながら動いている。だとしたら、出来の良い自己組織系を無理に構想する必要はない。

社会的なもの（the social）が私たちの皮膚を包むように広がっているとすれば（第9章第1節）、私たちはその姿を鳥瞰的に観察できているわけではない。だとしたら、その「自己組織」や「自己変動」もそういう形で考え直すべきではないか。社会や制度に確固とした「自己」があって、それが自己組織や自己制御しているわけではない。むしろ、変動した後の社会や制度を、前の社会や制度と同じものだと事後的に同定しているのである。社会や制度の独特な柔軟性や安定性は、実はその「自己」の不安定性の裏返しでもある。

自己制御の逆説

それをあざやかに定式化したのが、W・ロス・アシュビイの「自己組織の逆説」だ（Ashby 1961＝1967）。現在では「自己組織」という語はかなり広い事態をさすので、自己制御の逆説といった方がわかりやすいだろうが。

簡単に紹介すると、次のようなものだ。

――自己をAとし、そのなかで自己組織を担当する部分をaとしよう。この場合、Aのうちaでない部分は自己組織できるが、aは自己組織できない。aが変更されれば自己組織を担当する部分が消えてしまうからだ。もしaが自己組織できるとすれば、その内部にaの自己組織を担当する部分があるはずで、それをa'とすれば、aと同じことがa'に生じる。これは無限につづいていくので、aが無限の大きさ（または深さ）をもたないかぎり、どこかで自己組織できない部分が残る。逆に、もしaが無限の大きさをもてば、Aも無限の大きさをもつ。それが自己組織したかどうか、そもそも観察できなくなる。この逆説は実は、近代的な主体が発想されたときから知られている。ルネ・デカルトは自己を決める自己として、脳のなかの小人を想定した。この場合、自己がAになり、小人がaになる。このaにももちろん同じことがあてはまる。つまり、近代的な主体は無限の大きさ（または深さ）をもつ必要がある！

理論社会学だけではなく、歴史社会学にとっても、これは興味ぶかい。歴史社会学的にみれば、近代的な主体は無限の深さをもつと了解されざるをえないことになるからだ。その了解は現実の近代社会、例えばその「主体」や「市民」といったあり方にも密接に関わってくる（佐藤 1993：2章）。

一方、理論社会学からみれば、これは全く別の意味をもつ。理論社会学的には、近代的な主体が無限の大きさをもたざるをえないことになるからだ。そういう主体は現実には存在しない。それゆえ、アシュビイの逆説は、制御される自己と制御する自己が完全に同一ではありえないことを意味する。自己を自己によって完全に組み替える――そんな自己組織はありえない。システムや社会の二重定義でいえば、『社会が社会をつくる』の二つの意味のうち、第二の意味は成立しない（第6章第3節）。

そのこと自体は不思議でもないし、解くべき課題でもない。ある社会事象は別の社会事象から説明される。つまり、『社会が社会をつくる』を、第一の意味だけで考えればよい。社会学はそれで十分やっていけることは、すでにウェーバーが示している（第5章第3節）。社会そのものの生成が語れるかどうかと、個々の社会事象をめぐる因果関係が同定できるかどうかは、全く別の話である。

しかし、それによって部分的な謎が新たに生まれる。社会的な事象のなかには、制度とか組織のように、「自己とそれ以外」という区別を自分自身で（＝観察者による区別としてではなく）もちながら、その自己の内実が変化していくものがある。アシュビイの逆説が示すように、これを自己制御として考えることはできない[3]。言い換えれば、「自己」の同一性が当事者水準で保たれている制度や組織においても、変化する前の自己と後のは厳密には同じものではありえない。

それは裏返せば、その同じものではない二つ、いわば前の自己αと後の自己βを事後的に同じものだとする同一化の作用がどこかにある、ということである。その同一化の作用こそが制度や組織の「自己組織」や「自己変動」を成り立たせている。そのしくみが新たな謎になる。

境界作用と自己生成

第8章で述べた境界作用という考え方も、そういうものになっている。内／外の区別にもとづいて境界作用がおこり、そこで「内」とされたことにもとづいて、それまでの内／外区別が書き換えられる。そういうしくみがあれば、『社会が社会をつくる』の第一の意味の延長上で、制度の自己の内実が変化していくという当事者の感覚も説明できる。

ただし、これだけだと、なぜ（あるいは、どのように）本来ちがう二つ、例えば書き換え前の自己αと書き換え後の自己βが同じだと見なされるのかが全く説明できない。意味づけの境界作用の考え方では、そこは天下り的《ア・プリオリ》に仮定するしかない。

ところが、αやβが要素―全体関係をなすシステム、すなわち複数の要素からなる一つの全体unit(Einheit) である（と当事者水準で見なされている）場合には、事情は変わってくる。第一に、それぞれの要素の水準である程度重なっていれば、αとβを同じだと見なすことももっともらしくなる。第二に、要素―全体関係では、それぞれの要素群をαやβという全体《ひとつ》だと見なす同一化作用がすでに働いている。

その作用の延長上にαとβとの同一化も想定できる。

自己産出《オートポイエーシス》の発想の鍵はここにある、と私は考えている。複数の要素の間にαやβという同一性が成立するしくみの延長上に、αとβを同一化するしくみを位置づけられるのだ（序章第3節）。そう考えると、なぜ境界作用とシステム論が結びつくかもわかりやすい。

自己産出が社会でどの程度厳密に成立するかは現在も探究途上にあるが、こう考えると、少なくとも従来の自己組織性論よりは論理的に困難が少なく、経験的な研究ともうまくつながる。例えば、個人の「自己」や「アイデンティティ」の分析では、それらが事後的に成立することがすでに指摘されている。第5章や第7章でみたように、理解社会学でも、行為の意味の同定をめぐって同じ事態がおきる。

学説史的な文脈を補足しておくと、先に述べたように自己産出の考え方を社会学に導入したのはルーマンだが、彼が「自己産出」を使い始めるのは一九八〇年代からである（長岡 2006など参照）。第8章でとりあげた『社会学的啓蒙1』の論文群、「機能と因果性」（1962＝1984）や「機能分析とシステム理論」（1964b＝1983）、「社会システム理論としての社会学」（1967＝1983）などには出てこない。

これらの論文では、境界を維持するしくみが積極的に描かれることはなかった（第8章第4節）。その点では、パーソンズの境界維持システムと大差ないが、「社会システムという語を、ここでは、お互いに指示しあい、それらに属さない行為である環境から自らを区別させる社会的行為の意味連関だと理解する」（1967：115＝1983：130）といった直感は、すでにもっていた。それをうまく表現できる術語系を、ずっと探していたのだろう。(4) 自己産出論を知ってから彼自身のシステム論に取り入れるまでにも、少し紆余曲折があったようだ（長岡 2006：122-125）。

ルーマンという社会学者の特徴がここにも顔を出している。第8章で述べたように、彼は具体的な事象を抽象的な視点で見通すことに長けている。ただ、それを強引に一般理論にする癖があり、そこで大きな飛躍を呼び込んでしまう。

だから、ルーマンを読むときは、法や組織や家族、あるいは近代化でもいいが、経験的な事象の分析を一通りやって、従来の議論の問題点を自分で洗い出しておくとよい。そうすれば、彼がどこに目をつけたのかを具体的に理解しやすくなるし、理論的な射程もとらえやすくなる。そこでもし論理の破綻がみつかれば、そこから自分で考え直せばよい。

ルーマンはパーソンズとちがって、経験的な事象を分析した著作や論文も多い。例えば、歴史社会学系の研究としては『社会構造と意味論』という大著がある（1980, 1981b, 1989, 1995b）。別巻に『情念としての愛』（1983 = 2005）もある。これらは思想史や法制史、家族史などの史料に近いものまで、実際に読んで書かれている。実証の厚みも十分にある。

2　社会における自己産出

自己産出の定義

話を戻そう。それでは、自己産出とは具体的にどんなしくみなのか。

いくつか定式化のやり方があるが、私自身は河本英夫の定義が使いやすいので、それにそって説明しよう。まず、マトゥラナ&ヴァレラによる最初の定義を紹介しておく（Maturana and Varela 1980：78–79 = 1991：70–71、訳文は一部変更）。

オートポイエティック・マシンとは、構成素を産出する構成素の産出（変形および破壊）過程のネットワークとして、有機的に組織（単位体（unity）として規定）された機械である。このとき構成素は、次のような特徴をもつ。（i）変換と相互作用をつうじて、構成素を産出する過程（関係）のネットワークを、絶えず再創始し実現する。（ii）ネットワーク（機械）を空間に具体的な単位体として構成し、その空間内において、そうしたネットワークとして実現される位相的領域を特定することで、構成素が存在する。

河本英夫はこれを次のように改良している（2000：101）。

オートポイエーシス・システムとは、反復的に要素を産出するという産出（変形および破壊）過程のネットワークとして、有機的に構成（単位体として規定）されたシステムである。（i）反復的に産出された要素が変換と相互作用をつうじて、要素そのものを産出するプロセス（関係）のネットワークをさらに作動させたとき、この要素をシステムの構成素という。要素はシステムをさらに作動させることによってシステムの構成素となり、システムの作動をつうじて構成素の範囲が定まる。（ii）構成素の系列が閉域をなしたとき、そのことによってネットワーク（システム）が具体的単位体となり、固有空間を形成し位相化する。このとき連続的に形成されつづける閉域によって張り出された空間がシステムの位相空間であり、システムにとっての空間である。

要素の産出がシステムの作動という形でシステム自体を構成し、そのシステムの作動を通じて要素が構成素として再定義される、という自己産出の基本的な着想が簡潔に表現されている。

ルーマンによる定式化も紹介しておこう（1997＝2009：59）。

オートポイエティックなシステムとは、その構造だけでなくシステムを成り立たせている諸要素をも、当の諸要素のネットワークの中で産出していくシステムである。オートポイエティック・システムを成り立たせている諸要素（時間的に見ればそれは作動に他ならない）は、独立した存在をもたない。諸要素はただ単に集まっているのではないし、ただ単に結び合わさって生じるのでもない。むしろ、それら諸要素はシステムの中で初めて産出される。

この定義からもわかるように、自己産出では、構成素（要素）のあり方がシステムのあり方から独立ではない。それが大きな特徴だ。

これがどんなことを意味するのか、私なりに解説してみよう。あくまでも私なりの理解なので、ルーマン自身の考え方や、マトゥラナ＆ヴァレラや河本の考え方とどこまで一致するのかは、他の人の議論を参照して判断してほしい。

従来のシステム論では、要素の結びつきがシステムであると考えてきた。パーソンズの社会システム論もそうだ（第6章第2節）。この場合、要素はシステムの成立以前から存在し、その存在を前提にシステムが成立する。つまり、システムが成立しなくても、要素それ自体のあり方は変わらない。たんに「要素」と呼ばれないだけだ。

それに対して、自己産出では、要素のあり方がシステムのあり方に依存し、システムのあり方が要素のあり方に依存する。そういう循環的な関係がある。その意味で、自己産出は再帰的なネットワークをなす。したがって、もし社会のなかに自己産出的なしくみがあるとしたら、そこにも同じような循環的な関係が見られるはずだ。

自己産出系の定式化

実は、社会的な意味や解釈においては、よく似た循環的な関係が見出される。前に成立したことによって後に成立することが方向づけられるだけではなく、後に成立したことから前に成立していたことが理解されたり、読み換えられたりする。

第4章と第5章でみたように、行為の理解にはそういう特性があることに、ジンメルやウェーバーは気づいていた。すでになされた誰かのふるまいを、別の人間が理解して、その理解した内容をそのふるまいの意味だとして、それに反応してふるまう。この場合、前のふるまいをうけるという形で、後のふるまいがある程度方向づけられるだけではなく、後に成立した理解によって、前のふるまいの意味が、つまりそのふるまいが何であるかもある程度変わってくる。自己産出を導入したルーマン自身もそう考えていたかどうかは議論があるが、他者による理解をコミュニケーション成立の契機だとする解釈は、少なくともそれほど特異なものではないようだ（佐藤 2008：143-149、Borch 2011：33-35）。

こうした事態を「意味の事後成立性」と呼ぶことにしよう。もし従来のシステム論が行為の結びつきと見なしてきた事象、例えばウェーバーのいう「社会的関係」（Weber 1921：567 = 1972：42）やデュルケームが「制度」と呼んだ事象の成立にこれが関わっていれば（第7章第4節）、それらの事象は自己産出的なものとしてとらえることができる。

もちろん、これら以外にも社会に自己産出性が見出される可能性はあるが、意味の事後成立性は、第1節の「自己組織」や「自己変動」の検討でみたように、従来の常識的な因果の観念をやぶるものではない。「超因果性」のような特別な因果関係を仮定する必要もない。

だから、行為の結びつきと見なされてきた事象が意味の事後成立性の形で成立していれば、ことさらに矛盾や逆説を見出さなくても、自己産出をそのモデルとして使うことができる。さらに、ウェーバーやマートンらの経験的な研究ともうまく接続できる。従来の社会学的な知識の蓄積が活かせるわけだ。

社会科学、特に社会学のモデルには、これといった決定版があるわけではない。それゆえ、特定の理論に大きく依存した方法や実証は、使える範囲が狭いし、信頼性も高くない。前提負荷のない方法や実証はないが、さまざまな前提と両立できる《コンパチブル》な方法や実証はある。そちらの方が使いやすいし、妥当性も確保しやすい。例えば、社会での自己産出をこういう形でとらえれば、「社会システムは人間をふくまない」ことと（記述における）方法的個人主義は両立できる（第11章、特に注（3）参照）。

まとめていえば、行為の結びつきと見なされてきた事象が

①　要素のネットワークによって要素が新たに産出され、その新たな要素の意味があたえられるだけではなく、その新たな要素が加わることで他の要素の意味内容も変化し、それゆえ全体としての「内＝自己」の意味が変化して、それがさらなる新たな要素の産出のあり方にも影響する、という

関係がある。

②　この「内＝自己」が「システム」と呼ばれてきたような要素―全体関係になっている、と了解されている。

という二つの条件をみたしていれば、それは自己産出系だといえる。①だけではなく、②の条件がつくのが不思議に思えるかもしれないが、自己産出の大きな特徴は、要素のネットワークそれ自体の水準で自己が同定されているところにある（第11章第2節参照）。「自己」（という区別）が観察者によるものではなく、制度や組織自身によるものであるといえるためには、②の条件もみたす必要がある(5)。

逆にいえば、特定の制度や組織自身が「内＝自己」を定義するといえる事態が観察できなければ、②の条件をみたさないから、自己産出系ではない。また、その「内＝自己」が事後的に変化することがなければ、①の条件をみたさないから自己産出系ではない。

理論と実証

②にはもう一つ重要な意味がある。よく「自己産出系は意味的に閉じている」といわれるが、そのためには、①だけではなく②の条件もみたす必要がある。自己という区別自体もこのネットワーク上で成立しているといえて、はじめて意味的に、すなわち作動的に閉じていることになるからだ（厳密な論証に興味があれば、佐藤（2008）の第四章を読んでほしい(6)）。

この辺は現在も研究途上なので、今後、変わっていくかもしれない。具体的にいえば、もっと緩い条件で定式化できるかもしれないが、その場合でも、①と②をみたせば自己産出系だといえることにかわりはない。経験的な分析には、その方が重要である。

なぜならば、①と②の条件が経験的にみたされれば、他の前提、例えば「人間が経験する世界は全てシステムである」といえるかどうかとは無関連に、自己産出系であるといえるからだ。それゆえ、例えば、自己産出系の理論的考察を導き役にして、マートンのいう「中範囲の理論」として、経験的な事象をより深く分析することもできる。あるいは、機能システムの「機能」のような、概念定義があやういものもうまくあつかえる（第12章参照）。

複数の当事者と複数の観察者が関わる社会学にとっては、社会事象の全てが自己産出系論であつかえるかどうかなどよりも、こちらの方がはるかに重要だ。理論研究では、その理論の提示するモデルがどれだけ広くあてはまるかが勝負になるが、実証すなわち経験的な分析では、特定の事象にそのモデルがどれだけよく適合するかが勝負になる。

自己産出系論にも、もちろんこれはあてはまる。①と②の条件がみたされる事象に限定するやり方は、自己産出系で全ての社会事象を説明したい理論研究者には歓迎されないだろうが、経験的な分析で本当に役立つというためには、適用条件は厳しくした方がよい。その方がモデルの説明力も確保できる。

例えば、世界システムを「自己産出」だという人もいる。世界システム論を真面目に考えていくと、境界設定の問題に敏感にならざるをえないので（第5章第2節）、そう言いたくなるのはわかるが、自己産出系であるためには、少なくともその世界システムの「自己」が、意味的な境界として了解されており（←①の条件より）、かつ、その「自己」が要素―全体関係をみたすものとして了解されている必要がある（←②の条件より）。裏返せば、世界システム論者によって初めて発見されたような境界は、自己産出系の境界ではないし、境界作用によるものですらない。

3　制度とシステム

意味の循環的成立

また抽象的な話が長くなった。具体的な事例で解説しよう。

①によく似た事態を、私たちは日常的に経験する。例えば、本や論文を読んでいくとき、私たちは語句や文を読んでいく。語句や文という要素単位でまずその意味を考え、暫定的に「こうだ」と同定して、次の語句や文、すなわち次の要素に進む。その語句や文の意味を同定する際には、前に読んで同定した語句や文の意味が重要な手がかりになる。その意味で、「前」の語句や文の意味は「後」の語句や文の意味に影響する。

けれども、そうやって読み進めていくにつれて、「ああ、あれはこういう意味だったのか」といった形で、先に読んだ語句や文の意味も変わってくる。「後」に読んだ要素（＝語句や文）の意味が「前」に読んだ要素（＝語句や文）の意味を変えていく。そうやって本や論文全体の意味を読み解いていく。

これは「解釈学的循環」と呼ばれるものだ。本や論文の場合、語句や文が物理的に固定されているので、この循環は正しい意味に到達する過程と見なされることが多い。けれども、この本が実際にそうであるように、例えば著者がどんな人間だったかとか、どんな同時代のテクストがあったかといったテクスト外の文脈がわかれば、元のテクストの意味もさらに変わっていく。同時代の道徳統計学の議論を知れば、デュルケームの『自殺論』やウェーバーの方法論の読み方も変わってくるように（第3章）。

テクストのように物理的に限定されていない場合には、もっと強く意味の事後成立性が出てくることもある。第7章でとりあげた予言の自己成就が良い例だ。

銀行の取り付け騒ぎでいえば、最初に預金を引き出した人間が考えた「あの銀行はあぶない」は根拠のない空想である。けれども、そう考えて預金を引き出す人間が増えていくにつれて、本当に銀行はあぶなくなってくる。それゆえ、最後近くの段階で預金を引き出す人間にとって、「あの銀行はあぶない」は客観的な事実である（第7章第4節）。

それればかりではない。この一連の過程では、ある人、例えばｐ11が「あの銀行はあぶない」と考えて預金を引き出す行為は、別の人ｐ12が預金を引き出す行為を引き起こしている。ｐ11の行為を見聞きしてｐ12も「あの銀行はあぶないかもしれない」と考えるとともに、ｐ11が預金を引き出すことで、「あの銀行はあぶない」自体も事実により近づく。ｐ11の行為は後続するｐ12の行為を誘発するだけではなく、ｐ12の行為に客観的な根拠をあたえる。その意味で、ｐ11の行為はｐ12の行為をつくりだしている。

「あの銀行はあぶない」という観念を基軸において、この事態を書き直してみよう。最初の局面では、「あの銀行はあぶない」はたんなる空想である。けれども、この空想が広まることで「あの銀行はあぶない」は事実になる。「あの銀行はあぶない」という命題は一連の行為の連なり＝ネットワークが新たな行為をつくりだすという形で、自らの根拠をつくりだす。いわば「あの銀行はあぶない」という事態が自己生成している。

取り付け騒ぎの事例は、テクストの解釈学的循環よりも①に近い。より明確な形で、行為のネットワークが新たな行為をうんでいるからだ（Luhmann 2004＝2007：186–187）。

システム性の要件

その点で、これは「模倣」や「伝染」などの集団心理とは決定的にことなる。例えば「一九九九年六月に空から恐怖の大王が降りてくる」という空想で、集団的なパニックが起こったとしよう。この場合は取り付け騒ぎとちがって、パニックに巻き込まれた個々人のふるまいを通じて、「恐怖の大王が降りてくる」が事実に近づくことはない。だから、p11の行為はp12の行為を誘発するが、p12の行為の根拠をつくりだすとはいえない。

また、これはたんに規範があるとか、観念が共有されているという事態ともちがう。取り付け騒ぎでは、行為が連鎖的に産出《つくりだ》されることで、「銀行があぶない」が次第に事実性を増す形になっているからだ。

アフリカ系労働者のストライキ破りの事例は、さらに①に近い。ここでは、一連の過程がつづくかぎり、ストライキ破りが実現する。まさに行為の連なりが新たな行為をつくりだす形で、「ストライキ破り」という予言の自己成就が成立しつづける。

これは循環的増幅過程《ポジティヴ・フィードバック》なので、何もなければアフリカ系労働者はますますストライキ破りに追いやられる。ただし、外部からの介入でそれが緩和されたり、元に戻ることもありうる。だから「ストライキ破り」という事態もつねに同じ状態を保つわけではない。その点では自己変動的だが、システムとして了解されるような明確な要素—全体関係はない。

取り付け騒ぎも②をみたすかどうかは微妙だ。預金を引き出す個々の行為が「あの銀行はあぶない」という全体を構成するわけだが、それらの行為が集積すれば、最終的に銀行がつぶれる。銀行がつぶれれば「あの銀行」自体がなくなるから、「あの銀行はあぶない」もなくなる。システムが自己破壊することはめずらしくないが、自己成就がそのまま自己破壊である事態を「システム」や「自己」と呼ぶのは、かなり特異な用法だろう(7)。

モデルの使い方

予言の自己成就の事例は①をみたすが、②はみたさない。その点で自己産出系とはいいがたいが、社会学があつかってきた対象のなかには、もっと自己産出系に近いものもある。組織や法、教育、科学、マスメディア、国家などの、いわば狭い意味での制度だ。ウェーバーは、これらを「社会的形成体」と呼んだ（第8章第4節）。

これらの制度は②をみたす。ジンメルやウェーバーが指摘したように、これらは意味的な境界をもち、デュルケームの言葉を借りれば、「多数の個人が彼らの行為を相互にかかわり合わせ」て生成されながら、個人個人にとっては外在的で拘束的な何か、すなわち社会的事実になる（第7章第4節）。そういう形で独自の全体をつくっている。

したがって、その全体が、一連の行為のネットワークが新たな行為をつくりだすように構成されていれば、①の条件もみたす。実際、次の第11章で述べるように、多くの制度は①のような関係をもっており、自己産出系としてとらえられる。自己産出系論の最も有望な応用先は、そうした制度の分析だと私自身は考えている。例えば、その独特な（不）安定性も、自己産出の考え方でうまくとらえられる。

念のため断っておくと、これもあくまで私の理解にすぎない。自己産出を社会学に導入したルーマンは、もっと壮大な考えをもっていた。「人間が経験する世界はシステムである」という大きな前提を立てて、それを理論の出発点にした。それに対して、私は、こんな巨大な公理とは無関連に自己産出系論は成立するし、成立させるべきだと考えている（第11章注（6）参照）。

けれども、それはルーマンを否定することではない。ルーマンもまた組織や法といった制度が自己産出系であると主張し、それぞれの制度に関して、それがどのように挙動するかを具体的に記述している。その記述は先にあげた①②の条件をみたす。

こうした制度に議論をしぼれば、①②という第三者にも検証可能な経験的な条件から、それが自己産出系であると主張できる。ならば、それを出発点とすればよい。より正確にいえば、社会学が社会科学であり、第三者への妥当可能性を正しさの条件の一つとするならば、そうする方がより妥当ではないか、と考えている。

いずれにせよ、もし個々の制度が①②をみたすならば、自己産出系論は具体的な個々の制度の動き方を分析する上でも有力な手段になる。それを通じて、デュルケームやジンメルやウェーバーやパーソンズやマートンが考えてきた「社会とは何か」について、より妥当なとらえ方を提供してくれる。ルーマンの考えが正しくても、私の考えが正しくても、この点にはかわりない。最も大事なことはそれだ。

注

（1）具体的には、これは「目的設定の機能」という形で定式化できる。Luhmann（1973＝1990）の第四章参照。ウェーバーの目的合理性もこちらの方向で考えた方がよい。

（2）ルーマンとロマン主義思想との関係は、小泉（1993）、河本（2010）など参照。相互依存を通じた自己参照という論理構成において、ロマン主義と自己産出論はもともと近いが、そこで自己を観念的に先取りすると、ロマン主義版自己産出論になる。

そのため、ルーマンは、自己を閉じた境界線で考える思考につねに引き寄せられてしまう。例えば自己産出での意味的で時間的な閉じと、スペンサー―ブラウン代数での空間的で無時間的な円とは全くちがうものだが、後者で前者を代理させてしまう。その中途半端さは彼のシステム論の論理を混乱させたが、直感的には受け入れやすくもした。第11章第2節参照。

(3)　正確には、アシュビイの自己制御の逆説はこうした部分的事象に最もよくあてはまる。社会全体は、無限に拡大しうると仮定できるからだ。例えば、社会をコミュニケーションの集合だとすれば、その範囲は単調に広がりつづける。より正確にいえば、時間の経過とともに、接続しうるコミュニケーションの範囲は拡大しつづける。

第12章で述べる「全体社会のオートポイエーシス」はこちらの意味でも解釈できるが、その場合、全体社会の「自己」は全体社会自身による区別ではなくなる。それゆえ「システムがある」の「ある」の意味が組織や機能システムとはちがってくる（第12章第1節、佐藤 2008：2章参照）。この意味での「全体社会のオートポイエーシス」は、『社会が社会をつくる』の第一の意味と同義である。

(4)　だから、例えば「行為ではなく、コミュニケーションを要素にするのがコミュニケーションシステム論」とはいえない。パーソンズが考えた行為システムとは、システムとしてのあり方が全くちがうからだ。複雑性の縮減と結びつけるのも適切ではない。ルーマン自身が結びつけてしまったので混乱が生じたが、自己産出の定義に複雑性の縮減は必要ない。第11章第3節参照。

とはいえ、コミュニケーションシステム論に転じる前のルーマンを、自己産出からあまり遠ざけるのも適切ではない。もともとルーマンは「意味システム」とか「システムの自己主題化」といった形で、「内」の同一性が構築されるものだととらえていた。だからこそ、自己産出の発想を取り込むことができたのだろう。

(5) 言い換えれば、②をよくみたすのは、もともと何かの要素の集まりと考えられてきた制度や事象である。それゆえ、従来の社会システム論で「システム」だとされていたものが、自己産出系論でもシステムになることが多い。つまり、それらが①をみたす場合には、自己産出系としてとらえた方がよい。第11章参照。

こうした自己のとらえ方は例えば清水(1990)にも見られる。直接的な影響関係もあったのだろうが、経験的な自己のモデルとして、一九八〇年代に同時並行的に発見されたようだ。

(6) 形式的には①②をみたせば、「自己産出系は作動的に閉じている」といえる。これは内容的には、文字通り、外をもたないことにもなる。「外はこうなっている」という観察が意味をもつためには、他の要素から「その観察は(この系として)本当に外を観察している」と受け取られる必要があるからだ。それゆえ、その系における既存の「外」の観念にあわないものは、「外を観察した」とみなされない。その意味で、「意味的に閉じている」といえる。第11章注(3)参照。

もちろん、系のもつ「外」の観念はしばしば変わるし、そのきっかけが外部からの刺激であることも少なくないが、それは実際の外部に応じて変わることを意味しない。裏返せば、「トマスの定理」が成り立つこと、すなわち、実際の外部に応じて「外」の観念の内容が変わっていかないことは、作動的に閉じていることの必要条件になる。

(7) これは時間的な恒常性ではなく、自己成就が自己破壊に直結しないという、いわば二重否定形での論理的定常性である。定常的ではないとはいえない、ということだ。

第11章　システムの時空

第10章での理論的な考察をふまえて、この章では組織や法、マスメディアといった具体的な制度をとりあげる。自己産出の概念によってこれらの制度の挙動がどのように描き直されるかをみていくことで、自己産出系というモデルがどのような特徴をもつかを、経験的な水準でもつかめるようにする。「コードとプログラム」や「自律性」といった独特な用語も、あわせて解説する。

具体的な記述性能のちがいはさまざまな場面に出てくるが、特に重要なのは、自己産出のしくみが自己を書き換えることを通じて、時間とコミュニケーションを直接組み込んでいるところである。その特性から、これは「コミュニケーションシステム」とも呼びうる。

社会学にとって、時間とコミュニケーションの視点を記述の枠組みに取り入れることは大きな課題になってきた。自己産出系論は、その点で従来より洗練されたモデルとなっており、経験的な分析においても有力な手段となりうる。ここでは、その可能性の一端を、現代の組織や制度の事例を使って具体的に示す。その上で、「複雑性の縮減」や脱逆説化などの一般理論的な図式化の限界についてもふれる。

1　自己産出として描く

自己産出系のモデルを使うと、現代の制度や社会はどのように描き直せるのだろうか。第11章と次の第12章では、それを簡単にみていこう。

自己産出系論と現代社会

ここで述べるのは文字通りの素描だが、現代の社会学の最前線に近いので、内容的には少しむずかしいかもしれない。理解をたすけるために、全体としてどういう流れになるかを最初に述べておく。

自己産出系論が描き出す現代社会は、複数の制度の組み合わせ、というか組み合いである。これはパーソンズにはもちろん、ウェーバーにもなかった社会像だ。ウェーバーは「官僚制化する社会」という未来予想が物語るように、現代社会がやがて一つの制度、具体的にいえば、一つの官僚制組織で覆われるだろうと考えた（Weber 1918 = 1973）。それに対して、自己産出系論は複数の制度の組み合いとして社会を描く。それも上位―下位の制御関係ではなく、（上位―下位ではないという意味での）水平的な複数の制度の組み合いとして。作動的に閉じている、すなわち要素群のネットワークで要素がつくりだされるという自己産出系の特性は、こうした水平性をうまくとらえることができる。この描像を提示したのもルーマンだ。

正確にいえば、ルーマンの現代社会像には複数の方向性があり、社会全体があたかも一つの自己産出系であるかのように描くこともある。この場合、最も近い描像はおそらくヘーゲルの絶対精神の自己展開だろう。

けれども、ルーマンは別の描像も見せる。それが複数の制度の組み合いという現代社会像だ。デュルケームが多数の個人の行為の関わり合いとして描き出した制度の（第7章第4節、第10章第3節）、そのさらなる関わり合いとして、ルーマンは近代社会を描き出した。そこでは、それぞれの制度は作動的に閉じた自己産出系として、いわばライプニッツのモナドみたいなものとして組み合わさっている。その点では、少し意外に聞こえるかもしれないが、ジンメルの社会像に近い。ただ、ジンメルは複数の個人をモナドとして考えたが、ルーマンは複数の制度をモナドとして考えた。

ルーマンのいう「機能分化」は、有機体的な分化や分業ではなく、そういうあり方をさす。その意味では、ウェーバーの官僚制化をジンメル的に考え直した議論ともいえる。ルーマン自身がどこまで継承関係を意識していたかはわからないが、ルーマンとジンメルはかなり近い。ちがった平面で同じようなことを考えている(1)。

どちらの描像がより妥当かは、理論的に、また経験的に検討していけばよい。私自身は、第12章の最初で述べるように、社会全体が自己産出系であるという描像は成立しないと考えている。正確にいえば、個々の制度が自己産出系であるようには、全体社会は自己産出系ではないと考えている。さらに経験的にも、複数の制度の水平的な組み合いという描像の方が妥当ではないかと思っている。何より、こうした描像を頭においてルーマンの現代社会の分析を読むと、抽象的で難解な表現もぐっと身近に感じられる。

では、一つ一つ順を追ってみていこう。

システムとしての組織

社会科学が考えてきた制度の代表的な例は、法や組織である。実際、ルーマンも法や組織の社会学ですぐれた実証分析を残している。第8章で述べたように、こちらの方が彼の出発点であった。

組織に自己産出系論をあてはめると、組織は「組織である」とされる要素の集まりとしてとらえられる。社会学の伝統的な表現にそっていえば、「組織である」ふるまいの連なりである。より正確には、後で述べるように、「この組織である」ことの連なりだが。ウェーバーの官僚制の定義を借りれば、「公 Amt（office）と私 Privat（private）の分離」における「公」が、「この組織である」にあたる。

「組織である」ことの要件には、組織の成員として組織の規則にしたがっていることや組織が掲げる目的に沿っていることがある。ただし、組織では法とちがって、規則が関与する範囲は決して大きくない。また、規則がどの状況でも均しく適用されるわけではない。空文化されたり、急に復活されたりもする。A・グールドナーらが示したように、組織における規則はさまざまに使われる（真渕 2010 など参照）。規則で全てを規制しようとしたり、つねに機械的に適用しようとすれば、かえって業務が硬直化する（Friedberg 1972＝1989）。

その点では、規則の多様な使われ方は必ずしも逆機能的ではない。さらに組織の目的となると、規則以上に曖昧であり、曖昧さ自体が独自の機能をもつ。組織の規則や目的はそういう性格をもつ（第10章注（1））。

規則の制定も目的の提示も組織としてのふるまい＝「組織である」ことだから、それらにもとづいて新たな「組織である」ふるまいが成立すれば、要素群のネットワークによって要素が産出されることになる。規則も目的も適用の自由度が高いので、産出されるというより、産出されることが可能になる、といった方がよいだろうが。

「組織である」要件には、もう一つ重要なものがある。それは「この組織らしさ」という定型性、つまり特定の組織がもつ型みたいなものだ。組織論で「組織文化」といわれてきたものの一部だが、その組織が蓄積してきた経験にもとづく経験則の束、といった方がより適切だろう。それが「組織である」要件に入るところに、組織というシステムの大きな特徴がある。

これは組織がもつ環境に由来する。正確にいえば、組織に構造的に想定されてきた環境の特性と関連する。

フランク・ナイトが指摘したように、組織は計算可能なリスクというより、計算不可能な不確実性のなかで新たな対応をたえず迫られる（Knight 1921 = 1959）。企業でいえば利潤の最大の源泉はそこにある。けれども、計算不可能である以上、こうすれば成功の確率が上がる／下げるという合理的な判断はきかない。もちろん、規則や目的が次の一手を教えてくれるわけでもない。その意味で、いわば不確実性の深淵のなかへの跳躍をつねに迫られる。

そこで主な指針となるのは従来からの型、つまり「この組織らしさ」の観念である。これは過去の対応、つまり従来の「組織である」ふるまいの記憶であり、そのなかでも特に成功体験、正確にいえば成功だと見なされている経験の記憶が大きな比重を占める。それをなぞることで、不確実性のなかで新たな「組織である」ことを生み出すことが可能になる。

その意味でも、従来の「組織である」要素のネットワークによって新たな「組織である」が産出される。そして、その産出によって「この組織らしさ」もある程度再解釈されていく。過去と全く同じ状況でないかぎり、成功体験をなぞることは、過去の成功の反復ではなく、再解釈になるからだ。それによって、従来の「組織である」要素群もある程度組み換えられていく。例えば、その一部は「この組織らしくない」ことになり、記憶から消えていくだろう。第10章で述べた、意味の事後成立性の一つだ。

くり返すが、この産出において、「この組織らしさ」という経験則の適用は合理的な判断によるものではない。多くの組織研究が示しているように、過去の成功体験は最大の失敗要因の一つでもある。そのことは実は当事者水準でも気づかれているが、ナイト的な不確実性の下では、個々の状況でこの対応が成功するか失敗するかを予見することはできない。その予見できなさが、過去の成功体験への依存をうみだす。「成功は失敗の母」であることには十分気づいていても、過去の成功にすがらなければ、不確実性の前でただ立ち竦むしかない。

そのことが、過去の「組織らしさ」＝自己にそって新たな「組織である」ふるまいが生まれるという、「組織である」ことの循環をうみだす。そういう形で、組織は自己産出系になっている。これによって具体的にどんな現象がおこるか、どんなふるまい方が出現するかは、佐藤（2008）の第五章でまとめて述べたので、そちらを参照してほしい。

組織の疑似人格性

そう考えていくと、組織の自己のあり方では、たんに「組織である」というより、「あの組織」ではなく「この組織である」という固有性、より正確にいえば複数同等性のなかでの特定性が大きな重みをもっている。

そもそも、ナイト的な不確実性が生じる大きな要因は、同等な能力をもつ別の組織システムが外部にいるからである。[2]確実にうまくいく戦略があれば、他の組織も遅かれ早かれそれに気づき、模倣したり対抗手段をとったりする。それによって、その戦略にもとづく対応は確実にうまくいくとはいえなくなる。楠木（2010）の言葉をかりれば、日本経済新聞の一面にはキラー・パスのヒントはない。

さらに、こうした不確実性の引き受けは、システム内部に強い不定性をうむ。規則が多様な使われ方をされたり、成功体験の記憶がさらに書き換えられたりする。そのため、「組織である」ふるまいの具体的な意味内容は事後的遡及的に変更されやすい。その不定性に成員が耐えられるのは、組織の成員資格を最終的に個人が選択できる、すなわち「本当に嫌なら退出できる」とされているからだが、成員資格を個人が選択できるには、同等な組織が他にもなければならない。

つまり、組織のあり方はさまざまな面で、他の同等な組織が外部にあることを前提にしている。それによって、組織は計算不能な不確実性にさらされるとともに、そうした不確実性に対処する内部の不定性を保つことができる。

これは歴史的に、そして社会科学的に観察した場合にそうだというだけではない。そういうものだと当事者水準でも了解されている。言い換えれば、この前提は「組織」という意味論に組み込まれている。組織システムも「自己に意味を付与するための精錬された意味論を、反省を、自律性を介して」「自身のアイデンティティを自ら規定する」（Luhmann 1997＝2009：1032-1033）。

そういう形で組織システムの自己は成立している。他の同等な組織が外部にあること（正確にいえば、あると想定されていること）は、組織の自己産出のしくみの一部になっている。だから、その自己は厳密には「組織である」ではなく、「この組織である」なのである。例えば、成功体験の記憶のような「この組織らしさ」にもとづくふるまいの背後にも、他の組織との複数同等性、つまり「この組織（でない）」という環境のあたえられ方がある。自己産出論の用語でいえば、そこに環境との「構造連結（structural coupling）」が見られる（第12章注（4）参照）。

少し意外に思えるかもしれないが、こうした特性は組織システムに近代的な主体に似た性格をあたえる。過去の自分らしさを頼りに、計算不能な不確実性を積極的に引き受けること、すなわち「投企《プロジェクト》」が求められるからだ。同等の他者を外部にもち、もっていると知っていることによって、不確実性への跳躍を迫られるのである。

この疑似主体性は今述べたように、組織の自己産出のしくみから導き出されるが、組織が法人格という疑似人格性をもつという事実からも裏づけられる。主体に似た性格をもつので、疑似人格性をあたえやすいし、あたえた方がさまざまな面であつかいやすいのだ。

組織が一般に法人格をもつ理由は、経済学では、多数の個人といちいち契約するコストが高いといった形で説明されてきた（岩井 2003 など）。けれども、この種の説明は、法人が実在する人間と同じように判断し行動できることを前提している。個人の経済合理的な行動しか認めないという、経済学の基本的な考え方を、一段ずらしでくり返すものだ。むしろ、右のような組織の自己産出系としての特徴と法人格は関連していると考えた方がよい。

システムとしての法

法の場合は、組織とは少しちがう。まず法において、要素となるのは「法である」という判断（をするふるまい）である。「法である」ことの連なりといった方がよい。特に「判断」という点を強調するのは、時点を正確にとりあつかう必要があるからだ。

例えば、合法的な経済取引は日常的に見出されるが、厳密にいえば、取引がなされた時点では、「法である」と判断されているわけではない。取引に携わる当事者たちが「法であるだろう」と想定しているだけだ。この取引が裁判になり裁判所が「合法である」と判断した時点で、「法である」ことは成立する。つまり、「法である」ことの産出は取引の時点ではなく、裁判所の判断の時点で生じている。

あるいは、法的規制をおこなう行政機関に「この取引は合法か」と問い合わせたりすれば、「法である」という判断が取引の前に生じることもありうる。その判断を参考にして取引がなされる場合も、そこで参考にされるのは、厳密にいえば「法である」という判断そのものではなく、それに関する取引当事者の理解にすぎない。それゆえ、取引そのものは「法である」こととは関係ない。

この点をふまえれば、法においても、新たな「法である」ことは従来の「法である」ことにもとづいている。裁判所の裁判であれば、過去の立法や判例にもとづく。裁判や立法も法にもとづく手続き規則にしたがってなされるから、形式的にも「法である」ことが「法である」ことを生み出している。いわゆる実定法的循環である。

それだけではない。個々の「法である」という判断の内容もまた、従来の「法である」とされた内容を参照する。その意味でも、従来の「法である」ことのネットワークが新たな「法である」ことを産出するといえる。

法の場合、組織に比べて「法である」規則はより一貫性の高い運用がなされる。そのため、産出のしくみも規則による部分が大きい。けれども、個々の判断は自動機械のプログラムのようになされるわけではない。個々の判断は個別のケースごとになされる。どのケースが過去のどのケースに準ずるものか、あるいは、どのケースにも準じえないものかの判断がそこには必ず介在する。そこでは、従来の判断の一部を実質的に無効化して、新たな「法である」という判断がなされることもある。その点で、従来の「法である」群は、新たな「法である」によって再解釈され、組み換えられる。

もう一つ、組織でのしくみとちがうところがある。法システムの場合は、新たな「法である」要素を積極的にうみだすというより、たえず判断を求められることで、結果的に新たな要素がつくりだされる。組織の場合、組織内部では、新たな「組織である」ふるまいは従来のものを部分的にせよ革新していく、という了解がある。そのため、法に比べて、内容上の強い連続性があるとは了解されにくい。もちろん、これはシステム内部の了解であって、強い不確実性に対処するという環境条件ゆえに、逆に先例主義のかたまりになる可能性はつねにある。

それに対して、少なくとも法の内部では、新たな「法である」判断は従来の判断との内容的な連続性を保つとされる。この了解ゆえに、法システムは内容的な同一性を提示しやすい。そして、そのことが法システムにたえず新たな事案が持ち込まれる要因にもなる。従来の判断内容からある程度予測がつく、すなわちウェーバーのいう計算可能性が成立するだけではない（第5章第1節）。その同一性自体が「正義」という信憑に結びつき、法システムへの信頼を培う。

その点でいえば、法システムの場合、内容的な同一性を提示しやすいことが、新たな判断をうみだす要因にもなっている。その代わり、法は組織に比べて、事後的な要素の再解釈や組み換えの程度が弱い。それゆえ、「法である」という全体は内容的にはより安定しているが、機動的に対応を変化させるのはむずかしい。後で述べるように、これは二つのシステムの時間的なテンポにも影響する。

要素と全体の再帰的循環

法や組織といった具体的な制度にあてはめてみると、あらためて自己産出系というとらえ方の特徴が明確になる。

その一つは第10章で述べた条件①、すなわち要素のネットワークが新たな要素をつくるということだ。組織の場合は、他の同等な組織（例えば同業他社）との競争や人員の入れ替え、消費者や取引先の行動への対処など、たえず変化していく環境におかれる。そのなかで組織はつねに新たな対応を迫られる。その対応は、少なくとも当の組織にとってはルーティン的に予測できるものではない。むしろ、予測できるとして対応する方が、組織の存続をあやうくしかねない。

特に継続事業体《ゴーイング・コンサーン》である営利企業は、計算可能なリスクではなく、計算不可能な不確実性にふみこまざるをえない。だからこそ、従来から積み重ねてきたその「組織らしさ」の記憶が、新たな「組織である」ふるまいの指針になり、また「組織である」と認められる重要な基準になる。そういう意味で、過去の「組織である」要素（＝ふるまい）のネットワークが新たな「組織である」要素をつくりだす。その全体が組織、すなわち組織というシステムの自己となる。そういう組織の自己のあり方は、法人格という疑似人格性とも結びついている。

法の場合は、つくりだすしくみが少しちがう。過去の「法である／でない」という判断の集積が、計算可能性や「正義」の面からそれなりの妥当性をもつことによって、新たな事案についても法的判断が求められる。具体的にいえば、裁判にもちこまれたり、立法が求められたりする。逆にいえば、それなりの妥当性をもたなければ、他の紛争解決手段が使われる。そういう形で、過去の「法である」要素（＝判断）のネットワークが新たな「法である」要素をつくりだしていく。その全体が法、すなわち法というシステムの自己となる。

もう一つ、重要な特徴がある。従来の要素のネットワークによってつくりだされるものが、全て要素になるわけではない。それどころか、ネットワークにふくまれていた要素がそうでなくなることすらある。

組織でいえば、どうすれば新たなふるまいが「組織である」になるかどうかが確定的にわかっているわけではない。後につづく新たな「組織である」要素になりうるふるまいから参照されなければ、「この組織」を構成する要素ではなくなる。また、「組織である」とされていたふるまいが事後的に「組織でない」とされることさえある。

法でいえば、新たな立法が無視されることもあるし、ある裁判の判決が後の判決によって実質的に否定され、「法」の要素でなくなることもある。裁判の場合、確定判決という制度もあるので少し複雑になるが、国会議員定数の違憲訴訟で使われた事情判決の法理のように、「法である」ことを否定した上で、それによって発生した事実は変更しないやり方もある。つまり、事実がどうかとは別に、「法である／でない」という判断はある。その判断のネットワークが新たな判断をつくりだし、その新たな判断によって従来のネットワークの一部が「法でない」とされることもある。

そういう意味で、法にせよ組織にせよ、システムの自己は新たな要素を産出し、その産出とともに自己自身も変化していく。この産出は物理的なモノが出現することではなく、そのシステムの「要素である」と他の要素から言及されることによる。それゆえ、特定の時点を固定すると、そのシステムの要素であるかどうか、明確でないものもありうる。その意味では、（要素においても全体においても）「システムである」とは一次的にはむしろ「システムでない」でないことだ、ととらえた方がよい。
この、要素と全体における自己の再帰的なあり方を最初に言葉にした社会学者は、ジンメルだろう。第4章の「橋と扉」の話をおぼえているだろうか。そこでジンメルは「扉」、つまり家の内／外の区別をこう説明していた（第4章第3節）。

空間の限りない連続体から一区画を切りとり、この区画を一つの意味に応じて一つの特別な単位Einheitへと形づくったのである。それによって、空間の一部分が自身のうちで結びつくとともに、他の全ての世界から切り離された。

「自身のうちで結びつく」ことで、「内」は「内」になる。ここでジンメルは再帰的な「内」の生成を描いているのだが、それが十分な記述力をもつには、自己産出論のような構成を定式化する必要があった。少なくとも私は、自己産出論を知らなければ、この一文の意味が理解できなかったと思う。
『社会が社会をつくる』とはどんな事態なのか、ジンメルの死後、社会学は一〇〇年かけて考えてきた。彼の描写と現代の自己産出系論とのちがいは、その成果でもある。自己産出系の要素と全体の再帰的循環は、ジンメルの形式と形式を通じて出現する特性をつなぐ論理にもなる（第4章第2節）。

2　社会の見え方のちがい

こういう形で定式化される自己産出系は、従来のシステム論とはいくつかの点で大きくことなる。

システムの自己と時間

第一のちがいは、くり返しになるが、自己産出系では、システムの自己がつねに動的に組み換えられることだ。その点で、これはいわゆる自己組織系ではない（第10章第1節）。それが一番よくわかるのは、コードとプログラムのちがいかもしれない。これもルーマンが導入した術語だが、彼の言い方はややわかりにくいので、ここでは論理的な関係だけに注目して解説する（山下 2010など参照）。

自己産出系はつねに固有のコードを一つもつ。それは「自己である／でない」というコードだ。組織ならば「組織である／でない」、法ならば「法である／でない」になる。このコードによって要素（自己）である／でないが標づけられるわけだが、この標づけは後で変更されることもある。

その変更は、ふつう他の要素との間の整合性がとれないという形でなされる。つまり「他の『要素である／でない』群との間で整合性がとれないので、この『要素である／でない』は変更される」という形をとる。この整合性にあたるのがプログラムである。

このコードとプログラムの関係は、いわゆるノイマン型のコンピュータのそれとは全くちがう。プログラムはコードの上位規範ではない。これは、自己の境界を事後的に変更しうる、すなわち一度成立した自己（の要素）である／でないを変更できるという意味での、システムの自己（再）定義可能性をさ

さえる意味論的なしくみである。(3)

この意味でプログラムは自己産出のしくみの中心的な部分に関わっており、それゆえ、それぞれのしくみの特性を反映する。例えば、法システムでは個々の「法である／でない」が内容的な連続性を強くもつ。そのため、プログラムも明確な内容をもちやすく、文書の形で表現しやすい。それゆえ、法は実定法循環という形で表象しやすい。

それに対して、組織におけるプログラムは、「この組織らしさ」という文化の形をとる場合だけでなく、目的や規則（条件）の形をとる場合でも、大幅な自由度をもつ。そのことが機動的な対処を可能にするが、自律性をそれ自体だけで保持することはむずかしくする。このような、組織におけるプログラムの不明確さは、組織が自己の同一性保持を最終的には法に依存することと裏表になっている。逆にいえば、法システムでは、プログラムの明確さゆえに自己の同一性を自己だけで保持しやすいが、その分、内容面で自己を急激に変化させにくい。

第二のちがいは、こうした自己産出系の自己はもはや空間的な喩えではとらえられないことだ。これにはさらに二つの面がある。

第一の面は、「要素である／でない」によってシステムの自己が成立する。その意味で、システムの要素の産出（成立）はそれ自体が内／外境界の成立（産出）になっている。わかりやすくいえば、このシステムには境界だけしかなく、境界の内にあたるものはない。生物に喩えれば、細胞膜の内側とか皮膚の内側にあたるものはない。

パーソンズの考えた境界維持システムとは、この点で決定的にちがう。図6-1からもわかるように、パーソンズはシステム境界の内側にあたるものを考えていた。自己産出論では、境界とシステムそれ自体が区別されない（Maturana and Varela 1987：46-47＝1987：54-55など）。だからこそ、「自己」を再帰的な形でうまく定式化できたわけだが、社会の自己産出系ではそれがより明確に現れる。

第二の面は、システムは時間的な存在であるということだ。これも、パーソンズの考えた社会システムの相互作用モデルと比較すると、わかりやすい。彼は万有引力のように、時間ゼロで成立する相互作用を考えた（第6章第3節）。そこには空間的な広がりはあるが、時間的な広がりはない。

それに対して、自己産出系では、要素のネットワークが要素を産出するというあり方において、すでに時間が入っている。さらに、システムの自己制御ではなく（第10章第1節）、自己（再）定義を自律性とする点でも（注（3）参照）、つまりそれ以外に自律性にあたる事態を定式化できない点でも、このシステムの自己は時間のうちにしか成立しない（Luhmann 2006：45-48）。

自己産出系の時空

二種類のシステムのちがいを簡単に描くと、図11-1のようになる。あくまでも模式図にすぎないが、大まかな特徴はつかめるだろう。

構造機能主義のシステムでは、システム自体は無時間的に存在する。そのシステムが時間の経過にともなって、どう保持／変化していくかを考えた場合に、初めて時間軸が出てくる。図でいえば、システムは特定の時点平面の上にある空間的な存在である。そのシステムには境界（＝黒ぬり）と境界でない内部がある。

それに対して、自己産出系はそれ自体が時間のなかに存在している。境界でない内部も存在しない。その端点は現在という時点平面上にある（＝下の図の「産出点」）。これらの近傍では要素のネットワーク

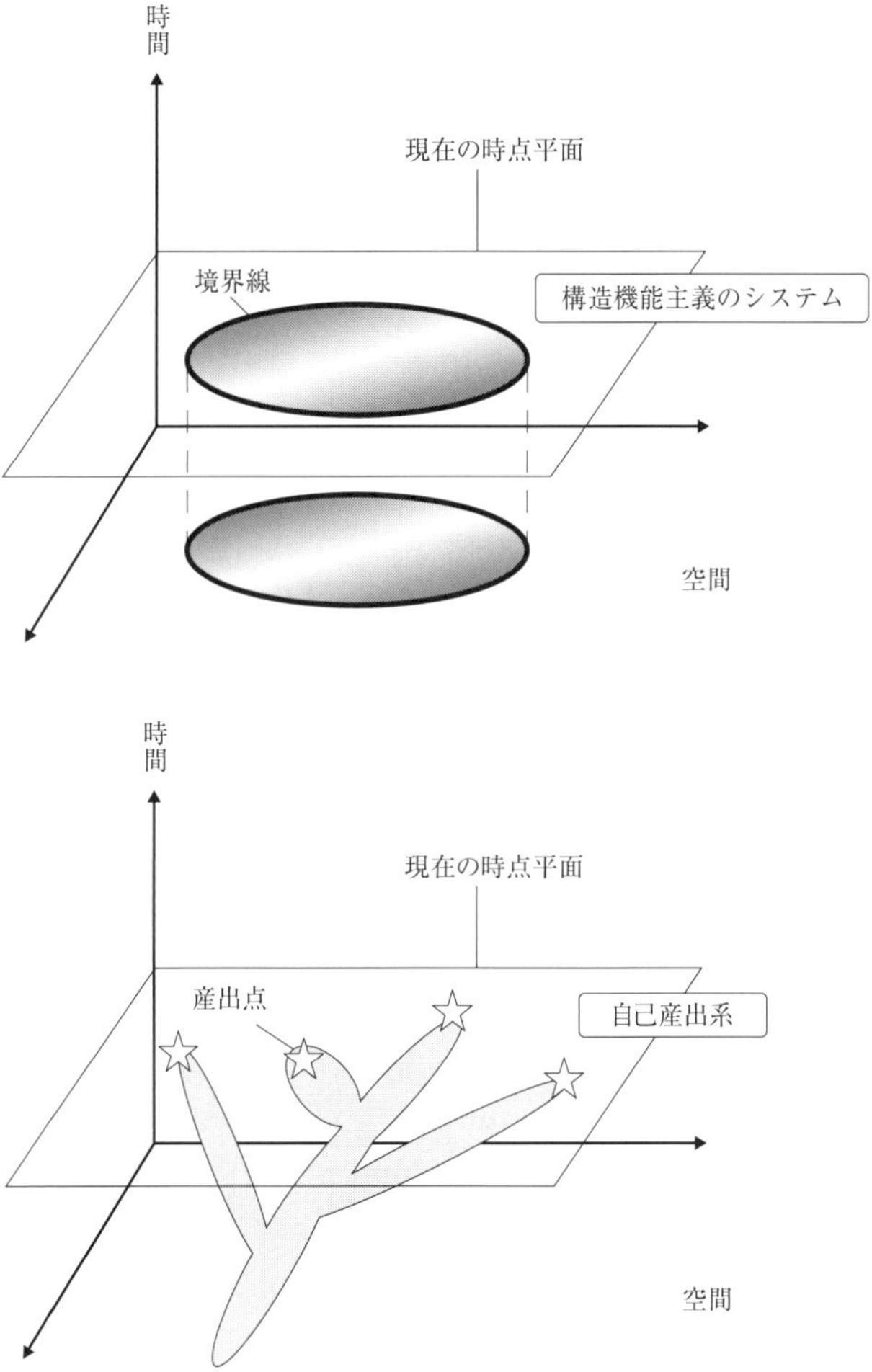

図 11-1　システムの時空

によって新たな要素になりうるものが生成されている。(4) それらのいくつかが新たな要素になり、それによって従来の要素のあり方も変化する。

　だから、下の図で灰色で示されているシステムの自己は、あくまでも現在時点でのものでしかない。それが過去になり、新たな時点平面が現在になれば、時間軸上では過去（＝時点平面より下）に属するシステムの自己も変化していく。

　ルーマンはこれを次のように表現している。

出来事の単位は、例えばひとつの事故や行為、日蝕や雷雨などは、観察の関心にそって、きわめて多様なかたちで切り取ることができる。……議会の予算案の提出は政治システム内の出来事でもありうるし、法システム、マスメディアのシステム、経済システム内の出来事でもありうる。そうであることを通じて、システムの自由度の相互的制限という意味での統合が、つねに生じている。しかしこの統合効果は、その個々の出来事に限定される。前史と帰結を合わせて見るやいなや、すなわち、同時に現出しているものの時間境界を踏み越えて再帰を視野に入れるやいなや、システムの磁場がその同一性に影響をおよぼす。そこでは予算案の提出という法的行為は、メディアにおける報道とコメントの機会とは別のものである。また同意と不同意を政治的に象徴化することとも、さらには株式市場が知覚することとも、別のものである。出来事が脈動するなかで、システムは一瞬一瞬、自己を統合し不統合化する。（1997＝2009：897-898）

それゆえ、二つの図も本当は同じ状態を対比させたものではない。構造機能主義のシステムの方は一つの図でシステムの時間的な変化も表せるが、自己産出系の方はあくまでも現在時点の図《スナップ・ショット》にすぎない。もし時間的な変化を表したければ、ちがう時点平面をもつ複数の時空図を用意して、時点平面より下（＝時間軸上の過去）の自己の変化も示す必要がある。

社会の自己産出系における作動的な閉じとは、空間的に閉じた円ではなく、再帰的な自己の書き換えがつづくことなのである。ルーマンのロマン主義版自己産出がわかりにくい理由の一つは、この二つをときどき混同するところにある（第10章注（2））。

直感的な描像としては、時空のなかを未来へ向かって蠢く「虫《ワーム》」を想像するとわかりやすい[5]。この点は特に都市のような、空間的な形で自己像をもつ対象をあつかう場合に、重要になる。もし都市が自己産出系として記述できるとすれば、都市そのものは四次元の時空のなかに存在する。その要素も空間的な建物やブロックではなく、時間的に触発されて展開していくものになる。接触可能性の「過剰さ」に接触することで、接触可能性の「過剰さ」が伝染していく。そんな過程を考えた方がよい。

時間の次元とコミュニケーション

この、四次元の時空のなかに存在するという性格は、特に二つの点で特徴的に現れる。

一つは、自己産出系ではどうしても時間が視野に入ってくることだ。自己産出系論では、つねに具体的にシステムの始まりと終わりがある。ただし、システムの定義からもわかるように、理論の内部でシステムの生成と消滅が語れるわけではない[6]。もし生成の過程をとらえようとすれば、歴史社会学的な意味論的分析になるだろう。

もう一つは、システムは時間的な存在なので、それぞれ固有な時間的特性をもつ。例えば、法システムでは、裁判の手続きのように、遡及的な解釈が強く制限される場面がある。そこでは、手続きがかなり厳密に守られ、「こういう意味だ」と決める過程に多くの時間が費やされる。遡及的な解釈がむずかしいからこそ、その都度その都度の意味の同定作業のテンポが遅くなる。

それに対して、組織システムでは、遡及的な解釈の範囲が大きい。だから、「とりあえずこういうことにしておこう」として先に進める。つまり速い時調《テンポ》で事態が進む。図11-1でいえば、産出点が多数で多様であり、時点平面以下の黒い部分が時間の進行とともに大きく変わりうる。そこで無理に意味を固定しようとしても、事後的な変更可能性をまぬかれない。むしろ、ふるまいの意味を無理に固定するとすれば、「組織ではない」とされやすい（佐藤 2008：5章参照）。

同じシステムでも、法と組織ではこのくらい時間地平のあり方がちがう。これは法システムに関わる官僚制組織、例えば最高裁の事務総局のような組織に特別な負荷をあたえる。対照的な二つの時調をなんとか両立させる必要があるからだ。それができる人材はかなり希少であるため、少数のメンバーが主要な意思決定につねに携わることになりやすい。それは、そうでないメンバーからみれば「少数の専制」「密室主義」に見えるし、そういう希少な人材をうまく育てられなくなれば、法の論理か組織の論理か、どちらか一方だけになって硬直化する。

これは一つの事例にすぎないが、例えばこういう形で自己産出系論は時間を内在的にとりあつかう。時間を、とりわけその対称性と非対称をともにあつかうことは〈今の社会学〉の成立以来、大きな課題であるが、自己産出系論はその一つの手がかりになる。自己産出系では、ある要素が他の要素から言及され、解釈されることで、意味をもってくる。それゆえ、こうした時間のあつかい方ができるし、必要になる。

また、この点で自己産出系の要素は「コミュニケーション」になる。こうしたあり方を、要素を原子論的に固定して考えれば、他の要素を意味づけるという面でも、他の要素に意味づけられるという面でも、あたかも要素の間に意味の伝送が起こっているかのように見えるからだ。要素のネットワークによって要素が産出され、その要素によって従来のネットワークも再編される。その意味論的な循環を、大幅に単純化すれば、前の要素が意味を発信し、後の要素が意味を受信するという伝送プロセスになる。

したがって、「社会の自己産出系の要素はコミュニケーションである」というより、むしろ「社会的事象での要素の自己産出という事態はコミュニケーションに見える」といった方が適切である。もちろん、それさえふまえていれば、コミュニケーションシステムという表現は悪くない(7)。

3　自己産出系の「中範囲」

システムとしてのマスメディア

そういう意味での「コミュニケーション」を直感的に理解するには、マスメディアのシステム論を見るのが一番よいかもしれない（Luhmann 1996 = 2005）。

マスメディアは情報を集めて発信するものだと考えられがちだが、ルーマンが注目したのは、「ニュース」という形式だった。マスメディアは情報ではなく、「新しい何か《ニュース》」を伝える。新しさがなければ、価値《ニュースヴァリュー》はない。例えば日常的に人が自殺する都市では、誰が自殺したかは「ニュース」にはならないが、自殺によって今朝はどの路線が遅れるかは「ニュース」になる。人が犬に咬まれるのは「ニュース」ではないが、人が犬を咬めば「ニュース」になるように。

そして、ニュースとして伝えられたことは、まさにそれゆえ既知の何かになり、もはやニュースでなくなる。それによって、マスメディアはまた新たなニュースを見つけてこなければならなくなる。つまり、ニュースは伝えられたことでニュースでなくなり、新たなニュースを伝えることを産出させる。その意味で、過去のニュースを伝えることの連なりが、新たなニュースを伝えることをつくりだす。

マスメディアではそういう形で、従来の要素のネットワークが新たな要素を産出させていく。だからこそ、自己産出系だといえる。[8] マスメディアをコミュニケーションシステムとして見る場合の「コミュニケーション」は、この産出のネットワークにあたる。

ごく簡単な素描だが、ここからだけでも興味ぶかい帰結がいくつか導かれる。

例えば、マスメディアが本当にこうしたシステムだとすれば、派手さ志向《センセーショナリズム》や醜聞志向《スキャンダリズム》、飾りつけ志向《ショービズム》をまぬかれることはできない。これらは「新しい何か《ニュース》」という形式の、裏の顔だからである。

さらにいえば、そうした歪みや偏りへの批判もまた、ニュースを伝えることを産出するしくみの一部になる。そうした批判によって、既知とされていた情報や知識も、「正しく報道されてこなかった」「不当に無視されてきた」といった新しさをあたえられて、「ニュース」となりうるからだ。「ニュース」という価値《ヴァリュー》をつくりだす点では、派手さ志向と醜聞志向と、それらへの批判は機能的に等価である。

もちろん、だからといって、そうした批判が無意味なわけではない。たんに、ニュースを伝えることの産出機構では、それらは派手さ志向や醜聞志向と同じ意味をもつ。マスメディアという制度にとってはどちらも等価だ、というだけだ。別の言い方をすれば、もし二つの間に優劣をつけたければ、「報道機関は本来……」という制度の正義に訴えるのはおかしい。一人一人の個人の意志と責任で、「自分はこちらの方が好きだ」だと主張するしかない。あるいは、「ニュース」の形式の内部でどのように理想を実現できるかを考えるしかない。機能的に等価というのは、そういうことである。

「ニュース」という形式は、そうした意味でマスメディアの世界《リアリティ》を形づくっている。例えば、ニュースを受け取る視聴者の側も、そういうものだと半ばわかっている。送り出す報道機関の側も「視聴者もわかっているよ」として、この形式を鈍く緩くつづけていく。これも「トマスの定理」の一つの姿だ（第7章第4節、第10章注（6））。

「複雑性の縮減」の図式

これまで述べてきたように、自己産出系で最も重要なのは、要素のネットワークとそこでの産出のされ方、つまり要素と全体の循環のあり方である。同じく自己産出系でも、そのあり方はかなりちがう。そのちがいが経験的な分析では活きてくる。

逆にいえば、自己産出系論では一般理論（一般システム論）が意義をもつ場面は少ない(9)。少し高度な議論になるが、この本の主題とも大きくかかわるので、おさらいも兼ねて、法や組織やマスメディアの事例を使いながら説明しよう。

意外に聞こえるかもしれないが、実は、これらの自己産出の動きは、全て「複雑性の縮減」の形で近似できる。特に二つの面でそうである。

第一に、どのしくみも完全に解消できない課題をかかえているだけではなく、しくみの作動自体で解くべき課題を新たにつくりだしている。組織であれば、一つの組織の戦略の成功は、同等な他の組織の学習をうながし、対抗戦略をとらせる。その結果、かつて成功した戦略は成功できなくなる。法でいえば、妥当性をある程度確保しながら「法である」判断をつくりつづけることで、法にもちこまれる紛争処理がふえていく。マスメディアでいえば、ニュースとして伝えることで、その内容は「ニュース価値」を失う。

システムの自己を固定的に考えて眺めれば、この過程は（1）あたかもシステムがたえず環境の過剰な複雑性にさらされ、その縮減をつねに迫られているかのように見える。もちろん、本当はシステムも環境も自己産出とともに組み換わっていくから、「たえず」とも「つねに」ともいえないのだが。

第二に、どのしくみでも、自己産出していくことでシステムの自己も組み換わっていく。やはりシステムの自己を固定的に考えて眺めれば、この過程はシステムが複数の環境対応戦略を使い分けた、あるいは、新たな戦略を見出してそちらを選択したように見える。つまり、（2）あたかもシステムが選択性をもっていた、あるいは、選択性を増大させたかのように見える。

両方をあわせると、システムは（1）環境の過剰な複雑性にたえずさらされ、つねにその縮減を求められており、（2）自身の選択性をふやすことで対応し、存続していくかのように見える。だから、あたかも自己産出系は「複雑性を縮減する」ように見える。

つまり、「複雑性の縮減」[10]とは、システムの自己が組み換わっていく自己産出系の動きを、粗く近似した描像なのである。便利に使えるときもあるが、先ほど述べたように、この近似ではあくまでもシステムの自己が固定的に考えられている。その意味で「粗い」と言わざるをえない。それゆえ、そこから何かを論理的に導出できるようなものではない。

実際、個々のシステムの挙動、特にそれぞれの自己産出のあり方は、複雑性の縮減からは導き出せない。「複雑性を縮減しなければならないので、このシステムは～のように動く」といった言明は、同義反復か論点先取になる（第8章第4節）。反対に、もしそれぞれの自己産出の機構を経験的に記述できれば、「複雑性の縮減」に見える事態は容易に再構成できる。

同じことは、脱逆説化にもあてはまる（第9章第3節）。脱逆説化はかなり広い意味をもつが、ルーマン自身が立てたロマン主義版自己産出論では、矛盾や逆説が事態を基礎づけるとされる（第10章第1節）。そのため、脱逆説化が自己産出系の一般理論のようにあつかわれることが少なくない。

脱逆説化の図式

たしかに、いくつかのシステムの挙動はこの図式で近似できる。例えば教育のシステムでは、教育は主体化と社会化という相いれない二つの課題をもつとされる。それゆえ、あらゆる教育の営みは、どんな教育理論や技法の適用の結果であっても、必ず不完全な成果や失敗に終わる。個人の自発性を強くひきだせば「恣意《わがまま》」と区別できず、協調性を強く引き出せば「強制《おしつけ》」と区別できないからだ。

だから、教育はつねに新たな教育の営みにのりださざるをえない。そういう形で、従来の要素の連鎖によって新たな要素になりうるものが産出されていく。そのなかで従来の要素もときに「あれは教育ではなかった」と位置づけ直されながら、教育の営み全体が動いていく。これも脱逆説化の一種である。

この本で述べてきた社会学の歴史も、よく似た形で描ける。『常識をうまく手放す』技法は視点の独異性《ユニークネス》を意味し、『社会が社会をつくる』理論は視点の普遍性《ユニヴァーサリティ》を意味するとすれば、この二つを内在的に組み合わせることは、やはり解けない課題となる。つまり、社会学はこの二つを組み合わせようとすることで、独自性をもっただけではなく、教育と似た動き方をすることになった。従来の社会学の営みはつねに失敗におわり、そのことが新たな社会学の営みを強いる。そういう形で「社会学である／でない」という境界を生成しつづけてきた。

そう考えれば、脱逆説化という事態は自己産出系の条件をみたすが、自己産出が必ず脱逆説化である必要はない。事実、組織や法では、要素のネットワークが産出するしくみとして、脱逆説化を想定する必要はない。

さらに、脱逆説化が見出せる場合でも、自己産出の機構との関わり方はシステムごとにかなりことなる。例えば、国家も一つのシステムとして記述できる。国家が複数並立する近代国家群では、個々の国家は「外からは個別的で内からは普遍的」という特性をおびるので、ここから国家システムの脱逆説化を考えることはできる。

近代国家の挙動のいくつかはそれでうまくとらえられるが（佐藤 2008：6章）、それらは個々の国家の外に個人が出られるという信憑に関連する。国家そのもののあり方に直接関わるものではない（第11章第1節、第12章第1節参照）。脱逆説化という形で一般化すれば、こうした個々のシステムの特徴はかえって見えなくなる。

要するに、複雑性の縮減や脱逆説化のような一般理論っぽい図式は、粗い近似としては便利だが、自己産出系の挙動の厳密な記述モデルとしては、十分な性能をもたない。その意味で、これらの図式は理論的には冗長でしかない。

少なくとも社会学の分野でいえば、現在最も欠けているのはシステムの一般理論的な枠組みではない。

自己産出系論をモデルに使って法や組織、マスメディアや教育、あるいは社会学の動きを具体的に記述し検証し、それに応じてモデル自体を修正していく作業だ。マートンの言葉を借りれば、ここでも足りないのは一般理論ではなく、「中範囲の理論」なのである。

注

（1）菅野仁は、ルーマンがジンメルをかなり参考にしたのではないかと述べている（西・菅野 2009：136）。直接の継承関係はともかく、ルーマン自身もジンメルとの近さは認めている。例えばLuhmann（1981b）の論文「社会秩序はいかにして可能か」（佐藤編訳 1985）参照。
もちろん、ジンメルだけが先行者なわけではない。小山（2010）が指摘しているように、C・シュミットや戦後西ドイツの憲法学との関連性も重要だろう。もともと法学出身の人なのだから。

（2）ナイトの不確実性の考え方は、マートンの論文「社会的行為の意図せざる結果」にも影響をあたえた（Merton 1936：89）。ナイトはシカゴ大学で経済学の教授をつとめ、経営学や経済学の分野でよく知られているが、ウェーバーの英訳もやっている。経済社会学者といった方がよい人だ。

（3）この自己（再）定義可能性が自己産出における「自律性（autonomy）」にあたる（Maturana and Varela 1987：48＝1987：56、Luhmann 1997＝2009：62など）。社会の自己産出系の自律性はコードとプログラム上のものであり、要素の内容を直接規定するわけではない。例えば、個々の法的判断では道徳や倫理の通念がふつうに参照されるし、そのことが法システムの自律性を支えている（第11章第1節）。「特定のコードに定位した結論へ着地するために法的思考が何を利用しているかを問うことによって、法システムの自律がいかにして〝維持〟されているかを明らかにすることができる」（常松 2009：81）。

逆にいえば、各システムの挙動について、コードやプログラムの形式的な特性から（＝意味論にふみこまずに）いえることは少ない。「社会システムは人間をふくまない」という命題（Luhmann 1997＝2009：16, 2005＝2009：42-69 など）にも同じことがいえる。社会の自己産出系では、意味が事後的に書き換えられる。それゆえ、コミュニケーションが行為化されて帰属されたときの意味は、帰属される行為者の意図と区別される。

こうした行為の意味の記述は、何らかの水準でのシステムの作動にあたる。その意味では、社会システムは人間をふくまない。システムは作動的に閉じており、意味的に閉じているともいえる（第10章注（6））。けれども、それは人間の生物的な特性はもちろん、「心性《メンタリティ》」と呼ばれてきたものがシステムの挙動に影響しないということではない。各システムの境界にあたるコードによって意味論的に排除されるものでないかぎり、「心性」や「価値観」も構造連結されうる。実際にはしばしばそうなっている。

したがって、経験的な分析では、多くの場合、これらは考慮すべき変数になる。ただし、それらからシステムを導出することはできないし、それらがシステムの成立に不可欠だともいえない。それゆえ、必ず考慮すべき変数にはならない。それこそ、経験的な場合によりけり《ケース・バイ・ケース》であり、一般理論に近い水準で抽象的に論じてもしかたがない。その点でも、社会の自己産出系論はデュルケームやパーソンズからは遠いが、ジンメルやウェーバーとは近い。

（4）「産出点」というのは私の造語で、この模式図を理解するためのものでしかない。「近傍」も不正確な表現で、近さ遠さは接続の効果でもある。

（5）「虫《ワーム》」の喩えは，分析哲学の四次元主義存在論でよく使われる。Sider（2003＝2007），加地（2008）参照。ただし，ここでは未来の実在性は前提していない。

（6）それゆえ，システムを経験的に同定するか，最初からシステムがア・プリオリにあるとするか，どちらかになる（佐藤 2010b）。私は前者の立場をとっている（「システムの弱公理」，佐藤 2008：4章参照）。社会学の範囲ではそれで十分だからだ。

ルーマン自身はむしろ後者の立場だろう（馬場 2001）。ルーマンの読解としては，こちらの方が整合的だと思う（第11章第3節）。その点でも，ルーマン自身のシステム論は「ロマン主義版」になっており（第10章第1節），デュルケームと同じく方法的全体主義にあたる（第3章第3節，第12章注（5）参照）。いずれにせよ，システムの生成論を安易にもちこむのは，社会科学としても，ルーマン読解としても良い途ではない。

（7）これにも多くの並行発見者がいるだろうが，私自身が最も影響をうけたのは，たぶん山本（1977）である。フランス語圏の現象学や構造主義を主に参照するこの論文も，ジンメルの「橋と扉」を介して，社会の自己産出系論につながる（序章第3節，第11章第1節）。

（8）厳密にいえば，マスメディアがシステムとなるには，作動的な閉じも必要条件になる。つまり，ニュースを伝えるコミュニケーション群だけが「ニュースである／でない」を決める状態が，社会的に認められている必要である。「報道の自由」「マスメディアの自律性」と呼ばれる事態がそれにあたる。

マスメディアの自己産出系論は興味ぶかい主題なので，あらためて論じたいが，「ニュース」という形式に囲い込まれていることは，マスメディアの害悪とか，根源的な歪みではない。これはむしろ私たちが「世界を知る」あり方と根源的に結びついている。それが独自の制度として分化した点に，マスメディアの面白さがある。

なおルーマン自身は「情報／非情報」をマスメディアのコードとし、「ニュース」をプログラムだとする。けれども、実際にはマスメディアにおける「情報／非情報」は「ニュースである／でない」で定義されている（Luhmann 1996 = 2005 : 34, 44-66）。「情報」はコミュニケーション一般にともなうものであり、マスメディアという特定のシステムのコードとみなすのは適切ではない。

（9）　廣野喜幸は近年のシステム論をふり返って、「システムが作動するうち元々のシステムとは別の要素がたくさん産出されるのだが、あるものは組み込まれ、あるものは排除される。そうした機構をオートポイエーシス・システム論は十全に記述してこなかった」と述べている（廣野 2010 : 179）。

的確な指摘だが、こうした機構はまず個々のシステムで具体的に記述されるべきで、その間で共通する特性があれば一般化すればよい。他のシステムの機構の記述があれば参考になるが、最初から一般的なモデルを想定する必要はない。むしろ、一般理論に近い水準でこの機構を描こうとしたから、「十全に記述してこなかった」のだろう。

（10）　より正確にいえば、組み換わっていくシステムの自己の上位にメタ自己を想定して近似したもの、にあたる。ルーマン自身も「複雑性の縮減」が接続可能性の近似であることに気づいているが、そこに再参入という形でメタ自己を滑り込ませる（例えば Luhmann 1990 = 2009 : 6章Ⅰ）。第10章注（2）、第12章注（5）参照。

第12章　機能分化と自己記述

自己論理や自己産出の考え方は、ルーマンが社会学に導入したものである。その意味で、第Ⅱ部の議論は「ルーマン」の名にむすびつく波に属するが、最後の第12章では、彼自身の現代社会論と現代社会学の位置づけを再検討してみる。

まず現代社会論としては、鍵概念《キー・コンセプト》として「全体社会」と「機能分化」をとりあげる。これらはともに重要な洞察をふくみつつも、大きな飛躍や隠れた前提を抱えている。ここでは、第11章までの自己論理や自己産出系の再定式化にもとづいて、主要な問題点を明らかにした上で、修正案を提示する。その作業を通じて、ルーマンの分析もまた、理論的な検証と経験的な観察によって修正され、再展開できることを示そう。

現代社会学の位置づけにも、もちろんそれはあてはまる。ルーマンは社会学を「社会の自己記述」と定義した。この定義は妥当なものだが、社会の自己記述のあり方も複数ある。ここでは、ルーマンとはちがう形で社会の自己記述を考えることで、社会学の形成と展開、その歴史と現在に新たな光をあてる。それが終章の「社会学はなぜ必要なのか」という問いへの答えにつながっていく。

1　二つの演習課題

この本であつかってきた範囲でいえば、第11章で述べた「中範囲」が特に必要な主題は、二つある。全体社会（Gesellschaftssystem, the societal system）と機能分化（funktionale Differentierung, functional differentiation）である。この二つは相互に関連しており、ともに現代社会の分析にとって重要な位置を占めるが、自己産出系論の上では対照的な性格をもつ。その点も興味ぶかい。

全体社会と機能分化

二つのうち、全体社会に関しては別の著作でくわしく論じたので（佐藤 2008：2章）、ここではごく簡単にふれるだけにしておく。

ルーマンは全体社会を包括的なコミュニケーションシステム、すなわち可能なコミュニケーションの総体として定義した。「全体社会は包括的な社会システムである。この規定から結論されるのは、接続可能なコミュニケーション全てにとって、ただ一つの全体社会システムしか存在しないということである」（1997＝2009：155）。

この定義が深刻な問題をもたらすのは、第Ⅰ部の解説からもわかるだろう。これは全てのコミュニケーションを含む。したがって、その挙動を特定することがほとんどできない（第6章第3節）。残念ながら、ルーマンはその点を十分に考え詰めなかったようだ。そのため、彼の全体社会の議論はしばしば混乱する。

この章のもう一つの主題である機能分化との関わりでもそうだ。ルーマンは法や経済、教育、芸術、科学などを「機能システム」と呼んでいる。彼のいう「機能分化」はそうした複数の機能システムの水平的な組み合いであるが（第11章第1節）、パーソンズとはちがい、ルーマンは、機能システムの機能は理論的に導出できるものではないという。

全体社会の構造は、システムのオートポイエーシスが許容するものという枠内で、歴史的に変化しうるのである。したがって行為の概念（パーソンズ）や、社会システム、あるいは全体社会といった概念から、機能のカタログを理論的に導き出すことは排除される。できるのは、ただ帰納的な方針だけであり、一種の思考実験を通じて、特定の機能がもはや充たされなくなったとしたら、全体社会はそのオートポイエーシスを維持するために、自身の構造をどのように変えなければならないかをテストしてみることだけである。（1997 = 2009 : 1034）

一見もっともらしいが、よく考えてみると、これはかなりおかしな議論だ。

第6章でみたように、パーソンズのような機能要件論は、ＡＧＩＬのような複数機能仮説でも、単一機能仮説でも、破綻する。だから、「機能のカタログを理論的に導き出」せないのはその通りだが、ルーマンのいうような「思考実験」もできない。

先の全体社会の定義と照らし合わせてみよう。全体社会は、全ての可能なコミュニケーションをふくむものとされている。これが自己産出だといえるのは、コミュニケーションが他のコミュニケーションに接続することで成立するからだ（同：27,61,63など）。こうしたコミュニケーションのとらえ方は妥当なものだが（第11章第2節）、この場合、全体社会は定義によって自己産出になっている。

言い換えれば、全体社会については、従来の要素のネットワークが新たな要素を産出する機構を経験的に記述できない。それゆえ、「特定の機能がもはや充たされなくなったとしたら」どうなるかも、論理的に推定できないとするしかない。逆にいえば、もし本当にルーマンのいうような形で機能システムの機能が特定できるのであれば、それなしには全体社会が維持されない何かの社会的な事象を特定できることになる。これは構造機能主義の機能要件と同じものであり、それを仮説的に同定するというやり方は、レヴィらのやり方と基本的に同じことになる（第6章第2節、同注（5））。

それに対して、法、政治、教育などの個々の領域や組織については、それぞれのコミュニケーション群が意味的に特定されている。つまり、境界づけのあり方が特定できる。だから、従来の要素のネットワークによって新たな要素が産出される機構も経験的に記述できる（第11章第3節）。それによって、自己産出的であることを積極的に示せるだけでなく、その機構の挙動をある程度まで具体的に描ける。[1]

それゆえ、全体社会は、法や組織と同じ意味で自己産出系としてあつかうべきではない、と私は考えている。実際、ルーマンが機能システムの機能を具体的に論じる際に準拠するのは、可能なコミュニケーションの総体ではない。ドイツ連邦共和国や欧州連合などの国民国家、もしくはその延長上にある国家連合の社会だ。国家社会は自己産出の機構を具体的に定式化できるので、先のような「思考実験」もできる。

その点でいえば、ルーマンもまたシステムの二重定義を犯している（第6章第3節、第8章第4節）。

パーソンズやレヴィが公式の定義としては物理的な相互作用を想定しながら、実際には意味的な境界をもちこんだのに対して、ルーマンは公式の定義では意味的な境界を想定しながら、全体社会では、コミュニケーションの総体という物理的な境界をもちこんだ。そこが対照的、というか対称的である。

もちろん、現在の国家社会が永遠につづくとはかぎらない。例えば、個人の自由をかなり制限すれば、地球規模の一つの法システムもありうる（佐藤 2008：6章）。それを「世界社会」と呼ぶことはできるが、この世界社会は特定時点で成立し、特定時点で消滅しうる。そのシステム境界は、接続可能な全てのコミュニケーションではない。

逆にいえば、ルーマンの全体社会は、経験的にありうる未来のあり方としての世界社会と、コミュニケーションの最大可能到達範囲という理論上の想定を無反省にくっつけたものではないだろうか。その辺りもヘーゲルとよく似ている。

社会の機能分化

機能分化という主題は、これとは全くちがう意義をもつ。

全体社会が自己産出系かどうかは、ルーマンの一見体系的な議論が破綻をきたす事例である。それに対して、機能分化は、彼の一見破綻した議論が実はかなり的確な記述になっている事例だ。自己産出系論を具体的に使う上でも、格好な練習問題になるので、少し丁寧に解説していこう。

第11章では法と組織をともに自己産出系として描いたが、実はこの二つはシステムの種類がちがう。先ほど述べたように、法は経済や科学、教育や芸術などと同じく、機能システムにあたる。それに対して、組織は「組織システム」である。

一つの社会に組織は複数あるが、各機能システムは一つしかない。機能システムは、例えば「法である／でない」といった形で境界を設定しており、その外部に自分と同等のシステムをもたない。それらの水平的な組み合いがルーマンのいう機能分化である。

機能分化という発想は目新しいものではない。パーソンズのAGIL仮説もその一つだ（第6章第2節）。ルーマンの新しさは、各機能システムが自己産出系として機能分化しているとした点にある。それによって、機能分化の描像は根底から変わってくる。

すでに述べたように、自己産出系は空間的な存在ではなく、境界の内部にあたる部分をもたない。したがって、ある全体のなかに境界線が引かれ、分割されていくという事態はおきない。システムが分化するとすれば、すでにあるシステムのなかに別の同一性をもつシステムが突然発生して、二つの全体（Einheit, unit）に分かれるという形にならざるをえない。

では、この「分かれる」とはどんな事態なのだろうか。

単純に「『法』とされた事象は『経済』ではない」とすれば、「法であるか」どうかは、「経済である」かどうかに依存し依存される。つまり、法システムの境界生成は経済システムの境界生成に依存し依存される。だとすれば、どちらのシステムも自己産出ではない。

自己産出系では要素の同定はそのシステムごとになされる。逆にいえば、物理的には同一時点の同じ身体動作が、法からは「法である」とされ、経済からは「経済である」とされても、全く問題ない。自己産出系は作動的に閉じているので、他のシステムの意味的な境界づけからは独立である。これは全ての自己産出系にあてはまる。

裏返せば、システム境界（＝システムの同一性）の間にあまり強い関係性は想定できない。意味的（＝

作動的に）に閉じていることと矛盾するからだ。「分かれている」という一見否定的な形であっても、それはかわらない。その意味で、機能分化をより上位で制御するしくみは考えにくい。

にもかかわらず、機能分化が一つの社会内で成立しているとすれば、その間に何らかの水平的な調整のしくみがあるはずだ。

組織と機能システム

ただし、それがどんなしくみであるにせよ、自己産出系である以上、それぞれの系はあくまでも自律的に動く。例えば法において「法である」ことを通じて「法でない」何かとの関係を調整するのは、法システムの側である。だから、法システムの「法でない」と経済システムの「経済である」との間には直接的な関連はない。あくまでも、各システム内部で、システム自身の「自己」の再生産の副産物として、いわばそれぞれ勝手に調整していることになる。

そんな調整のしくみとして、まず考えられるのは、そのシステムの自己の同一性の意味論に、他のシステムの存在が書き込まれて（＝含意されて）いることだろう。例えば、組織システムはそうだ。「この組織である」という同一性を通じて、外部の同等な組織を敏感に想像しつづけるようになっている（第11章第1節）。

けれども、機能システムではこれもむずかしい。なぜなら、第一に、機能システムの場合、その外部、例えば「法でない」は、そのまま関心の外であることを意味する。言い換えれば、組織システムの自己とはちがい、法システムの自己は「法である」であって、「この法である」ではない。

第二に、組織システムであれば、他の組織との関係がうまくいかなくなれば、その組織が消滅するだけだ。つまり、外部の「あの組織」を現実的に想像できなければ、この組織がつぶれる可能性が高まる。

そういう形で、いわば個々の組織の生成・存続・消滅によって、組織間の関係は最終的には調整（清算?-）されている。

それに対して、機能システムでは、そうした淘汰は考えにくい。機能システムは安定的に持続すると当事者水準で了解されており、かつ実際にほとんどが持続しているからだ。したがって、機能システムは外部を知りえないにもかかわらず、外部を観察できていることになる（Luhmann 1997＝2009：1047-1048）。システム内部で想像される「外部」と現実の外部がそれなりに対応できていると考えざるをえない。

これは論理的な逆説ではないが、きわめて「ありそうにない」事態である。その謎を解く鍵として、ルーマンは、それぞれの機能システムに主要に関わる（＝構造連結されている）組織による調整を想定した。経済であれば企業、法であれば裁判所や検察、議会や内閣の法制局、教育であれば各教育機関など、各機能システムにはそれに主要に関わる組織がある。それらを通じて、間接的に調整がおこるとしたのである。

組織の成立は、独自のやり方で全体社会の分化に貢献する。それは二重の意味においてである。〔第一に〕全体社会システムとその機能システムが、組織のオートポイエーシスに対して分化することに。また〔第二に〕組織のオートポイエーシスを通して、各機能システムがお互い同士に対して、また各々のそのつどの環境に対して分化することに。（同：1142-1143、〔　〕は訳者による補足、以下同じ）

作動的に閉じているという自己産出系の特性からすれば、一瞬意外な感じをうけるが、よく考えると、なかなかうまい着想だ。第一に、組織システムは「この組織」という自己をもつので、外部の「あの組織」を積極的に想像する。法は経済に無関心であっても、裁判所の事務局は企業に無関心ではいられない（第11章第2節）。第二に、各機能システムは特定の組織に回収されない。裏返せば、それに主要に関わる組織の生成と消滅によって、機能システム自体が消滅するわけではない。だから、組織の淘汰を調整に使える。例えば、外部をうまく想像するのに失敗した一部の組織が結果的に淘汰されることで、機能システム自体は外部をうまく想像できる。

だとしたら、第一に、機能分化を実質的に成立させているのは、淘汰もふくむ組織間の調整になる（もちろん調整のしくみは他にもありうるが）。その点でいえば、政治学でのコーポラティズム論や拒否権集団論のように、現代社会を組織の集合体としてとらえる考え方にもつながる。自己産出系論を通じて、それらを複数の制度の組み合いという形に深めたものが、ルーマンの機能分化仮説だといえる。

第二に、機能システムの機能分化をささえているのは、複数の組織の並列という、組織システムの環節分化（segmentar Differentierung, segmental differentiation）になる。そのさらに背後には、複数の個人のやはり並列があることになる（第11章第1節）。つまり、個人と組織の環節分化、ジンメルのいう「社会圏の交差」（1908 = 1994b：6章など）に似た事態が成立することが、機能分化の前提になる。[2] これは、国家をシステムと考えるどうかや、宗教の分化の過程をどう考えるのか、といった重要な主題群にもつながる。

第三に、機能システムによる他のシステムの観察は、ゆっくりした時調《テンポ》で進む。個々の組織はたしかに生成し消滅するが、それは一〇年以上の時間幅でおきる。成長や衰退でも数年単位だ。組織群の盛衰を通して機能システムが外部を観察するとすれば、きわめてゆっくりしたものになる。もちろん、それ以外のしくみもあるとすれば、それらに応じてある程度は時調が変わってくるが。

2　社会の自己記述

『社会の社会』を読む

ルーマンはこうした事態を次のように描いている。少し長くなるが、引用しよう。

> 組織は……環境のなかに存在する他のシステムとコミュニケートするという可能性ももっている。この可能性をもつ社会システムの類型は、組織だけであり、この可能性を達成しようとするならば、組織しなければならない。このような、外に向かってコミュニケートすることは、決定を基礎とするオートポイエーシスを前提にする。なぜならば、そのコミュニケーションは、内的に、ただ自身の決定することとの再帰的なネットワークのなかでだけ、作成されるからである。つまり、ただ決定としてのみ作成される、さもなければ自身のコミュニケーションとして認識されえないだろう。それゆえ、外に向かってのコミュニケーションはシステムの作動上の閉鎖性と矛盾しない。むしろ反対に、前者は後者を前提とする。それによって、組織のコミュニケーションが、しばしば無言に等

しいまでに円滑化されることや、あるいはまた、環境から見れば驚くべき独自性を帯びて、理解しがたいものになることはきわめてよく説明できる。組織が最も好んでコミュニケーションするのは、組織とである。そして組織はしばしば私人を、あたかも組織であるかのように扱う……（1997＝2009：1128-1129）

この文章は、そのまま読むとかなり変に見える。

組織であれ、機能システムであれ、自己産出系は現実の外部（＝環境）とコミュニケーションすることはない。刺激を受けるだけだ。そうでなければ、作動的に閉じているとはいえない（第10章注（6））。自己産出系は、受けた刺激を通じて外部を想像し、その想像された「外部」に反応するだけだ。けれども、前節で述べたようなしくみを想定すれば、結果的に、組織が外部の組織とコミュニケートしたかのような状態は出現しうる。組織システムが「この組織である」という、他の同等な組織を明示的に想定した自己同一性をもち、かつ、現実に他の同等な組織が複数存在していて、その間で生成・盛衰・消滅が起きることによって。

言い換えれば、組織システム単体では外部とコミュニケートできないが、組織システム群をある程度の時間幅でみれば、外部とコミュニケートすることと等価な状態は成立する(3)。生体の免疫系のT細胞が非自己を認識するしくみとも、これは似ている。

その点を頭においてルーマンの文章をもう一度読むと、たしかに「コミュニケートする」ではなく、「コミュニケートするという可能性ももっている」と述べている。この文をふつうに読めば、自己産出の定義から逸脱しているか、あるいは「閉じているが開いている」みたいな逆説に見える。学説研究的にはそういう読み方もありうるが、組織システムと機能システムにかぎれば、先のようなしくみを想定すれば、自己産出の定義を守りかつ逆説を生じない形で、つまり論理的に上の引用部は理解できる。

ルーマンはそういう人なのである。抽象的な一般論では「え！」と驚くような変な議論をする。けれども、経験的な事象に話が移り、具体的な制度の議論になると、矛盾や逆説に見える文章も意味が通ったりする。もちろん、そのためには、こちらで行間を補ったり、どれが近似的な表現でどれが厳密に成立するかを見極めていく必要があるが、恣意的に補うわけではない。基本的な定義を守った上で、論理的な整合性をできるだけ保持するという方針で、補うことができる。

要するに、経験的で具体的な議論になったときに、あまり外さないのだ。「大体こういう具合だろう」というカンをもち、それにしたがって自分の議論を展開していける。この本でとりあげた「偉大な社会学者」でいえば、ウェーバーとマートンが特にそうであり、ジンメルもそうだ。

いうまでもなく、機能分化が何であるかは、現在もまだ十分に解き明かされたとはいえない。これまでの分析も、そのごく一部に光をあてたにすぎない(4)。自己産出系論は『社会が社会をつくる』しくみをより適切に定式化できるが、まだまだ膨大な課題を残している。例えば「全体社会」や「機能分化」と呼ばれてきたものは何なのか、そしてルーマンの述べたことのどの部分がどれだけ妥当性をもつのかも、多くが手つかずで残されている。

もちろん、だからこそ魅力的なのだが。

社会学における「社会」

この本ではこれまで、エミール・デュルケームが導入した二つの考え方、『常識をうまく手放す』と『社会が社会をつくる』がどう展開され、考え直されてきたかをずっとみてきた。『常識をうまく手放す』の方は、マートンによって顕在的／潜在的機能や機能的等価といった概念にまとめられ、それがさらにルーマンによって一般化されて、自己論理の考え方へ進んだ。『社会が社会をつくる』の方は、パーソンズの始めた社会システム論からさらに予言の自己成就や境界作用へ進み、コミュニケーションの自己産出系論として整理されつつある。

大きくいえば、社会学の歴史はそんな形で描けるわけだが、もう一つ重要なことがある。この二つの考え方はたんにそれぞれ深められてきただけではない。より強く組み合わさる方向へ進んできた。例えば、「社会」と呼ばれる事態も、物理学的な相互作用から意味の働きへ、それも当事者が意味に巻き込まれるような働きへと、描かれ方が変わりつつある。

第4章や第5章で述べたように、こうした方向性を最初に見出したのはジンメルであり、ウェーバーであるが、ルーマンはそれをさらに先に進めて、機能主義や社会システム論もまた、その主要な部分が意味の働きとして定式化できることを示した。

もちろんこれは観察者である社会学者にもあてはまる。『社会が社会をつくる』というとらえ方の展開自体が、おそらくは、社会学者が当事者の一部として巻き込まれている意味の働きの一部なのである。社会学は他者を解釈し他者として解釈される営みに注目するが、社会学自身もまたそういう営みなのだ。ルーマンの言葉を借りれば、社会学はコミュニケーションをあつかい、そして社会学もまたコミュニケーションである。

その意味で、『常識をうまく手放す』と『社会が社会をつくる』はたんに組み合わされるだけではなく、一つの組み合わせ技になりつつある。そういう構造を、社会学の歴史は形づくってきた。ルーマンはこれを「社会の自己記述」と呼んでいる（1997＝2009：1164）。

だとすれば、自己産出系論も『社会が社会をつくる』の最終的な答えとはかぎらない。私たちが巻き込まれている「社会」を内部から観察して、大体こういうしくみなのではないか、と着想した。それ以上のものではない。

裏返せば、自己産出系の定式化も複数ありうる。だから、複数のモデルの具体的な比較という形で、優劣を決めるしかない。それぞれの理論的な前提がより広く受け入れ可能かや、経験的な観察にどのくらい整合するか（＝不一致をおこさないか）といった基準で、こちらの定式化の方が良さそうだと判断する。そういう形でしか優劣は決められないし、決めていけばよい(5)。

社会の自己記述にももちろん同じことがあてはまる。社会の自己記述とは何であるか自体も複数ありうる（同：1174）。

複数性という条件

社会の自己記述という考え方の最も重要な点はそこにある。社会学を社会の自己記述だと考えた場合、自己産出系論のモデルや社会の自己記述自体のとらえ方といった、最も根底的な部分で複数の可能性が出てくることを認めざるをえない。その複数性を前提にして、社会学の思考を深めていくしかないのだ。

例えば、理論の上では誰もが受け入れる強い公理は見出せないし、実証においても客観的な事実を素朴に同定することはできない。複数のモデルがありうる以上、仮定を追加していけば、どんなモデルや説明も不一致を解消できるからだ。その意味でも理論と実証は循環せざるをえないのだが、そういう外のなさを正面から受けとめた上で、どこまで論理的に考えていけるか。それが現代の社会学に課せられた挑戦だと私は考えている。

この第Ⅱ部でみてきたように、ルーマンが導入した自己論理や自己産出も、彼とは〔部分的に〕ちがう形で定式化できる。社会の自己記述においては、それはとても大切なことだ。ちがう出発点から始めても同じ結論になれば、その結論はある程度信頼性があるといえるからだ。ちがう形で定式化できるからこそ、そういう検証がかけられる。そして、社会の自己記述のような、理論と実証が比較的短く循環する状況では、そういう形の検証しかできない。

複数性というのは、正しさの不足ではない。むしろ正しさが成立しうる要件の一つである。〈今の社会学〉の創始者であるエミール・デュルケームが「二重の少数派」であったことも、そしてその後の社会学が境界と交通に密接に結びついて進んできたことも、おそらく偶然ではないのだろう。二重の少数派にとっては、多数派の世界も少数派の世界もともに世界の一部でしかないし、世界の一部ではある。

二重の少数派として生きることは、その複数性を思考の条件として引き受けることだ。境界と交通の空間で生きることも、またそうである。

方法としての社会学

それは社会学の歴史に、特に二つの面で大きな影響をあたえてきた。

第一に、社会学の展開は理論の進歩というより、方法の改良として進んできた。デュルケームの社会的事実という視点に始まり、因果を特定する手法、「形式」や「価値」などの観察それ自体を制約する条件への反省、意外で重要な関連性への着目、社会システムというとらえ方、機能から因果への差し戻し、潜在的機能と顕在的機能、等価機能主義、意味づけの境界作用、そして自己論理と自己産出……。

これらは「自分自身が関わる事象を正面からあつかう」という社会学の最も基本的な特性に根ざしている（序章）。社会の内側から社会を観察するという一見逆説的な事態を、うまくあつかうための方法である。

ここで重要なのは、「うまく」の中身、すなわち改良の方向性だ。例えば、デュルケームの社会的事実を、マートンは予言の自己成就という形で再構成してみせた。あるいは、デュルケームが主張した共変法による因果特定を、ウェーバーは差異法の厳密な適用と意外で重要な関連性の発見で置き換えた。パーソンズの目的論的機能主義をマートンは因果の分析に差し戻し、機能的等価というとらえ方を提案した。

これらは全て、社会の内部観察という視線とそれにともなう『社会が社会をつくる』という事態を、より論理的な飛躍が生じず、かつ特別な公理も導入せずに、言い換えれば、より論理的に、かつ常識と大きな不一致をおこさずに、定式化したものになっている。ルーマンが導入した意味システムや自己産出もそうだ。一見突飛に思えるが、パーソンズの相互作用システムや境界維持システム、あるいは自己組織性の発想にくらべると、実はより論理的で常識的なとらえ方になっている。

そうした点で、社会学の歴史は理論物理学の歴史とは全くちがう。新たな一般理論が出現することで、従来の知識が突破《ブレイクスルー》されるわけではない。デュルケームにせよパーソンズにせよルーマンにせよ、そうした一般理論の試みはそれ自体としては失敗に終わっている。そのなかから、具体的な事象をより論理的でより常識から大きく外れずにとらえられる着想が、すなわち『常識をうまく手放す』考え方が拾い上げられ、生き残ってきた。その意味で、社会学の歴史は方法の歴史なのである。

社会学を学ぶとは

それゆえ、第二に、社会学の歴史は、社会を考えることの失敗の歴史でもある。

従来の理論や着想の失敗が明確に自覚されることで、社会学の思考は進んできた。その点では、マスメディアのシステムと似ている（第11章第3節）。社会学とジャーナリズムの独特の近さには、そんな構造的な理由もあるのだろう（第3章第4節、第4章第3節）。

意外に思えるかもしれないが、よく考えれば、これもあたりまえだ。この本のなかでも、因果と意味の関係、社会とシステムの二重定義といった問題がくり返し出てきたが、内部観察である以上、絶対的な正解にいたりつくことはない。たとえ正解にたどりついていたとしても、それが正解だと誰も論証できない。今のところは「正しくない」とはいえないとしかいえない。

社会学を学ぶもう一つの意義はそこにある。過去の失敗を知っていれば、最初から誤った道には踏み込まずにすむ。「偉大な社会学者」たちの方法も、そうした失敗の歴史に学びながら、つくられたものだ。

例えば、第5章で見たように、マックス・ウェーバーは最も手堅い方法の一つをうまく組み立てた。手堅すぎて窮屈なくらいで、もっと自由度の高い方法を好む社会学者も少なくないが、裏返せば、ウェーバーのようにやれば、そんなに大きなまちがいはおきない。そういう意味で、標準となる人だ。

けれども、ウェーバーは手堅いやり方しか知らなかったわけではない。彼の方法論の論文を読むと、同時代の社会科学や哲学のさまざまな説明や記述の方法を検討している。そのなかには、術語や言い回しをかえて、今も使われているものもある。その上で、彼は彼の方法を定式化した。

ウェーバーと同じくらい手堅いもう一人の「偉大な社会学者」、ロバート・マートンにも同じことがいえる。論文「顕在的機能と潜在的機能」の注記をみただけでも、彼がどれほど多くの方法論の文献を読んだかがわかる。何しろ、高齢になってからも、息子のマートンから最近の経済学を学ぶのを楽しみにしていたくらいだ。知識の量と確かさでいえば、パーソンズよりはるかに上だろう。

ウェーバーの手堅さが窮屈に感じられるように、マートンの手堅さは平凡に感じられるかもしれない。けれども、マートンもまた、平凡でない方法もよく知っていたのだ。

二人に比べると、はるかに奔放なニクラス・ルーマンもやはりそうだ。彼の著作を読むと、挙げられる文献の多さと幅広さに驚かされる。その上、実際にかなり読んでいるらしいので、手に負えない。

そのことが、この三人の方法や分析に独自の深さと強靭さをあたえている。たんに過去の失敗をよく知っていただけではない。失敗の歴史を知ることで、彼らは自らの方法もまた、絶対的に正しいといえないことを自覚していたのではないか。彼らの深さと強靭さはむしろそこから来るのだと思う。

序章で述べたように、私は、経験的な探究課題《リサーチ・クエスション》の積み重ねという教科書的なやり方にあまり肯定的でない。その主な理由もそこにある。安全な方法に最初から限定すれば、自分の正しさが根源的にゆらぐことはない。それは複数性の条件にそぐわない。「中範囲の理論」は、それこそ自己論理的に、自らの方法も検証対象としつづけることで、初めて「中範囲」でありうる。

身の回りを見てくれればよい。社会学者でない人々も、社会について考えている。他の社会科学の分野の人も、理科系の研究者も、評論家と呼ばれる人々も、ジャーナリストも、ネットでブログを書く人も、その他にもさまざまな人が社会を観察し、社会を語ろうとする。けれども、その多くは、この本でみてきたような過去の社会学の失敗を、そうと気づかずにくり返している。

たんにそれをせずにすむだけでも、十分によい出発点に立っているといえる。その上さらに、社会学を学ぶことで、時間をかけて改良されてきた方法、言い換えれば、その性能と限界が経験的にせよ検証されてきた方法を使って、自分自身が関わる社会的事象を正面からあつかうことができる。社会の内側から社会をより整合的に観察し、とらえ直すことができる。そのなかで、それらの方法自体にもさらに検証を重ね、改良を試みながら。

これもまた、デュルケームが始めた社会学という意味境界の、その制度としての同一性の効果である。それから先は、自分の目と手と頭で考えていけばよい。複数性の条件は、そういう自由の条件でもあるのだから。

注

（1）それゆえ、組織や法の記述には部分的反証可能性がある。例えば、第11章で私が述べたものよりももっと簡潔な自己産出の機構を立てて、さまざまな組織や法をめぐる具体的な観察結果がより整合的に記述できれば、私の定式化したモデルは反証される。

それに対して、全体社会は定義によって自己産出的なので、そうした反証可能性がない。ルーマンは機能分化論では、「機能」を全体との関係性という意味で使うが、全体社会の産出機構を経験的に記述できない以上、その意味での機能はそもそも特定できない。

（2）正確には、ジンメルの「社会圏の交差」では、各個人が関わる社会圏の組み合わせのあり方がその個人の人格をも決めるとされる。その点では、ジンメルはウェーバーよりデュルケームに近い。第11章注（3）参照。

（3）ルーマンは組織システムが外とコミュニケートできる理由を「決定を要素とする」ことに求めている。「決定」という語がそこまでの意味をもちうるかは微妙だが、「この組織である」という自己のあり方や構造連結上の特性に結びついている可能性は否定できない。Weick（1979＝1997）、Luhmann（2006：52, 140–141）など参照。

機能システムが外部を観察するしくみについては、高橋徹（2008）も参照。この論文は私の解釈よりもっと広い視野でこの問題をあつかっており、別の可能性を提示している。

（4）さらに深く解明していくには、機能システムそれぞれの動き方や、他の種類のシステム、とりわけ組織との関係を、構造連結の水準でも作動連結の水準でももっと明確にする必要がある。作動連結は要素の水準で調整が成立すること（コミュニケーションシステムの要素は「作動（Operation）」と呼ばれる、注（5）参照）、構造連結は要素をこえた水準で調整が成立していることをさす。

構造連結の分析については高橋徹（2008）ほかの『社会学研究』八三号の諸論文、作動連結の分析については村上（2009）などが参考になる。

（5）これはもちろん、社会の自己記述のあり方にもあてはまる。例えば、ルーマンはこれにもっと強い意味をあたえて、「社会が自らを記述する」という積極的な操作として位置づけようとした。これは「再参入（re-entry）」と呼ばれるものの一つになる。

形式的な定義をいえば、再参入は「区別がそれ自身によって区別されるものの内に再投入されること」、つまり、システム／環境の区別という形式がその形式の内部に転写されることにあたる。これはスペンサー－ブラウン代数から来た概念で、自己産出とは本来、別ものである。再参入としての自己記述は、『社会が社会をつくる』の第二の意味の究極的な姿になる。社会の記述自体を社会がつくることになるからだ（犬飼2011）。その点で、強い方法的全体主義になる（第3章第3節、第11章注（5））。

しかし、私自身は再参入には否定的である。

第一に、この概念は元の形式と転写された形式が同じものだということを暗黙に想定するが、そういえる根拠はない。正確にいえば、再参入とされる事例ごとに、どの程度の同一性をおくが恣意的になっている。

例えば、ルーマンは自己産出における自己の成立自体も再参入だとする（1997＝2009：34-35など）。この呼び方はおかしい。自己産出系では、要素の接続すなわち作動によってシステムが更新されていく。だから、作動とシステムの内／外は同時成立であり、自己産出系における自己の成立には一つの区別しかない。したがって、再参入とはいえない。自己産出系の成立において、再参入は必要条件ではない（佐藤2008：236-238、第11章第2節）。

さらに、ルーマンは特定の一つのシステムが内部から観察されることも、一つのシステムの内部に別のシステムが成立することも、再参入とする（1997＝2009：4章I節など）。これもおかしい。スペンサー－ブラウン代数では区別＝形式が一つしかないが、ルーマンのシステム論ではシステムの種類が複数あり、ある種類のシステムも複数ありうる。それゆえ、理論内在的にも形式の間の同一性が大きな問題になる。

システムに複数の種類を立て、同じ種類のシステムも複数個ありうるとした場合、それらの間で識別可能性がなければならない。そのためにも、「システムがある」といえる根拠を何らかの形で積極的に提示する必要があるが、ルーマンはその点を曖昧にしてきた。それが理論上では混乱と誤解をうみ、経験的な応用もむずかしくしてきた（佐藤 2008）。自己産出とスペンサー―ブラウン代数を安易につなげたのもその一例だ。

第二に、実証の上でも同一性を緩く定義するのは望ましくない。例えば、要素のネットワークが自己産出になるしくみは、個々のシステムでかなりちがう（第11章第3節）。個々のシステムの挙動をとらえるときには、むしろそこが重要になる。

したがって、再参入は複雑性の縮減と同じ種類の失敗だと私は考えている。どちらも自己産出系の動きをシステム／環境図式で粗く近似したもので、理論的な考察を進めるには十分な精度をもたない。おそらく、ルーマンは再参入を基礎概念とした公理論をめざしていたのだろうが、そんな構築に耐えるようなものではないと思う。ルーマン自身、経験的なシステムでは、再参入は元の形式と転写された形式が同一でないことを隠蔽するとも述べているが（Luhmann 2006：462）、本当にそうならば、そもそも「再（re）」ではないのだから、概念として論理的におかしい。「反省的自己像（Identitätsreflexion）」とか「自己観察」と呼ぶべきで、少なくともスペンサー―ブラウン代数の「再参入」とは全く別物である。

近似として考えた場合、再参入が使えるのは宗教やある種の科学の挙動だろう。これらは世界の全てを、それゆえ自らの外部も内部も、基本的に同じ形式で記述できるはずだという前提をもつ。だから、同じ形式を使ってシステムの内部が整理されるという事態が生じる。

つまり、方法的全体主義が正しいのではなく、方法的全体主義に似た了解にもとづく動きを近似するときには、方法的全体主義に近い図式も有効になる（第11章第3節）。そうでない自己産出系、例えば組織や法やマスメディアでは、再参入や脱逆説化は良い近似にはならない。

終章　社会学はなぜ必要なのか

1　最後の問い

社会学の使い途

社会学がどんな学で、どんなことをどのように考えてきたかを、ずっと述べてきた。本の最初に断ったように、そのなかには独自な見方がかなり含まれている。社会をどうやってとらえ、どう考えればよいのかをめぐって、私自身が試行錯誤してきた結果がさまざまに反映されている。「使う」に重点をおいた、というのはそういう意味でもある。

そんな書き方になったのには、私の職業履歴も関係しているのだろう。私は社会学科を卒業し社会学専攻の大学院を修了したが、社会学の学科や専攻の教員になったことはない。社会学を学ぶことが決まっている学生を相手にする機会も少ない。

そのため、社会学という枠組みを自明視できないことが多い。なぜ社会学なのですか、なぜそんな風に考えるのですか、という質問をすぐにぶつけられる。それに「デュルケームやウェーバーやパーソンズがこう考えてきたから」とか「社会学ではそうなっているから」と答えるわけにはいかない。もちろん「何でも社会学になるよ」もだめだ。

これらは全て、社会学科や社会学専攻限定の答え方である。そうでない人たちに誠実に答えようとすれば、結局、「ほらこう考えてみると面白くない？」とか「こう考えると別の見方ができるよ」と、具体的な事象を題材にして、具体的に示すしかない。そうでないと、なかなか納得してもらえない。

その点では、私は社会学者としては、ホームではなく、アウェイで試合を戦ってきた。どこか、槍一本の傭兵《フリーランス》みたいな気分がある（あくまでも気分だ、当然ながら）。せっかくなので、最後は、そのアウェイならではの主題で締めくくろう。それは、社会学は何に役立つのか、なぜ必要なのか、である。

別様に考えること

社会学科に入学した学生や、社会学専攻に進学した大学院生にとって、社会学をすることはあたりまえである。そう決めて入学したり、進学したりしたのだから。だから、教える側も、この問いに本当の意味で答える必要はない。もし答えられなければ、「だってあなた自身が社会学を勉強しようと思ったのだろう？」とか、あるいはもっと婉曲に「じゃああなたは社会学のどこに魅力を感じたの？」と訊き返して、説明責任を反転させればすむ。ホームで戦う、制度に守られている、とはそういうことでもある。

アウェイでは、その制度的な防壁が半ば外れる。半ば、といったのはそれでも、社会学という学があることは自明の前提にできるからだ。デュルケームのように、社会学的な思考の必要性を、一から、過剰なまでに弁証する作業を迫られることはないが、それでもこの問いをぶつけられたときに、説明責任を反転させることはできない。何らかの答えを正面から求められる。

その悪戦苦闘のなかで私が見出した、というか、たぶん再確認させられたのは、別様に考えることの意義だった。ある事態はAのように考えられているが、Bのように考えることもできる。そういう複数性は、人が生きていく上でとても大事なのではないだろうか。

例えば、社会問題といわれるものがある。社会のなかで生じてくる困難や良くない出来事だ。社会学は社会問題をあつかってきた。切り口や議論の抽象度はさまざまだが、社会学は何らかの形で社会問題をあつかってきた。

けれども、社会問題をあつかうとは何だろう？　もしそこに深刻な問題があるとすれば、それを解決したいと一番熱心に思っているのは、もちろん当事者たちだ。そして、その問題に関して一番知識をもっているのも、もちろん当事者たちだ。その問題に日々つきあわされ、悩まされ、いろいろな情報を集めているからだ。

つまり、社会問題に最も熱意をもち、知識をもっているのは当事者たちである。だとすれば、社会学者の前に現れる「社会問題」は、たんなる社会問題ではない。それこそ社会学的にいえば、社会問題はつねに発生し、そして当事者たちによってたえず解決されつづけている。そのなかで、当事者が解決に失敗したものが、社会学者の前に「社会問題」としてあらためて出現してくる。そんな難題をどうやって解決できるのか。

私はその答えを一つ見つけた。もちろんこれにも並行者や先行者はたくさんいるだろうが、とりあえず一つは見つかった。それは、当事者が当事者であるがゆえに解決できなくなることがある、ということだ。

そうした問題であれば、社会学者も役に立つ。当事者が熱意も知識もあるからこそ解決できなくなった問題ならば、当事者でない社会学者にも考える余地がある。自分で自分の首を絞めている人がいれば、自分で絞める必要はないよ、とはいえる。

序章でふれたように、現代の社会は自省的な社会である。「社会問題」というと狭く感じるかもしれないが、現代の社会では、社会科学者だけでなく、当事者一人一人が社会を観察し、その観察にもとづいてふるまう。そういう形で、問題を発見し解決しつづけている（第9章）。

それゆえ、どうすれば社会をより良く観察できるか、少なくともより悪くなく観察できるかが、特に大きな意義をもつ。社会科学者だけではなく、現代社会を生きる一人一人にとっても、これは重要な課題になる。下手な観察の仕方は、それこそ、自分で自分の首を絞めることにもなりかねない。

2　とりあえずの答えとして

常識の手放し方

こういう風に書くと、気づいた人もいるだろう。そう、これもマートンが定式化した顕在的機能／潜在的機能の話だ。論理的に洗練すれば、ルーマンの等価機能主義や脱逆説化、さらには自己論理や自己産出につながる。あるいは歴史的に遡れば、デュルケームの自殺の議論にもどる。さまざまな人がさまざまな言葉で表現してきたが、要するに『常識をうまく手放す』という考え方であり、『社会が社会をつくる』の変化技になっている。

つまり、多様でかつ論理的な見方を用意する。それが社会学の意義ではないだろうか。

もちろんこれは社会科学全般にあてはまるが、社会学はそのなかでも特に多様性の方に重点をおく。

それに対して、やはり序章で述べたように、経済学は体系性の方を重視する。政治学や法学はもっと現実に寄りそう。社会科学はお互いにある程度共通性があるので、ちがいを無理に強調する必要はないが、あえて個性を言葉にすれば、そういえる。

多様性の重要さは、これまでの章でも何度もでてきた。第12章の最後に述べた複数性の条件もその一つである。公理論的な一般理論が本当にできれば、それはそれで良いことだ。けれども、現実には、誰もが受け入れられる強い前提にあたるものは見出されていない。だからこそ、ちがった前提、ちがった出発点から始めても共通に成り立つ事態や命題には、大きな意味がある。理論でも、実証でもそうだ。

とはいえ、言うは易し行うは難し。これは決して簡単な作業ではない。例えば、論理性を重視する人の多くは、「唯一の正しい見方がある」と考えやすい。これさえわかっていればよいと信じられるからこそ、「これ」の探究に熱意をもてる。

逆にいえば、論理的な考え方が複数成立するというのは、決して自然な考え方ではない。おそらく、人間には素直な自己中心性があるのだろう（第9章第2節）。自分が世界の中心で、自分に見えたことがそのまま世界全体に延長できる。そういう位置づけがあって、初めて落ち着いて世界を眺められる。そんな感覚がごく自然にあるように思う。

多様でかつ論理的な考え方という思考はそれに逆らう。だから、率直にいって、かなり不自然な考え方である。それこそ身体感覚的にも、すーっと自分がなくなるような感じがする。心身の健康には良くないことが多いし、逆に他人を引き込めば、序章で述べたように、洗脳やハラスメントの正当化に使える。そんなあぶなさももっている。

にもかかわらず、こういう考え方が役立つと思えるのは、あえて素朴にいえば、人間のつくる社会が広く、厚くなってきたからではないだろうか。広さでいえば、近代産業社会は現在では地球全体を覆いつつある。それ以外の社会群はいずれ消滅していくだろう。それゆえ、社会のちがいという形では、もはや多様性を保てなくなっている。

厚さでいえば、近代産業社会は大きな力をもった。社会だけではなく、生態系すら大規模に破壊できる大量殺戮兵器や、環境を大幅に改造する技術をもち、人類以外の生物の存続まで大きく左右する力をもつようになった。

要するに、特定の方向に突っ走りやすいし、突っ走った場合には破滅的な結果をまねきかねない。そんな社会を人類は創り出した。だからこそ、その内部に、多様で論理的な考え方を確保するしくみがあった方がよい。それが社会科学であり、そしてそのなかでも特に多様性に重点をおくのが社会学である。

そう考えていくと、論理性にも別の意義が見出される。論理性は一つの正解を導き出すためだけの手段ではない。ちがった考え方を理解しやすくする手段にもなる。わかりやすい言い方をすれば、論理性はコミュニケーションに役立つのだ。

自分の考えを他人に渡し、他人の考えを自分で受け取る。そんな作業を進めていく上でも、あるいは、そんな作業を進めるためにこそ、論理性は大切になる。ちがった複数の考え方が成り立つからこそ、それぞれの考え方をできるだけ論理的にして、理解しやすくする必要があるのである。

多様で論理的な思考

第1章で述べた社会学の定義、「自分自身が関わる社会事象を正面からあつかう」も、この、多様で論理的な考え方に関わる。社会事象を外から観察する立場からは、全体を見渡す客観的な視線がありうる。だから、唯一の正しい見方という発想になりやすい。

それに対して、自分自身が関わる社会事象を正面からあつかうときは、自分自身も社会事象に関わる複数のなかの一人（one of them）になる。そういう場合、素直な自己中心性はとりあえず棚上げせざるをえない。自分の見方も一つの見方にすぎないと割り切らないと、平板で短絡的な議論になってしまう。

だから、自分自身が関わる社会事象を正面からあつかう場合、多様で論理的な考え方が必要になる。逆に、多様で論理的な考え方ができるようになれば、自分自身が関わる社会事象を正面からあつかいやすくなる。その意味で、複数性という社会学の内在的な条件は、自分自身が関わる社会事象をあつかうという対外的な特徴に対応している。第9章でふれた自己論理や、第12章でふれた社会の自己記述という考え方もそこにつながってくる。

――こういう風に書くと良いことづくめに見えるが、もちろん、そうではない。機能があれば逆機能があり、顕在的機能には潜在的機能がともなう。機能的等価という考え方は思考の複数性という条件を方法の形で表現したものだが、多様で論理的な考え方自身にも、当然あてはまる。

第一に、これはかなり不自然な考え方である。素直な自己中心性をそこなう。いつもいつもこんな風に考えていたら心身がおかしくなる。つまり、こういう考え方をうまく展開していくためにも、適当に離れる時間が必要である。

第二に、これは唯一の正しい見方や公理論には結びつきにくい。だから、社会学では、固有な考え方が内在的に蓄積されにくい。「こうもいえるし、ああもいえる」という方向に流れやすい。その分、緩くいい加減に考えやすい。

言い換えれば、社会学の場合、「これが社会学だ!」といえる独自の理論体系をもちにくい。技法やモデルはあっても、公理論はもちにくい。そのため、他の社会科学、特に理論の体系性を重視する経済学に比べると、遊撃《ゲリラ》的というか、無差別格闘技的というか、いわば「何でもあり」の性格が強い。「何でもあり」とは裏返せば「何でもない」である。都市ゲリラはどこでも前線にできるが、補給部隊や後方支援には頼れない。つねに少数で孤独な戦いを強いられる。無差別格闘技は流派固有の伝統や美しさをもてない。それゆえ、勝つか、少なくとも負けないことが求められる。既存の流派に負ければ、その時点で、無差別格闘技の意義はなくなる。

いや現実にはもっとなさけないことさえ起きる。全ての社会学者が、傷だらけになっても負けない途を選んだわけではない。負けられないから「勝った」ことにしてしまった人もいる。

社会学主義はその良い例だ。他の社会科学に対して、視野の広さを誇る。その広さは緩さでもあるのだが、そこから目をそらして、広いから偉いことにしてしまう。そういう病理も社会学はかかえてきた。

第三に、これは社会学が特に効果的になる状況を露わにする。それは、当事者が自分で自分の首を絞めている状況である。あえて下卑た言い方をすれば、そういう状況こそが社会学者にとっては「おいしい」題材なのだ。

当事者の間の誤解、不信頼、差別、偏見。それがうみだす差別や排除。そうした人間の暗さや身勝手さが充満する場が、社会学者にとって一番の働き場所である。境界作用に注目するとか、社会問題をあつかうというのは、そういうことでもある。

学としての社会学

この第三の欠点が第一と第二の欠点とからむと、ある種の「当事者主義」に転じやすい。当事者の、一方または全ての代弁者という位置に自分をおいてしまう。そうすれば、素直な自己中心性を取り戻せるし、独自の理論のなさを「現場を知っている」「現場の声を伝える」ことで補えるように思える。

こういう「当事者主義」それ自体は、否定すべきものではない。当事者を支援する立場には、一定の意義がある。けれども、それが社会学と両立するかどうかになると、少なくとも私は否定的だ。

というのは、第一および第二の欠点をのりこえるために、社会学は学術的な制度の形をとった。不自然だけど必要な考え方を定着させ、体系的な理論も直接的な有用性も乏しいものを固有な技法として守り育てる。そのためにはやはり学術的な制度にするのが、一番良い、少なくとも最も現実的な解決策だったと思う。だからこそ、デュルケームは〈今の社会学〉の最初の創始者となり、彼から〈今の社会学〉は始まる。

そのことを私は肯定している。いや、はっきりいえば、学術の制度のなかで社会学をやることは、それを肯定することと同義だと考えている。

その意味で、社会学は制度に守られている。言い換えれば、その制度の外にある当事者たちとは、最初から同じ場所にはいない。当事者でもないし、特定の制度に依存しない支援者たちともちがう。

おそろしく具体的な話をすれば、学術の制度のなかで社会学をするということは、現在の日本でいえば、大学教員や類似の専門職につくことにひとしい。高い学歴の威信に守られ、それに見合った給与をえて、それなりの身分保障もある。上をみればきりがないが、少なくとももっと悪い条件で働いている人の方が世の中にははるかに多い。

そういう立場の人間が、当事者を代理したり代弁できたりするのだろうか。社会学者のなかには、できるという人や、できるというのに等しい立場をとっている人もいるので、断定はできないが、私自身はきわめて懐疑的である。

だとすれば、結局、専門職に徹するしかない。どんなに苦しくても考え、考え抜いて、その成果で勝負をするしかない。素直な自己中心性を喪い、後方なしの最前線で無差別格闘技を強いられ、他人の不幸や暗部も見つめながら、多様で論理的な考え方を用意し提示していくしかない。

それでも社会学は楽しいし、面白い。考えることで可能性を広げられるのは、やはり幸せなことだと思う。習いおぼえたさまざまな方法を必死に組み合わせて、たとえどんなささやかなものであっても、新たな可能性を提示できたとき、人が見せてくれる表情は、宝石のように美しい。そんな瞬間の記憶は、社会学の苦さや苦しさの対価として、十分に余りあるものだ。

それに、成果で勝負できるのであれば、過程は特に問われない。実際、社会学者になる人々の少なくとも一部は、本気で世の中を良くしたいとか、社会問題を解決したいわけではないと思う。「頭が良く思われたい」とか「偉く見られたい」とか「勉強が好きだ」といった理由から、社会学者になったのではないだろうか。私だって、世のため人のために社会学を学んだわけではない。

それでも全くかまわない。その成果がつねに問われることを、忘れなければ。そして、社会学者である以上、自らが社会学の制度に依存していることを忘れられないことも、忘れなければ。

考える作業はそれ自体として楽しいし、面白い。そのことを忘れて苦行や修行のようになると、考えた成果も乏しく薄くなる。それもまた考えることに固有な特性のようだ。学システムとして分化することで、社会科学はそういう形で考える可能性を手に入れた。それも制度の効果の一つであり、私たちが生きる現実の一部なのだろう。

それが、現代の社会学が見せてくれる社会学の現在である。

六人の社会学者の文献案内

この本でとりあげた六人の社会学者について、簡単に文献を紹介しておく。想定している読者は、社会学をよく知らないが本格的に興味をもっている人、序章でいえば①と②の中間ぐらいである。入手しやすさと読みやすさを重視して、日本語で読めるものを優先した。くわしい書誌情報は文献表を見てほしい。

Ⅰ　デュルケーム

最初からこんなことを書くのはなんだが、社会学を学ぶときに、デュルケームから入るのはあまりお奨めできない。後回しにした方がよいだろう。本文でも述べたように、〈今の社会学《モダン・ソシオロジー》〉の始まりにあたる人なので、文体も思考も現代とはかなり異なるからだ。

その上でいえば、必読文献とされるのは、

＊『自殺論』（宮島喬訳、中公文庫、一九八五年）

＊『社会学的方法の規準』（宮島喬訳、岩波文庫、一九七八年）

である。『社会分業論』と『宗教生活の原初的形態』は、学説史関係以外では、今はもうあまり参照されない。

この二冊も、読むのはそれほど簡単ではない。当時の文脈の多くが失われているので、デュルケームが何を考えようとしているのか、わかりにくいからだ。そのため、現代ではウェーバーやパーソンズ、あるいは構造主義の先行者という枠組みで語られることが多い。

そうした方向での解説書としては、

＊ **宮島喬『デュルケム自殺論』（有斐閣新書、一九七九年）**

＊ **中島道男『エミール・デュルケム』（東信堂、二〇〇一年）**

などが読みやすい。もっと専門的なものでは、

＊ **折原浩『デュルケームとウェーバー 上・下』（三一書房、一九八一年）**

＊ **N・スメルサー『社会科学における比較の方法』（山中弘訳、玉川大学出版部、一九九六年）**

の二つがよくできている。現代社会学の少し高度な解説書としても十分に役立つが、それだけに微妙なずれを私は感じる。

当時の社会学や社会科学（統計学もふくめて）の状況を知るには、

＊ **I・ハッキング『偶然を飼いならす』（石原英樹・重田園江訳、木鐸社、一九九九年）**

がよい。同時代の歴史学をふくめた解説としては、

＊ **田原音和「世紀の転換期におけるフランス社会学と歴史学」（『科学的知の社会学』藤原書店、一九九三年）**

がよく目配りされている。

Ⅱ　ジンメル

本文で書いたように、ジンメルを本気で読むのは骨が折れる。手始めはむしろ随想《エッセー》風に楽しく読んだ方がよいだろう。そのなかで気に入ったのがあれば、丁寧に読み直せばよい。読み飛ばした部分や、意味がうまくとれなかった箇所を一つ一つ解読していくたびに、ジンメルの思考の深さが体感できるはずだ。

そういう意味では、彼が自分自身の論考をまとめた、

＊『社会学　上・下』（居安正訳、白水社、一九九四年）

がやはり便利である。集団と量、上下、闘争、秘密、空間、貧者、異人、装身具などなど、魅力的なテーマが並んでいる。手軽に読めるものとしては、

＊『ジンメル・コレクション』（北川東子編訳、ちくま学芸文庫、一九九九年）

も使える。

私自身もそうだったが、ジンメルの論文はあう／あわないの落差が大きい。そのため、たまたまあわないものにあたると、他の論文まで読まず嫌いになりやすい。その点からも、アンソロジー的な著作から入るのがいいだろう。

例えば理論に興味がある人には、『社会学』第一章に付けられた「いかにして社会は可能であるかの

問題についての補説」が面白いと思う。ウェーバーやルーマンだけでなく、現代の社会学的分析でも中心的な概念になる「カテゴリー」を、ジンメルがどうあつかっているかがわかる。

現代社会学とのつながりに関しては、

＊ 菅野仁『ジンメル・つながりの哲学』（ＮＨＫブックス、二〇〇三年）

＊ 盛山和夫『叢書・現代社会学③ 社会学とは何か』（ミネルヴァ書房、二〇一一年）

が見通しよい。『社会学とは何か』はジンメルをあまり意識していないと思うが、論点がかなり重なるので、ジンメルの現代的意義を測るにはよい資料となる。現代社会学の解説としてもお奨めであるが、個々の学説のあつかいはかなり大胆。

Ⅲ　ウェーバー

ウェーバーに関しては、著作の翻訳も日本語の解説書も多い。その上、彼に人格的な思い入れをもつ研究者も少なくないので、さまざまな「ウェーバー像」が描かれている。それだけに入り方には迷うが、いずれにせよ、

＊『プロテスタンティズムの倫理と資本主義の精神』（大塚久雄訳、岩波文庫、一九八九年）

は必読だろう。論文や翻訳の経緯は本文中で述べたので省略するが、現在の一般的なウェーバー理解を知る上ではやはり便利だ。

他には、同じく『宗教社会学論集1』に収められた概括的な小論、「序論」や「儒教とピューリタニ

ズム」（『儒教と道教』の最終章）、「中間考察」などが広く読まれている。ウェーバーというより、社会学全般の基礎教養としておさえておきたい。翻訳は、

＊『宗教社会学論選』（大塚久雄・生松敬三ほか訳、みすず書房、一九七二年）

＊『儒教と道教』（木全徳雄訳、創文社、一九七一年）

が利用できる。これらに、政治社会学的な同時代論の、

＊「新秩序ドイツの議会と政府」（中村貞二・山田高生訳『ウェーバー　政治・社会論集』河出書房新社、二〇〇五年）

を加えると、ウェーバーにとっての「現代社会」の姿が大まかにつかめる。その上で、『職業としての政治』や『職業としての学問』へ読み進むのがいいと思う。

ただし、これらがウェーバーらしい作品かというと、私は疑問である。やや強引なメモ書きに近い。ウェーバーの一番の良さは、具体的な事象の切り出しのうまさにある。それを体験するには、

＊『宗教社会学論集1』の「序言」（「序論」とは別もの）

＊『支配の社会学　Ⅰ・Ⅱ』（世良晃志郎訳、創文社、一九六〇〜六二年）

＊「文化科学の論理学の領域における批判的研究」（森岡弘通編訳『歴史は科学か』みすず書房、一九六五年）

＊『古代社会経済史』（渡辺金一・弓削達訳、東洋経済新報社、一九五九年）

などがよい。私が最初に読んだのは『古代社会経済史』で、古代東地中海世界から始まる時空のパノラマにうっとりとした。

Ⅳ　パーソンズ

パーソンズの主要な著作は長い。そして、控えめにいってもやや退屈だが、

＊『社会体系論』（**佐藤勉訳、青木書店、一九七四年**）

は、社会学を学ぶ上で必読文献である。英語がある程度読めれば、

＊"The Present Position and Prospects of Systematic Theory in Sociology," ***Essays in Sociological Theory*** （***2nd ed.***）**, Free Press, 1945.**

も面白い。「大発見をしつつある！」という、著者のわくわく感を味わえる。青春の輝き、だろうか。日本語圏ではパーソンズ＝《イコール》構造機能主義と思われがちだが、必ずしもパーソンズ的でない構造機能主義者もいる。パーソンズを知る上でも構造機能主義を知る上でも、できればそちらも読んでおきたい。一つあげるとすれば、M・レヴィも加わった、

＊Aberle D., Cohen A., Davis A., Levy M. Jr. and Sutton F. "The functional prerequisites of a society," ***Ethics*** **40, 1950.**

がお奨め。これも知的興奮《わくわく》を楽しめる。

やはり本文で述べたように、私は構造機能主義の理論には否定的だが、一九四〇〜五〇年代の彼らの仕事はもっと高く評価されるべきだと考えている。蓄積という面をのぞけば、現在よりも当時の方が社会学の知的水準は高かったのではないか。

パーソンズ個人に寄り添ったものとしては、

＊　高城和義『パーソンズの理論体系』（日本評論社、一九八六年）

＊　高城和義『パーソンズとアメリカ知識社会』（岩波書店、一九九二年）

がまとまっている。

パーソンズの場合、批判的な論考もきわめて重要である。現代の社会学の出発点はむしろそれらにあるからだ。代表的なものとしては、

＊　R・マートン「顕在的機能と潜在的機能」（森東吾・森好夫・金沢実・中島竜太郎訳『社会理論と社会構造』みすず書房、一九六一年）

＊　N・ルーマン「機能と因果性」（土方昭監訳『ニクラス・ルーマン論文集2　社会システムのメタ理論』新泉社、一九八四年）

＊　恒松直幸・志田基与師・橋爪大三郎「Parsons の構造―機能分析」（『ソシオロゴス』6号、一九八二年）

などがある。三つとも本文でとりあげたが、自分で読み直すと、きっと新たな発見があるはずだ。

Ⅴ　マートン

マートンについては、案内自体は簡単にすむ。何はともあれ、論文集である、

＊　『社会理論と社会構造』（森東吾ほか訳、みすず書房、一九六一年）

を読め、につきる。

主要な論文は構造機能主義を意識しているため、言葉づかいが表面的には旧くさく感じられるかもしれない。けれども、本文で述べたように、社会科学はどんなものであっても、マートンが定義した意味での機能主義の外には出られない。いわゆる意味学派でも、構造主義や現代思想の術語や文体を使ったものでも、そうである。その程度で「機能主義的でない」と思い込む方がよほど浅い。その意味で、今なお熟読に値する著作だ。

実はマートン自身、流行に敏感なところがあって、一九六〇年代には「機能主義離れ」を図る。その時期の論文は、

* *On Social Structure and Science* / *Robert K. Merton*, Sztompka, P. (ed.), The University of Chicago Press, 1996.

で読めるが、新たな立場を打ち出せたかどうかは疑問だ。『社会理論と社会構造』の論文群に比べると、力強さにも欠ける。いろいろな意味で、マートンは機能主義の人だったのだなあ、と思わされる。

マートンの場合、入門書や解説書は少ない。重要でないのではなく、中途半端な解説よりも彼自身の文章の方が的確で読みやすいからだろう。その辺もマートンらしい。

Ⅵ　ルーマン

ルーマンには二つの顔がある。システムの一般理論をめざす理論家の面と、具体的な現象や制度の断

面をあざやかに切り出す経験的な分析者の面だ。私は後者の方を重視すべきだと考えている。理論の面ではルーマンは決して一般的でも体系的でもない。だから、抽象的な理論だけを取り出してもあまり意味がない。

この辺の位置づけは正直むずかしい。一方で、多くの社会学者にとってルーマンは全くちんぷんかんぷんに見えるらしいが、それも不当な評価だと思う。①理論的に重要な発見や発想の宝庫だが、②それらを体系的につなぎあわせるのには失敗している、というのが私の見方だ。

だから、ルーマンへの近づき方には二つある。一つは、興味深い視点や発想を使った経験的分析の著作、もう一つは比較的まとまりのよい理論的考察の著作だ。前者としては、

＊『信頼』（大庭健・正村俊之訳、勁草書房、一九九〇年）

＊『福祉国家における政治理論』（徳安彰訳、勁草書房、二〇〇七年）

＊『マスメディアのリアリティ』（林香里訳、木鐸社、二〇〇五年）

などがお奨め。例えば『福祉国家における政治理論』は一九八一年に公刊された福祉国家論だが、最近の日本の「政治主導」民主主義の混迷ぶりにも、恐ろしいくらいあてはまる。どれも彼の著作のなかでは短いところもありがたい。

後者としては、

＊『目的概念とシステム合理性』（馬場靖雄・上村隆広訳、勁草書房、一九九〇年）

＊『社会の教育システム』（村上淳一訳、東京大学出版会、二〇〇四年）

がよいだろう。ルーマンの著作は一九八〇年代前半を境に前期と後期に分けられるが、『目的概念とシ

ステム合理性』は前期の、『社会の教育システム』は後期の理論的な枠組みが、具体的な事例つきで概観できる。

日本語での解説書としては

＊　**馬場靖雄『ルーマンの社会理論』**（勁草書房、二〇〇一年）

＊　**長岡克行『ルーマン／社会の理論の革命』**（勁草書房、二〇〇六年）

が代表的。『ルーマンの社会理論』は、彼の思考の方向性を簡潔にとりだしている。『ルーマン／社会の理論の革命』は学説的な展開を丁寧におったもので、「ルーマン事典」としても貴重である。

主著とされる『社会システム理論《ソチアル・ジステーメ》』や、『社会の社会』などの『社会の〜』連作に挑戦するのはこれらを読んでからでよいし、パーソンズやマートンも読んでおくのが望ましい。

また、後期ルーマンは自己産出《オートポイエーシス》をかなり独自な形で取り入れている。だから、オートポイエーシス論が本来どんなものかを知っておくと、ルーマン自身の理論展開もうまく距離をとって理解できる。こちらの解説書もいくつかあるが、読みやすさを考えると、

＊　**河本英夫『オートポイエーシス２００１』**（新曜社、二〇〇〇年）

がお奨めだ。

あとがき

表装からもおわかりのように、この本は叢書・現代社会学の一冊である。

叢書の企画がいつ始まったのかは、もうおぼえていない。たぶん十年くらい前だ。最初の企画会議では、「学生にも読みやすく」「現代社会学の最前線も紹介して」「経験的な分析の実例を必ず入れる」などと、贅沢な注文ばかり口にしていた。それで書き下ろし、というのだから、今から思えば夢のような、というか悪夢のような話だった。

私の担当は「社会学と歴史」になっていた。当初は、近代社会の歴史をおさらいしつつ、そこに社会学の歴史を組み込むことを考えていた。社会学の歴史の話はもっと簡単にすませるつもりだった。序章で書いたように、私は昔から社会学史が苦手なのである。

それでもこんな本を書くことになったのは、一つには、近年の社会学の異様な拡張に否応なしにつきあわされてきたからだろう。例えば、以前なら評論家と呼ばれていた人たちが「社会学者」と呼ばれる。あるいは、「明日から使える社会学」みたいなマニュアル風の本が、書店の店頭に積まれていたりする。

その一方で、専門家としての社会学者は、社会学そのものについてあまり語らなくなっている。自分の専門分野は語るが、社会学全体は語らない。何かの理由で「全体を概観」しなければならない場合は、何人かが集まって、アンソロジーやリレー講義の形をとる。社会学は「学問としての自己主張ができるだけのデータと方法を手に入れたが、……自分が何をしたいのかという方向感覚を、少し見失っている」と橋爪大三郎が書いているが（橋爪 1997）、私もそう思う。

それぞれの専門分野の厚みと重みを考えれば、ある部分、しかたがないことかもしれない。専門家だからこそ、うっかりしたことは言えない面もある。しかし、社会学者だというのであれば、すなわち社会学という区別や制度を使っているのであれば、それ自体について語る必要がやはりあるのではないか。少なくとも自分自身で語る努力をせずに、「あんなのは社会学ではない」とはいいたくない。そんなことを考えたのだ。

社会学はこの五〇年間で大きく発展し拡張していった。だからこそ、社会学とは何かが見えにくくなった。それは事実だし、だからこそ語りたくないと思うのもわかる。けれども、それは典型的な内部者《インサイダー》の発想だ。

外部からみれば、見えにくくなったからこそ、困難だからこそ、専門家に語ってほしいし、語るべきだと思う。そう考える方があたりまえだ。だとしたら、境界や交通や差別をあつかう社会学者が内部者の発想に閉じこもるのは、やはりおかしなことだろう。

そんな大それた考えをいだいて、原稿を書き始めたのだが、いつもながら酷い目にあった。最初は、本当に、どう書いていいのか、全くわからなかった。「唯一の正しい社会学の歴史」を書く気は最初からなかったが、全体はもちろん、全体像すら見渡しにくい。そして、全体像が見渡しにくければ見渡しにくいほど、それを描く本は読みにくくなってしまう。途方にくれた。

そんなわけでミネルヴァ書房の編集部と「原稿進んでいますか？」「……何もしていません」という不毛なやりとりをくり返していたが、いくつかの偶然的な事情が重なって、二年前くらいに、否応なしに書かざるをえなくなった。

しかたなく試行錯誤をつづけるうちに、幸い、一つの見通し、というか覚悟ができた。それは、物語として展開していくしかない、ということだ。見渡しがたい全体像を読めるように書くには、筋立て《ストーリー》をもちこむしかない。それも、一つの本で一つの物語にするだけではなく、各章ごとに物語を組み、その上で各章の物語をまとめる全体の物語を展開する。そういう重層構造にしないとだめだな、という見極めはついた。

といっても、もちろん虚構は書けない。物語の単位が事実の形で成立している。そんなものでなければならない。となると、題材は自ずと決まってくる。人生こそが最大の物語。偉大な社会学者の人生とその社会学を絡めて書くしかない。

それによって、本全体の物語も見えてきた。善財童子と文殊菩薩よろしく、「偉大な社会学者」巡りを通じて、社会学の知にいたりつく。そんな筋立てがよさそうだ。

何を書けばいいのかがなんとなくわかった後は、少し楽になった。もちろん具体的な作業は膨大にあって、倦みもしたし疲れもしたが、楽しくもあった。とりわけ、それが過去の社会学関係の仕事や、個人的な趣味関心とつながってくるのは面白かった。

マートンをのぞく五人がともに「ロタールの国」、すなわちライン川中流域の都市群、ストラスブールやハイデルベルクやフライブルクに縁があるのに気づいたときは、ぞくぞくした。調べてみるまで、デュルケームの父親がアレマン語かイディッシュ語が母語の、アルザス・ユダヤ人であることは知らなかったし、パーソンズの家系が父系・母系ともに会衆派の牧師を出してきたことも知らなかった。マートンが貧困地区で育ったことは知っていたが、生まれたときは「マイヤー・シュコルニク」だったとは知らなかった。ハーヴァード大学やコロンビア大学のユダヤ人枠のことも知らなかった。

偉大な社会学者をたどる歴史は、ともすれば、知の殿堂に祀られた聖人伝になりやすい。どれほど誠実で、真面目で、清廉で、愛すべき人間だったかがもっぱら語られる。そんな「聖《サン》エミール」や「聖《ザンクト》マックス」や「聖《セイント》タルコット」に、私はずっと違和感をいだいてきた。

社会のなかから社会を観察する営みは、何がしかの正気でなさを必ずふくみながら、にもかかわらず最後は正気でありつづけることを要求する。誠実で真面目なだけの人間が、そんな作業に耐えられるとは思えなかったのだ。

実際、六人の「偉大な社会学者」のなかには生真面目な学究として一生を終えた人もいるが、その背景にも斬れば血が出るくらい、生々しく切実な理由があった。六人のうち、三人はユダヤ系であり、そのうち二人は移住者の子どもだった。科学や思想に「ユダヤ系」のラベルを安易に貼る気はないが、少なくとも社会学的な意味で、彼らの人生がユダヤ系という出自に大きく左右されたのは事実である。

残る三人のうち、一人は精神疾患で正教授の職を捨てるほど苦しみ、もう一人は、戦車の砲弾で消し飛んだ友人の肉体の記憶を、一生かかえつづけた。最後の一人、タルコット・パーソンズは、いろいろな意味でアメリカ合衆国の正統派の人生を生きたが、だからこそ、その系譜をなぞるように激しい毀誉褒貶にさらされた。

――そんなものだろうな、と正直思う。社会学をやることは、きれいごとやお勉強ではすまない。どこか魔霊に魅入られる《ダイモーニッシュ》ところがある。もちろん、全ての学にそういうところはあるだろうが、社会学には社会学固有の魔霊がある。あるいは、それを描くことこそが、社会学とは何かを語る作業なのかもしれない。本文のなかでは、ジンメルを天才、ウェーバーを巨匠、マートンを達人、ルーマンを鬼才と形容してみたが、それでいけば、デュルケームは教祖、そしてパーソンズは伝道師《エヴァンジェリスト》あたりだろうか。その六人がともに魅入られた一つの魔霊の姿を。

　そんなわけで、この本は社会学の歴史物語である。本のなかでも述べたように、「偉大な社会学者」たちが本当にこう考えていたかどうかは、わからない。あくまでも、ありうる解釈の一つにすぎないが、歴史であり社会学である以上、私自身の論理展開や推論の誤りだけではなく、伝記的事実のまちがいやテクストの読み違いからも免責されることはない。

　範囲の広さに比して、調べて書く時間が圧倒的に短かったから、まちがいはあると思う。指摘してもらえればありがたい。事情がゆるせば、修正の必要な箇所は手直しして、より良い版に改善できたらいいな、と考えている。さらにいえば、私以外の誰かが似た構想で、もっとすぐれたものを書いてくれれば、もっとありがたい。最初に述べたように、私は学説の研究が好きではないし、うまくもない。

　出来が良いのか悪いのか、その判断は読者に任せるが、少なくとも、よくある内部者の発想に閉じずにすんだことには満足している。社会学のアウェイを生きることになった私は、社会学科や社会学専攻で育ち、そして教えている多くの社会学者のような馴染みや忠誠心を喪いつつある。
例えば、この本は「偉大な社会学者」たちを社会学だけでなく、同時代の社会科学や科学哲学からも位置づけるものになった。そのなかで、〈今の社会学〉の成立に当時の道徳統計学が深く関わっていたという、意外で重要な関連性も見つかった。意図したものではなく、著作の注記をたどっていくと結果的にそうなっただけだが、そこにはおそらく、相関社会科学という、現在の私の職場も関わっているのだろう。

社会学には（他の社会科学も程度の差はあれ、そうだと思うが）、学説史が好きな人は数理や計量が嫌い、数理や計量が好きな人は学説史が嫌い、という傾向がある。それゆえ、こうした関係性は構造的な見えなさになりやすいが、「偉大な社会学者」たちは、具体的な資料や史料をあつかった。そこにはまず、方法という水準があるのだ、ということはもう一度強調しておきたい。

思想や個人史に還元できるのであれば、社会科学はいらない。もちろん、還元できるというのは一つのありうる立場で、複数性の条件からも十分に尊重すべきだが、その場合、還元される人も還元する人も、社会科学を名乗る必要はない。そこを曖昧にしないことが、「聖○○」や「反《アンチ》聖××」をつくらない、良い途だと思う。

そういう意味でも、境界と交通を生きた「偉大な社会学者」たちの思いを無にしたくなかった。たとえそれが本当は私一人の思い込みだとしても、だ。乏しい力量のなかで、自分なりにそれを貫けたことには満足している。これにももちろん、先行者も並行者もおられるのだろうが。

本の完成までには何人もの方からご助力を賜った。

特に高坂健次先生（関西学院大学）には、この形にまとめるきっかけとなった論文（Sato 2011）から、ずっとお世話になりっぱなしになった。心強い相談相手になっていただいただけでなく、お忙しいなか、完成前の草稿を読んでいただき、全体の構成から細部にいたるまで重要なコメントをいただくことができた。感謝の言葉もない。

フィラデルフィアの都市地理については、金野美奈子氏（東京女子大学）にお世話になった。資料探しに苦しんでいたときだけに、とてもありがたかった。

また、最終稿の少し前の段階で、相関社会科学の大学院生や学部生の人たちに読んでもらい、「専門用語の説明が不親切」「終わり方が暗い」「ブックガイドもほしい」などの耳の痛い意見をもらえた。本書の特に終章近くが以前より明るく読みやすくなったとすれば、そのおかげである。

それから、一人一人のお名前は省略するが、これまでの私の著作にさまざまな批判を投げかけてくれた方々にも感謝したい。「批判してくれてありがとう」と平気な顔でいえるほど、私はできた人間ではない。それでも、批判のおかげで気づかされた議論の失敗はいくつもあるし、何より、私自身が考え直し、考えつづけることができた。口あたりはどんなに苦くても、それはやはりかけがえのない贈り物だ。この本の成り立ちにとっても、もちろん、そうした交通は欠かせないものだった。

そして最後になるが、企画の始まりから十年余りの間、ミネルヴァ書房の歴代の編集者には、大変なご苦労をおかけすることになった。とりわけ、最後の担当になった下村麻優子さんには最も多忙で多難な時期におつきあいいただき、いろいろご迷惑をおかけした。それに少しでも応えることができていればよいのだが。

なお、本書の一部は文部科学省科学研究費補助金基盤C「意味システム論からみた都市の自己産出性の研究」（課題番号21530492）の成果である。

二〇一一年六月

佐藤俊樹

叢書・現代社会学

編集委員
金子　勇　佐藤俊樹
盛山和夫　三隅一人

*社会分析　金子　勇
*社会学とは何か　盛山和夫
*社会関係資本　三隅一人
*社会学の方法　佐藤俊樹
社会的ジレンマ　海野道郎
都市　松本　康
社会意識　佐藤健二
メディア　北田暁大
比較社会学　野宮大志郎
ボランティア　似田貝香門

アイデンティティ　浅野智彦
ジェンダー／セクシュアリティ　加藤秀一
貧困の社会学　西澤晃彦
社会学の論理（ロジック）　太郎丸博
*仕事と生活　前田信彦
*若者の戦後史　片瀬一男
福祉　藤村正之
社会システム　徳安　彰
*グローバリゼーション・インパクト　厚東洋輔

（*は既刊）

《著者紹介》
佐藤　俊樹（さとう・としき）
1963年　生まれ。
1989年　東京大学大学院社会学研究科博士課程退学，社会学博士（東京大学）。
現　在　東京大学大学院総合文化研究科教授。
主　著　『近代・組織・資本主義』ミネルヴァ書房，1993年。
『不平等社会日本』中公新書，2000年。
『桜が創った「日本」』岩波新書，2005年。
『意味とシステム』勁草書房，2008年。
『格差ゲームの時代』中公文庫，2009年。
『社会は情報化の夢を見る』河出文庫，2010年。

叢書・現代社会学⑤
社会学の方法
――その歴史と構造――

2011年9月30日　初版第1刷発行
2020年7月30日　初版第5刷発行

〈検印廃止〉

定価はカバーに
表示しています

著　者　佐藤俊樹
発行者　杉田啓三
印刷者　藤森英夫

発行所　株式会社　ミネルヴァ書房
607-8494　京都市山科区日ノ岡堤谷町1
電話（075）581-5191（代表）
振替口座　01020-0-8076番

亜細亜印刷・新生製本

ISBN 978-4-623-06124-2
Printed in Japan

索　　引
（＊は人名）

あ　行

アシュケナジ（Ashkenazi）　59, 69, 77, 225, 260, 261
＊アシュビイ（Ashby, W. R.）　298, 299, 329, 334, 336, 350
＊アルヴァクス（Halbwachs, M.）　63, 64, 72, 104
アルザス・ユダヤ人（Alsatian Jews）　51, 56, 59–61, 63, 64, 77, 154, 186, 430
＊アロン（Aron, R.）　111, 121, 166, 186
意外で重要な関連性　182, 183, 211, 223, 246, 320, 397, 432
＊イサジフ（Isajiw, W.）　273, 304
〈今の社会学〉（modern sociology）　13, 24, 28, 36, 51, 54, 71, 74, 115, 117, 120, 123, 124, 145, 147, 148, 151, 159, 166, 181, 184, 317, 372, 397, 413, 417
意味学派　15, 311, 424
意味システム（論）（Sinnsystem）　16, 143, 215, 267, 293, 299, 300, 303, 350, 398
意味的に閉じている　→作動的に閉じている
意味連関（Sinnzusammenhang）　151, 156–158, 174, 176, 180, 337
因果的（な）解明（kausale Deutung）　151, 158, 172, 177, 185, 264, 289
＊ヴァレラ（Varela, F.）　331, 338
＊ウェーバー（Weber, M.）　4, 12, 13, 16, 19, 28, 32, 54, 57, 107, 111, 119, 120, 123, 124, 126, 127, 136, 145, 147, 150–152, 154, 156, 159, 160, 163, 166, 169, 172, 177, 180, 181, 183, 186, 189, 190, 192, 195, 198, 199, 203, 211, 217, 220, 223, 227, 232, 245, 253, 256, 257, 264, 267, 269, 284, 288, 292, 294, 299, 305, 316, 341, 348, 349, 354, 362, 379, 380, 394, 395, 398, 399, 402, 418, 420, 431
＊ウォーラーステイン（Wallerstein, I.）　168–170, 172, 186
AGIL（仮説）　200, 201, 203, 205, 207, 385, 388
＊エドワーズ（Edwards, J.）　193, 196, 218
オートポイエーシス（autopoiesis）　→自己産出（的）

か　行

会衆派（congregationalist）　179, 195, 196, 218, 219, 228, 256, 430
⇒プロテスタンティズムも参照
価値自由（Wertfreiheit）　43, 145, 150, 181–183, 316
観察の観察　→二次の観察
＊カント（Kant, I.）　32, 54, 126, 129, 132, 145, 147, 150, 181, 221, 260, 285, 286, 292, 305, 316
機能システム　344, 350, 385, 387, 389, 390, 392, 393, 402
機能主義（functionalism）　15, 16, 112, 191, 198–200, 208, 213, 221, 223, 232, 235, 245, 257–259, 270, 272, 274, 276, 287, 292, 301, 302, 311, 330, 395, 424
　等価——　178, 246, 267, 281, 282,

288, 301, 302, 397, 408
目的論的——　112, 113, 202, 234, 259, 274, 282, 287, 398
機能的等価（functional equivalent）　32, 113, 177, 223, 237, 239, 273, 277–279, 281, 282, 285, 287, 288, 291, 374, 395, 398, 411
機能的分化（funktionale Differentierung, functional differentiation）　17, 204, 355, 383–385, 387, 389, 391, 401
「機能と因果性」　267, 270–272, 274, 286, 287, 298, 301, 304, 423
機能要件（論）（functional requirement）　189, 200–202, 205, 207–209, 215, 218, 221, 232, 300, 302, 385
逆機能（dysfunction），機能／逆機能，順機能／逆機能（eufunction and dysfunction）　237, 239, 257, 278, 280, 282, 286, 411
境界維持システム（論）（border-maintain system）　211, 218, 221, 293, 301, 333, 337, 367, 398
境界作用，境界づけ　267, 291, 294–297, 299, 329, 336, 344, 386, 395, 397, 412
共同体　→ゲマインシャフト
共変法（method of concomitant variations）　81, 82, 112, 160, 164, 398　⇒差異法も参照
口伝トーラー（Torah Shebe'al Peh）　75, 305
*クナップ（Knapp, G.）　103, 112, 119, 125, 160, 185
経済学　10, 32, 39, 42, 90, 98, 164, 197, 199, 210, 214, 360, 409, 412
*ケトレ（Quetelet, A.）　84, 85, 103, 104, 118–120
ゲマインシャフト（Gemeinschaft），ゲマインシャフト／ゲゼルシャフト，共同体　66, 68, 165, 309, 313, 314, 317
顕在的機能　→潜在的機能
「顕在的機能と潜在的機能」　230–232, 237–239, 241, 254, 258, 274, 281, 286, 287, 400, 423
現象学（Phenomenology）　16, 143, 150, 186, 269, 381
限定された知　113, 151, 163, 164, 172, 183, 202, 217, 219, 273, 311
構造機能主義（structural-functionalism）　15, 22, 112, 189, 190, 192, 200–203, 206, 208, 209, 211, 213–215, 217, 219, 223, 232, 235, 245, 258, 259, 270, 273, 281, 293, 294, 301, 303, 368, 371, 422, 424
構造的な見えなさ（structural blindness）　54, 183, 221, 241, 242, 246, 262, 297, 324
構造連結（structural coupling, struktural Koppelung）　360, 390, 402
公理論（axiomatic theory）　22, 45, 206, 215, 404, 409, 412
コード（とプログラム）（code and program）　353, 366, 379, 382
国家システム（state system）　378, 386
コミュニケーションシステム（論）（Kommunikationssytem）　17, 22, 147, 301, 305, 350, 353, 373, 374, 384, 402
ゴルトン問題（Galton's problem）　166, 168
コロンビア学派（Columbia school）　229, 259, 263

コロンビア大学　77, 171, 226, 227, 229, 430
*コント（Comte, A.）　51-55, 66, 77, 80, 110, 116, 118, 121, 124, 145, 148, 184, 211, 216, 299, 317

さ　行

再帰（的）（recursive）　341, 365, 368, 370, 371, 392
再参入（re-entry）　402, 404
差異法（method of difference）　82, 83, 107, 108, 112, 119, 121, 160-162, 166, 172, 174, 182, 183, 186, 289, 398
作動的に閉じている（with operational closing），意味的に閉じている　343, 351, 354, 371, 380, 381, 388, 391-393
シカゴ学派（Chicago school）　17, 125, 134, 149
（社会の）自己記述（self-description）　17, 150, 383, 396, 402, 411
自己産出（的），オートポイエーシス（論）（autopoiesis）　17, 75, 143, 296, 301, 305, 329, 331-333, 337, 338, 342, 350, 351, 353, 359, 376, 382, 383, 385, 390, 392, 398, 401, 403, 408, 426　⇒要素のネットワークも参照
　ロマン主義版——　329, 331, 333, 349, 377
自己産出機構　378, 401
自己産出系（論）（autopoietic system）　343, 344, 348, 351, 353, 354, 358, 360, 365-368, 371, 373-379, 381, 383, 386-389, 393-396, 403
　社会の——　16, 18, 380
（意味の）事後成立性　341, 342, 345, 358, 359
自己組織（self-organization），自己制御　212, 297, 329, 333-335, 342, 350, 366, 398
自己論理（的）（autology）　17, 309, 316, 318, 322, 324, 326, 329, 330, 383, 395, 397, 400, 408, 411
システムの二重定義（double definition of system），社会の二重定義　210, 212, 218, 222, 303, 335, 386, 399
社会学主義（sociologism）　36, 37, 40, 184
『社会学的方法の規準』　70, 108, 110, 112, 116, 136, 252, 417
『社会が社会をつくる』　4, 11, 31, 35, 79, 116, 117, 131-133, 151, 183, 189, 198, 200, 202, 211, 212, 216, 219, 245, 249, 311, 329, 335, 336, 365, 394-396, 398, 403, 408
社会史（social history）　63, 64, 313
「社会システムは人間をふくまない」　342, 380
（社会）システム論（social system theory）　15, 16, 48, 189, 190, 210, 212, 213, 215, 249, 267, 293, 296, 297, 331, 333, 337, 340, 341, 350, 351, 366, 373, 381, 395, 397　⇒意味システム（論），コミュニケーションシステム（論），自己産出（的），自己産出系（論），世界システム（論）も参照
社会的形成体（soziale Gebilde）　294, 348
社会的行為（soziale Handeln, social action）　65, 174, 199, 220, 337
社会的事実（fait social）　43, 55, 79, 109, 117, 223, 252, 254, 264, 329,

348, 397
シュトラスブルク（Straßburg） →ストラスブール
シュトラスブルク大学（皇帝ヴィルヘルム大学），ストラスブール大学 55, 63, 124, 155, 261
順機能（eufunciton） →逆機能
『常識をうまく手放す』 4, 9, 11, 31, 33, 35, 42, 44, 73, 79, 106, 116, 117, 131, 138, 151, 183, 189, 200, 202, 216, 219, 223, 232, 245, 282, 286, 309, 311, 316, 329, 395, 396, 398, 408
自律性（autonomy） 353, 368, 379, 389
新カント派（Neo-Kantianism） 55, 121, 136, 145, 185
心的（な）相互作用（seelische Wechselwirkung） 103, 123, 128, 129, 132, 133, 136, 146, 199
*ジンメル（Simmel, G.） 4, 13, 16, 54, 57, 111, 123–127, 130–132, 134, 136–138, 143, 146–152, 154, 157, 158, 180, 181, 183, 185, 190, 199, 221, 232, 267, 292, 294, 299, 316, 318, 329, 341, 348, 355, 365, 379–381, 391, 394, 395, 401, 419, 431
趨勢命題 309, 312, 320, 324
ストラスブール（Strasbourg），シュトラスブルク（Straßburg） 57, 76, 124, 125, 149, 154, 429
ストラスブール大学 →シュトラスブルク大学
*スペンサー（Spencer, H.） 51, 53, 116, 121, 211, 216, 299
*スメルサー（Smelser, N.） 83, 108, 186, 191, 220, 418
生態学的誤謬（ecological fallacy） 79, 96–98, 114, 120
制度（institution） 253, 342, 348, 353–355
世界システム（論）（world-system） 168, 170–172, 204, 297, 344
説明変数の重なり →多重共線性
（顕在的機能／）潜在的機能（manifest function and latent function） 38, 147, 182, 223, 244, 246, 257, 263, 277, 278, 285, 312, 330, 395, 397, 408, 411
全体社会（システム）（Gesellscaftssystem, societal system） 302, 350, 355, 383–387, 390, 401
相互行為（相互作用）（interaction） 168, 199–204, 208, 210, 214, 221, 262, 293, 368, 387, 398
組織（システム）（organization, Organisationssystem） 17, 348, 350, 353, 357, 358, 363, 372, 375, 386, 387, 389, 392, 393, 402

た 行

多重共線性（multi collinearity），説明変数の重なり 79, 89, 92, 94, 110, 114, 118
脱逆説化（Entparadoxierung） 318, 319, 322, 327, 353, 377, 378, 404, 408
脱同義反復化（Enttautologierung） 320, 327
「中範囲（の理論）（theory of middle-range）」 15, 43, 217, 247, 249, 263, 344, 379, 384, 400
超因果性（論）（telecausality） 113, 273, 274, 342

＊デュルケーム（Durkheim, E.）　4, 13, 28, 51, 54–57, 59, 61, 63, 65, 67–70, 72–77, 79–83, 89, 92, 94, 98, 103, 104, 107–109, 111, 113, 115, 117, 119–121, 123, 124, 127, 131, 134–137, 145, 147, 148, 151, 154, 160, 163, 166, 180, 183, 184, 186, 190, 192, 196, 198, 202, 223, 225, 232, 252, 260, 261, 273, 292, 310, 315, 317, 329, 341, 348, 380, 381, 395, 397, 398, 401, 402, 406, 408, 413, 417, 430, 431
デュルケーム学派（Durkheimian）　15, 63, 64, 71, 76, 80, 133, 148, 149, 166, 184
＊テンニース（Tönnies, F.）　66, 165, 309, 312
統計的検定（statistical test）　79, 99, 100, 102, 104, 119
道徳統計学（moral statistics）　24, 66, 103, 119, 120, 432
　ドイツ学派の――　103, 104, 119, 149, 160, 185, 199
「トマスの定理（Thomas theorem）」　249, 351, 375
ドレフュス事件（Dreyfus Affair）　64, 65, 68

な　行

＊ナイト（Knight, F.）　357, 358, 379
内部観察（internal observation）　17, 40, 42, 46, 47, 53, 54, 146, 183, 292, 309, 317, 318, 321, 324–327, 330, 398, 399
二次の観察（観察の観察）（observation of second order）　145, 278, 312
二重の少数派（少数派の少数派）（double minority）　51, 60, 73, 397
（要素の）ネットワーク（Vernetztung, network of processes of production of components）　339–343, 346, 348, 354, 357, 361, 363, 364, 368, 373–375, 378, 386, 404

は　行

ハーヴァード大学　77, 196, 197, 220, 222, 224, 227, 228, 258–263, 269, 430
＊パーソンズ（Parsons, T.）　4, 15, 19, 28, 48, 57, 60, 112, 127, 145, 171, 189–192, 195–199, 201, 202, 207, 210, 213, 215–218, 220–223, 227, 228, 232, 234, 256, 261–263, 267, 268, 270, 272, 274, 287, 292, 293, 297, 300, 302, 305, 310, 333, 338, 350, 354, 367, 380, 385, 387, 395, 398, 418, 422, 426, 430, 431
「Parsonsの構造-機能分析」　205, 208, 423
ハイデルベルク大学　125, 152, 197
「橋と扉」　123, 138, 143, 144, 365, 381
＊フーコー（Foucault, M.）　15, 54, 74
複雑性の縮減（Reduktion der Komplexitat）　267, 298, 299–303, 350, 353, 375, 376, 378, 382, 404
複数性の条件　217, 396, 400, 401, 409, 411, 432
フライブルク大学　152, 269
（禁欲的）プロテスタンティズム（asketische Protestantismus），ピューリタニズム（puritanism），ピューリタン　75, 85, 160–163, 167, 173, 174, 176, 179, 183, 193, 195, 217, 218, 220, 227, 254, 256, 262, 264, 296　⇒会衆派も参照

「プロテスタンティズムの倫理と資本主義の精神」 12, 32, 160, 172, 175, 178, 196, 218, 231, 254, 256, 420
「プロテスタンティズムの倫理と資本主義の《精神》」 151, 152, 161, 166
*ヘンダーソン（Henderson, L.） 261, 301
法（システム）（Rechtssystem, law system） 17, 348, 353, 362, 363, 370, 372, 375, 379, 385–389
（記述における）方法的個人主義（methodological individualism） 103, 119, 123, 160, 342
（記述における）方法的全体主義（methodological holism） 79, 104, 105, 120, 123, 160, 381, 403, 404
ボストン婆羅門（Boston Brahmin） 222, 228, 259, 262, 263

ま　行

*マートン（Merton, R. K.） 4, 12, 15, 19, 32, 57, 147, 171, 177, 180, 182, 186, 191, 208, 213, 220, 221, 223–230, 245, 252, 257, 259–265, 268–271, 274, 277, 281, 283, 285, 287, 301, 302, 311, 329, 330, 342, 379, 394, 395, 398, 400, 423, 426, 429, 431
マスメディア（mass-media） 17, 348, 353, 370, 373, 375, 381, 399, 425
*マトゥラナ（Maturana, H.） 331, 338
*ミル（Mill, J. S.） 82, 107, 136, 160, 182
*モース（Mauss, M.） 63, 70–72, 133, 134, 214
目的因（causa final） 113, 234, 272, 273
モデル（model） 22, 23, 26, 27, 48, 202, 214, 223, 329, 342, 348, 353, 379, 396, 401, 412

や　行

ユダヤ人枠（Jewish quota） 226, 229, 255, 262, 430
予言の自己成就（self-fulfilling prophecy） 223, 226, 249, 252, 254, 264, 329, 332, 346–348, 395, 398
四次元 371, 380
預定説（predestination） 178, 193

ら　行

ライン川（流域）（the Rhine） 15, 28, 56, 57, 152, 229, 260, 429
*ラザーズフェルド（Rathersfeld, P.） 171, 229
*ラドクリフ=ブラウン（Radcliffe-Brown, A.） 198, 199, 234
ラビ（rabbi），律法学者 56, 60, 67, 74–76, 259, 261 ⇒ラビ・ユダヤ教も参照
ラビ・ユダヤ教（Rabbinic Judaism） 75, 76, 187, 196, 305
理解社会学（verstehende Soziologie, interpretative sociology） 103, 156, 165, 174, 177, 296, 337
理論社会学（theoretical sociology） 15, 127, 189, 190, 214, 215, 217, 219, 246, 260, 267, 274, 296, 335
*ルーマン（Luhmann, N.） 4, 16, 17, 19, 20, 32, 43, 59, 74, 126, 144, 145, 147, 149, 150, 178, 187, 191,

参考文献

赤坂真人，2009，『社会システム理論生成史』関西学院大学出版会．

安藤英治，1965，『マックス・ウェーバー研究』未来社．

――――，1972，『ウェーバー紀行』岩波書店．

有田英也，2000，『二つのナショナリズム』みすず書房．

Aron, Raymond, 1967, *Main Currents in Sociological Thought 2*, Basic Books.（北川隆吉・宮島喬・川崎嘉元・帯刀治訳，1984，『社会学的思考の流れ２』法政大学出版会．）

――――，1983, *Mémoires, 50 ans de réflexion politique*, Julliard.（三保元訳，1999，『レーモン・アロン回想録　1』みすず書房．）

浅野智彦編，2006，『検証・若者の変貌』勁草書房．

Ashby, William Ross, 1961, *Design for a Brain*（2nd ed.）, Wiley.（山田坂仁ほか訳，1967，『頭脳への設計』宇野書店．）

新睦人，1987，「ジンメル　関係―過程論の立場」中久郎編『社会学の基礎理論』世界思想社．

馬場靖雄，2000，「ルーマン理論の到達点」鈴木広編『シリーズ社会学の現在１　理論社会学の現在』ミネルヴァ書房．

――――，2001，『ルーマンの社会理論』勁草書房．

Bales, Robert, 1950, *Interaction Process Analysis*, Addison-Wesley.

Barnard, Chester，1938，*The Functions of Executive*, Harvard University Press.（山本安次郎・田杉競・飯野春樹訳，1968，『新訳　経営者の役割』ダイヤモンド社．）

Baubérot, Jean, 2000, *Histoire de la laïcité en France*, PUF.（三浦信孝・伊達聖伸訳, 2009，『フランスにおける脱宗教性の歴史』白水社文庫クセジュ．）

Besnard, Philippe, 1984, “Modes d'emploi du 'Suicide',” *L'Annee sociologique*

34.（杉山光信・三浦耕吉郎訳，1988，「自殺論の読まれ方」『デュルケムと女性、あるいは未完の『自殺論』』新曜社.）

Birnbaum, Pierre, 1992, "Grégoire, Dreyfus, Drancy, et Copernic," Nora, P. and Agulhon M.（eds.）, *Conflits et Partages*（Les Lieux de mémoire; 3 Les France; 1）, Gallimard.（加藤克夫訳，2002，「ユダヤ人」谷川稔監訳『記憶の場１　対立』岩波書店.）

Borch, Christian, 2011, *Niklas Luhmann*（Key Sociologist Series）, Routledge.

Braudel, Fernand, 1979, *Les Jeux de l'échange*（Civilisation matérielle, économie et capitalisme, XVe–XVIIIe siècle tome. 2）, A. Colin.（山本淳一訳，1986，『交換のはたらき１　物質文明・経済・資本主義 15-18 世紀２』／1988，『交換のはたらき２』みすず書房.）

Chartier, Roger, 1992, "La ligne Saint-Malo-Geneve," Nora and Agulhon（eds.）, *Conflits et Partages*.（天野知恵子訳，2002，「サン＝マロ・ジュネーヴ線」『記憶の場１　対立』岩波書店.）

廳茂，1995，『ジンメルにおける人間の科学』木鐸社.

————，2008，「人間ジンメル」早川洋行・菅野仁編『ジンメル社会学を学ぶ人のために』世界思想社.

Coser, Lewis, 1979, "Emile Durkheim," Bottomore, T and Nisbet, R.（eds.）, *A History of Sociological Analysis*, Heinemann Educational.（磯部卓三訳，1981，『社会学的分析の歴史８　アメリカ社会学の形成』アカデミア出版会.）

————, 1992, "Introduction," *Maurice Halbwachs: On Collective Memory*, The University of Chicago Press.

Crothers，Charles, 1987, *Robert Merton,* Ellis and Tavistock.（中野正大・金子雅彦訳，1993，『マートンの社会学』世界思想社.）

伊達聖伸，2010，『ライシテ，道徳，宗教学』勁草書房.

Drobisch, Moritz, 1867, *Die moralische Statistik und die menschliche*

Willensfreiheit.（森戸辰男訳，1943，『道徳統計と人間の意志自由』栗田書店．）

Durkheim, Émile, 1887, "La science positive de la morale en Allemagne."（小関藤一郎・山下雅之編訳，1993，「ドイツにおける道徳の実証哲学」『デュルケーム　ドイツ論集』行路社．）

———, 1889, "F. Tönnies, Gemeinschaft und Gesellschaft."（小関藤一郎・山下雅之編訳，1993，「テンニース『ゲマインシャフトとゲゼルシャフト』」『デュルケーム　ドイツ論集』行路社．）

———, 1893, *La Division du travail social*, PUF.（田原音和訳，1971，『社会分業論』青木書店．）

———, 1895, *Les Règles de la méthode sociologique*, PUF.（宮島喬訳，1978，『社会学的方法の規準』岩波文庫．）

———, 1897, *Le Suicide*, PUF.（宮島喬訳，1985，『自殺論』中公文庫．）

———, 1901, "Préface de la seconde édition," *Le Suicide*, PUF.（宮島喬訳，1978，「第二版への序文」『社会学的方法の基準』岩波文庫．）

———, 1903a, "G. Simmel, Über raümliche projectionen sozialer Formen."（小関藤一郎・山下雅之編訳，1993，「ジンメル「社会形態の空間への投影」」『デュルケーム　ドイツ論集』行路社．）

———, 1903b, "G. Simmel, The number of members as determining the sociological form of the Group."（小関藤一郎・山下雅之編訳，1993，「ジンメル「集団の社会学的形態決定因としての成員数」」『デュルケーム　ドイツ論集』行路社．）

———, 1912, *Les formes élémentaires de la vie religieuse*.（古野清人訳，1975，『宗教生活の原初形態　上・下』岩波文庫．）

遠藤知巳，2006，「言説分析とその困難（改訂版）」友枝敏雄・佐藤俊樹編『言説分析の可能性』東信堂．

———，2010，「観相学と近代社会」『日本女子大学総合研究所紀要』13号．

Fararo, Thomas, 1989, *The Meaning of General Theoretical Sociology*, Cambridge University Press.（高坂健次訳，1996,『一般理論社会学の意味』ハーベスト社.）

Friedberg, Erhard, 1972, *L'analyse sociologique des Organisations*, Grep.（舩橋晴俊／クロード・レヴィ＝アルヴァレス訳, 1989,『組織の戦略分析』新泉社.）

深沢克己，2002,『海港と文明』山川出版社.

福留恵子・佐藤俊樹，1996,「解釈連鎖としての〈社会〉」（未発表）.

Gans, Herbert, 1982, *The Urban Villagers*（Updated and Expanded ed.）, Free Press.（松本康訳，2006,『都市の村人たち』ハーベスト社.）

Grant, John, 1662, *Observations upon the Bills of Mortality*.（久留間鮫造訳，1941,『死亡表に関する自然的及政治的諸観察』栗田書店.）

Habermas, Jürgen & Niklas Luhmann, 1971, *Theorie der Gesellschaft oder Sozialtechnologie -Was leistet die Systemforschung?*, Suhrkamp.（佐藤嘉一・山口節郎・藤沢賢一郎訳, 1987,『批判理論と社会システム理論』木鐸社.）

Hacking, Ian, 1990, *The Taming of Chance*, Cambridge University Press.（石原英樹・重田園江訳，1995,『偶然を飼いならす』木鐸社.）

Halbwachs, Maurice, 1932, "Chicago, expérience ethnique," *Annales d'histoire economique et social* 4(13).（北垣潔訳，2010,「シカゴ」『叢書「アナール 1929-2010」歴史の対象と方法 1 （1929-1945）』藤原書店.）

橋爪大三郎，1997,『橋爪大三郎の社会学講義』ちくま文庫.

Hegel, G. W. F., 1840, *Vorlesungen über die Philosophie der Geschichte*.（長谷川宏訳，1994,『ヘーゲル歴史哲学講義』岩波文庫.）

土方昭，1983,「あとがき」土方昭監訳『ニクラス・ルーマン論文集 1　法と社会システム』新泉社.

廣野喜幸，2010,「超システム論再考」『現代思想』38(9)号.

広田照幸，1999，『日本人のしつけは衰退したか』講談社現代新書．

肥前栄一，2003，「訳者解題」マックス・ウェーバー『東エルベ・ドイツにおける農業労働者の状態』未来社．

市川裕，2004，『ユダヤ教の精神構造』東京大学出版会．

────，2009，『ユダヤ教の歴史』山川出版社．

一ノ瀬正樹，2001，『原因と結果の迷宮』勁草書房．

池端次郎，2009，『近代フランス大学人の誕生』知泉書館．

稲上毅，1996，「マートン・パラダイムと中範囲の理論」北川隆吉・宮島喬編『20世紀社会学理論の検証』有信堂高文社．

犬飼裕一，2011，『方法論的個人主義の行方』勁草書房．

Isajiw, Wsevolod, 1968, *Causation and Functionalism in Sociology*, Routledge & Kegan Paul.

岩井克人，2003，『会社はこれからどうなるのか』平凡社ライブラリー．

加地大介，2008，『穴と境界』春秋社．

菅野仁，2003，『ジンメル　つながりの哲学』NHK出版．

Kant, Immauel, 1787, *Kritik der reinen Vernunft* (2 Aufl.).（篠田英雄訳，1961，『純粋理性批判　上』岩波文庫．）

河本英夫，2000，『オートポイエーシス2001』新曜社．

────，2006，『システム現象学』新曜社．

────，2010，「創発と現実性」『思想』1035号．

King, G., Keohane, R., and Verba, S., 1994, *Designing social inquiry*, Princeton University Press.（真渕勝監訳，2004，『社会科学のリサーチデザイン』勁草書房．）

北美幸，2009，『半開きの〈黄金の扉〉　アメリカ・ユダヤ人と高等教育』法政大学出版局．

北田暁大，2010，「フラット「化」の語り方」遠藤知巳編『フラット・カルチャー』せりか書房．

Knight, Frank, 1921, *Risk, Uncertainty and Profit*, Houghton Mifflin.（奥隅

栄喜訳，1959，『危険・不確実性および利潤』文雅堂書店．）

熊澤峰夫，2002，「全地球史解読計画とは何か」熊澤峰夫・丸山茂徳編『プルームテクトニクスと全地球史解読』岩波書店．

Knapp, Georg, 1871, "Die neueren Ansichten über Moralstatistik,"（権田保之助訳，1942，『道徳統計に関する近時の見解』栗田書店．）

小泉文子，1993，「Ideen Paradise」『現代思想』21(9)号．

今野元，2007，『マックス・ウェーバー』東京大学出版会．

高坂健次，1998，「社会学理論の理論構造」高坂健次・厚東洋輔編『講座社会学１　理論と方法』東京大学出版会．

高坂健次・厚東洋輔編，1998，『講座社会学１　理論と方法』東京大学出版会．

厚東洋輔，2011，『叢書・現代社会学④　グローバリゼーション・インパクト』ミネルヴァ書房．

小山裕，2010，「機能分化社会と全面国家」『社会学評論』61(1)号．

Kripke, Saul A., 1982, *Wittgenstein on Rules and Private Language*, Harvard University Press.（黒崎宏訳，1983，『ウィトゲンシュタインのパラドクス』産業図書．）

楠木健，2010，『ストーリーとしての競争戦略』東洋経済新報社．

Le Roy Ladurie, E. and Burguière, A., 2010, "Introduction général."（浜名優美ほか訳, 2010, 『叢書「アナール 1929-2010」歴史の対象と方法 1 (1929-1945)』藤原書店.）

Levy Jr., Marion, 1952, *The Structure of Society*, Princeton University Press.

Lexis, Wilhelm, 1874, "Naturwissenschaft und Sozialwissenschaft",（久留間鮫造訳，1943，『自然科学と人間科学』栗田書店．）

———, 1877, *Zur Theorie der Massenerschinungen in der menschlichen Gesellschaft*,（久留間鮫造訳，1943，『人間社会に於ける大量観察の理論に就て』栗田書店．）

Luhmann, Niklas, 1962. "Funktion und Kausalität," *Soziologische Aufklärung 1*, Westdeutscher.（土方昭訳, 1984,「機能と因果性」土方昭監訳『ニクラス・ルーマン論文集２　社会システムのメタ理論』新泉社.）

———, 1964a, *Funktionen und Folgen formaler Organisation*, Duncker & Humblot.（沢谷豊・関口光春・長谷川幸一訳, 1992,『公式組織の機能とその派生的問題　上』／1996,『公式組織の機能とその派生的問題　下』新曜社.）

———, 1964b, "Funktional Methode und Sstemtheorie," *Soziologische Aufklärung 1*, Westdeutscher.（土方昭訳, 1983,「機能的方法とシステム理論」土方昭監訳『法と社会システム』新泉社.）

———, 1967, "Soziologie als Theorie sozialer Systeme," *Soziologische Aufklärung 1*, Westdeutscher.（大里巌訳, 1983,「社会システム理論としての社会学」土方昭監訳『法と社会システム』新泉社.）

———, 1970, *Soziologische Aufklärung 1*, Westdeutscher.

———, 1973, *Zweckbegriff und Systemrationalität*, Suhrkamp.（馬場靖雄・上村隆広訳, 1990,『目的概念とシステム合理性』勁草書房.）

———, 1975a, "Komplexität," *Soziologische Aufklärung 2*, Westdeutscher.（西坂仰訳, 1986,「複雑性」土方昭監訳『ニクラス・ルーマン論文集３　社会システムと時間論』新泉社.）

———, 1975b, *Soziologische Aufklärung 2*, Westdeutscher.

———, 1980, *Gesellschaftsstruktur und Semantik 1*, Suhrkamp.

———, 1981a, *Soziologische Aufklärung 3*, Westdeutscher.

———, 1981b, *Gesellschaftsstruktur und Semantik 2*, Suhrkamp.

———, 1983, *Liebe als Passion*, Suhrkamp.（佐藤勉・村中知子訳, 2005,『情熱としての愛』木鐸社.）

———, 1984, *Soziale Systeme*, Suhrkamp.（佐藤勉監訳, 1993,『社会システム理論　上』／1995,『社会システム理論　下』恒星社厚生閣.）

———, 1986, *Ökologische Kommunikation*, Westdeutscher.（庄司信訳, 2007, 『エコロジーのコミュニケーション』新曜社.）

———, 1989, *Gesellschaftsstruktur und Semantik 3*, Suhrkamp.

———, 1990, *Die Wissenschaft der Gesellschaft*, Suhrkamp.（徳安彰訳, 2009, 『社会の科学１・２』法政大学出版局.）

———, 1992, *Die Beobachtung der Moderne*, Westdeutscher.（馬場靖雄訳, 2003, 『近代の観察』法政大学出版局.）

———, 1995a, *Die Kunst der Gesellschaft*, Suhrkamp.（馬場靖雄訳, 2004, 『社会の芸術』法政大学出版局.）

———, 1995b, *Gesellschaftsstruktur und Semantik 4*, Suhrkamp.

———, 1996, *Die Realität der Massenmedien*, Westdeutscher（→ VS Verlag).（林香里訳, 2005, 『マスメディアのリアリティ』木鐸社.）

———, 1997, *Die Gesellschaft der Gesellschaft*, Suhrkamp.（馬場靖雄・赤堀三郎・菅原謙・高橋徹訳, 2009, 『社会の社会１・２』法政大学出版局.）

———, 2002, *Das Erziehungssystem der Gesellschaft*（hrsg. von Dieter Lenzen), Suhrkamp.（村上淳一訳, 2004, 『社会の教育システム』東京大学出版会.）

———, 2004, *Einführung in die Systemtheorie*（2 Aufl.)（hrsg. von D. Baecker), Carl-Auer.（土方透監訳, 2007, 『システム理論入門』新泉社.）

———, 2005, *Einführung in die Theorie der Gesellschaft*（hrsg. von D. Baecker), Carl-Auer.（土方透監訳, 2009, 『社会理論入門』新泉社.）

———, 2006, *Organisation und Entscheidung*（2 Aufl.), VS.

Lynch, Kevin, 1960, *The image of the City*, M. I. T. Press & Harvard University Press.（丹下健三・富田玲子訳, 2007, 『都市のイメージ』岩波書店.）

真渕勝, 2010, 『官僚』東京大学出版会.

牧野雅彦，2003，『歴史主義の再建』日本評論社．

———，2010，『マックス・ウェーバーの社会学』ミネルヴァ書房．

Mannheim, Karl, 1929, *Ideologie und Utopie*.（高橋徹・徳永恂訳，2006，『イデオロギーとユートピア』中央公論新社．）

増井志津代，2006，『植民地時代アメリカの宗教思想』上智大学出版．

Maturana, H. and Varela, F., 1980, *Autopoiesis and Cognition*, D. Reidel Publishing.（河本英夫訳, 1991，『オートポイエーシス』国文社．）

———, 1987, *The Tree of Knowledge*, Shambhala.（菅啓次郎訳，1987，『知恵の樹』ちくま学芸文庫．）

Mauss, Marcel, 1924, *Essai sur le don*,（吉田禎吾・江川純一訳，2009，『贈与論』ちくま学芸文庫．）

Mayeur, Jean-Marie, 1986, "Une mémoire-frontièr: L'Alsace", Nora, P., Bercé, F., Babelon, J.,（eds.）, *Le territoire, l'État, le patrimoine*（*Les Lieux de mémoire; 2 Les France; 2*）, Gallimard.（中本真生子訳，2002，「アルザス　国境と記憶」『記憶の場１　対立』岩波書店．）

Menninghaus, Winfried, 1987, *Unendliche Verdopplung*, Suhrkamp.（伊藤秀一訳，1991，『無限の二重化』法政大学出版局．）

Merton, Robert, 1936, "The Unanticipated Consequences of Social Action," *American Sociological Review* 1.

———, 1966, "Social Problem and Sociological Theory," Merton, R. and Nisbet, P.（eds.）*Contemporary Social Problems*, Harcourt Brace.（森東吾訳，1969，「社会問題と社会理論」『社会理論と機能分析』青木書店．）

———, 1967, *On Theoretical Sociology*, Free Press.

———, 1968, *Social Theory and Social Structure*（3rd ed.）, Free Press.（森東吾・森好夫・金沢実・中島竜太郎訳，1961，『社会理論と社会構造』みすず書房．＊2nd ed.の翻訳）

———, 1994, "A life of Learning", in: Sztompka, Piotr,（ed.）, 1996, *On*

Social Structure and Science/Robert K. Merton, The University of Chicago Press. ＊ http://acls.org/uploadedFiles/Publications/OP/Haskins/1994_RobertKMerton.pdf でも閲覧可

Mill, John S., 1843, *A System of Logic*（Collected works vol.7-8), Routledge & Kegan Paul.（大関将一訳，1949，『論理学体系』春秋社.）

三谷武司，2010，「理論的検討の進展のために」『相関社会科学』19号.

宮台真司，1986，「社会システム理論の再編にむけて」宮台（2010）所収.

———，1987，「社会学的機能主義の射程」宮台（2010）所収.

———，2010，『システムの社会理論』勁草書房.

Moore, Wilbert, 1978, "Functionalism," Bottomore and Nisbet（eds.）, *A History of Sociological Analysis*, Basic books.（石川実訳，1986，『社会学的分析の歴史 9　機能主義』アカデミア出版会.）

Morgan, Edmund, 1966, *The Puritan Family*, Harper & Row.

森本あんり，2006，『アメリカ・キリスト教史』新教出版社.

モース研究会，2011，『マルセル・モースの世界』平凡社新書.

向井守，1997，『ウェーバーの科学論』ミネルヴァ書房.

———，2000，「シュタムラー論文の意義」橋本努・矢野善郎・橋本直人編『マックス・ヴェーバーの新世紀』未来社.

村上文司，2005，『近代ドイツ社会調査史研究』ミネルヴァ書房.

村上淳一，2009，「ドイツ社会学における理論と実践「〈組織としての病院〉から〈治療ネットワーク〉へ？」解題」『思想』1025号.

長岡克行，2006，『ルーマン／社会の理論の革命』勁草書房.

内藤莞爾，1985，『フランス社会学断章』恒星社厚生閣.

中嶋明勲，1982，「スピナリアン—デュルケーム」『ソシオロジ』26(3).

中島道男，1997，『デュルケームの〈制度〉理論』恒星社厚生閣.

直井優，1974，「社会体系の構造と過程」青井和夫編『社会学講座 1　理論社会学』東京大学出版会.

夏刈康男，1996，『社会学者の誕生』恒星社厚生閣.

――――, 2008, 『タルドとデュルケム』学文社.
二宮宏之, 2005, 『マルク・ブロックを読む』岩波書店.
西研・菅野仁, 2009, 『社会学にできること』筑摩書房.
野村真理, 2008, 『ガリツィアのユダヤ人』人文書院.
野崎敏郎, 2011, 『大学人ヴェーバーの軌跡』晃洋書房.
尾高邦雄, 1968,「デュルケームとジンメル」尾高邦雄編『中公バックス世界の名著 58　デュルケーム・ジンメル』中央公論社.
折原浩, 1981, 『デュルケームとウェーバー　上』三一書房.
――――, 1998,「解題」マックス・ウェーバー著, 富永祐治・立野保男訳, 折原浩補訳『社会科学と社会政策にかかわる認識の「客観性」』岩波文庫.
――――, 2007, 『マックス・ウェーバーにとって社会学とは何か』勁草書房.
Parsons, Charles, 2004, “Some Remarks on Talcott Parsons's Family,” *American Sociologist* / Fall 2004.
Parsons, Talcott, 1937, *The Structure of Social Action*, Glencoe.（稲上毅・厚東洋輔訳, 1976-89, 『社会的行為の構造 1 ～ 5』木鐸社.）
――――, 1945, “The Present Position and Prospects of Systematic Theory in Sociology,” *Essays in Sociological Theory*（2nd ed.）, Free Press.
――――, 1951, *The Social System*, Free Press.（佐藤勉訳, 1974, 『社会体系論』青木書店.）
Parsons, Talcott and Smelser, Neil, 1956, *Economy and society*, Routledge & Kegan Paul.（富永健一訳, 1958-59, 『経済と社会』岩波書店.）
Philipps, Eugène, 1975, *Les luttes linguistiques en Alsace jusqu'en 1945*, SALDE.（宇京賴三訳, 1994, 『アルザスの言語戦争』白水社.）
Quetelet, Adolphe, 1846, *Sur a Théorie des Probabilités*.（高野岩三郎訳, 1942, 『確率理論に就ての書簡』栗田書店.）
Ragin, Charles, 1987, *Comparative Method*, University of California Press.（鹿又伸夫訳, 1993, 『社会科学における比較研究』ミネルヴァ書房.）

Riedel, Manfred, 1975, "Gemeinschaft, Gesellschaft," O. Brunner, W. Conze, and R. Koselleck (eds.) *Geschichtliche Grundbegriffe Bd.2*, Klett-Cotta.（今井弘道・筏津安恕訳，1990,「ゲマインシャフト，ゲゼルシャフト」河上倫逸・常俊宗三郎編『市民社会の概念史』以文社.）

Riesman, David, 1961, *The Lonely Crowd*, Yale University Press.（加藤秀俊訳，1964,『孤独な群衆』みすず書房.）

Ringer, Fritz, 1997, *Max Weber's Methodology,* Harvard University Press.

Roth, Guenther, 1992, "Zur Entstehungs- und Wirkungsgeschichte von Max Webers »Protestantische Ethik«," Karl Kaufhold, Guenther Roth, and Yuichi Shionoya, *Max Weber und seine »Protestantische Ethik«*, Verlag Wirtschaft und Finanzen.

Rümelin, Gustav, 1875, "Zur Theorie der Statistik 1, 2," *Reden und Aufsätze*, J. C. B. Mohr.（権田保之助訳，1942,『統計學の理論に就て』栗田書店.）

佐藤彰一，2004,「地域史・比較史・マイクロヒストリー」『中世初期フランス地域史の研究』岩波書店.

佐藤俊樹，1993,『近代・組織・資本主義』ミネルヴァ書房.

———, 1994,「世代間移動における供給側要因」『理論と方法』9 (2) 号.

———, 1998,「近代を語る視線と文体」高坂健次・厚東洋輔編『講座社会学 1　理論と方法』東京大学出版会.

———, 2008,『意味とシステム』勁草書房.

———, 2010a,『社会は情報化の夢を見る』河出文庫.

———, 2010b,「サブカルチャー／社会学の非対称と批評のゆくえ　補説 2」『思想地図』5 号.

———, 2011,「『意味とシステム』書評へのリプライ」『相関社会科学』20 号.

Sato, Toshiki, 2011, "Functionalism: Its axiomatics," http://www.sagepub.net/isa/resources/pdf/Functionalism.pdf.

佐藤勉編訳，1985，『社会システム理論の視座』木鐸社．＊ Luhmann（1981b）の部分訳
Sedgwick, Eve, 1990, *Epistemology of the Closet*, University of California Press.（外岡尚美訳，1999，『クローゼットの認識論』青土社．）

盛山和夫，1995，『制度論の構図』創文社．

————，2011，『叢書・現代社会学③　社会学とは何か』ミネルヴァ書房．

重田園江，2009，「社会の統計学的一体性」『フーコーの穴』木鐸社．

清水博，1990，『生命を捉えなおす　第二版』中公新書．

Sider, Theodore, 2003, *Four-dimensionalism*, Oxford University Press.（中山康雄・小山虎・齋藤暢人・鈴木生郎訳，2007，『四次元主義の哲学』春秋社．）

Simmel, Georg, 1904, *Kant*, Suhrkamp.（大鐘武訳，2004，「カントの実践哲学」『ジンメルとカント対決』行路社．＊部分訳）

————, 1905, *Die Probleme der Geschichtsphilosophie*（2 Aufl.）, Duncker & Humblot.（生松敬三・亀尾利夫訳，1977，『ジンメル著作集 1　歴史哲学の諸問題』白水社．）

————, 1908, *Soziologie*, Duncker & Humblot.（居安正訳，1994a，『社会学　上』／1994b、『社会学　下』白水社．）

————, 1909, "Brück und Tür," *Brück und Tür*（hrsg. von M. Susmann und M. Landmann）.（鈴木直訳「橋と扉」北川東子編訳『ジンメル・コレクション』ちくま学芸文庫．）

————, 1923, *Fragmente und Aufsätze*（hrsg. von G. Kantorowicz）.（土肥美夫・堀田輝明訳，1976，『ジンメル著作集 11　断想』白水社．）

Smelser, Neil, 1962, *Theory of Collective Behavior*, Routledge & Kegan Paul.（会田彰・木原孝訳，1973，『集合行動の理論』誠信書房．）

————, 1976, *Comparative Methods in the Social Sciences*, Prentice-Hall.（山中弘訳，1996，『社会科学における比較の方法』玉川大学出版局．）

Sztompka, Piotr, 1986, *Robert K. Merton: An Intellectual Profile*, St.

Martin's.

———— (ed.), 1996, *On Social Structure and Science/ Robert K. Merton*, The University of Chicago Press.

田原音和，1993，「世紀の転換期におけるフランス社会学と歴史学」『科学的知の社会学』藤原書店.

鷹木恵子，2008，『マイクロ・クレジットの文化人類学』世界思想社.

高橋徹，2008，「機能システムのインターフェイス，あるいは自律する周辺」『社会学研究』83号.

————，2009，「書評 『意味とシステム——ルーマンをめぐる理論社会学的探求』佐藤俊樹著」『理論と方法』24(2)号.

高橋幸，2008，「形式社会学における「形式」概念の再考」『相関社会科学』18号.

高村学人，2007，『アソシアシオンへの自由』勁草書房.

竹田有，2010，『アメリカ労働民衆の世界』ミネルヴァ書房.

高城和義，1986，『パーソンズの理論体系』日本評論社.

————，1992，『パーソンズとアメリカ知識社会』岩波書店.

Tiryakian, Edward, 1979, "Emile Durkheim," Bottomore and Nisbet (eds.), *A History of Sociological Analysis.*（高沢淳夫訳，1986，『社会学的分析の歴史6　デュルケムの社会学』アカデミア出版会.）

Tönnies, Friedrich, 1887, *Gemeinschaft und Gesellschaft.*（杉之原寿一訳，1957，『ゲマインシャフトとゲゼルシャフト　上・下』岩波文庫.）

徳岡秀雄，1987，「予言の自己成就」『社会病理の分析視角』東京大学出版会.

富永健一，2008，『思想としての社会学』新曜社.

常松淳，2009，『責任と社会』勁草書房.

恒松直幸・橋爪大三郎・志田基与師，1982，「Parsonsの構造—機能分析」『ソシオロゴス』6号.

内田日出海，2009，『物語　ストラスブールの歴史』中公新書.

宇京頼三，2009，『ストラスブール』未知谷．

宇城輝人，2010，「仕事と価値と運動と」佐藤俊樹編『自由への問い６　労働』岩波書店．

Wallerstein, Immanuel, 1991, *Unthinking Social Science*, Temple University Press.（本多健吉・高橋章監訳，1993，『脱＝社会科学』藤原書店．）

————, 1995, *Historical Capitalism with Capitalist Civilization*, Verso.（川北稔訳，1997，『史的システムとしての資本主義』岩波書店．）

————, 2004, *World-Systems Analysis: An Introduction*, Duke University Press.（山下範久訳，2006，『入門・世界システム分析』藤原書店．）

渡辺靖，2004，『アフター・アメリカ』慶応義塾大学出版会．

Weber, Max, 1892, "Die Lage der Landarbeiter im ostelbischen Deutschland," *Max Weber Gesamtausgabe 1/3*, Mohr Siebeck.（肥前栄一訳，2004，『東エルベ・ドイツにおける農業労働者の状態』未来社．）

Weber, Max, 1903-06, "Roscher und Knies und die logischen Probleme der historischen Nationalökonomie," *Gesammelte Aufsätze zur Wissenschaftslehre*（hrsg. von J. Winckelmann）, Mohr Siebeck. UTB1492.（松井秀親訳，1955-56，『ロッシャーとクニース』未来社．）

————, 1904, "Die »Objektivität« sozialwissenschaftlicher und sozialpolitischer Erkenntnis," *Gesammelte Aufsätze zur Wissenschaftslehre*.（富永祐治・立野保男訳，折原浩補訳，1998，『社会科学と社会政策にかかわる認識の「客観性」』岩波文庫．）

————, 1904-05, "Die protestantische Ethik und der » Geist « des Kapitalismus," *Archiv für Sozialwissenschaft und Sozialpolitik 20-21*（Faksimile-Edition »Klassiker der Nationalökonomie«）.（梶山力訳，安藤英治編，1998，『プロテスタンティズムの倫理と資本主義の《精神》』未来社．）

———, 1906, "Kritische Studien auf dem Gebiet der kulturwissenschaftlichen Logik," *Gesammelte Aufsätze zur Wissenschaftslehre.*（森岡弘通訳, 1965,「文化科学の論理学の領域における批判的研究」『歴史は科学か』みすず書房.）

———, 1909, "Agrarverhaltnisse im Altertum," *Gesammelte Aufsätzte zur Sozial-und Wirtschaftsgeschichte*（hrsg. von Marianne Weber）, Mohr Siebeck UTB 1493.（弓削達・渡辺金一訳, 1959,『古代社会経済史』東洋経済新報社.）

———, 1913, "Über einige Kategorien der verstehenden Soziologie," *Gesammelte Aufsätze zur Wissenschaftslehre.*（海老原明夫・中野敏男訳, 1990,『理解社会学のカテゴリー』未来社.）

———, 1918, "Parlament und Regierung im neugeordneten Deutschland," *Max Weber Gesamt ausgabe 1/15,* Mohr Siebeck,（中村貞二・山田高生訳, 1973,「新秩序ドイツの議会と政府」『ウェーバー政治・社会論集』河出書房新社.）

———, 1920a, *Gesammelte Aufsätze zur Religionssoziologie 1*（hrsg. von Marianne Weber）, Mohr Siebeck UTB1488.

———, 1920b, "Die protestantische Ethik und der Geist des Kapitalismus," *Gesammelte Aufsätze zur Religionssoziologie 1*（大塚久雄訳, 1989,『プロテスタンティズムの倫理と資本主義の精神』岩波文庫.）

———, 1920c, "Konfuzianismus und Taoismus," *Gesammelte Aufsätze zur Religionssoziologie 1.*（木全徳雄訳, 1971,『儒教と道教』創文社.）

———, 1921, "Soziologische Grundbegriffe," *Gesammelte Aufsätze zur Wissenschaftslehre.*（清水幾太郎訳, 1972,『社会学の根本概念』岩波文庫.）

———, 1972, *Wirtschaft und Gesellschaft*（5 Aufl.）（hrsg. von J. Winckelmann）, Mohr Siebeck.

Weick, Karl, 1979, *The Social Psychology of Organizing* (2nd ed.), Addison-Wesley.（遠田雄志訳, 1997,『組織化の社会心理学』文眞堂.）
山岸利次, 2007,「統計, 道徳, 社会, そして教育」『長崎国際大学論叢』7号.
山下和也, 2010,『オートポイエーシス論入門』ミネルヴァ書房.
山下正男, 1980,『思想の中の数学的構造』ちくま学芸文庫.
山下範久, 2001,「生い立ちと思想」川北稔編『知の教科書　ウォーラーステイン』講談社選書メチエ.
山本泰, 1977,「共存在様式としてのコミュニケーション」『思想』635号.
安田三郎・海野道郎, 1977,『社会統計学』丸善.
矢澤修次郎, 1996,『アメリカ知識人の思想』東京大学出版会.
油井清光, 2002,『パーソンズと社会学理論の現在』世界思想社.